慶應義塾大学法学研究会叢書［76］

R.W.デイヴィス（R.W.Davis）編
鷲見誠一／田上雅徳 監訳

西洋における近代的自由の起源

塩田さおり
髙橋康浩
冠木敦子
野々瀬浩司
矢野卓也
中村博行
川添美央子
倉爪真一郎

慶應義塾大学法学研究会

The Origins of Modern Freedom in the West
edited by R.W.Davis

©1995 By the Board of Trustees of the Leland
Stanford Junior University. All rights reserved. Translated
and published by arrangement with Stanford University Press
through Tuttle-Mori Agency, Inc., Tokyo

謝　辞

　少なからぬ財団が寛大にも「近代的自由の形成」シリーズの支援を行ってきてくださった。全国人文科学基金は立案会議のための資金助成を行い、1991年秋に行われたカンファレンスの後援を担ってくださった。そこで本書のことが最初に議論されたのである。リンド・アンド・ハリー・ブラッドリー財団は、運営委員会に貢献してくださり、また「自由の歴史センター」の経費をサポートしてくださった。我々は受けた支援すべてに対して感謝の念を抱いているが、とりわけワシントン大学から常に多大なる金銭的援助を享受できたことを記しておく。

　「自由の歴史センター」はローズマリー・ケネディに感謝を申し上げたい。本シリーズのはじめの数巻に明晰さと一貫性があるとすれば、それは彼女のおかげである。

R. W. D.

優秀な若き歴史家、
マイケル・スタイナーの想い出に捧ぐ

目　次

　　謝　辞　i

　　はじめに　　R.W. デイヴィス　3

　第一章　西洋のパラドックス
　　　　　　　　　　　　　　　　　　　ダグラス・ノース　9

　　《Ⅰ》　初期の諸条件
　　《Ⅱ》　制度的変化の源泉
　　《Ⅲ》　制度的変化
　　《Ⅳ》　文化的信条と社会組織
　　《Ⅴ》　いたるところで起こったこと
　　《Ⅵ》　経済発展と自由の発展
　　《Ⅶ》　西洋のパラドックス

　第二章　自由とギリシア人
　　　　　　　　　　　　　　　　マーティン・オストヴァルト　43

　　《Ⅰ》　ミケーネとホメロス
　　《Ⅱ》　ソロンからペルシア戦争前夜
　　《Ⅲ》　ペルシア戦争とその影響
　　《Ⅳ》　自由とアテネの民主政
　　《Ⅴ》　自由と帝国
　　《Ⅵ》　前4世紀における自由
　　《Ⅶ》　結　び

　第三章　自由と中世の教会
　　　　　　　　　　　　　　　　　ブライアン・ティアニー　87

　　《Ⅰ》　教会と国家

- ≪Ⅱ≫ 支配者と共同体――主権と法
- ≪Ⅲ≫ 正当性と同意
- ≪Ⅳ≫ 代議制的統治
- ≪Ⅴ≫ 理想の統治と混合政体
- ≪Ⅵ≫ 自然権
- ≪Ⅶ≫ 自由の制限
- ≪Ⅷ≫ 結　論

第四章　中世都市における自由
ジョン・ハイン・マンディー　139

- ≪Ⅰ≫ 歴史的文脈
- ≪Ⅱ≫ 自　由
- ≪Ⅲ≫ 平　等
- ≪Ⅳ≫ 政治参加

第五章　議会および全国身分制会議
H. G. ケーニヒスベルガー　189

- ≪Ⅰ≫ 代表制会議の起源
- ≪Ⅱ≫ 常設制度となった代表制会議
- ≪Ⅲ≫ 15 世紀

第六章　1200 年から 1600 年におけるイングランドのコモン・ローのもとでの個人の自由
J. H. ベイカー　247

- ≪Ⅰ≫ 自由と、法の適正手続き
- ≪Ⅱ≫ コモン・ローの体系
- ≪Ⅲ≫ 隷　農
- ≪Ⅳ≫ 隷農制の終わり
- ≪Ⅴ≫ 恣意的な投獄
- ≪Ⅵ≫ 不当な投獄についての訴訟
- ≪Ⅶ≫ 不法侵害訴訟の欠点

《Ⅷ》　Habeas Corpus（身柄提出令状）
　　　《Ⅸ》　結　論

第七章　ルネサンスと宗教改革における自由
　　　　　　　　　　　　　　　ウィリアム・J. ブースマ　289
　　　《Ⅰ》　都市と新文化の出現
　　　《Ⅱ》　ルネサンス人文主義とイタリア共和主義
　　　《Ⅲ》　自由と宗教改革
　　　《Ⅳ》　宗教的寛容と表現の自由
　　　《Ⅴ》　結　論

第八章　王権と抵抗
　　　　　　　　　　　　　　　ドナルド・R. ケリー　335
　　　《Ⅰ》　王権理念
　　　《Ⅱ》　王権の諸制度
　　　《Ⅲ》　王と顧問（counsel）
　　　《Ⅳ》　抵抗の理論
　　　《Ⅴ》　抵抗から反乱へ
　　　《Ⅵ》　自由をめぐる両極端

第九章　16世紀とそれ以降の議会
　　　　　　　　　　　　　　　H. G. ケーニヒスベルガー　379
　　　《Ⅰ》　「政治的王的支配」の衰退
　　　《Ⅱ》　宗教の影響——中央ヨーロッパ
　　　《Ⅲ》　宗教の衝撃——西ヨーロッパ
　　　《Ⅳ》　解　決

エピローグ　R. W. デイヴィス　431

　翻訳後記　439
　人名索引　443

西洋における近代的自由の起源

はじめに

R. W. デイヴィス

　西洋における近代的自由の発展に、一本の定まった道は全くなかった。紀元1000年ごろの中世初頭においては、その兆しさえも皆無であった。貧しく、政治的にもモザイク状態で、文化的にも遅れていた西洋は、イスラム帝国や中華帝国のような東洋の大帝国とは全く異なる段階にあった。もし自由の発展に関して何か重要なことが期待されるとすれば、それは東洋の帝国からだと考えることが唯一合理的であった。

　だがしかし500年の後、西洋は一変した。経済的に豊かで政治的に強力で、文化的にも活力に満ちるようになった。西洋は政治的には統一されていなかったが、それぞれの君主国は自ら固有の権利に基づいて強力であった。またその内部でも様々な政治形態の開花が見られた。自らの交易活動によって建設された都市は、ほぼ完全な市民による自治が行われていた。代表制度、すなわち議会制、身分制会議は諸都市よりも後代に発展し、そしてある程度それらを封建的統治システムに持ち込んだのである。なるほどイングランドおよび後に独立してオランダとなる地域を除いて、代表機関は15世紀末には苦難に遭遇しはじめていた。しかしこの二国において代議政体は隆盛を極めていた。法の保護は久しく財産権にまで適用されていたが、今や裁判所は、わけてもイングランドにおいては、ますます人民の保護を担うようになった。こうした変遷をいかに説明するのか？　ダグラス・C. ノースは、本書の第一章「西洋のパラドックス」でこの問題に答えている。

ギリシア人は通常、自由の創始者と見られている。彼らは市民的・政治的自由を創出した最初の者として、明らかにそのように思われるだけの資格がある。それ以上に、彼らはまた、自由それ自体を eleutheria という言葉で概念化した最初の者だった。しかし、概念を借用するものはしばしば己の時代の尺度でもって物事も見ているがゆえに、もともとの意味ないし意図を歪めてしまう。そしてこのことは確かに、ギリシア人からの自由概念を借用することにおいても当てはまるのである。eleutheria という言葉の歴史は当時どのようなものであっただろうか？　その言葉が自由（freedom）と同様の意味を帯びるようになったのはいつなのか？　またなにゆえにか？　マーティン・オストヴァルトは第二章でこの問題を考察している。

　中世の教会を考えると、まず第一に偉大な霊的制度を考えがちである。それはまず疑問の余地もないのだが、しかしそれ以上のものであった。教会の霊的権能は、教会に強大な政治権力をも授け、それによって教会は国家が専制権力を行使しようとする際に重要で実効的な牽制機能を果たした。教会はまた世俗団体に対して統治のモデルを与えた。これにより世俗団体は選挙によって役職を選出するという教会のやり方を模倣し、教会会議によって示されたような代表制度を採用した。人民選挙のローマ的伝統を永続させ、代議政体のあり方に影響を与えることによって、教会は近代的自由の発展に対して決定的な役割を果たした、とブライアン・ティアニーは第三章で論証している。

　独自の政府を形成するにあたって教会という例に範を求めた最初期の世俗制度は、イタリアの諸都市においてであった。役職は選挙された。選挙の有権者数は一般的に多かった。選挙権の取得条件は通常幅広く、しばしば民主的であった。期待された通り、その結果として諸都市の政府は、商業を営むうえで不可欠である私有財産およびその他の諸制度の実効的保護を提唱した。さらに政府は財産と同様生命をも保護した。イタリアの都市よりも外的権威への依存度が高かったにもかかわらず、他の地域の都市はイタリア諸都市と同様の特徴を示していた。イタリア以外の諸都市は、世俗の人間が自由な統治を実践するに際して最初の重要な訓練の場であったということを、ジョン・ハイン・マンデ

ィーは第四章で示している。

　諸都市が経済的に強大になる一方で、君主の側では 13・14 世紀には明らかに財政的困難を感じ始めていた。その理由は、コストのかさむ、それもほとんど継続的な戦争状態にあったのだが、これが伝統的歳入の強化を不可能にし、歳入の拡大を困難にしていた。その手っ取り早い解決策は、都市と裕福な農村居住者の資産をまきあげることであった。だがしかしこれらの人々は、相当程度の思想的・行動的自立を長い間享受してきた者たちであった。彼らは容易に脅しに屈するような者ではなかったのである。課税その他への苦情を巡る交渉のために彼らの代表者を一堂に集めるということの方が、より合理的であった。そうしたことが全ヨーロッパにおいて議会と身分制会議の基礎となった、と H. G. ケーニヒスベルガーは第五章で論証している。これは本書で彼が執筆したテーマに関する二つの論文のうちで、最初のものである。

　17 世紀のイングランドにおいては、議会による立法が臣民の自由を擁護する重要な手段となったようである。しかしそれ以前は、コモン・ロー裁判所が勃興してきた自由の進展にとって主要な闘争場であった。近代的自由の形成にとって格段に重要な二つの発展があった。隷農制の段階的縮小と、身柄提出令状（habeas corpus）のような方策による適正手続きの発達である。おそらく気持ちの上でも法的にも最も基礎的なものは、隷農制の消滅であり、これにより 1600 年までに全てのイギリス人は「自由人」となった。個人は身柄提出令状に基づき、国家当局に対し、その時その時に正当な投獄理由を示させることによって、恣意的な投獄から保護されたのである。そしてこの自由は自由の近代的概念にとって重要な進歩を意味した。全ての個人に対して平等な保護を与えることに寄与した。イングランドのコモン・ローと異なって、他の法体系は自由を確保するための訴訟手続きについてそれほど多くのものを備えていなかったようである。確かに身柄提出令状に類するものは何もない。他の法体系には奴隷身分に終止符を打つための柔軟性はまったくなく、制定法によるものを除いてローマ法では奴隷身分は徹底的に固定化されていた。J. H. ベイカーは第六章でコモン・ローにおける重要な発展を検討している。

ルネサンスと宗教改革は人間の潜在能力を称揚することによって、個人の価値の思想をさらに推し進めた。端的に言って、ルネサンスは人々を鼓舞して現世で自らを探求する自らの能力を信じさせ、一方で宗教改革の神学は、来世への道は自分と神との間だけの問題であるという信仰を助長した。宗教改革もまた、個々人に対し、そして一人ひとりがなしうることに対して非常な強調点を置いたが、しかしそれ以上により特徴ある方法で自由概念の成長をも促進させた。とりわけジャン・カルヴァンは、下位の為政者は神の意思に反する支配者を抑制し、さらにはその地位を追うことすら率先してなす権利と義務を持つという教理を説いた。そしてそのことで彼は、臣民を支配する世俗の権威と権力を厳しく牽制したのである。ウィリアム・ブースマは第七章においてこうした問題について検討している。

主としてカルヴァン的な抵抗理論は、14世紀・15世紀初頭のカオスと混乱から現れたいくつかの君主国に対抗して用いられた。そうした君主国は、歳入の増加と軍事力の増強によって物質的に強化され、臣民の崇拝によって心理的にはさらに安定していった。ドナルド・ケリーは第八章においてまず君主の立場について論じている。次いで彼は、君主たちが16世紀後半および17世紀に闘わねばならなかった抵抗理論に論点を移している。その1世紀半の流れの中で、スコットランドの女王は退位に追い込まれ、ネーデルラントでは王がその地位を追われて新しい国家が建設された。二人のフランス王は暗殺された。イングランド王は公開の場で死刑執行人によって斬首され、さらにその第二子は亡命に追い込まれ、そして議会とうまくやっていくことのできる後継者にとって代わられた。こうした動きは全て、神の裁可の下で行使される自由の名において行われ、罪深い君主に対するまさに天罰のように考えられた。抵抗理論は明らかに強力な論拠を提供した。それはその時だけの話ではない。このような論拠はその重要性を保持し続けることになった。その最も顕著な例は、フランス革命に基本的・論理的土台を提供したことである。

議会制度は、17世紀初頭に近代的自由の存在の輪郭を不十分ではあるが明確に認識することができた二つの国において、中心的で重要なものとなってい

た。自由と議会制度の結合は単なる偶然の一致ではなかった。ネーデルラント全国議会は、主に地方の諸身分に配慮する必要があって、細心の注意の下に形成された。そしてオランダの自由に対する脅威を排除するような方法が確立されたのである。イングランドの議会は、これまで指摘されてきたように17世紀を通じて自由のチャンピオンとなった。その理由は本書でこのあと詳細に探究されるのである。H. G. ケーニヒスベルガーが、彼の二つ目の章で、近代初頭におけるネーデルラントとイングランドの議会制度を吟味し、それが自由にとっていかに重要であったかを考察している。同時に彼は、両国の制度をヨーロッパの他の地域における同様の制度と比較して、そして1700年まで研究を広げることによって、広範な歴史のコンテクストの中に議会制度と自由の問題を置くことができ、それらが生き残って成功を収めた理由を示している。ケーニヒスベルガー教授は、議会政治というものは、オランダやイングランドに特有な性向の問題というよりも偶然性の問題だと論じている。

　読者は必ずや気づかれるだろうが、本書の各章では、我々が定義する自由全てについて言及している。ルターとカルヴァンにとって忌むべきものだったにもかかわらず、信教の自由の原則の萌芽が、神と一人ひとりの信者との直接的関係性についての教理（ルターの「万人司祭説」）の中に見いだされる。古代アテネ人は彼らの政治的自由の中でも、集会における言論の自由を全市民に認め、同様にイギリス議会は16世紀に全議員に言論の自由を認めた。近代初頭のイングランドの裁判所は、身柄提出令状のように、恣意的な権威に対する防衛手段を発展させていった。中世の都市は、商品とサービスを生産し交換する自由というものに非常に関心を持っていた。そして教会、国家、自治都市政府という制度は、政治過程に一般民衆が参加することを認めることになる機構を発展させていった。

　だが全ての要素が揃っていたにもかかわらず、1600年の時点ではそれらの要素全てを集めても近代的自由とはならなかった。アテネではある種の言論の自由は存在していたが、にもかかわらずソクラテスは毒杯をあおらねばならなかった。さらに、言論の自由を濫用したと君主に思われた議員たちは、やはり

依然として自分たちの自由には限界があることを悟らずにはいられなかった。いまだ近代的自由は形成されていなかったが、言及した近代以前の断片的な諸自由こそが、近代的自由を形成したのだった。本書は、古代および中世から用いられてきた、自由を形成する主要な個々の概念について論じたものである。

第一章　西洋のパラドックス

ダグラス・ノース

　近代的自由の源泉の探究とは、自由への要求を引き起こした諸条件と、ある社会の基礎的理念として自由を促進させたイデオロギーの源泉との両者は、何であるかと問いかけることを意味する。そのイデオロギーとは、近代世界を形成する原動力であるような知性のことを指す。近代的自由が、一千年も前の比較的遅れた西洋という一世界の産物であるということは逆説的である。今日的視点からは、近代的自由生誕の候補地になりえた地域は、他にも数多くあったように思われる。それらの地域とは、より先進的な経済、より洗練された科学知識と技術知識とを持ち、芸術、文学、そして知識全般の探究により多くの関心を払った社会である。そして実際のところ、これらの先進文明の指標のある程度の進展は、西洋においては自由の発達に伴って達成されたのであった。それゆえに自由の源泉を探究することは、政治体制に焦点をあてることだけではすまされない。つまり、そのためには西洋世界のあらゆる分野での勃興に関して説明しなくてはならないのである。

　この章の中心的課題は、経済成長と自由の発展が社会発展における相互補完的な過程であることを示すことにある。経済成長は、より複雑な社会を支える資源（とゆとり）を供給する。そして、それは政治的および市民的自由の発展がなくては長期間持続することはありそうにもない。経済成長の基礎である、専門化と分業の世界は、民主政治と個人的自由を育成し続けるのである。

　なぜそのような関連がありうるのだろうか。簡潔に答えるなら、明確に規定

され実行されている所有権、すなわち経済成長に必要な条件は、政治的市民的権利が確保されたときにのみ確保されるからである。この所有権が守られなければ、恣意的な財産没収に常におびやかされるのである。そしてまた、資本市場の創造に不可欠な条件である信用責任は、契約を時間、空間を通して公平にそして組織的に実施する、効率的な法制度がなければ不可能である。より詳細に答えるならば、分業から生じたより複雑で、相互依存的経済圏の間での相互作用の分析をしなければならない。すなわち、多岐にわたる利害が契約締結の力を徐々に増加させることの分析、そのような多様性の増加に適した思想やイデオロギーの分析、そしてこれらの信条体系が漸次的な制度の変化に及ぼす影響の分析などである。したがってそのようなアプローチによってこそ、我々は次のことを説明できる。すなわち、自由と特権とを享受しうるもろもろの個人および集団の範囲は、時間とともにだんだんと拡大していくということである。

　次に私は、この発展を特徴づける相互関係のみならず、その全体的主題の限界と条件を詳述したい。経済成長と自由の発展との間には、歴史的関連があることは明らかである。例えば、近代の経済成長の開拓者であるネーデルラントとイングランドは、同時に代議政体と市民的自由の発展においても開拓者であった。（そして西欧的なものの拡大の中で取り残された国々、例えばスペインやポルトガルは、これらの自由を発展させるのに失敗したのである。）しかし、一方でその関連が完全でないことも同様に明らかである。例えば、中国のように代議政体や個人の自由を生み出さずに経済成長をとげた経済圏もある。近代世界においては、我々は第二次世界大戦後のソ連やほかのアジアの国々の経験にそれを見いだすことができる。経済成長は、近代的自由の発展にとって必要条件ではあるが、十分条件であるとは言い切れない。我々が解きほぐさなくてはならない謎とは、いかなる独特な（過去一千年もの間、より先進的な非西欧社会では現れなかった）一連の条件が、西洋における経済成長と自由の発展を引き起こしたのかという問いである。しかしさらにもっと根底に横たわる謎がある。つまりなぜ経済成長それ自体は、単独で成長できるような例外であり続けてきたのかという問いである。

私のいう経済成長とは、人口一人あたりの生産量における持続的な成長のことである。人類の歴史の長きにわたって全生産高は増大し、人口は増加してきた。しかし、人口よりも早いペースで増大する生産量と連動した全般的な人間の福利の改善というものは、決して自然の成り行きでもたらされたわけではなかった。我々に明確な答えを与えてくれる統計的なデータが存在していないのだが、一人あたりの経済成長は、スパルタと同民族同士の戦争以前の紀元前5世紀の古代アテネにおいて、東地中海へのロードス人の支配の時代に、そしてローマ帝国の最初の2世紀の間に間違いなく生じたようである[1]。こうしてみると経済成長は、経済成長と産業革命を同一視する長年の学問的伝統にもかかわらず、産業革命に独特のものではないということになる。しかし持続した経済成長は例外的であったし、そしてさらに18世紀イングランドのあの革命の後でもそうだったのである。実際に、経済成長が広く見られるように至ったのは、第二次世界大戦後のまさに現代になってからにすぎない。そして、近代的自由が広く見られるようになったのも現代にすぎない。

　経済成長のもろもろの源泉は、経済学者たちによって、技術、人的資本（人間の教育や熟練度）、規模の経済（大規模な市場の成長に伴うコストダウン）など、様々な要因に帰せられてきた。これらは明らかに生産性の向上、つまり経済成長の近因ではあるが、しかし究極的な源泉ではない。もしそうであるのならば、経済成長はとっくの昔に普遍的になっていただろう。なぜなら福利の向上への欲求は普遍的な人間の特性のように思えるし、そしてあらゆる社会がなすべきことは、福利の向上にかなった結果を生み出す技術、技能、知識に投資することだけだからである。しかし歴史を通じて（そして現代世界の大半においてさえ）、もろもろの社会は必要な投資をするのに失敗してきた。

　制度的組織的構造が社会に必要な投資への動機を与えないがゆえに、その必要な投資を行わない社会というものが存在する。人間組織の失敗は経済的後進性のみならず、社会的、知的、政治的後進性の基となっている。実際我々が、効率的経済組織を探究すると、政治的組織の問題に帰着するのである。なぜなら経済におけるゲームの規則を定め、そして施行するのは政治体制だからであ

る。西洋の勃興を説明する鍵となるものをさぐるためには、我々は経済と政治の間の複雑な（そして今もって完全には理解されていない）相互作用に目を転じなくてはならない。近代的自由の根源をさぐるために一千年前に戻ることで、我々は制度的枠組みと知的文脈の両方を研究しなくてはならない。そしてこの知的文脈から、人間行動を導く認識力が湧き出てきたのである。とりわけ最重要なものとして我々は、西洋を世界支配にまでつき動かした変化のダイナミクスをさぐらなくてはならない。

≪Ⅰ≫ 初期の諸条件

歴史とは、昨日の選択がいかに今日の決定に影響を与えたのかにかかわることなので、歴史におけるどのような出発点も単なる勝手気ままなものでなく、歴史の本質的な連続性に強い影響を与えるものなのである。もし我々が、一千年も前の北西ヨーロッパの原風景をスナップ写真に収めるなら、我々は、その光景の背景となる源泉を自覚的に肩越しに眺めながら写真を撮るのである。

西ローマ帝国は、5世紀の混とんとした状況の中で消滅した。そして歴史の年代記では、およそ一千年の後の1500年に封建制が終わったとするのが、多かれ少なかれ支配的な見解であった。この間に、西ヨーロッパは、ローマの秩序の崩壊とゲルマン民族による西ヨーロッパの席捲に起因する無秩序から次第に姿をあらわし、後に起こる発展の舞台を築く政治的、経済的構造を発達させた。この発展は、基本的に（特に南ヨーロッパで）存続したギリシア、ローマ文明の遺産によって条件づけられ、6世紀から10世紀までに現れたもろもろの制度的編成を修正し、そして最終的に形づくった。荘園制は、ローマ時代のヴィラの末裔であり、そして封建世界の農奴は、非独立のコロヌスの末裔と言えよう。奴隷制度もまた中世に存在した。ローマ法は継続し、そして秩序が育っているところでは、それは所有権の発展の基礎として役立った。

ローマ教会は古典世界の文化的遺産を中世に伝えた。それは学問技術の宝庫として唯一の存在であった（だからこそ修道院はしばしば、中世ヨーロッパにお

いて最も生産的かつ模範的な農業の中心地だったのである)。物質的な富の主要な所有者であり、財宝や土地の反対給付として救済を与えると同時に、ローマ教会は、禁欲主義と隠遁生活、献身的な伝道活動の場でもあった。最も重要なことに、ローマ教会は統一的信条体系、すなわち知的領域全般にわたるイデオロギー的枠組みを提供した。そしてこれらは、中世世界における知覚能力を形成したのである。この共通したイデオロギー的枠組みは、種々の知覚能力の継続的発展の基礎として役立ち、それらの知覚能力は政治と経済の将来を形成するに際し、主導的役割を果たした。

　北西ヨーロッパは、ギリシア・ローマ文明の中心地である地中海沿岸とは地理的に対照的であった。地中海沿岸は雨が少なく、また降ったとしても季節が限られており、また土は軽く、ぶどう栽培やオリーブから穀物栽培まで多種にわたる農業という特色を持っていた。他方、北西ヨーロッパは豊富な降雨量、深い森林、牧畜に適した重たい土、そして農機具を改良すれば可能となる穀物生産地という特色を持っていた。これらの気候的、地理的特徴は北西ヨーロッパの農業経済の構造を決定した。

　こうした北西ヨーロッパにおける10世紀の生活の制度的、知的、地理的背景となる条件は、最も根本的な初期的組織的条件、つまり大規模な経済的政治的秩序の欠如という文脈のなかに位置づけられなくてはならない。ローマ帝国の権力が分散した後には、500年以上、小規模の政治単位が続いた。大規模な政治・経済的組織に存在していたどのような利点も、後の時代には消えうせてしまうか、あるいは非常に希薄になった。だがローマ帝国は、コンスタンチノープルが1453年にトルコ人に侵略されるまで、なおも存続した。新しい宗教のカリスマ的信仰の上に打ち立てられたイスラーム世界は、北アフリカ一帯に広がり、ヨーロッパにまでまたがる帝国を建設した。確かにこれらの例外と、短命に終わったカロリング帝国は存在した。しかしこれらのいずれもが、地中海世界を支配する単一帝国を可能にする諸条件が消えうせてしまったという決定的な観点を否定するものではない。

　バイキング、ムスリム、マジャール人たちの三方向からの攻撃は、この地域

にその影響を残した。バイキングは786年にイングランドに、795年にアイルランド、799年にガリアに現れた。ロンドンは841年に掠奪され、バイキングの大型船は航行可能な川をさかのぼり、北のルーアン、南のトゥルーズのような様々な内陸都市を攻撃した。ムスリムの海賊船は地中海を暴れ回り、南イタリアからプロバンスまでを略奪した。ハンガリーの騎馬軍団は、915年にブレーメンを攻め、そして937年に西はオルレアンにまで到達した。

これに対する対応策として、堅固に設置された要塞、重装騎士、封建制という階層的かつ脱中央集権化した構造が挙げられる。それらによる軍事上の成果は、まずまずといったところであった。（後には）石の城となる要塞化された町は難攻不落であった。ただし弱点は、住民を餓死させるような最も執拗でありかつ、攻撃側には財政的に余裕のある兵糧攻めであった。つまり戦闘行為は、重装騎士の間では小規模にとどまることが多かった。バイキングは885年のパリ包囲攻撃で撃退され、ムスリムの侵略者たちは915年のガリグリアノ川で撃退され、マジャール人たちは955年にアウグスブルク近郊にて打ち破られた。結果として、地方の秩序は再建され、森林原野を切り開いて作られた荘園は拡大し、都市は成長した。そして政治的経済的軍事的変化の中での複雑な相互行為が、持続的経済成長へと導いた独特の諸条件を備え始めたのはこれらの初期の諸条件の文脈のなかにおいてであった。

経済活動は（いくつかの例外はあるが）荘園の内部と都市で行われた。荘園の組織は、領主の直営地、農奴の保有地、そして入会地の三分割によって類型化された。農民の大半は農奴として荘園にしばられており、そして労働奉仕と義務をその領主に対して負うものであった。彼らは領主の裁治権に服し、そして領主の法廷で裁判を受けなくてはならず、その移動と経済交流は制限されていた[2]。

伝統的な荘園組織は、経済成長を促進するには不十分であった。荘園の閉鎖性によって労働の専門化と分業は抑制されて、技術が発展した時にもその普及は遅れた。荘園の習慣に根づいていた心的誘因は、技能や知識の急速な成長や技術的変化への起動力にはほとんどならなかった。車輪のついた大型のすき、

泥よけ板、すきの刃、馬の首あて、馬蹄などが発明された。もっとも牛から馬への移行は、9世紀以後のそれも非常にゆっくりとした具合ですすめられたのである³⁾。同様に作物の輪作としての二圃制から三圃制への移行は、非常にゆっくりとした変化であった。しかし人口は少なくとも 10 世紀から、おそらくはバイキング、ムスリム、マジャールの侵略の終焉に続いた秩序の相対的進歩の結果として、増加しつつあった。そしてこの人口増加（それに続く減少）は、おそらく荘園組織を変革する主要な役割を果たしたのだろう。

　発展しつつあった都市は、急速な経済的・政治的変化の中心地であり、その変化はより広い地域に秩序がますます確立されていくことに応じたものであった。北部および中部イタリアの数多くの都市共和国であろうと、10 世紀の低地三国で発達した中心都市群であろうと、それらはダイナミックな変化の源泉であった。そしてこの変化は、地中海、あるいはシュレトやメイヌの流域において貿易が拡大するという好機、および南ヨーロッパとバルト海、北海沿岸地域の両方に結びつくことによってもたらされたのである。

　1300 年以前は、貿易は主として行商人によって行われていた。そのような商人たちは、しばしば相互防衛のために社会団体を形成した。そしてこれらの社会団体のいくつかは、その構成員にたいして隊商を組んで旅行するときには、適切に武装するように指示した。それは平和と秩序の問題が、完全に解決されていないことを示していた。しかし 1300 年以降は、行商人と定期市の重要性は低下し始めた⁴⁾。商業の成長は都市の成長を促し、商人の定着はさらに都市の発展を加速させた。地理的な制約と陸上輸送の高いコストは、彼ら商人の定着場所を決定した。つまり湾の岬（ブルージュ）、道路が川と交錯するところ（マーストリヒト）、二つの川の合流点の近く（ガン）、あるいは交通の要衝（ブリュッセル）などである。

≪Ⅱ≫　制度的変化の源泉

　北西ヨーロッパにおいて 10 世紀から 16 世紀は、あらゆる場所において終わ

りなき戦争の光景が見受けられた。それは地方に割拠する貴族たちの内部抗争から、百年戦争のような比較的大規模な戦いまでを含むものである。百年戦争ではイギリスがクレッシィとポアチエとアザンクールに進撃し、そしてフランスがフォーミグニィとカスティリョンで形勢を逆転させた。その時代はまた人口統計学的にも急激な変化の時代であった。人口は10世紀から14世紀にかけて増加し、14世紀初頭に減少し始めて、その後150年は一貫して減り続けた。

　変容をとげる軍事技術は、戦争の本質だけでなく、政治単位での成長規模をも変化させた。それらはイギリスが勝利したときの長弓から、フランスが勝利したときのアーチェリー、そして1302年にコートレイでフランスの重騎兵を打ち破った密集体形の矛に至るまでのものである[5]。戦争は規律正しい部隊を訓練する費用と、攻撃および防御の装備による資本コストがかかることからさらに高くつくことになった。その結果が、歴戦の傭兵を雇用するという危険をおかすことであったり、あるいはフランスのシャルル7世によってなされた職業的常備軍の創設であったりしたが、いずれにせよ政治的単位は生き残るために非常に多くの収入を必要とした。その額は、伝統的な封建的財源から引き出す、主権者が自分自身の生計をまかなうための収入よりも多かったのである。だがしかし、たとえ主権者の財政的必要性が増大したとしても、これまで以上の収入を生み出す経済体制内での潜在的財源もまた増加したのである。すなわち、成長しつつあった商業、拡大しつつある市場、数多くの経済分野における広範囲な発展であった。

　14世紀の人口減少は、都市人口において激しく、それらは腺ペストと、肺炎の原因となるペストによって引きおこされたものであった。それが直接もたらした結果は、貿易と商業の量とともに、君主によって課税され占有されていた収入が決定的に減少したことである。しかし商業量の減少は、人口における減少とは同等ではなかった。慣習法と法律からなる法制度の基礎的構造は存続しており、人口がもとに戻ったときに成長の基盤になるための不可欠な枠組みを提供した。農業組織における人口減少の影響はもっと根本的な問題であった。土地対人間の比率の変化は労働力不足を引き起こして、領主間の競争を激化さ

せ、これにより荘園と農業は根本的に変化した。

　財政が逼迫した支配者たちは、必要な収入を没収によって埋め合わせたり、（特にフィレンツェの銀行家たちから）借金したり、もしくは特権的経済集団が主権者によって提供された便宜の見返りとして支払う上納金によってまかなった。これらのあらゆる方法が試された。しかし、財産没収は金の卵を産んだガチョウを殺すことになった。やがてフィレンツェ（そして他）の銀行家たちは貸し付け拒否によって焼き殺された。もっともこれは、君主たちが金のかかる戦争で支援を受けていたり、ある銀行家たちが王侯の独占企業からかなりの利益を受けたり、また他の銀行家たちが支配者たちから厚遇を受けていた時にはなかったことである。第三の方法であったが、もろもろの支配者側からの便宜（とりわけ所有権の付与と執行）の見返りとして収入を得ることは、以下のような広範囲にわたる変化を生み出した。それらは外国人商人の保護に始まり、ギルドと商人の慣習法を国家法典に編入しそれを国家が執行すること、そして議会（イングランド）、身分制議会（フランス）、コルテス（スペイン、ポルトガルの議会）の設立にいたるまでの変化であった。

≪Ⅲ≫　制度的変化

　軍事的、人口統計的・経済的変化は、制度および組織の変化にとって深い意味を持っていた。非独立的労働者（農奴、奴隷あるいは自由人）をかかえていた自給自足的荘園は、特に町や都市にきわめて近い市場指向型の農業に徐々に道を譲った。それとともに領主と農民は慣習的権利・義務によって結ばれていたのが、発展しつつある所有権の体系によって、より強く結ばれるようになった。制度および組織の革新は、町と都市の成長そして国内的、国際的な商業の拡大にさらに寄与した。為替手形の発達と買取と割引の技術の普及は、そのような行為がおこる中心地の発達を必要とした。つまりシャンパーニュ地方やその他の市、銀行と、そしてのちに割引を専門にするような金融業者などである。海上保険も、損害に対する部分的支払いを行う散発的な個人契約から、専門会社

によって提供される標準的な成文契約に発展した。海上保険はリスクを分散させる一つの方法であり、もう一つの方法としては、有価証券一覧表を多様化するか、あるいは一時預かり証（遠隔地取引のさいに中小の商人が、荷物を売ったり、受け取ったりするのに"下役の社員"を、たいていは親族を派遣するようなときに用いられる協定）によって多くの投資家を集計するのを許可する企業体、有限会社、そして最終的には合資会社である[6]。

契約の執行の仕組みは、ギルド商人の友愛的秩序の中での行為を定めた内規にその沿革があると考えられ、そしてそれが執行されたのは、違反者はギルドから排除されるという恐れがあったからである。これらの内規は商人法に発展して、ヨーロッパの貿易地域に広がった。徐々にそれらは普通法そしてローマ法に統合されて、その執行は後に国家が引き継いだ[7]。

経済の制度的構造については以下のことを認識することが重要である。すなわちそれは、後に法の枠組みを提供しそれを執行した政治体制の発展によって可能になったことである。そのような法的枠組みは、経済成長に必要な即物的交換に欠くべからざる必要条件である。この法的枠組みは徐々に、マフィアさながらのゆすり・たかりから転換して、「保護と正義」の見返りに収入を求める政治体へと発展した。この発展を促した根本的な起動力は、さらなる収入を血眼になって求めることであったが、上述のごとくその求め方は一方で没収や負債の支払い拒否につながり、他方では収入と所有権の交換（そして執行）という形態となった。

根本的に多様な結果が、財政危機に直面した支配者の多岐にわたる政策から引き起こされた。しかしその中でただひとつ一貫していたのは、オランダに特徴的な経済成長の文脈にも、スペインの政策から引き起こされた衰退の文脈にも、国民国家が徐々に出現したことであった。

オランダの成功を理解するためには、我々はブルージュ、ガン、そしてリエージュのような低地諸国の繁栄した都市の発展、そしてそれらの諸都市の内部抗争とブルゴーニュとハプスブルクの支配に対する関係を振り返らなくてはならない。それらの都市の繁栄は、羊毛製品の取引であれ金属の取引であれ、早

い段階から都市中心の市場指向性を有する地域を切り開いた。そしてこのことは、当時ほとんどが田舎社会であったときにはめずらしいことであった。それら諸都市の内部抗争は、都市貴族と職人との間の絶え間のない緊張や、地方における経済的独占を引き続き生み出そうとする努力をめぐる執拗な抗争を反映している。地方の独占が成功したときには、諸都市の成長の主たる源泉であったまさにその資源を枯渇させることになった。ブルゴーニュ公国支配の圧倒的影響は、それまであった慣習を阻害することになった。1463 年、フィリップ・ル・ボンは代表者団体である等族会議を発足させた。この等族会議は法律を制定して封建支配者たちへの課税の権限を有していた（ただし、それぞれの公国は自分たちの領地を持ち、そして等族会議への代議員は限られた権限しか持っていなかったけれども）。この会議は、貿易と商業の成長を促進した。ブルゴーニュ家（後にはハプスブルク家）の支配者たちは、猛烈な抵抗に直面しながらも、ブルージュやガンの織物都市のようなギルドと、貿易の制限に具体化されている独占的特権を積極的に骨抜きにしてしまった。この支配者たちは産業の新たなる中心地によって支えられており、そしてこの中心地はもろもろの規則や所有権で具体化された有利な誘因に応じて出現したものであった。ブルゴーニュ家とハプスブルク家は、低地三国が生み出す税収入からの繁栄によってうるおった。低地三国はハプスブルク帝国内の宝石であった。後にはますます過酷になるフェリペ 2 世の収入の要求は、反乱を引き起こして、アントワープを掠奪し、北部 7 州を分離させ、またアムステルダムの商業上の優位をもたらした。そして近代的な経済成長の発祥の地はオランダ、とりわけアムステルダムであった。

　この経済成長に関する簡潔な物語をスペインのそれと比較してみてほしい。数百年にわたるムーア人との闘争と封建諸侯間の絶え間のない内戦のあとに、カスティリャとアラゴンは統一されて、フェルナンドとイサベルの下で国民国家を形成した。1516 年にカール 5 世が王位につくと、ヨーロッパ全体にわたって覇権をにぎった偉大なるスペインの時代が始まった。その時代はアラゴン、ナポリ、ミラノと、特に低地三国からの増加する財政収入にともなう繁栄によって特徴づけられていた。増加する歳入はカール 5 世が、ヨーロッパで最大か

つ最良の装備を維持する際の増加する支出とぴったりと調和した。しかしながら帝国を維持し、拡大することはさらに費用がかかった。低地諸国がカール5世の継承者であるフェリペ2世に反乱を起こしたときに、その結果として、彼は主要な収入源を失ったのみならず、反乱7州との戦争のためにさらなる出費を強いられることとなった。財政的な危機は、新世界からの財宝が減少するにつれて深刻化した。血眼になって収入を渇望することが、地方の独占権を認可したり、徴発や、国内の税率をさらに引き上げたりすることにまで及んだ。起こるべくして起こった結末は、貿易、商業の衰退と1557、1575、1596、1607、1627、1647年の国家の財政破綻であった。

　経済の盛衰に関するこれらの対照的な物語は、適切で小さな変更をともなって、歴史上で終わることなく、また近代世界で繰り返されてきた。成長は、オランダの例が示すように、経済が生産性を高める活動を保障する制度的誘因を与えられたときに生じてきたのである。衰退は、中央集権化した政治が経済と独占的特権を統制する結果として、生産活動に従事する誘因を喪失させることから引き起こされた。失敗は成功をはるかに上回る。経済成長は例外的であって、むしろ停滞と衰退が歴史の常であり、それは人間組織におけるたび重なる失敗の傾向を反映していたのである。しかし成功と失敗は、社会の制度的・組織的特徴以上のものを反映している。それらはまた、考え方、思想、イデオロギーをも反映している。これらは、人間の選択と行動を導く信条体系なのである。

≪Ⅳ≫　文化的信条と社会組織

　それでは信条と人間のあり方との関係は何であろうか。『プロテスタンティズムの倫理と資本主義の精神』[8]において、マックス・ウェーバーは宗教的信条を強調している。対照的に熱心な新古典派の経済学者たちは、思想、イデオロギー（実のところ、一般的には宗教的信条であるが）は、問題とはならないと想定する。なぜなら、人間は自己利益のなかにあるものを追及することに精

を出すからである。しかし経済学者たちは、自己利益が常に選択を導くばかりでなく、個人が自分の自己利害のなかにあるものを心得ていると想定する。つまり、個人は正しい理論を持っているがゆえに、望んだ成果につながる選択をするということである。しかしながら実のところ、人間は不確かな世界に直面している。そして自分たちのまわりの世界を解釈するために人々が作り上げ、彼らの選択をも決定するような精神的モデルは、彼らの主観的な（そして概してとても限定された）経験に由来している。結論としては、多様な教義、神話、イデオロギー、思想が人間の行動を形成してきたし、また形成し続けているということである。

　しかし、もし思想が問題となるのならば、どのようにそれらは問題となるのであろうか。ウェーバーの関心は、プロテスタンティズム、とりわけカルヴィニズムに具体化された宗教倫理が、資本主義の成長を促進した価値を含んでいることを明示することにある。しかし、どの方向に因果関係が作用しているのか。そして我々は、どのようにしてその価値観と資本主義の成長が、その他の源泉から由来していないと知りうるのか[9]。ウェーバーは、宗教的な視点と価値観を結合させ、価値観と経済活動とを結合させる。しかし彼は、その結果として起こった活動が、ある成長する経済システムを生み出した特定の制度や組織の成長をどのように生じさせたのかを説明していない[10]。さらには、対抗宗教改革のカトリシズムが、ウェーバーが独特な形でプロテスタンティズムに帰したものと同じ個人主義と規律の意識を促進させたこともありうる。

　行動にかかわる信条と特定の制度的かつ組織的体系の発展との関連を考えることは有益であろう。長年にわたる多くの学者たちの見解によれば、個人主義的な行動信条は経済成長と親和性がある。論争の的となったアラン・マクファーレンの『イギリス個人主義の源泉』[11]は、イギリス個人主義の根源を13世紀かそれ以前にさかのぼって論じた。それは、家族、仕事上の組織、そして村落共同体の社会構造に向けて、流動的で個人主義的な方向性を持った態度を描いている。これらの態度は、土地の相続や女性の法的地位を扱う一連の公式の規則のなかに明らかに示されている。

ごく最近になってアヴナー・グリーフ[12]は、ジェノバの貿易商と、11世紀・12世紀の地中海貿易におけるイスラーム社会の文化的・社会的属性を身につけた貿易商とを比較している。彼は、両者の組織上の構造の中に体系的差異を発見し、そしてこの差異は個人主義的行動信条と集団主義的行動信条との対比にまで遡及しうるという。イスラーム世界からの貿易商は、集団内の社会コミュニケーションのネットワークを発展させて集団行動を強化したのだが、そのような集団行動は比較的小さな同質的エスニック集団内では有効であったが、成長しつつある市場と多様なエスニシティに由来する貿易商とで成り立つ即物的な取引には不向きである。対照的にジェノバの貿易商は、双務的な強制のメカニズムを発展させた。契約を監視して執行するために、公式の法的かつ政治的組織を創造したわけである。これらの組織は、より複雑な貿易と取引を容易にする制度的・組織的通路であった。グリーフは、ラテン、ムスリム両世界についてこれらの異なった信条体系の一般性を提示して、その次に、先行する項で簡単に叙述したヨーロッパ圏におけるそのような信条体系と、経済上の制度と組織の発展とを結びつけた。

しかし、もし我々が異なる社会の中では様々な行動信条があることを認め、そしてそれらが様々な形態の制度と組織を生起させるということを認めたとしたのなら、何がその信条を生み出したのか。まず考えられるのは宗教である。なぜならそれらが、前近代世界において支配的な組織化された信条体系だからである。しかしながら、経済活動に対する宗教的教義の効果を扱った膨大な量の文献をもってしても、結論は出せない。なぜなら、ほとんどの宗教からも、経済発展に対立する特定の側面というものは取り上げることが可能であるからだ。これらの側面としては、たとえば保険市場に対するイスラーム教徒の反感や[13]利子払いに対するキリスト教徒の反感があげられる。

しかしながら、特定の規範に焦点があてられるべきではなくて、特殊な信条体系（この場合宗教）が発展するような学習のプロセスに、正しく焦点があてられるべきである。学習のプロセスとは、一定の信条体系が、もろもろの経験および異質な社会で様々な時に個人が遭遇する異質な経験から引き出される情

報をふるい分ける方法の一機能である。かくして次のことが言えよう。すなわち、中世キリスト教の宗教的枠組みは、経済成長と親和力のある適応性に導くような学習にふさわしいフィルターを提供したのである。あるいはその代わりとして、中世西洋世界の特殊な地理的、経済的、制度的文脈が、結果的に適応性を招くような特異な経験を供給したともいえる。実のところ、前述の宗教的枠組みと特殊な文脈の両者の結合こそが、経済成長と政治的・市民的自由に貢献する信条体系における適応性を生み出したのであった。キリスト教教義のなかに具体化された信条体系は、いくつかの悪名の高い正反対の説明にもかかわらず、経済成長に馴染みやすい方向への進化に向かうものであった。エルンスト・ベンツ[14]とリン・ホワイト[15]の両者は次のように主張する。つまりキリスト教の信条は、自然は人間に仕えるべきであり、それゆえに宇宙は経済目的のために統制されうるし、またそうされるべきであるという見解を徐々に進化させた、ということである。そのような見解は、技術の進歩にとって欠くべからざる前提条件である。しかし、中世と初期近代のヨーロッパ地域の独特な制度的条件は、そのような考えを促進するのに役立つ経験を供給した。この視点からは、ウェーバーのプロテスタント倫理は、この適応性の物語の一部であるが、しかし源流から「下ってきたもの」なのである。

≪Ⅴ≫　いたるところで起こったこと

　前述の分析は、西ヨーロッパの経験が、その制度的形態と信条体系の両者において独特であったことを示している。しかしこのことは、経済成長と自由の発展をもたらすのにいかなる条件が、必要かつ十分であるのかという根本的な問いに答えていない。もし経済成長が必要条件であるとするならば、いかなる付加的属性が自由の発展を保障するのか？　我々にはわからない――失敗した経済を活性化させて、そして民主政体を生み出すために近代世界においてなされている手探りの努力からも明らかなように、である。それゆえ我々は、西欧以外のより進んだ経済と社会がなぜより早い時期に、経済成長と近代的自由の

発展のための枠組みを供給しなかったのかという点について、満足のいく説明と理由づけを持ってはいない。

経済史と経済発展の両者の文献に見られる主要な誤りは、その強調点が経済発展の機動力としての技術におかれていることだ。それゆえに以下の場合においてすら、技術的失敗と不景気についての多くの研究がなされている。つまり、成長への鍵は制度的・組織的構造と誘因に対するその影響である場合なのである。そしてその誘因とは、発明と改良の誘因、しかしまた生産過程をより効率よく組織するための誘因であり、材料市場と製品市場における取引コストを削減するための誘因であり、契約を実施するための司法制度を組織するための誘因であり、所有権を指定して実施に移すための政治体を創造するための誘因などである。最も重要なことは、これらの誘因が持続されなくてはならないことである。この文脈においては、我々はそのような望まれる誘因の実現方法はわからないかもしれないが、しかし何がうまく機能しないのかということについては理解しているのである。以下で扱うことになる、比較的早い時代の発展に失敗した先進社会についての二つの分析は、これらの否定的特徴に集中したものである。

持続した成長と自由を実現する有力な候補者は中国である。ところで技術にのみ偏した歴史研究は、中国社会が技術的分野で世界の指導者になるような発展を維持することができなかったということに大いに困惑させられてきた。ジョゼフ・ニーダムの膨大な研究は[16]、我々に中国初期の科学と技術の業績に関して詳細な知識を提供してくれる。中国が統一されてから2千年以上の長きにわたって、その国はいかなる他の文明よりも先進的に思われていたし、確かに10世紀から13世紀の宋王朝のころには現実に経済成長を示していた。R. M. ハートウェルは、1078年の中国の鉄の生産量は1700年の全ヨーロッパのそれに匹敵すると断言している[17]。14世紀に始まる明王朝のころまでは中国は技術の面では優越していた。

宋と明の両時代における明らかな現実の成長や技術的創造力と他の時代におけるゆるやかな成長と停滞期について説明しようとする研究は、次のような変

化を探究しなくてはならない。すなわち、外的な環境の変化か、あるいは内的な動機の構造における変化である。エリック・ジョーンズは、非西洋世界は西洋よりも災害（洪水、地震、疫病）に襲われやすかったし[18]、匈奴やモンゴル人の侵入は成長を阻止したと主張した[19]。しかしながら彼は、これらの諸力が中国社会の構造的側面よりも決定的な障害になったのかどうかについては未解決のままにしている。

　確かに外的な環境の変化は、不規則な変化のパターンについての部分的な説明になりうる。不規則な進化の持続的で長期にわたる源泉となるものは、中国政治の一貫した性格である。中国は必ずしも常に強力な国家というわけではなかったが、しかし中央集権国家であった。そこでは所有権に関する決定は中央から発せられ、しかも皇帝の気まぐれによって変更されうるし、また変更されたのである。中央集権化された意思決定から成長の時代を生み出しうるのは、支配者が次のように認識したときである。すなわち、支配者が自ら利害関心が成長を生み出す一定の法則によって促進されていると認識したときである。しかし中央集権化された意思決定は、次のようなときには同様に、その逆をも生み出しうるし、必然的にそうなるであろう。すなわち、財政的破綻かあるいはイデオロギー的信条のゆえに、支配者がもろもろの政策と一連の動機によって自身の利害が促進されると思い込んでいながら、実はそれらが停滞を招くようなものだった場合である。中国の歴史は、経済的機会に根本的に影響する政策が恣意的に変更された事例で満ちている。『オリエンタル・デスポティズム（東洋的専制）』[20]の中でカール・ウィットフォーゲルは中央集権化について、それが灌漑用水の制度の結果だとする間違った説明をしたが、中央集権的な統制は長期的には発展にとって対立するものだという正しい認識を示していた。ただし成長の時代が、中央集権的統制の崩壊と自由の発展になぜつながらなかったのかということに対しては未解答のままである。

　中国と同様にイスラーム圏も、経済成長の候補者にふさわしいと思われるような技術的・建築的・文学的そして科学的条件を有していた。700年から1100年までの時代は、新しい農作物の広範囲にわたる普及と新しい灌漑用水の促進、

ないしは古いそれの修復を伴ったアラブ的農業革命として記述されてきた[21]。イスラーム法は明らかに、農業投資を促進させる特定の個人の水利権や税制度を付与・整備していた。商業においてイスラーム帝国の商人は、商業組織や財務の分野における開拓者であった。資本は通常、商人仲間や推薦状の使用を通じて共同出資された。信用状と約束手形は、遠隔地貿易に多用された[22]。技術のうえでは、アラブ人は大三角帆の船を発達させ、紙生産では開拓者であり、化学と冶金学の数多くの分野でも卓越していた。

　絶頂期においてイスラーム帝国は、ローマ帝国を凌駕し、17世紀まではヨーロッパにとって軍事的脅威であった。イスラームの信仰は経済成長に貢献しなかったという主張、それは現代イスラーム経済の観点からすると一見妥当性のある主張なのだが、しかしそれでさえ疑問を呈せられてきた。たとえばマキシン・ロディンソンは、過去においても現在においても成長を促すのに邪魔となるものはイスラームの教えには何もないと唱えている[23]。

　では何が過去においても、そしてそれゆえに現在においても（石油を持っている国々を除いて）経済成長を阻害しているのか。つぎのようなことは確かに正しい。つまり、イスラーム信仰を持つ諸個人は皆、目的達成の動機を抱く貪欲な性格をしばしば示してきたし、別の状況においては儲けのうまい事業家であるという指摘である。そしてそれがまさに重要な点なのである。一つの信条体系の発展を形成するのは、その信条体系と外的環境との間の相互作用なのである。ほぼ歴史を通じて（9世紀のバグダードのアッバース朝カリフのようなまれな例を除いて）外的な環境は、知的進化に貢献するものではなかった。ウィリアム・マクネイルを引用するとこうなる。「奇妙かつ運命的な偶然によってイスラーム思想は、知的好奇心が西ヨーロッパにおいて12、13世紀に覚醒したちょうどそのころに、ある凝り固まった形に凍結してしまった」[24]。西ヨーロッパの環境が、信条体系の進化に影響を与えて柔軟性を付与していたまさにそのときに、イスラームの環境とりわけ政治は、服従を強要し、創造力を抑圧していた。中国の例と同様に歴史上の特定の時期にはイスラームの支配者も貿易や商業を育成したのだが、そのほかの支配者たちのときには、国家は所有権

に対する恣意的な統制を行い、財産没収も行った。例えばオスマン帝国は、15世紀には急激な成功をおさめていたが、やがて軍事的で略奪的な国家に変貌していった。

≪Ⅵ≫ 経済発展と自由の発展

　近代的自由を発生させる可能性のあった前述の候補地のどれも、長期的な経済発展と自由の発展に貢献した信条体系と制度的枠組みについての固有の特性を持ってはいなかった。それではどのような背景が、そのような信条体系と制度的枠組みをもたらしたのか。あるいは問題点を言いかえるとするならば、なぜ最大限の富をもたらしたどの支配者もが、経済を成長させることもなく、またその臣民たちにより多くの自由を認めようとしなかったのだろうか。ある支配者は、さらなる税収によって裕福になるために、経済成長を促進させようとする。この目標は、生産性を高めるための誘因を与えることにより達成され、そして結果的に増えた収入の一部を社会構成員たちが得るのを許可することによって達成される。しかしながらその支配者は、社会構成員たちがさらなる活動の自由と彼を失脚させるに十分な実力を持つにつれて、彼が獲得できる増収と彼の安全に対する脅威との間の矛盾に直面する。社会構成員たちもまた、支配者がある時点で約束を反故にして彼らの蓄えた富を没収するかもしれないというディレンマに直面する。両者が直面しているディレンマの解決策は、支配者と社会構成員の両方がその双方の利益に見合うような妥協をすることであり、あるいは支配者が経済成長を促進させるような一連の行為に後戻りすることなく邁進することである。例えば、社会構成員かあるいはその代表に諸権利や強制力を譲渡することなのである。後者の政策は、代議政治の発展ばかりでなく法の支配にも通じるであろう。

　そのようなシナリオの中では時間が決定的な要素である。つまりそのような信用に値する双方の公約が実現されうるのは、長い時間の中でのみ可能なのである。なぜなら支配者が利益を得ることができるのは、長期にわたる協定があ

るからなのであり、社会構成員たちが絶対的支配者を信頼することができるのは、彼の行動を継続的に観察すること以外にその術がないからである。

　もし我々が十分に長い時間的な視点を持つなら、この発展に似た事柄は起こりうるのであり、それは確かに見かけ上イギリスの歴史に似たものとなっているだろう。しかし我々が歴史的記録を注意深く検討してみると、その多くはこの説明とは異なっているものである。そのようなシナリオの何が問題となっているのか。我々はなぜ歴史のなかにそのような発展を観察できないのか。それは、支配者たちが私利私欲によって動機づけられなかったからだろうか、彼らが自分自身の私利私欲を知らなかったからだろうか、彼らやあるいは社会構成員たちがそのような協定にこぎつける時間がなかったからであろうか。おそらく上述の全てが要因であった。ただし、所与の歴史的記録からすると、支配者たちはじゅうぶんに利己的だったようであり、彼らはしばしば、被支配者たちから最大限の（短期的）利益を引き出そうと試みていた。しかし動機を与えることそして目標を実現することは、個人の持つ信条体系なのである。そして外的環境は、支配者と社会構成員が意思決定するときに用いる時間的地平を規定するのである。

　もろもろの個人は、自己利益によってのみ動機づけられるのではないのみならず、動機づけが何であれ、その目標達成のための理論を持っているのである。いかにして支配者は、社会構成員たちにより多くの自由を認めることによってもたらされる結果がどのようなものなのかを知るのであろうか。今日でさえも我々は、経済的、政治的、社会的目標を達成するやり方について広く対立する見解を持っている。そのような決定を導いた信条体系、そしていまだに決定を導いている信条体系は、理論、教理、そして時として情報操作によって作られた価値判断で形成されたイデオロギー的偏見などの寄せ集めなのだ。

　そして外的環境を判断する際、支配者が持つ時間的視野は、過去も現在も短いものなのである。これは、記憶に値するケインズの言葉「長期的には私たちは皆死ぬ」を踏まえてのことだけではなく、政治過程のまさに本質が、長期にわたる時間的視野に馴染まない類のものだからである。戦争や内部闘争の結果

としての財政的危機は、歴史的には、支配者たちが短い時間的視野を持つことになってしまう主な理由であり続けた。そしてまた、彼らの死すべき定めもそのような理由となってきたのである（しかし時として彼らの時間的視野は、世襲的制度から由来する効用によって拡大させられてきたのだが）。

　しかし、認識可能な信条体系と外的環境に加えて、社会発展のあり方を理解する上で我々が考えておかなくてはならないさらにもう一つの要因がある——それは相互依存の道である。一度一定の道を歩んでしまったら、社会は根本的に方向転換するのは非常に難しい。伝統的に停滞しているかまたは成長していく経済は、他の方向に変えるのはたやすいことではない。この説明はもろもろの制度が社会的行為に影響を与える方法の中心にまでいきつく。もろもろの制度というものは、人間がお互いにかかわりあうときの不安定さを軽減するために考案された構造である。それらは法律のような形式的規則や、行為の規範や慣習のような非形式的制約からなりたっている。制度は動機の体系にとって重要なものである。動機の体系は社会が発展する道を指し示すし、それゆえに制度的枠組みが作り出したもろもろの機会を利用するために成立する組織の種類を決定する。このようにして、もし我々が生産的な経済活動を生み出すような法律や規則を持っているのなら、我々は商会とか会社のような組織が、そのような機会を利用するために出現してくるのを当然のことと考える。そして最も重要なことは、それらの組織のなかの個々人はそのような法律と規則を永続化させることにかかわりを持つのである。このように特定の制度に対応しようとして生じた組織は、今度は自らの生き残りのためにその制度の維持に依存するような強力な利益集団となる。

　しかし相互依存の道に向かっていく、さらに強い力がおそらくあるだろう。行為規範の非形式的制約は認識可能な信条体系から派生し、そしてそれゆえ、所与の制度的枠組みを支える補強材となる。その理由によって、変化は漸進的となり、革命は起こったとしてもその言葉が含意するほど革命的ではなくなる。形式的規則が一夜にして変えられるのに対して、非形式的制約は変化に対してはもっとかたくなであり、急激な変化には力強い障害物となる。このようにし

て経済成長と自由の伝統は、それを維持する固有の支えを内に持つことになる。それはちょうど、経済停滞と中央集権化された官僚的統制を有する全体主義的支配の伝統が、ひとしく永続化に向けての（全体主義的支配に合致した官僚制からの）力強い組織的支援を持つことと同じである。それゆえに支配者が、たとえ経済の行く道を停滞から成長へと方向転換したくても、支配者たちは深く根をおろした既存の利害からの手強い抵抗に直面するであろう——ちょうど多くの支配者が、過去および現在において発見してきたように。

≪Ⅶ≫　西洋のパラドックス

　我々は、いまや西洋のパラドックスを解明するにいたった。我々の理解には依然として欠陥もあるし、解明すべき難問も残っている。そのうえ、より完全な論述であれば、経済が成長し自由が発展していく時に何が失われていくものなのかについても、一層の注意を払うものなのであろう。いままで述べてきた変化の過程で、自らの置かれた状況を悪化させていった——たいていの場合、過程の途中から——敗者になった者がいるからである。しかし概して、人間の物質的諸条件と個々人の安全と市民的、政治的、宗教的、経済的活動の領域における諸権利は改善した。

　我々は社会の制度的、組織的構造に焦点を当てたので、経済組織と政治的組織との間の相互作用を探究できる。この探究は、その組織の参加者の多様な考えによって作られた変化、あるいはそれらの人々の外部にある力によって作られた変化の文脈においてなされるのである。中国とイスラームという最も可能性のあった候補者たちの失敗は、我々が何を問うべきかの方向を指し示している。中央集権化された政治的統制は、選択の幅を制限する。つまり政治的、経済的決定の長期的結果に関しては、見通しが効かないという不確実性の文脈において追及されるべき選択肢を制限してしまうのである。経済成長および究極的には人間の自由に不可欠な環境を作りだしたのは、大規模な政治的、経済的秩序がなかったことによる。競合的で中央集権化されていない環境の中で多く

第一章　西洋のパラドックス　31

の選択肢が追及されて、オランダやイングランドのように成功を収めた国もあれば、スペインやポルトガルのように失敗した国もあるし、フランスのように両極端の間をさまよった国もある。しかし論述の鍵となるものは、追及された選択肢の多様性と（単一的に統一された政策に比して）経済成長を生み出すことになった蓋然性の増大なのである。西ヨーロッパにおける相対的な失敗でさえも、ヨーロッパの発展において本質的な役割を果たし、競争の圧力を保有するがゆえに中国やイスラームよりも成功したのである。

　最後の点は特別の強調に値する。断片化されている政治体の間の激しい競争の結果が特に創造的な環境を作り出した。ヨーロッパは政治的に断片化されていたが、キリスト教世界から由来する共通の信条体系を持つことにおいても、そして交通網、一つの地域の科学的、技術的、芸術的発展がヨーロッパ中に急速に広がるような情報網を持つことにおいても統合された。オランダとイギリスを、ヨーロッパの他の地域から（それよりさらに少ないが中国とイスラームから）受けた刺激から孤立したかたちで成功物語として扱うことは、説明の重大な部分を見失うことになる。イタリアの都市国家、ポルトガル、ドイツの領邦国家はみなオランダとイングランドに遅れをとったが、しかし銀行業、芸術の発展、航海術の改善、印刷業などは、これらの国々がヨーロッパの進歩に明らかに寄与したことなのである。

　あとから振り返っているからこそ、より明確にわかるのかもしれないが、ヨーロッパ中世の初期における大規模な秩序が欠如していたのは、意思決定の源泉が都市や荘園、封建的階層の中にあったからである。この意思決定は文化遺産によって条件づけられた。そしてそれは、社会構成員たちの最初の認識を形成したのである。我々はヨーロッパ大陸における都市の役割から始めようと思う。

　中世の西ヨーロッパ都市は、イタリアの都市国家から、外部の侵略の脅威に対応して作られた要塞都市、地方的行政都市にいたるまで様々であるが、すべての場合においてそれらの発展の鍵となる要因は、それらの都市が外部の権威からどの程度の自律性を享受していたかということであった。その他の地域の

都市と比較してまず際立った要因であるのは、外部の権威からヨーロッパの諸都市が比較的自由であったことである。経済的機会は、秩序が以前よりも増加して、それゆえに取引費用が減少するにつれて生じたのだが、それと共に都市は新たな機会を利用できる立場にあった。それは例えばヴェネツィアやジェノバの地中海貿易であり、低地諸国の諸都市と北西ヨーロッパの間における羊毛と金属の貿易である。商業の拡大は、伝統的な貴族や王や聖職者とともに、新たな利益集団である大商人階級の成長をもたらした。諸都市は貴族や聖職者の抵抗にしばしば打ち勝って自由を獲得した。この往来の自由、自分の好きなものを売買する自由は、所有権のある程度の安全と同じくらいに経済成長に必要不可欠であった。プロテスタントの宗教改革は、歴史的には様々の分野で抑圧を加えたのだが、しかし別の自由への関心をもたらした。すなわちそれは良心の自由と人それぞれの礼拝の自由である。そして経済的自由、宗教的自由そして代議政治はたがいに交錯する問題となった。

11世紀から14世紀にかけての商業の拡大は、都市地域のみならず北西ヨーロッパと地中海世界を結ぶ商業ネットワークの発展をも生み出した。そして市、ギルド、商慣習法、(為替手形の使用を容易ならしめた)組織などの組織的枠組みは、政治的、経済的秩序の制度的枠組みを要求した。秩序は、都市内部における競争の規則の枠組みを創造することと同様に、政治的境界線を越えて交易を許す規則の成立とその実施を必要とさせた。

低地諸国の都市内における政治的、経済的秩序は、アンリ・ピレンヌの『低地諸国の初期民主主義』の中に見事に叙述されている[25]。ピレンヌの説は、繁栄しつつある都市経済内部において民主的秩序の制度的基盤が創られていく一例であるが、この制度的基盤は、ギルドの制約や政治的実権をめぐる貴族や下層市民たちの間の闘争によって徐々に覆された。しかしピレンヌによると「中世の都市民主主義は、特権層によって成り立っていたし、そしてそれ以外には成り立ちえなかった。彼らは万人に開かれている自由と平等の理想型を知らなかったし、知りえなかった」[26]。ピレンヌによるとこの民主主義は実利的であり、かつ民主主義と平等主義の知的裏づけを欠いていたがゆえに近代民

主主義とは異なるものであった。

　それは多分正しいだろう。しかしピレンヌが叙述していたことは、根本的な変化のおおもとであった。政治的な再構築と不可避的におこる内乱は、歴史上のいたるところで起こっていた経済的拡大の過程の一部分である。つまりこの闘争は、都市や新興利益集団の内部における闘争ばかりでなく、君主や支配者との関係においては対外闘争である。この章の継続的テーマを繰り返すと、変化とは圧倒的に漸進的な過程であり、それは既存の制度的枠組みのうえに新たに建設をしたり、修正を加えたりするとともに、広く行き渡っている信条体系によって制約されている。様々な政治的、経済的組織が発展し、相互に影響しあったことをピレンヌは彼の手法で描いているが、それこそまさに制度的、組織的な漸進的発展の過程なのである。進行しているのは民主主義の不可避的な勝利ではなく、政治的実権を握ろうとする闘争なのである。そして民主主義と平等主義についての近代的な感情を包含した信条体系に関しては、それは確かに都市においても農村においてもその時代の認識ではなかった。

　イングランドは、大陸とは異なる形での経済成長と自由の道筋を通って発展した。島国であることから、イングランドは侵略に対して大陸よりも脆弱でなく、また常備軍の必要性もより低かった。マクファーレンが明らかにしたように信条体系も違っていた。ノルマンの侵略は、英国が外敵の侵略に強いということの例外にはなったが、ノルマン人は大陸のどの国よりもより中央集権化された封建的構造を作り上げた。しかし「マグナ・カルタ」が証明しているように、王権は、その憲章の文言を書き取らせた封建領主、都市や外国商人そして隷農たちの伝統的諸権利（libertas）を踏みにじることはなかった。イングランドの政治的制度は、またいくつかの重要な点において大陸の隣人たちのそれとは異なっていた。最も重要なことは議会の統一性であった。イングランドには全国的な規模の議会は一つあるだけで、フランス、スペイン、オランダのような地方議会はなかった。議会は、都市、聖職者、貴族に分断されることもなかった。メイトランドは、次のように指摘している。「非常に初期の段階でおそらく初めのころから、都市民や自治都市の住民が騎士たちと同席したことは注

目に値する」[27]。

　大陸でもイングランドでも、荘園における農奴と日雇い労働者の地位の変化は断じて、彼らが下級の地位にいるという自覚の変化に起因していたのではない。むしろ、以前よりも長い借地契約、義務の低減、（西洋における）謄本による土地保有への移行は、むしろ次のような変化を反映している。すなわちその変化とは、第一に14世紀における人口減少の結果としての相対的労働力不足であり、第二に都市が職業選択の機会を提供するようになったことであり、そして第三にそこから帰結する労働力の獲得競争の激化である。

　秩序の相対的改善および、人口学的変化の結果としての市場や都市や貿易の発展と並んで、我々は君主たちの財政的危機を考察しなくてはならない。そのような危機は対立・闘争している政治的諸勢力がいたるところで戦争を行い、その戦費が増大した結果として生じた。君主たちはこうして起こった政治的、経済的変化において中心的役割を果たした。1200年から1500年の間に西ヨーロッパにおける多くの政治的諸勢力は、絶え間のない闘争や同盟と戦争に突入し、徐々に国民国家に発展していった。存続にとって決定的だったのは、その政治単位の規模というよりは、税収を増加できる能力である。歳入を現物で受け取ることは、支配者にとって従来からの慣習であった。そして実際、ある場合は臣下からの財と奉仕を現物で享受するために、支配者は宮廷を支配領地内のあちこちに移動させたのである。11世紀から14世紀の経済拡大の結果としての貨幣経済の発達によって、収入は貨幣化された。それから14、15世紀には人口減少から由来する土地賃貸料の激減の結果として収入は落ち込んだ。

　戦争の年は政府の費用は4倍にふくれあがり、戦争は局地戦であった。減少する歳入と増加する財政費用は、ヨーロッパの君主たちにさらに悪化するディレンマを与えた。習慣と伝統は、君主たちが下位の諸侯から不法に徴税することを制限していた。「マグナ・カルタ」が証明しているように、皆が受け入れている習慣を踏みにじろうとする王は反乱を覚悟しなければならなかった。王の家臣たちは、しばしば王に拮抗する力を持ち、彼らが一致協力するとより強力になった。さらに家臣たちは時には、外国の君主たちと結託して王を倒すこ

とができたし、時には倒したのである。それゆえに家臣たちへの増税は、王権を危機に晒すこともありえた。

　君主の自由の度合いが様々であるいっぽうで、彼らに利用可能な一つの選択肢は、我々が見てきたように、税収の見返りとして特権、すなわち所有権を授与することであった。商人たちは、貿易と商業が成長して都市や荘園の枠を越えるようになると、自分たちの生命と財産を自分で守る費用は、より大きな強制的権威の保護による方が少なくなることを理解した。そこで彼らは、保護してもらうために喜んで君主に税を支払った。

　脱税による歳入の損失を防ぐために、支配者たちは土地を譲渡したり、相続を許可したりする権利を承認した。これによってよりいっそう確かで有効な所有権が確立された。都市は毎年納税する見返りに、交易特権を認められた。外国商人は、歳入の見返りとして法的権限とギルドの制限からの免除を認められた。ギルドは王権に納税する見返りとして排他的独占権を獲得した。

　発展する国民国家間のいたるところでの競争は、深く浸透した変化の源泉であり、同様に、国家の内部にいる支配者たちに利用可能な選択肢を狭めることにもなった。競争は王権に、歳入の見返りとして、もろもろの権利と特権とを授与することを強いた。そして最も根本的には代議体（パーラメント・身分制議会・コルテス）に歳入の見返りとして、税率決定権と一定の特権を授与することを強いたのである。同じように国家間の競争は、被支配者たちに選択肢を提供した。それは被支配者たちが逃れることができたり、動産を持ち込むことができたりする他国であった。このように支配者たちの選択肢は制約された。

　しかしこの点において、話は多岐にわたるのである。ある団体はその地位を維持し、拡大させて代議政治の成長の基礎を作ったが、あるものは衰退するか消え去ってしまった。決定的だったのは、被支配者たちと向き合った支配者たちの交渉能力の発達であった。三つの考察が重要なものとなる。第一は、国家が財産保護をとりしきることによって、被支配者たちが実現することができる潜在的利益の大きさ。第二は、現行の支配者たちに取って代わる者が近くに控えていること、それはすなわち現行の支配者を引き継いで、同等（かそれ以上）

の便益を供給する（その政治的構成単位の内外にいる）ライバルの能力である。そして第三に、様々な課税の状態に応じて収益と費用を決定する経済の構造である。

　低地諸国においては例えば生産的な都市の経済は、まずブルゴーニュ地方の人々によって、その次にはカール5世によって与えられた政治秩序と所有権の保護によって実質的に拡大した。輸出貿易を基礎に打ち立てられた経済構造は、貿易業に対してたやすく課税する手段を提供したが、比較的優位な立場にある貿易業に逆の影響を与えない程度に課税したのである。しかしフェリペ2世の要求は、経済は独立によってのみ繁栄をし続けるという確信にいたった。国民議会の権威に基づいて抵抗が開始されて、1581年にフェリペ2世への忠誠破棄法を発布してそれぞれの諸州の独立を宣言した。

　とうとう北部の7つの諸州は、独立を達成することに成功した。結果としてできたアムステルダムとネーデルラントの経済的、政治的構造は、効率的経済組織のものでは多くの政治的、市民的自由の特質を伴ったものであった。新たに独立した国家の諸権力は、それは連合諸州として各州に与えられ、全会一致のルールに基づいていたが、それは国民議会が、（一つの構成単位として投票する）それぞれの州からの代表の全会一致の票を獲得しなければならないことを意味していた。プロセスは煩わしいけれども、この政治的構造は生きのこることになった。政治は、政治的代表と民主的決定の法則の要素を発展させたばかりでなく、宗教的自由をも支持することになった（これはスペイン王制とのあつれきの重要な原因であった）。連合諸州の事実上の政策は、宗教の領域における寛容の政策であり、その政策は、ヨーロッパのあらゆる地域からの宗教的非主流に属する移民を促進した政策であり、その多くの移民はオランダ経済の成長に貢献した。

　大陸と同じようにイングランドにおいても、伝統的な封建的収入が国家の全歳入に占める割合は減少しつつあった。イングランドの対外貿易は、歳入の増加をもたらした。それらは、ワイン、日用品、羊毛製品への課税を含んでいるが、王権の歳入増加の主力となったのは13世紀における羊毛貿易である。ア

イリーン・パワーの羊毛貿易についての古典的研究は[28]、その貿易に携わった三つの集団間の取引を叙述している。三つの集団とは、議会に代表されている羊毛生産者および繊維業者そして国王である。三者の合意の中で繊維業者は輸出貿易の独占とカレーでの貯蔵倉庫を獲得し、議会は課税権を手中にしたし、王権は歳入を得ることになった。ウィリアム・スタッブスはその取引を要約している。「法律を制定し、権利の乱用を査察し、国策の指導力を分担する諸権利の議会への認可はエドワード1世と3世に議会から寄付された金によって実際に購入されたも同然だった」[29]。

　イングランド王権はテューダー期にその権力の絶頂をきわめたが、フランスやスペインの王権がなしえた課税権の一方的統制をめざすことはなかった。ヘンリー8世による修道院の土地と財産の没収は、多くの貴族たちと聖職者集団の大部分を離反させて、結果として「ヘンリーは庶民院を必要として、彼はそれを入念な配慮をもって育成した」[30]。次のスチュワート王朝が、テューダー王朝が種まきしたものを踏襲し、国王と議会との論争を進展させたことは、よく知られた話である。この論争における二つの側面は、この分析にとって注目に値するものである。一つは国の最高法規としてコモン・ローをより高く評価することであり、それはエドワード・コーク卿によって顕著に表されたものである。もう一つは自由の否定と独占との結合関係である。それは、独占的特権の認可が王権において具現化されたものであった。ディビッド・ハリス・サックスを引用すると「自由の概念は、国家権力の理論の成長に対抗するかたちで成長した。国王権力は経済的独占を創造することにおいて具体的な表現を見いだしていた。独占への不平に焦点をあてることによって、個人の権利の保護と公共福祉との保全との間の力強い知的結合が強く維持された」[31]。

　対照的にスペイン王権は、絶対君主に発展した。アラゴンとカスティリャは、両地域ともフェルナンドとイサベルの治世下において現れた国民国家を形成しているが、それぞれ非常に異なっているのである。（バレンシア、アラゴンとカタルーニャからなる）前者は、13世紀の後半にアラブからの再侵略を受けて、商業の中心地になっていた。コルテスは、商人の利益を反映し、そして公的分

野において重要な役割を果たした。もしアラゴンが、スペインの未来を決定していたとするのならば、その歴史はたいへん異なるものとなっていたであろう。しかしカスティリャは、相変わらずムーア人との戦いと内部抗争に明け暮れていたが、そのような強力な商人団体の伝統を持っていなかった。コルテスは、相対的に影響力が弱く、そしてイサベルは手に負えない貴族たちや教会政策までも統制することに成功した。まさしくカスティリャこそ中央集権化された君主制となり、その結果として官僚制がおこり、スペインの（そして究極的にはラテン・アメリカの）制度的発展を決定づけたのであった。

　スペインが主導権を握った時代は、ハプスブルク帝国からの収入と新世界の財宝によって可能となったが、これらの財源からの歳入が減少するにつれて、王権は必然的に自暴自棄的なやり方で課税と没収を行い、破滅的結果を引き起こした。経済的独占と中央集権的統制は、手に手をとり合って進んだ。スペインの辿った道は、永く続いた。そして3世紀にもおよぶ経済停滞と政治的不安定につながった。それが終焉を迎えるのは20世紀半ばにおけるフランコ政権の崩壊に至ってからであった。さらにスペインの遺産は、一連の制度や組織をラテン・アメリカの新世界にも引き継いだが、それらは持続的な経済成長や政治的、市民的自由のいずれをも生み出さなかった。

　一方でネーデルラントとイングランド、他方をスペイン—そしてフランス—とする多岐にわたる発展は、直接的には被支配者と支配者の異なる取引能力、およびその取引能力に関する以下の三つの重要な根源に由来する。第一に、それが財産権の保護をとりしきっている国家の構成諸集団が得る利益。第二に、現行の支配者にとって代替者が存在しやすいこと。第三に、様々な税制のあり方を決定する経済構造。そして我々は、多様な条件を生み出す特殊な地理的、経済的、制度的パターンを順にたどることができる。取引能力が変化の直接の源であるが、それは完全な源ではない。そして、信条体系によって演じられた補足的役割を無視することは誤りであろう。西ヨーロッパは、ラテン・キリスト教国の最初の共通した信条体系を持っていた。しかし、その信条体系はヨーロッパ各地で種々多様な経験の結果として発展した。ネーデルラントとイング

ランドでは、その経験は自由の近代的理解につながる方向に信条体系の発展を促進した。対照的にスペインの経験は、経済活動への伝統的な下級貴族の反感ばかりでなく、中世的階級秩序を強調する信条も恒久化させた。

　イングランドにおける信条体系の発展は、J. H. ヘクスターのこのシリーズの別巻の序文に最もはっきりと描かれているが、その中で彼は、1500年のイングランドの中世的自由と1628年に議会で制定された権利の請願とを比較している。前者は「その要求を持っていた人々のために法の保護の下でなされる不定形の個々の要求」であり、後者は「その根底において自由と関連を持つ」[32] 請願である。その請願の制定は、我々が現代世界で知っているような近代的自由 (freedom)・真の自由 (liberty) の方向に歩み出した決定的な第一歩であった。

　もろもろの中世的自由への到達方法は、社会の階層的構造によって決定された。つまり農奴たち、奴隷、隷農、農奴その他の従属民は自由へと到達することから除外されていた。対照的に権利の請願は、すべてのイングランド人のために（議会によって制定された）法によって保護された一連の権利を確立した。個人のもろもろの権利についての認識は、身分に関する中世的見解から、生まれながらに自由である17世紀のイギリス人の見解にいたるまで、様々に変わってきたが、その認識は、1500年から1628年の間の信条体系の発展を反映している。ネーデルラントとイングランドに存在した特別な条件とその信条体系とがうまく結合して政治と経済との制度的発展につながった。それはまた、プロテスタントの宗教改革のみならず、発展しつつある信条体系をも生み出した知的変革を育成し、そしてその帰結として、経済成長と自由の発展の両者に貢献する行動様式を育成した。スペインにおける対照的な状況は、既存の制度的構造を補強し、かつ経済成長と政治的、市民的自由を窒息させるような形で信条体系の形成を促した。フランスでは、これほどではなかったけれども、状況は似たり寄ったりであった。

　信条体系と外的環境との間の相互作用は、直接的に政策や選択を形成し、それらを支える理論的根拠を供給した。つまりこれまでの話は、我々を近代的自

由の発展における中間地点まで連れてきたのである。最終的には自由の理念は独立した役割を果たしたのである。ホッブズ、ロックやスコットランド啓蒙思想家たち、そして大陸におけるモンテスキューのような人々から、一つの力強いイデオロギーが徐々に発展して、それは世界を再形成することになった。しかし、それはまた別の話なのである。

私の研究助手であるブラッド・ハンセンから、この章の執筆にあたり一貫して真摯な貢献を受けた。プリシラ・スコットにはしばしば適切な励ましと助言を頂いた。アブナー・グライフ、フィリップ・ホフマン、ジョエル・モウキー、そしてジョン・ナイの各氏にも初期の草稿に目を通していただき、貴重な意見を頂戴した。

注
1. Douglass C. North, *Structure and Change in Economic History* (New York, 1981), chap. 8 〔ノース『文明史の経済学』中島正人訳、春秋社、1989 年〕.
2. Charles Previt-Orton, *The Shorter Cambridge Medieval History* 1 (Cambridge, 1960): 442–45.
3. Joel Mokyr, *The Lever of Riches* (New York, 1990), chap. 3.
4. R. DeRoover, "The Organization of Trade," in M. M. Postan, E. E. Rich, and E. Miller, eds., *The Cambridge Economic History of Europe* 3 (Cambridge, 1965): 46–70.
5. Richard Bean, "War and the Birth of the Nation State," *JEH* 33 (1973): 203–21.
6. Douglass C. North, "Institutions, Transactions Costs and the Rise of Merchant Empires," in J. Tracy, ed., *The Political Economy of Merchant Empires* (Cambridge, 1991), 22–40.
7. Paul Milgrom, Douglass C. North, and Barry Weingast, "The Role of Institutions in the Revival of Trade: The Law Merchant, Private Judges, and the Champagne Fairs," *Economics and Politics* 2 (1990): 1–24.
8. Max Weber, *The Protestant Ethic and the Spirit of Capitalism* (New York, 1958)〔①ウェーバー『プロテスタンティズムの倫理と資本主義の精神』梶山力訳、安藤英治編、未来社、1994 年、②ヴェーバー（同）大塚久雄訳、岩波書店、1991 年、③ウェーバー（同）梶山力訳、有斐閣、1946 年〕.
9. R. H. Tawney, *Religion and the Rise of Capitalism* (New York, 1926)〔トーニー『宗教と資本主義の興隆　上・下巻』出口勇蔵・越智武臣訳、岩波書店、1959 年〕.
10. James Coleman, *Foundations of Social Theory* (Cambridge, MA, 1990), 6.
11. Alan Macfarlane, *The Origins of English Individualism* (Oxford, 1978)〔マクファーレン『イギリス個人主義の起源』酒田利夫訳、南風社、1997 年〕.

第一章　西洋のパラドックス　41

12. Avner Greif, "Reputation and Coalition in Medieval Trade: Evidence on the Maghribi Traders," *JEH* 49 (1989): 857–82; id., "Cultural Beliefs and the Organization of Society: Historical and Theoretical Reflections on Collectivist and Individualist Societies," *Journal of Political Economy*. 5 (1994).
13. Timur Kuran, "The Economic System in Contemporary Islamic Thought," *International Journal of Middle East Studies* 18 (1986): 135–64.
14. Ernst Benz, *Evolution and Christian Hope: Man's Concept of the Future from the Early Fathers to Teilhard de Chardin* (Garden City, NY, 1966).
15. Lynn White, *Medieval Religion and Technology* (Berkeley, 1978).
16. Joseph Needham, *Science and Civilization in China* (Cambridge, 1954–88)〔ニーダム『中国の科学と文明』、思索社（全11巻）〕.
17. R. M. Hartwell, "Markets, Technology and the Structure of Enterprise in the Development of the Eleventh Century Chinese Iron and Steel Industry," *JEH* 26 (1966): 29–58.
18. Eric Jones, *The European Miracle* (Cambridge, 1981)〔ジョーンズ『ヨーロッパの奇跡』安元稔・脇村孝平訳、名古屋大学出版会、2000年〕.
19. Eric Jones, *Growth Recurring* (New York, 1988).
20. Karl Wittfogel, *Oriental Despotism* (New Haven, CT, 1957)〔ウィットフォーゲル『オリエンタル・デスポティズム』湯浅赳男訳、新評論、1991年〕.
21. Andrew Watson, "The Arab Agricultural Revolution and its Diffusion, 700–1100," *JEH* 34 (1974): 8–35.
22. Claude Cahen, "Economy, Society and Institutions," in P. M. Holt, A. K. S. Lambton, and Bernard Lewis, eds., *The Cambridge History of Islam* 2 (Cambridge, 1970): 511–38.
23. Maxine Rodinson, *Islam and Capitalism* (New York, 1974), chap. 4.
24. William McNeill, *The Rise of the West* (Chicago, 1963), 556.
25. Henri Pirenne, *Early Democracies in the Low Countries* (New York, 1963).
26. Ibid., 168.
27. Frederic W. Maitland, *The Constitutional History of England* (Cambridge, 1963), 175〔メートランド『英国憲法史』高田勇道訳、明玄書房、1954年〕.
28. Eileen Power, *The Wool Trade in English Medieval History* (New York, 1965)〔パウア『イギリス中世史における羊毛貿易』山村延昭訳、未来社、1966年〕.
29. William Stubbs, *The Constitutional History of England* (Oxford, 1896), 3: 599.
30. G. R. Elton, *The Tudor Revolution in Government* (Cambridge, 1953), 4.
31. David Harris Sacks, "Parliament, Liberty, and the Commonwealth," in J. H. Hexter, ed., *Parliament and Liberty from the Reign of Elizabeth to the English Civil War* (Stanford, 1992), 86.
32. J. H. Hexter, "Introduction," in Hexter, *Parliament and Liberty*, 2, 1.

第二章　自由とギリシア人

マーティン・オストヴァルト

　「自由」の概念は「非自由」の反対物としてのみ正しく形成されうる。これは今や疑問の余地のないことと思われる真実である[1]。しかしながら、このことは「非自由」のそれぞれの形態が、その反対物として対応する「自由」を持つということを含意しない。「非自由」は「自由」よりずっと多くの外観を呈するのである。「非自由」が「自由」を生み出すのか、それとも「自由」が「非自由」を生み出すのかを決定するのは不可能である。もし我々が「非自由」を、社会的にであれ経済的にであれ、あるいは政治的にであれ、ある人間の他の人間に対する依存を示すものととるなら、それは遠い昔から人類の間に存在していたと考えることができよう。それゆえ、明示的にであれ暗示的にであれ「自由」と「非自由」の区別を、最も初期の文字資料が保存された時代から発見することが可能である。記録に残る全ての社会において、それはギリシア社会も含むのだが、最も初期の証拠が、「非自由」と「自由」の区別は諸個人の身分における違いを示すためにのみなされたことを示している。自由の概念に対するギリシアの貢献は、この概念を初めて諸個人から国家である共同体へと拡張したという点でユニークである。ギリシア人は政治的自由を二つの意味で発展させた。対内的にはギリシア人は、ある国家が専制君主に支配されていなければその国家を自由であると見なし、対外的には、外国に支配されていなければその国家を自由であると見なした。

　この発展をたどることがこの章の目的である。その時間的範囲は、ミケーネ

時代のいわゆる線文字 B 文書（およその時代確定は紀元前 1450-1200 の間とされる）におけるギリシア語の最初の登場から、古典期の終わりにまでわたる。古典期の最後の代表的人物はアリストテレスであり、彼は紀元前 322 年に死んでいる。ミケーネ文書の後で我々が「自由」「非自由」の区別の発展に出会うのは、ホメロスの叙事詩においてである。この叙事詩は、我々の時代にまで語り継がれてきたその形式が、紀元前 7 世紀中頃までには形成されていたのであるけれども、しかしミケーネ末期の状況を反映していると信じられている。その次に来るのは、前 6 世紀初期における、社会と国制の偉大な改革者ソロンに始まり、およそ紀元前 490 年のペルシア戦争前夜までの期間である。ペルシア戦争から 5 世紀の終わりにかけての期間は以下で考察されるが、我々の目的にとって最も重要で決定的な期間である。なぜならそれはアテネ帝国の発展と同様、アテネの民主制の開花をも含むからである。最終節は 4 世紀のために充てられる。アレクサンドロス大王の教師であったアリストテレスの著作活動が、最も盛んであった時代である。

　議論を始める前に、二、三の言語的曖昧さが払拭されねばならない。自由に関する明晰で影響力のある最近の議論においてオーランド・パターソンは、奴隷制が自由の観念を生み出したということ、とりわけ「西洋における〈人間一人ひとりの〉自由に対応した社会的なあり方に、女性が決定的な役割を果たした」[2] ということを示そうとしている。それを証明するのは、パターソンが理解しているよりも困難である。まず第一にフィンリーが、「奴隷」は古代ギリシア語において統一的な概念ではないことを証明した[3]。したがって「奴隷」を統一的概念でくくるのは、どの「非自由」の形態が「自由」を生み出したのかという論点をあいまいにすることになる。第二の問題は、我々が「freedom」と「liberty」をほとんど区別なく使っていることであるが、それに対してギリシア語はただ一つの用語〈eleutheria〉、またはその形容詞形か動詞形 (eleutheros, eleutheroun) しか使わない。したがって「自由」(freedom) はこれ以降、〈eleutheria〉に対応する英語として、「奴隷」(slavery) は逆に、ギリシア語の〈douleia〉に対応する英語として使うことにする。

≪I≫　ミケーネとホメロス

　最も初期の文書においては「自由」(free) と「奴隷」(slave) の間に明示的な対照はみられない。事実、線文字Bの書字板は男女の「奴隷」のことを、彼らのする仕事の種類としてのみ語っているし、「奴隷」の語の次にたいてい属格が続くという事実は彼らの依存的身分を指し示している[4]。「奴隷」と自由人の間の明らかな相違はどこにもみられない。事実、いわゆる「自由」に対応する語はその書字板には全く見られないのである。〈ereutero/a〉 (eleutheros/a) の語がピュロスで発見された稀な例においては、それは「（麻織物の）公的評価額から自由に割引される許容度」、「専売特許」[5]を指していると思われる。それは明らかに経済用語であり、社会的政治的意味を欠いている。「奴隷」については、その文脈は反意語を何ら示していないので、そこから「自由」の初期の意味を推論することはできない[6]。

　ホメロスの詩は一般的に、紀元前9世紀末から前8世紀の初めにかけての状況を反映していると考えられている。しかしそれが十分に奴隷の使用を立証しているにもかかわらず、〈doulos/ē〉の語が奴隷を指すために使われるのは稀である。奴隷がなす機能によって奴隷として識別する、他の様々な用語のほうがもっと一般的なのである。同様に、〈eleutheros〉という言葉のありかたも稀であった[7]。これら二つの言葉は書字板にはほとんど用いられないのだが、しかしそれらは個人の社会的身分を表すものである。とくに戦争の結果によって個々人が得る身分・陥る身分を述べているということは明らかである。女性はその夫が戦死し、都市が占領され、自分自身が敵の戦利品となるとき、その「自由な日」(eleutheron ēmar) を失い、「奴隷の日」(doulion ēmar) を始める[8]。この事態が生じたとき、その捕虜となった女性は奴隷となり、時にはその征服者の妾となる（『イーリアス』3.409）。――その男によって子すら生まされることもある（『オデュッセウス』4.12）。しかし男性も、彼らの身分の格下げという形態において「奴隷の日」を経験することがある[9]。侵入者が首尾よく撃退された時、それを祝うために「自由の混酒器」がふるまわれるのだが（『イー

リアス』6.528)、おそらく社会の全員が属する身分の保全を祝うというよりは、その身分を失わずにすんだという喜びを表現するものであったろう。「奴隷状態」(doulosynē) は、エウリュクレイアが監督する、羊毛を梳る50人の女性の運命であり(『オデュッセウス』22.423)、オデュッセウスはラエルテスの「奴隷のような格好」が王族の物腰を隠すと述べている(『オデュッセウス』24.252)。

　奴隷に割り当てられた仕事の種類は、奴隷でない者の労働によってなされた仕事と著しく異なることはない。それと同じように、「自由」というものは上流階級の者をより下の階級の者から識別することにおいて、貴族の家系(oikos)であるという指標ほどはっきりとした特徴ではない[10]。同様に、『イーリアス』や『オデュッセイア』とおおよそ同時代であるヘシオドスの詩においても、「自由」と奴隷の言葉は見いだされない。奴隷が一般的に存在し、彼らの墓所が別に作られていたというその時代の考古学的証拠にもかかわらず、そうなのである。ヘラクレイトスの断片は、ホメロスのいう自由－奴隷の概念に似たものが、ギリシア世界の一部の地域で前5世紀初期まで続いたことを示している。ある人間を奴隷にしたり自由にしたりしてしまうのは戦争である。それは戦争によって、ある者が神であり他の者が人間であるとされるのとちょうど同じである[11]。しかしヘラクレイトスの時代までには、自由人のアイデンティティーははっきりと識別され、重要な概念となっていた。

≪Ⅱ≫　ソロンからペルシア戦争前夜

　ソロンの詩によれば、広範囲に及ぶ経済的発展は、アテネ人の多くを占める、主として農業従事者の社会的政治的身分にかえって不利に影響した。ソロンは紀元前594年の改革を通じてその回復をめざした。そうすることによって彼は、「自由」(eleutheria) の範囲を拡大することに大きく貢献したのであった。明白に論証できるわけではないが、ソロンの思想は他のギリシア世界のものよりも進んでいたと思われる。レスボス島、アモルゴス、メガラといった遠く隔たった場所の、およそ同時代の証拠によって、「自由」が、ホメロスの時代には

立証されていない範囲まで拡大されていたということがわかる。

　レスボス島から発見されたアルカイオス（紀元前620年ごろ生まれ）の詩の断片は、価値あるものである。そこにおいて彼は、彼の政敵ピッタコスを攻撃している。父親が飲んだくれのトラキア人であるにもかかわらず、「貴族の両親のもとに生まれた自由人」というイメージをピッタコスが作り上げたためである[12]。ここから次のようなことが推論されうる。彼と同時代のレスボスにおいて、「自由」人は、自由でないとは必ずしも思われない他の者たちの中で、その高い社会的地位を享受した、ということである。確かにこの文脈において、自由人に対比されるような非自由人は存在しない。しかし野蛮な飲んだくれに優る、貴族の家系に属するという点で自由人は社会的に区別されるのだ。自由人は教養のある人物なのである。ホメロスが、メネラウスは女奴隷との間に息子を持っていた（『オデュッセウス』4.12）という事実を重視しなかったのに対して、ここでは自由と隷属は、はっきりと区別された社会的身分なのである。

　このことの否定的側面は、アモルゴスのセモニデスの詩（紀元前600年ごろ）に見られる。彼は女性を類型化し、動物で象徴させた。その中には、「奴隷の仕事」や苦痛を避ける、か弱い雌馬から生まれた婦人、というのがある[13]。上流社会階級に生まれた彼女は、奴隷労働によって自分の品位を傷つけたくないのだ。このような心情は、ソロンの一、二世代後であるメガラのテオグニスにおいて、ホメロス的な調子で繰り返し述べられている。彼はテーバイでの流浪中でも、貴族的振る舞いを保持し続ける。彼は故郷を失わない。流浪によって彼は「奴隷」となったりはしないし、それに彼は、「奴隷の日」を過ごしたことのある少女に、彼の出自をからかわせておいたりはしないであろう（1210-15）。しかしまた、道徳的特徴が「自由」と「隷属」に関係するようになる新たな次元がある。彼は、決して友人を見捨てたことはないから、魂において「奴隷的なもの」は何もない、と誇る（529-30）。また、悪い付き合いによって堕落したある少年との関係が終わったから（1377-80）、今や彼は「自由人」のように振る舞うことができる、と誇るのである。テオグニスはデモクレスに警告して、浪費家は自らの人生を「奴隷のごときもの」にすることもありうる

と言ったのだが、彼はその言葉に道徳的意味だけでなく、ソロンのものとほぼ同様の経済的含みをも持たせている (921-28)。それと対照的な人物像は、自分の胃袋に「自由人の食事」(eleutherion siton) を決して与えないひどいけちんぼうである (915-16)。「自由人の食事」とは、社会的意味での「自由」というより、「寛大な」とか「雅量のある」という道徳的意味合いを持つ語である[14)]。ギリシア文学において初めて形容詞形の eleutherios が見られるのは、テオグニスにおいてである。実は彼は、奴隷というものを、生まれながらに自由とは逆のものであるとさえするに至るのである。「奴隷の頭はまっすぐに伸びない。それは常に、傾いた首の上で曲がった状態にある。海葱からバラやヒアシンスが育つことがないように、奴隷の女から自由で雅量のある子（teknon eleutherion）が生まれることはない」(535-38)。

ソロンの時代において、「自由」が、このような含意またはそれに近いものをすでに持っていたということを、我々はただ想定しうるのである。ソロンの詩は、他の古風な詩人の遺文よりもいっそう社会的な用語を含んでいるのであるが、それらはあまりにも断片的なので、何が彼に独自で、何が同時代人と変わらなかったのかを示すには至っていない。彼が彼以前の者と違っているのは、我々の知る限り、彼が、「自由」と「隷属」を明確に対比させ、両者を比喩的な意味で使う初めての詩人である、ということである。これが、従来からの言い回しという偶然によるものなのかそれとも根本的に新しい思考の表われなのかはわからない。

「自由—隷属」の対立はたった一つの詩にのみ残されている。そこでソロンは、彼の経済基準、〈seisachtheia〉（「重荷おろし」）の達成を祝い、〈seisachtheia〉により大地を「自由にした」と主張するのである。大地は、以前は「奴隷状態」にあったのだが、大地を押さえつけていた抵当石を取り除くことによって、大地を自由にしたと言うのである。同じ詩においてさらに彼は、「合法的に、または非合法的に海外に売られた多くの者、または外国に逃げた者、負債に縛られて逃げ出した者、つまり多くの場所を放浪して、もはやアッティカ語を話すことのできない者をアテネに連れ戻した」ことを自分の手柄にしている。

「そしてさらに、この故郷において、品位を落とす奴隷状態に束縛され、主人の気紛れに怯えていた者を私は自由にした」[15]。

　読者はすぐにお気づきであろうが、「隷属」と「自由」がここでは、個人に関してのみ使われているのではないということである。それらは大胆な暗喩において、「奴隷状態」から「解放された」、擬人化された大地にも適用されている。それは、落ちぶれた「奴隷状態」から本国において「解放された」者との並置を通して説得力を得るイメージである。二番目には、「自由」と「奴隷状態」が、共通の運命によってひとまとめにされる集団の属性であると、ここで初めて、残された証拠により暗示されているということである。これら二つが劇的に並べて置かれているということの意味は、「奴隷状態」が、大地とそこに住む人間の集団両方の自然状態の堕落になっているということである。そして、「自由」は両者を本来の状態に回復させるのである。自由はこのように、それ以前の思想においては見ることのできない、ある政治的価値を吹き込まれたのである。

　残念なことではあるが、この詩こそ、ソロンが救済した緊急事態の本質を理解するための、我々の主要な資料なのである。それは、アリストテレスの『アテネ人の国制』第2章とプルタルコスの『ソロン』13章3-4から拾い集められた資料によって補足される。これらの資料から次のことが明らかである。農民の困窮が問題の根に横たわっており、ソロンはそれを、土地の抵当（horoi）を取り除くことで救済し、そしてある種の負債のゆえに自由を失った人々に、その自由を取り戻させた。彼らの負債の正確な性質や彼らが自由を失った理由は、はっきりわからないままである[16]。しかし確実に言えることは、貧富の差が拡大したということである。おそらくその原因は、〈hektēmoroi〉と呼ばれる自由人が、富裕な土地所有者に対して、物納小作人としてあるいは通常の借り手として負債を負ったことにある。しかしその結果彼らは土地と、人身の自由を失ってしまったのだ。その土地において奴隷となるものもあれば、外国に奴隷として売られていくものもあり、あるいは逃亡してしまうものもあった。彼らの債務不履行の理由は、金持ちの強欲に起因するとソロンは考えている。

人々の先頭に立つ者の性根は腐敗している。多くの悲痛な苦しみが、彼らの非常な傲慢の結果として彼ら自身を待ち構えている。彼らは自分の強欲をどう抑えるかを知らず、宴会で出されるご馳走を静かに楽しむことを知らない……彼らは不道徳な行為に誘惑されて金持ちになるのだ。聖なる土地、共有地にかまうことなく、彼らは可能なあらゆるものから泥棒のように盗み、そして正義の女神の崇高な台座を顧みることさえしない。正義の女神は沈黙のうちに、何が行われているのか、何が行われてきたのかに気づいており、時期が来れば確実に償いをさせる。これは都市全域に、誰も逃れることのできない苦しみとしてやってくる。そしてあっという間に全域を堕落した奴隷状態に至らせ、この奴隷状態は彼らを眠りから起こして互いに敵対させ、ひいては内戦を起こすのだ[17]。

これが、ソロンの改革前の状況に関する彼の考えを述べている、詩の唯一の断片である。一方、改革の数十年後に書かれたものと思われる二つの断片では、彼は人々に「奴隷状態」について警告しているようである。すなわち人々は、自分たちの問題の処理を一人の人物、おそらくは僭主ペイシストラトスに預けてしまうことによって、「奴隷状態」に転落してしまうこともありうるのだ[18]。「都市は偉大な者たちの手によって崩壊する。人々はその無知によって、ただ一人の支配者に対する奴隷状態に陥る」(9.3-4)。そして「もしあなたが自分自身の無能のためにひどく悩んでいるなら、続いて起こるあなたの運命を神々のせいにしてはいけない。支持を与えることでこれらの者たちの権勢を高めたのはあなたであり、あなたが堕落した奴隷状態に陥ったのはそのためなのである」。これら二つの文において、「奴隷状態」を文字どおりに取ることは難しい。結局のところ、社会の個々の構成員は、僭主政の下でも自由人としての身分を享受したからである。「奴隷状態」に落ちぶれたのはむしろ、実際の力を奪われそして一人の男の気紛れに服してしまっている、一つの全体としての人民の身分である。その意味は、主人―奴隷関係の暗喩的拡大と取られるかもしれないが、しかし、「奴隷状態」は明らかに十分な意味での政治用語になった。そ

の積極的側面においては、「自由」な者とは、政治的に彼自身の運命の主人でありそして一人の支配者の気紛れの対象ではない者、と推定することができる。自由人は市民であり、そして市民は共同体（ポリス）の必要不可欠な部分なのであって、自身の目的を決定する能力を有しているのだ[19]。

　僭主や君主に服する人々の「奴隷状態」が――そしてその付随する概念である、僭主政から解放された共同体によって経験される「自由」の概念が――ソロン以後のギリシアにおいて概念化されたという証拠は、その後1世紀以上に渡って見いだされない。そのような証拠がペイシストラトスの僭主政――この僭主政はソロンの改革後30年ほどアテネを支配した。そして前述のように、その時ソロンは生きていたかもしれなかった――の時代から我々にまで伝わるはずがなかったというのは、驚くべきことではない。僭主政下における臣下の状態を「奴隷状態」と呼ぼうとする言論の自由など存在しないであろう。この種の記述が可能になるのは、後の世代による回顧というぜいたくを通してだけなのである。紀元前514年における、僭主政を終焉させる初の真剣な試みの後でさえ、「暴君殺害者」ハルモディウスとアリストゲイトンは、アテネに「政治的平等」（isonomia）をもたらしたと称揚されたのであって「自由」をもたらしたと讃えられたのではない[20]。その半世紀以上後に書かれた、アテネの歴史についてのヘロドトスの記述に至ってはじめて、アテネの僭主政の打倒は、「自由」、それも「自由な言論」（isēgoriē）とハイフンでつながれて一つの言い回しになっている自由、これを導いたと言われるのである[21]。

　しかしながら、僭主政の終焉は、サモス島においては「自由」の確立に相当するものと考えられていたことを示すものが一つある。ヘロドトスによれば、サモスの僭主ポリュクラテスの副官マイアンドリオスは、紀元前522年にポリュクラテスを継承して、「はじめに祭壇を建て、そのまわりにゼウス＝エレウテリオス（＝自由の保証人ゼウス）のための聖域を造った。それから集まった人々に、「ポリュクラテスのような、人々に対して横柄に振る舞うやり方は彼の好むところではない」と宣言した。マイアンドリオスは政治的平等（isonomiē）と権力に参加する権利を全ての者に与えると宣言し、彼と彼の子孫には、ポリ

ュクラテスの所有物からわずかに6タラントと、ゼウス＝エレウテリオスの司祭職だけを残した。「ゼウス＝エレウテリオスの聖域を私自身が建立した。他ならぬ諸君に、私は自由を与えるのだ。」（ヘロドトス 3.142）。幾人かの近代の研究者は、類似の教団が50年ほど後まで見られないことを根拠に、その教団設立の史実性を疑ったが、我々はそれを信じることにする[22]。我々の唯一の資料、ヘロドトスは、その出来事の50～60年ほど後にサモス島を旅行したとき、マイアンドリオスまたは彼の子の同時代人からその教団について聞いていたのであろう。その祭壇はサモスの「郊外に今はある」（3.142.2）という彼の記述は、彼がそれを見て、そしてその由来をサモス島の人から聞いたことを暗示している。そのうえ、マイアンドリオスの行動については他の解釈も可能かもしれない。彼がポリュクラテスによって行われた「専制」（despozōn）に難色を示した限りでは、マイアンドリオスは、自分がサモス島の人々のために切望した状態を「自由」と見なしたのであろう。ちょうどソロンが、負債から解放させた人々をそう見ていたように。しかしながら、僭主の失脚後人々によって獲得された「自由」の概念が、ギリシア世界の他の地域に根づく前にサモス島に存在した、という可能性を我々は無視するわけにはいかない。そうであるならば、ヘロドトスによって語られたマイアンドリオスにまつわる話が、僭主の死亡後人々によって達成された状態としての「自由」についての、我々の手にする最も古い証拠なのである。

≪Ⅲ≫ ペルシア戦争とその影響

「自由」の観念に対するギリシア人の最も顕著な貢献すなわち「自由」の政治的次元というものは、古代近東から我々に伝えられてきた資料にはみられない——または少なくとも未成熟に終わった。全ての古代地中海文明において奴隷制は普遍的現象であったので、主人と奴隷の区別だけでなく自由人と奴隷の区別も普遍的に認識されていたことはほぼ疑うことはできない。とはいっても、認識されていたということは両者の区別が明確であったということを自動的に

は意味しない。

　古代メソポタミア法典は奴隷とくに女奴隷、およびそれとその主人の間にできた子供奴隷の扱いについての条項であふれている[23]。しかしハンムラビ法典[24]における〈awēlum〉——たいてい「君主（領主）」と訳される——に対して特別の注目が与えられていたことを別にすれば、「自由」な者に対する特別な名称はないようである。政治的意味における「自由」な者の概念はない。それどころか、ペルシアの専制君主たちは彼らの臣下を奴隷のように見なしていた証拠がある[25]。ここでヘブライ人は例外である。彼らに関しては、我々は他のどんな近東の民族についてよりも、密度の濃い情報を持っている。第一に安息の年（『出エジプト記』21: 2）とヨベルの年（『レビ記』25: 10）という制度、つまり土地をその元の所有者に返し、奴隷を解放する制度により、奴隷は永続的な身分として考えられていなかった。したがって、「隷属」と「自由」の相違は、他の文化においてよりもぼやけたままであった。というのは、ヘブライ語では特に自由な使用人と奴隷の区別をしていなかったからである[26]。

　さらに、出エジプト記は政治用語で表現されてはいない。古代イスラエル人はエジプトにおいて、他のファラオの臣下とは違う奴隷状態に従属していた少数民族であった。このことは『出エジプト記』第1章10節から14節においてかなり詳しく描かれている。彼らはエジプト人によって、政治的自由というよりは人身の自由を奪われていた。エジプト人は「イスラエルの人々の上に強制労働の監督を置き、重労働を課して虐待した。そしてイスラエルの人々は、ファラオの物質貯蔵の町ピトムとラメセスを建設した」（11節）。古代イスラエル人のいう「救い」とは、僭主による支配や外国勢による占領から独立と自由へ発展することではなく、ファラオに対する隷属から逃れて神に仕える（＝隷属する）ことである。このことは『レビ記』第25章55節で明確に述べられている。「イスラエルの人々は私の奴隷であり、彼らは私の奴隷であって、エジプトの国から私が導きだしたものだからである。私はあなたたちの神、主である」[27]。彼らの解放の目的は、シナイにおける神法制定であって、政治的自律の確立ではない。近東の文献には政治的自由の概念は現れていないのである。

ヘロドトスは、「自由」に政治的次元を与えた決定的段階を伝える、我々の主要な資料である。そしてその政治的次元とは、ギリシア人が西洋文明に残したものであった。彼の著作には、「自由」に対立するものとしての、三つの種類の「非自由」がある。最初のものは、ピュロスの書字板において偶然見つけられた、「(麻織物の) 公的評価額から自由に割引される許容度」[28] という意味のものに似た、財政上の「自由」とは際立った対照をなす「非自由」である。それは一度だけ、王位継承におけるスパルタとペルシアの慣習の比較において起こった。どちらの場合にも後を継ぐ王は、王や国庫に負っていた負債からどのスパルタ人をも「自由にする」(6.59)。6節にわたって「自由」は人間の身分を指しており、それはアルカイオスのときと同様である。しかしヘロドトスにおいてその語は、たいてい奴隷の「非自由」と対照されている[29]。ある節には、アステュアゲスに対するキュロスの、自由でくだけた答え方を表現するために (1.116.1)、テオグニスにおいて使われたのと似た意味の形容詞形の〈eleutherios〉が含まれている。そして副詞の〈eleutherōs〉は3回使われており、いずれの場合も、制約のない自由な言論を指している (5.93.2; 7.46.1; 8.73.3)[30]。

これらの文章に表された「自由」が、前5世紀はじめ以前に我々が見いだした観点を越えるものではないのに対して、ヘロドトスにみられる「自由」に関する飛び抜けて膨大な文章は、ペルシア戦争以前には聞いたことのないある政治的意味合いを持っている。ソロンはすでに「奴隷状態」というものを、都市全体がただ一人の支配者 (monarchos) の手に堕ちる場合、おそらくはペイシストラトスを指しているのであろうが、そのような場合の都市の状態を指していたのである[31]。「奴隷状態」に対応する肯定的言葉は「自由」と表され、ヘロドトスにおいてはしばしば見いだされる。人民は、一人の大実力者によって支配されていない——または少なくともその支配を転覆した——とき、「自由」であると言える。その言葉は、ペイシストラトスとその息子の僭主政の前 (1.62.1) と後 (5.55.1,62.1-2, 63.1, 64.2, 65.5, 78, 91.1-2, 6.123.2) の、アテネ人の状況を表すのに使われた。それはまた、ポリュクラテスの死後サモス島人に対す

第二章　自由とギリシア人　55

るマイアンドリオスの申し出に使われ（3.142.2, 4; 143.3）、そしてペイタゴラスの支配を打倒するためにエウリュレオンからセリヌス人に与えられた援助に使われ（5.46.2）、および僭主アリスタゴラスを排除した後のミレトス人に（6.5.1）使われた。この意味での「自由」の用法でもっとも注目すべきは、独裁的な統治形態を経験したことがないスパルタ人に対して適用されたことなのだが、このことに関しては後に詳しく議論をすることにしよう。

　二つの例外を除いて、この対内的問題における自由はギリシアのみに妥当する。例外の一つは、ヘファイストスの司祭による王政後の、エジプト人の状態である（2.147.2）。もう一つの例外は、ある社会内における貴族家系の特権について言及しているものであるゆえに、現実というよりも見かけ上のものである。それは、ダレイオスが王位を獲得した後のオタネス家の地位を、「オタネス家はペルシアの法律に違反しないかぎり、自分たちが望む範囲でしか支配されない」（3.83.3）という点でペルシアにおける唯一「自由」な家系である、と表現している。

　ヘロドトスにおける第二の「自由」の政治的用法は、外国支配から免れている国家の自由を述べている。「奴隷状態」からの「自由」は、アッシリアの支配を転覆した後のメディア人の状態である（1.95.2）。それはまた、エジプトへのセソトリスの侵入に対して自身を防御した人々の政治的目的である（2.102.4）。

　しかしながら最も多くの例においてそれは、もっぱらギリシアの部族あるいは都市が、ペルシア人支配から独立しそして自由であることを指している。スキタイ人（4.110.2）、トラキア人（7.111.1）、とりわけキプロス島人（5.192.2, 116）とペリントス人（5.2.1）を含む小アジアのイオニア人（1.6.3, 170.2; 4.133.2, 136.4, 137.1, 139.2; 5.49.2; 6.11.2; 8.132.1; 9.98.3）である。驚くことではないのだが、アテネ人はこのリストにおいて突出して現れている。なぜならアテネは、ペルシアの侵入に対して自由を守ることによって、そしてまたヒッピアスの新たな僭主政に対してマラトンにてその自由を守ったからである（6.109.3 と 6,[122.1]; 7.51.2; 8.140a.4, 143.1）[32]。

　非常に驚くことに、ペルシアもまた、メディア人の支配からキュロスによっ

て解放されたとき、それによって与えられた「自由」を享受した、と述べられている (1.126.6, 127.1, 210.2; 3.65.7)。彼の業績は「政体論争」の中で、ダレイオスによって引き合いに出された。その「政体論争」とは、侵略者を追放後のペルシアの政体を決定するために行われたものであり、ペルシアが自分たちの自由に関して恩恵を受けているのは一人の男（キュロス）である、ということに根拠をおき王政復古を唱えるものであった (3.82.5)。それはまた、クセルクセスがダレイオスを後継するとの権利請求を根拠づける際に引き合いに出され、説得力を発揮している。「彼はキュロスの娘であるアトッサの息子であり、そしてキュロスこそペルシア人のために自由を勝ち取った者である。」クセルクセスはこの主張をする者として、スパルタの王デマラトスが亡命してペルシアの宮廷に到着したときに居合わせている (7.2.3)。

　ヘロドトスがペルシアに「自由」があると断言しているのは決して皮肉で言っているのではない。それは次の事実に示されている。つまり、彼はデマラトスとクセルクセスの印象的な出会いを、「自由」の内実が実質的に拡張される契機として使っており、そしてここにおける「自由」の範囲は特定の都市や部族という枠を越え、ギリシア世界全体を包み込んでいる。二つの文章が、アテネ人は、彼ら自身の都市だけでなくギリシアをもペルシア支配の脅威から解放したと確言しているし (7.139.5; 8.142.3)、そしてさらに多くの文章は、ペルシアが打破されることによって、ギリシア人全体は奴隷状態に陥ることを回避し、彼らの自由が確立されたと見なしている (7.147.1, 157.2, 178.2; 8.77.2; 9.41.3, 45.2－3, 60.1)。このように「自由」は、社会的もしくは政治的事実以上のものになる。「自由」はギリシア人を特徴づけ、彼らを敵から区別する一つの価値である。たしかに自由な個人は世界中に、奴隷の主人として存在している。もろもろのギリシア都市国家と同様、野蛮人たちも比喩的には一人の支配者に服する「奴隷」となるし、いったんその支配を終わらせるのなら「自由」にもなりうるわけである。非ギリシア国家と同様ギリシア都市国家も、外国の支配のもとに奴隷として生きることもあれば、自由でかつ自分自身の主人でもありうるのである。

しかしいったん「自由」が、ギリシア人全体にとって固有なものとされると、「自由」は違った意味合いを持ってくる。「自由」とはそのために戦う価値のあるものとなるのだ。ヘロドトスはそれをクセルクセスとデマラトスの議論という文脈において定義している。その場面は、ヘレスポントス海峡のアビュドスにおいてクセルクセスがちょうど、ギリシアに対して進軍させようとしている軍隊を誇らしげに閲兵したところに設定されている（7.101-4）。彼は、ギリシア人が抵抗を企てていることに当惑し、かのスパルタからの亡命者に尋ねた。

　　千の、万の、いや5万の男どもが、平等に自由でしかも一人の者に支配されずに、いったいいかに私の軍隊ほど大規模なものに抵抗しうるというのか。……我々のように一人の者に支配されているならば、彼らは恐怖によって自らの本性がなしうる以上のことをなすこともあろう。あるいは鞭に脅されるなら、より大規模な軍隊に攻撃をかけることもあろう。しかしもし自由なままで、一人の者によって制御されないのなら、彼らはこのどれもなそうとはしないであろう。

デマラトスは慎重にもスパルタ人を代表して語るにとどめると前置きし、答えていわく、

　　私自身は、二人を相手に戦うことなどめっそうもございません。そして私の考えが許されますなら、一人とすら戦いません。しかしもしそうせざるをえないのなら、またもしある重要な大義が私を駆り立てるならば、私は、一人でギリシア人3人を倒せると豪語する男たちの誰とでも喜んで戦うでありましょう。同様にスパルタ人は一騎打ちにおいて誰にも負けはしませんが、それ以上に集団で戦うことを最も得意とするのです。というのは、彼らは自由でありますが、全ての点で自由なのではないのです。法が彼らを支配しており、そしてこの法という主人を、あなたの臣下があなたを恐れる以上にさえ彼らは恐れているのです。スパルタ人は法が命令する

ことは何でも実行します。そして法が命令することはいつも同じです。法は、彼らの敵がどのように多勢であっても、戦いから彼らを解放することはないのです。法は彼らに、隊列にとどまって敵を征服するか、さもなくば死ぬことを命令するのです」(7.103-4)。

デマラトスはスパルタについてのみ語ると主張する。また彼が実際にスパルタ人の理想をはっきり表現しているという事実は、次の話によって十分に納得できる。スペルティアスとブリスが、ペルシアの使者に対してスパルタが以前に行った処置を償うため、スパルタのための人質として自ら望んでペルシアに赴いた話である。スパルタの人質二人は、ペルシアの軍司令官の面前に引き出され、そして彼から、ペルシア王に服従して重用されるよう誘われた。その時彼らは次のように答えた。「ヒュルダネス殿、あなたが私たちに下さった助言は一面的です。その一部は経験に基づいていますが、残りは、あなたが経験していないことです。あなたは奴隷であることがどういうことかはよく知っていますが、しかし自由を味わったことがないので、いかにそれが甘美なものかどうかをご存知ありません。もしそれを経験するのなら、あなたは私たちに、自由のためには槍だけでなく斧をもってでも戦えと助言するでしょう」(7.135.3)。

いくつかの事実が示すところによれば、ヘロドトスは、スパルタ的自由の観念についてのデマラトスの発言を、ギリシア人全体をしてペルシアの征服に抵抗するよう駆り立てた理想と同一視するつもりである。デマラトスはスパルタ人であり、紀元前480年にペルシアに対抗してギリシア人を統一するために結成されたヘレニズム同盟の中での支配的権力の代表者である。したがってまた彼は、次のような人々をも代表している。つまり、それはかつて一度も僭主の支配を経験したこともなく、対内的問題の処理に際しても終始「自由」な立場にいて、しかも他の諸都市が僭主政のくびきを脱する手助けをすることに自負するところがある、こういうことにおいて独特であった人々である。このようにスパルタは他のどのギリシア都市国家よりもギリシア的であり、他のギリシア都市国家の「自由」を促進することによって、ギリシア全体にスパルタの持

つ最も高い政治的価値を広める道具となった。スパルタの「自由」がギリシアの自由を表しているのである。

　さらに、亡命者としてのデマラトスは、彼の故国の政治的価値を賞賛しても得るものは何もない状態にあった。それどころか、ヘロドトスが明確にしているように、もし彼がクセルクセスの機嫌をそこなうようなことを言うなら、失うものは大きかったのである (7.101.3, 104.1-2)。彼の発言はそれゆえ、客観性を有しているように聞こえる。スパルタ人を代表してのみ話すために、他の発言を差し控えることは、慎み深さの表れと読者には受け取られるし、かえってギリシア人全体のための権威あるスポークスマンとして受け入れられることを可能にしている。

　最終的にヘロドトスは、クセルクセスがダレイオスの王位を後継するときに、クセルクセスの名をデマラトスと結びつけて考えている。クセルクセスは、彼もまた、ペルシア人が自分たちの「自由」の恩人であるキュロスの孫であるという主張を頼みとして、王位を継いだのであった (7.2.3)。アビュドスでの議論において、クセルクセスの「自由」の観点はデマラトスのそれと並置されている。そうすることでヘロドトスは明らかに、その会談がギリシアの政治的諸価値をペルシアのそれと対比するものであると解釈されることを望んでいる[33]。ペルシアの政治的「自由」は、独立と外国から支配されていないことを意味するにすぎない。ペルシアが軍事的（そしてまたおそらく政治的）な面において、手段を弄して作り出す統一は、恐怖、強制力そして鞭の使用によって作り出される。この方法によってしか個々人の行動はその自然的能力を越え出ることができない。それは君主に対してのみ個人的自由を認める。もし人民が抑圧から自由であるならもはやそこには統一はないし、通常以上のすばらしい働きもないであろう (7.103.4)。

　スパルタ人は、そして彼らと同様ギリシア人は、人身の「自由」と政治的「自由」を一つに融合させている。彼らの人身の自由は、制約なき (aneimenōs) 種類のものではない。制約なき自由とは、クセルクセスが知っている唯一の自由であろう。ギリシア人の自由はそうではなくて、客観的な社会規範 (nomos)

によって制約されているのであり、ギリシア人はそれを、奴隷が主人（despotēs）を恐れる以上に恐れている。しかしペルシア人が恐れる人間の主人と異なって、この社会規範という主人は鞭を持たず、その代わり不変に継続して要求を行う。その要求に対する応答において、ギリシア人は戦場で自分の持ち場を守りぬき、征服か死かいずれかしか選択しないのである（7.104.4-5）。言い換えれば、ペルシア人の政治的社会的諸価値に対するギリシア人の諸価値の優位は次のことにある。つまり、ペルシア人の「自由」の観念が外国に支配されない、という域を出ないのに対して、ギリシア人は、政治的自由さえもが限界を持つが、それは専制君主によってではなく社会的規範によって設けられた限界であるということを知っているということである。ギリシア人から見れば、ペルシア人の「自由」は「奴隷状態」でしかないのである。

　ヘロドトスは紀元前484年ごろの生まれなので、前5世紀半ばつまり少なくともペルシア戦争の終わりから30―40年後より以前に彼の記事が書かれたとは考えられない。ヘロドトスが、ペルシア戦争について彼の同時代人の思想を忠実に表現していることは明らかである。しかし彼の記述には、前5世紀のはじめ以前には見られない「自由」の政治的概念が含まれているので、我々は次のような問いを発しなければならない。つまり、「自由」がすでにペルシア戦争のあたりで政治的次元を持つようになっていたことを示す、資料における独立した証拠が、前5世紀の前半からあるか否かという問いである。

　ここで我々は時代確定の難しさに突きあたる。我々の最も信頼のおける証拠は、ペルシア戦争の偉業を讃える一連のエピグラムからなり、その一部は石の上に、しかし大部分は文学的文献に保存されている。そのようなエピグラムは時代確定が困難なことで有名である。特に古代人には、適当な時期が来るとそれらをたいてい飾りたてられた碑文的、文学的様式で再版するという習慣があったからである。それも書き換えられた[34]。このように、シモニデス――ペルシア戦争時の最も有名なエピグラム作家――の作とされるエピグラムの多くは、ペルシア戦争時の同時代の作というより前4世紀の模造のような形になって我々に伝えられている。ゆえに、そこに書かれている〈eleutheria〉（自由）

と〈douleia〉(隷属)が最初からあったものか後代の書き直しかを判断するのは、我々の推測による他はないのである。

　これらを考慮することによって次のことが可能になるが、しかしそれは不確かでもある。アナクレオンの作とされる酒宴の歌の中の2行は、「故国を奴隷状態から救うために戦って若い命を落とした」[35] 友人アリストクレイデスを追悼して、あるアルサイモン人によって朗読されたのだが、それは、外国勢力に占領されたときに国が「奴隷状態になった」という観念であり、我々の目に触れるもののうちで最も古いものである。しかしそれは、そのように占領されていない国が「自由」であるとの考えを表明してはいない。アナクレオンはおおよそ紀元前570年にテーオスで生まれ、老齢まで生きたと信じられているのだが、彼の作品は古代においてあまりにも多く模写されているので、この断片が紀元前6世紀のものであるということに我々は確信が持てない[36]。もしそれが紀元前6世紀のものだとしても、アリストクレイデスがいったいどの国に彼の命を捧げたのかはなおも不明確なままである[37]。

　膨大な数のエピグラムや他の詩が、ペルシア戦争におけるギリシア人の様々な手柄を銘記するために書き残されてきた。すなわちマラトンの戦い(490年)、サラミスの海戦(480年)、そしてプラタイアイの戦い(479年)における勝利を讃えるために。同様にアルテミシアやテルモピレーでの敗北(480年)を哀悼するために。これらのうちどれがギリシアの勝利を「自由」の勝利と見ているか、そして/または「奴隷状態」の防止と見ているか発見しようとすると、またもや時代確定の難しさが我々の足かせとなる。関連のある多くの記録は広く読まれたので、数十年後そして数世紀後に再版され、たいていは駄文を付加されて改悪されている。そして、どれが栄誉ある出来事(ペルシア戦争)の直後に書かれたものでどれが後代のものかを決定する絶対的な基準はない[38]。

　しかしながら、「ギリシア全土を奴隷の日にまみえることから」——ホメロスの言葉——救ったとして海戦を賞賛するエピグラムは、サラミスの海戦直後に書かれたものであるというかなり一般的な同意がある[39]。もしこのような考え方によって、ギリシア全土が外国勢力に対して「隷属する」可能性はヘロ

ドトスがそれを示したのと同じくらい早くに存在していた、と推論できるならば、このことの積極面、すなわちギリシア人が全体であれ個々の都市としてであれ、彼らの「自由」のために戦っていたということが、同時代に書かれたピンダロスの二つの詩によって立証される。プルタルコスによって書き残された[40]酒神賛歌の断片は、「アテネ人の子ら」がアルテミシウムにおいて「輝く自由のいしずえを作った」として称賛している。そして紀元前478年のガメス地峡の勝利につきエイナ島のクレアンドロスを誉め讃える詩において、人間を絶えず悩ませる病を治療する能力があることで称揚される「自由」は、おそらくペルシア戦争の所産と考えられているのだ[41]。

エイナ島やギリシアが全体として自由であったと示すものは何もないが、上の引用部分は、ペルシア戦争の少し後、自由の概念が政治的に使われていたことを確認している[42]。このことはさらに二つの記録により確認される。それらは前4世紀の翻訳で我々に伝えられているにもかかわらず、前5世紀の言語の重要部分を含んでいると考えられる。これら二つの記録のうち最初のものは、テミストクレス法令と呼ばれるもので、1960年にトロイゼンで発見された[43]。この法令は、その書体により前4世紀末と時代確定される。しかしそれはテミストクレスによって1世紀半前に出された動員令の写しであるようだ。この動員令はサラミスとアルテミシウムの戦いの前にアテネ海軍のために出されたものであった[44]。前4世紀の言語が混ぜ合わされているにもかかわらず、もしそれが元来の言葉使いを保持しているなら、次のことが言えるであろう。すなわち、「兵役年令に達したアテネ人と外国人は全て、その目的のために用意された二百の船に乗り、彼ら自身の自由と他のギリシア人の自由のために野蛮人に対して戦うのだ」（12-16行）という指令が、およそ紀元前480年に書かれた版に由来する、ということである。もしそうなら、ギリシアの自由と同様、アテネの自由もすでに、ペルシア戦争時に戦争の目的としてはっきり表現されていたというさらなる証拠を我々は得ることになる[45]。

加えて、ゼウス＝エレウテリオス（自由の保証人ゼウス）の教団が、ペルシア戦争での勝利を祝うために複数のギリシア都市国家の中に設立されたという

確かな証拠がある。我々は前に、ヘロドトスの記述の中で、同じ名称を持つ教団がサモス島のマイアンドリオスにより建立されたことを伝え聞いている。それは、僭主政の廃止によってもたらされたサモス島の対内的自由の確立を祝うために紀元前522年ごろ建てられたのであった。ゼウス＝エレウテリオスを讃えて教団を設立し競技会を開催するという動機は、前5世紀のシラクサにまでさかのぼる[46)]。しかしはるかに多くのゼウス＝エレウテリオスの諸教団はペルシア戦争のすぐ後で、外国勢力、すなわちペルシアによる支配から都市国家が、またはギリシア全体が解放されたことを祝うために設立された。最も有名なものは、プラタイアイにおける汎ギリシアのゼウス＝エレウテリオス教団の設立である。プラタイアイは、ペルシアに対して行われたギリシア本土における最後の戦いの場所である[47)]。しかしそのような教団は、トロイゼン、ヒメラ、そしてアテネで存在が確認されている[48)]。トロイゼンでは興味深いことに、ゼウス＝エレウテリオスではなくてヘリオス＝エレウテリオスが祀られた[49)]。

　ヘロドトスよりずっと以前に、ペルシア戦争がギリシア全体に「自由」をもたらしたものとして世に知られていた最も驚くべき重要な証拠は、ある目撃者の証言に由来する。アイスキュロスの『ペルシア人』はサラミスの海戦から8年後まで上演されなかったが、著者自身はマラトンで、そしておそらくサラミスでも戦った。彼はサラミスの海戦における伝令の報告の中に次のようなギリシアの雄叫びを記している。「進め、ギリシアの子らよ！　故国に自由を！　妻子と先祖代々の神々の地、そして祖先の霊廟に自由を！　いま全てが危機に瀕しているのだ」(402-5)。ゆえにこれらの言葉は、紀元前490年から479年に起きた出来事をその同時代人が解釈した実際の言語を反映しているとみて間違いない[50)]。ゆえに我々は以下のことを結論づけることができるであろう。個々の国家にもギリシア全体にも当てはまることであるが、「外国に支配されていない」という対外的意味においてと同様、「専制支配の不在」という対内的意味においても、「自由」という言葉は、ヘロドトスのずっと以前に存在していたということであり、そしてまたギリシアに対するペルシアの攻撃の結果

に由来するものである、ということである。

　アイスキュロスにおいてはさらに二つの政治的自由が見いだされる。『テーベ攻めの七将』（紀元前 468/7）においてエテオクレスは、自分の弟からの攻撃に直面した都市の「自由を守り、奴隷状態のくびきから解放するように」(74-75) ゼウス、ガイア、テーベの守護神に対して祈る。その祈りには、我々がすでにその概念について学んだものに付け足すものは何もない。しかし、「ゼウスのみが自由である」(50) という『縛られたプロメテウス』（紀元前 456）における叙述では、政治的自由に新たなねじれが加わっている。すなわち、僭主政においては一人の者だけに神のごとき自由が限定されている、そう想定することは裏面で、僭主のもとにおける人々の「奴隷状態」を宗教的用語で表現することを意味しているのである。

≪Ⅳ≫　自由とアテネの民主政

　僭主政は全ての市民から自由を奪い自由の享受をただ一人の者に認める、という考えは、統治の民主的形態において起こったものといえよう。この考えは『プロメテウス』の書かれた年代によっておそらく確かめられる。というのは、『プロメテウス』は紀元前 456 年、エフィアルテスの改革がアテネの民主政の発展を完成させた 6 年後に最初に上演されたと言われているからだ。しかし民主政の発展をわざわざ引き合いに出さなくとも、次のことで説明は十分である。つまり、どの程度個人が自由でありうるかという問題は、我々の歴史上、アイスキュロスが最初に述べているということである。彼は、自由の概念を苦悩の欠如に当てはめた作家のうちで、その著作が残る最も古い人物である。『救いを求める女たち』においては、死は病気から我々を自由にするものとして讃えられている (802)。しかしまた、破壊をもたらす神は「黄泉の国でなくとも犯罪者に死という自由を与える」(416) [51] ということも認識されている。彼の興味は奴隷状態の不在よりも、個人の積極的な自由の方に集中している。『救いを求める女たち』における女たちは自由人としての自らの身分がアルゴスに

おいて認められることを願い、ダナオスは後にそれが確認されたと報告している（『救いを求める女たち』221、609）。『アガメムノン』において、トロイア人の死者への哀悼は「もはや自由ではない咽喉」（328）から発せられる。アガメムノンの謀殺は、新床から「自由を」奪ってしまった（『アガメムノン』1494、1518）。死は「自由人」と「主人の支配を受けるもの」の区別を知らないのだ（『供養する女たち』103-4）。アトレウス家にかかった呪いの終焉は、「自由の光」として考えられている（前出 809、863）[52]。そしてオレステスは、「自由人の息子」（前出 915）であるにもかかわらず自分を売ったとして母親を責めた。しかし民主政における政治的人格の「自由」の発展のためにさらに意義あることは次のことである。つまり、アイスキュロスは、〈eleutherostomeō〉という用語で「言論の自由」を概念化したことがわかっている最も初期の著作家である、ということである。次にその点に考察を向けよう。

　僭主政の転覆と、続くクレイステネスの諸改革の後、アテネにおいて「公的な場において発言する平等な権利」（isēgoriē）が確立されたことは、自由のもとに生まれたという自信の表れであるとヘロドトスは考えた。この自信によりアテネ人は、紀元前 506 年ごろにあった三つの外敵の猛攻撃を撃退することができたのであった（5.78）。もしこのことが、後に「民主政」と呼ばれるものを讃える方法の一つであるとするなら、他の方法はアイスキュロスによって『ペルシア人』の中に見いだされる。「発言は人々の間で、監視されることはもはやない。人民は自由に話す（eleuthera bazein）よう解放されている。強い束縛が破られたからだ」（519-94）。8 年後ペラスゴス王は、かの救いを求める女たちに対してアルゴス人の決定を誇らしげに宣言した。「これらの問題は書字板に記されるものでもないし、本の折り目に隠されることもない。あなた方が聞いていることは、自由な言論を授けられた舌（ex eleutherostomou glōssēs）からはっきりと発せられているのだ」（946-49）。『プロメテウス』の中では（180）コーラスが、プロメテウスは「自由に話しすぎた」（agan eleutherostomeis）と弾劾しつつ、「自由な」ゼウスの手により彼が罰せられることを正当化する。三部作の主題は次のことを明らかにする。つまり、聴衆は場面のこのような描

写の裏を読むよう意図されていたのである。プロメテウスの自由な言論はゼウスの僭主的な行為を強調しているのだ。

　今までこの節において議論されてきた自由についての思想は、前5世紀後半を通してすでに示された筋道にそって展開した。対内的領域においてつけ足される次元はほとんどなかった。もっともそれには例外があって、民主政の発展は、いくつかの点において個人の増大した利益に役立ちはした。それにもかかわらず民主政の発展は、ゴルティス法典においてなされた奴隷と自由人の注意深い区別に、重要な役割を果たしたとは思われない。ゴルティス法典は、ふつう前5世紀の中ごろ直前のものとされるが、前7世紀と前6世紀にまでさかのぼるであろう法律をも含んでいる[53]。結局、多くの業務と規則は、当事者間の法的関係と社会的関係を区別することに正確さを要請する。人を捕らえる場合、その人物が自由人か奴隷かにより法的な違いが出てくる（Col.1, 特に15-18）。婦女誘拐、強姦、姦通の場合も同様である（Col.2）。相続財産の場合、父親か母親が奴隷であるか自由人であるかが問題である（Col.6.56-7.10）[54]。

　同様の区別がアテネの成文法でなされていたかどうかを決定する証拠は何もない。しかし自由と奴隷の区別に関する批評ならば、アテネの民主政の批評家によって紀元前430年ごろに書かれたものがある。たいてい彼は「古い寡頭支配者」として引き合いに出されるのだが、誤ってクセノフォンの作といわれた『アテネの政体』の作者である。彼の不満は主に、自由がアテネにはびこりすぎているということである。庶民は、彼らが求める自由の結果について気にかけない、と彼は非難する（1.8-9）。そして奴隷たちは、身のほどをわきまえず自由人のような格好をし、「公共の場で発言する平等な権利」（isēgoriē）を流用し、自由人である主人たちに反抗する（1.10, 12）。ギリシア悲劇では、アイスキュロスにおいては積極的属性として記されていた自由な発言が、自由人の自己主張のますます重要な印となるのである[55]。少なからず「自由」は、自己主張に対して道徳的歯止めを持っていた。「自由」は自分自身で思考し（ソフォクレス『トラキスの女たち』52-53）、他の影響を受けることなく真実を語る（ソフォクレス『トラキスの女たち』453-54）ということである。そしてそれ

は名誉ある行為である。エレクトラはクリュソテミスの、「自由」に生きるとは権威に従うことであるという定義を拒否し（ソフォクレス『エレクトラ』339）、その代わり父と弟の報復を果たしている（970）。

部分的には明らかにペロポネソス戦争の影響によって生まれたのだが、奴隷と自由人との扱いの違い、特に敵に捕虜にされるなどの外的状況によって奴隷状態に陥ってしまった自由人との扱いの違いについて意識が増大している[56]。しばしば、重要な点は人間存在の不安定性、はかなさを描くことにある[57]。または自由人としての身分や奴隷としての身分は偶然のものであって人間に本質的なものではないということを示すことである[58]。この観点において、前5世紀の悲劇の中で示された事を、前4世紀におけるアリストテレスの「自然な」奴隷と「法的な」奴隷の違いの予示としてみることもできよう[59]。やや風変わりな「自由」の使い方としては、女性から「自由な」世界に住みたいというヒッポリュトスの願望がある。

社会的諸集団の自由に対しても若干の注意が払われた。エウリピデスの『ヘラクレスの子供たち』は、ソロンがしたように、アッティカの地は自由であると断言する点で際立っている[60]。他のギリシア悲劇においてもやはり、都市国家の内的自由あるいは外的自由への言及がいくつか見られる。『ヘラクレスの子供たち』において（957）、そして特に『救いを求める女たち』を通して（353, 405, 476）「自由な都市」とアテネが讃えられるとき、内的自由が含まれている。これらの悲劇において自由は、民主政の特質として讃えられるのである。外的支配からの自由は、ヘラクレスがミニュアス人からテーベを解放したときの（『ヘラクレス』221）主要問題であり、メノイケウスの犠牲によってもたらされたテーベの解放（『フェニキアの女たち』1012）における主要問題である。最後に、「自由な」ギリシア人と「奴隷的な」野蛮人の対比は、『アウリスのイピゲネイア』における主題である（1273, 1401）[61]。かくして我々は、「自由」の概念に対するギリシアの最も重要な貢献を、次にみることにする。そしてその貢献もまた事実、政治的なものなのである。

≪V≫ 自由と帝国

トゥキュディデスは、ギリシア史における大パラドックスに関する最も重要な資料である。パラドックスとはつまり、個人の自由に最も貢献した国家が、真っ先に他のギリシア人を奴隷にした国家でもあったという事実である。それはトゥキディデスの著作において〈eleutheria〉の語が最初に登場するところで雄弁に述べられている。トゥキュディデスが描くところのコリント人は、アテネに対して対抗措置をとるようスパルタ人をせきたてる。コリント人はスパルタ人が、ペルシア戦争後アテネの台頭を許したと非難しているのである。「あなた方スパルタ人は、アテネが奴隷にした人々から自由を奪っただけでなく、今ではあなた方の同盟諸国の自由も奪ってしまっている。というのは、他国を征服した国よりも、それを止めることが可能でありながらなにもしない国の方が加害者であると見なされるからである。たとえあなた方がギリシアを解放したというすばらしい名声を享受していようとも」（トゥキュディデス 1.69.1）。ここにおいて著しい特徴は、自由の強調点が変わってきていることである。すなわち、ギリシアに対するペルシア支配からの自由（おそらくペルシア支配の阻止と言った方がよい）が今では、現実のものであれ脅しであれ、他のギリシア都市国家、つまりアテネの支配からギリシア都市国家が自由になることの主張へと変化してきているということである。ペルシア戦争を契機とするデロス同盟の設立と、その後それがアテネ帝国に発展したことによって、アテネは、他のギリシアに対する僭主政を実践していると自分自身考えているし、他からもそうみられている[62]。アテネがペイシストラトスの僭主政から解放されてから1世紀もたっていないにもかかわらず、そうなのである[63]。〈eleutheria〉とその派生語がトゥキュディデスにおいて断然最も頻繁に使われていることによって、アテネのいわゆる「同盟」国が奪われたものが表現されている。それは彼らが陥った身分としての「奴隷状態」という表現を頻繁に伴っているのだ。「自由」と「奴隷状態」は、暗喩的な意味でのみ外的な政治状況に当てはめられているので、それらの言葉が叙述文に見られることもなくはないが、主に会

話文において見いだされるということは驚くにあたらない[64]。

アテネの同盟国に対する支配が、被支配国にとってはそこから「自由」になりたい「奴隷状態」と見なされていた、ということに関する記述は、トゥキュディデスより以前の他の資料においても散見される。例えば、紀元前446年に書かれたピンダロスの祈りは、アイギーナは「ゼウス、強大なアイアコス、勇敢なテラモン、そしてアキレスの助けにより、この国を自由への旅路へ案内するべきである」としているのだが、これはアテネ支配からの自由という希望を非常にうまく反映している。このような希望は、ボイオティアにおけるアテネの敗北の知らせによりエイナ島で燃え立った。同様の動機が、テッサリア人に対するコス島の人々の援助要請にもおそらく存在していると思われる。それは史実ではないかもしれないし、その時期も特定できないが、アテネに対する従属から自由を求めて闘争するコス島の人々の援助要請であった[65]。

これと同じく、ペルシア戦争においては統一ギリシア軍の旗に「ギリシア人」の解放と記されていたのだが、その「ギリシア人」の解放は、今やアテネの支配からの自由を意味することになった。それはペロポネソス戦争を通してスパルタが表明した戦争目的[66]として、叙述文と同様、会話文の中でも見られる。この戦争目的は、スパルタ自身の特徴の一つである、彼らの国内問題における自由の要求によって強められたのである[67]。

さらに、アテネと、その支配下にある同盟諸国との関係は、率直に言えば「自由」と「帝国」の対立へと一般化される[68]。また重要なことに、新造語である〈autonomia〉が、国内問題にかかわる自由という独立した意味を表すものとして、ギリシア語に登場するようになる。それは初源的にはおそらくアテネの支配下にある同盟諸国の側が、次のような場合においては都市国家内の統一見解を尊重せよと要求したことに由来する。つまりそれは、上納金と他国の支配の強制が〈eleutheria〉のはく奪と見なされる場合である[69]。このようにして、〈eleutheria〉の政治的意味における変化が現れ始めた。〈eleutheria〉は外国に支配されないことに焦点が合わせられ、対内的自由に関しては〈autonomia〉が用いられるようになる。しかしこの現象は、弱小国が強大国

や国家連合によって自分の国内的諸制度を脅かされていると感じた場合に限られている。強大国はその自分たちの〈autonomia〉を自ら誇示するようなことはしないのである[70]。

トゥキュディデスは、都市国家の完全な自由、つまり対外的問題と対内的問題の両方に関する独立を規定するために〈autonomia〉と〈eleutheria〉を結合させた最初の著者である[71]。そして、これら二つの言葉を結びつけて考えることは、前4世紀におけるアテネと他のギリシア諸都市で結ばれた同盟、特に紀元前377年の第二次アテネ同盟の憲章において原則となった[72]。明らかにアテネは、前5世紀の帝国時代におけるその支配下の同盟諸国との経験から学んだのであった。外国支配からの自由ということは、弱小国が国内問題で干渉を受けないときに意味をなすのである。言うまでもないことだが、〈autonomia〉の原則は、弱小国においてよく見られる統治形態とは無関係である。ある国が民主的に統治されているか寡頭的に統治されているかは、問題ではないのである。

≪Ⅵ≫ 前4世紀における自由

「自由」についての論議は、ペロポネソス戦争の最終年からアレキサンダー大王の死まで、すなわち、おおよそ紀元前415年から323年の時期に最高潮に達する。この期間にこそ、偉大な雄弁家たち（アンティフォン、リシアス、イソクラテス、デモステネス、アイスキネス、イサイオス）の著作だけでなく、プラトンとアリストテレスの著作が生まれたのである。「自由」に関する章句は以前にもまして頻出した。しかしながら、「自由」について以前に述べられたことに対する本質的な新しい貢献は、あるとしてもごくわずかである。新しい貢献というよりも、以前の考え方がずっと詳細に書き表されているのである。ゆえに、「自由」のどのような面が考察され、古い「自由」の概念がどういう方向に発展していったかについて、大まかな輪郭を描くことに問題を限定しよう。

個人の自由について見いだされることから始めよう。〈eleutheros〉の最も

古くて最も基本的な用法は、自由人としての身分を同定しそしてその身分を奴隷の身分から区別することである。奇妙にもこのような用法は、トゥキュディデスにおいては叙述にのみ限定されている[73]。しかし前5世紀末から、法廷用の弁論術が出現したことを考慮すれば、演説と法テキストにおいてその用法が頻繁に登場するのは驚くにあたらない[74]。自由であることと奴隷であることの区別が明確に述べられている数多くの文章は特別に興味深い。自由人は適正手続きを経ずには投獄されないが、奴隷はされうる[75]。自由人と奴隷では尋問の形式が違っている[76]。両者の証言は異なる基準で評価されなければならない[77]。しかしこのことは、自由人の方が奴隷より真実を述べているということを意味するのではない。逆に、事実上奴隷の証言は拷問を通じて得られていたので、それは自由人の証言より信用できるのである[78]。さらに、アイスキネスが教えるところによれば、若い自由人の男を誘惑や性暴力から保護するための法律が存在していた[79]。

以前の文献においてよりもずっと頻繁に見られるのは、次のような概念である。すなわち、特定の男または女が、自由人であることに誇りを持つということである。この感情の意識的または無意識的な基本原理はアリストテレスにおいて最もよく表現されている。「自由人は自分自身のために存在し他人のために存在するのではない」(『形而上学A』982b25-6)。たいてい自由の主張は、ある特権的処遇の要求またはそれが得られないことに対する抗議という形をとる[80]。しかしそれはまた、自由な売春婦は奴隷の売春婦に優るという論争においてこっけいに論じられる[81]。さらに、古い時代における自由人に関連してみられる道徳的意味合いに近いものが、前4世紀に再び現れる。自由人は節度をもって行動する。自由人は内面的な高貴さを持ち、それによって性行為、食事、ゲームにおいても度はずれた放縦に陥らない。そして自由人は戦争においては気概を示す[82]。その反対はしばしば〈aneleutheros〉と呼ばれ、性愛を他者に求める[83]。さらに副詞の〈eleutherōs〉と同様、形容詞の〈eleutherios〉はしばしば、前述の「雅量のある」、「寛大な」、「率直な」と同じ意味において使われている[84]。アリストテレスはこの「雅量」、「寛大さ」

(eleutheriotēs) という属性を単なる「自由」(eleutheria) と全く違うものと見なし、『ニコマコス倫理学』のある一章全部をその説明にあてている（4.1, 1119b22 - 1122a17）。

ソフィストの影響下において、「放蕩」という意味での「自由」、とでも呼ぶべき使い方が発展した。アンティフォンは「自然」を「自由」であることとして称賛し、それを「法の抑制」と対比させた。プラトンの『ゴルギアス』においてカリクレスは「自由」を、贅沢で、放縦に陥った、やりたい放題の生活と同列に考えた[85]。これらの感情はソクラテス、プラトン、アリストテレスによる非難を呼び起こしただけでなく[86]、その問題ゆえに彼らは教育制度を構想した。彼らの描いた教育制度は、古代から我々の時代へと受け継がれてきた遺産である。

自由は人間の魂の特性であるという理念は長く続いてきている[87]。プラトンとアリストテレスがそれにつけ加えたのは、自由人の魂は理性に快く従うということ、そしてそれゆえに制度というものは、自由人を特徴づけるような行為を教え込むために考案される、という確信であった[88]。この想定を強調するものは、アリストテレスによってはっきりと表現された次のような信条である。つまり、「隷属」または「自由」であるための疑似生理学的な（「自然な」）次元がある、ということである。彼は、「他人に属する能力のある」者を「生れながらの奴隷」として定義し、そしてさらに、「自然は自由人の『魂と同様』、肉体も奴隷のそれとは区別することを望む」[89]と主張する。それが必ずしもその通りにいかないことは、彼が「生まれながらではない」奴隷の存在を認識しているところにうかがえる。というのも、自由人の魂（と／または肉体）を持つ者が運命によって奴隷状態に陥ってしまうこともあるからだ。また、「自然」というよりは「慣習」が、奴隷としてのまたは自由人としての現実の身分を決定するのだという彼の叙述からも同様のことがうかがえる[90]。

ここにおいてこそ、教育が重要になる。自由人は自由人らしく振る舞うべく、奴隷は奴隷らしく振る舞うべく育てられなければならない。それぞれに違った遊戯がふさわしい。訓練と自由で荘重な動きとを結合させたダンスは、自由人

の教育の一部を形成する。訓練はまた、自由民に毎朝早起きさせることにより教え込まれる。これは『法律』第 7 巻（794a, 795e, 796d, 808a）におけるプラトンの有名な構想からわかることであり、そしてその結果は次のような、奴隷の医者と自由人の医者についてのプラトンの区別において、おそらく最も生き生きと描かれている。奴隷の医者は教えられた通りの処置を盲目的に処方し、患者にはそれに従うよう強いるのに対し、自由人の医者はまず患者の疾患の本性を見つけようとし、そのことについて患者およびその友人と話し合う。そして患者の同意なしには何も処方したりしない（『法律』4.720a‐e; 9.857c‐e）。

アリストテレスは『政治学』8 巻における彼の議論によって、後の「自由な」教育史に、さらに深い足跡を残した[91]。それは次のことに根拠を置いている。アリストテレスは、財産のおかげで公的問題に専心できる自由がある者だけが理念的には市民として認められるべきであり、したがって、生きるために働かなければならないような職人（banausoi）は理念的には排除されるべきであると確信していた[92]。それゆえ彼の教育プログラムは、この基本的な自由を享受する者たちのために描かれている[93]。彼らの教育はどのように「有益である」べきか。アリストテレスは言う、

> 極めて明らかなことに、絶対必要な実践的事柄は何であれ教えられなければならないが、しかし全てが教えられる必要はない。自由人に適した仕事と非自由人に適した仕事は違うので、自由人はそのような実践的事柄に参与すべきだが、しかし職人がするような事柄には参与すべきでない。職人に適したものと考えなければならないのは、仕事にせよ技術にせよ学習にせよ、およそ自由人の肉体や魂や思考を、卓越した徳の行使や実践のために役立たせようとしない類のものである。人はどのような目的のために行動しあるいは学ぶのか、ということが非常に重要なのだ。自分自身のため、友人のため、あるいは有徳の人である（aretē）ために行為し学習することが自由なのだ。しかし同様のことを、誰か他の者のためにするのは、労働者または奴隷のように行為することだとしばしば思われる[94]。

「いたる所で有益なものを探すことは、寛大で気前のよい者には最もそぐわないことである。」[95]

これをもって我々は、前4世紀における〈eleutheria〉の政治的用法に目を転じよう。自由を民主政と結びつけることは、主に民主政が支持する言論の自由を通して前5世紀に始まり、前4世紀のあらゆる著作家において共通のものとなった。ゆえに、民主政は自由が立ち行く唯一の統治形態である、というのが正しい。自由と民主政の結合は、たいてい積極的意味合いを持っているのである。逆説的に、テセウス王は、誇りをもってアテネの自由とテーベを統治する僭主政を対比させている。アテネでは全ての市民が平等の投票権を持ち、一年の輪番制で人々が統治するのだ[96]。リシアスは「追悼演説」(2.18, また 18.24 を参照) においてアテネの民主政のために、自由と民主政を結びつけることを要求している。イソクラテスもその二つを結合させている。アリストテレスが特に『政治学』第4編でそうしたように[97]。しかし自由を過度に好むという理由で、民主政を非難する声もまた存在する。最も古いものは、前述した「古い寡頭支配者」で、彼は、アテネの民主政においては自由への愛は秩序ある統治を犠牲にして成り立つと考えている。イソクラテスの二つの偉大なアテネでの演説、『アレイオス・パゴス会演説』と『パンアテネア祭演説』においても民主政への非難が見られる。前者において彼は、ソロンとクレイステネスの古きよき時代を誉め讃えている。彼らの時代においては民主政はまだ規律を持っており、自由は無法ではなく、政治的平等は好き勝手に何でも言える権利ではなく、幸福とは気ままに行動する権利ではなかった (4.20)。類似した表現は『パンアテネア祭演説』においても使われている。プラトンは民主政的自由を非難して、結果を考慮せずに好き勝手な言動を行うことを認めることは、僭主政のもとでの自由の喪失につながるとした。この民主政的自由に対する非難は前4世紀において最も激烈を極めたものである (『国家』8.557b, 562b‐564a)。

そして最後に、前4世紀には外国支配からの自由が盛んに讃えられている。ある都市国家の他国に対する侵害は前4世紀全体にわたる特徴であり、そしてギリシアの国内問題に対するペルシアの干渉の恐れは、紀元前386年の「大王

の和約」の後に最高潮に達した。これらのことから、国家の政治的独立という意味において自由がもっぱら用いられていたということが推測される[98]。しかし特筆に値することは、考えられる敵が過去または現在のペルシアではなく、他のギリシア都市国家である場合でさえ、大部分の呼びかけが「ギリシア人の自由」または「ギリシアの自由」という言葉に訴えられた[99]ことである。スパルタの支配に抵抗する呼びかけと、スパルタの援助によってアテネを支配する「30人支配」とに抵抗するアテネ人の呼びかけが、「ギリシア人の自由」の名によって行われたこと[100]はリシアスにおいて見られる。それはおそらくペロポネソス戦争においてスパルタが表明した戦争目的に対応するものであろう。デモステネスとリュクルゴスも、「ギリシアの自由」と同様「ギリシア人の自由」をマケドニアのフィリップの侵入に対して引き合いに出している[101]。しかし「ギリシアの自由」および「ギリシア人の自由」が最もよく引き合いに出されるのは、野蛮人の支配からギリシア人を解放する聖戦として、ペルシアに対するフィリッポスの戦いを支持する標語としてなのである[102]。前5世紀における、スパルタの戦争目的の防戦のスローガンは今や、ペルシアに対抗する全ギリシア人の、攻撃的な帝国主義政策の合言葉になった。

≪Ⅶ≫ 結 び

自由のギリシア的基礎についての話はこれで終わりなのではない。我々が概観してきた話は、ローマ人を経由して中世とルネサンスにおけるヨーロッパ史へと生き続けた。それはアメリカとフランスの革命において新しい生命を与えられ、イギリスの権利章典において具現化された。そしてまた、我々のみならずそれぞれの世代が直面する多くの問題の中に生き続けているのである。しかし特にギリシアの貢献が問題にされる限り、我々が概観しようとしてきた自由の発展は、アレクサンドロス大王の征服をもって終わりを迎えたというのが正しい。自由はギリシア諸都市国家の生活に不可欠に結びついていたからである。自由の発展は新たな問題を起し、新たな答えを受け取った。そしてその答えに

対してさらに、ギリシア文化の圧倒的影響下に入った諸民族の遺産が根本的に新たな貢献を行ったのである。

　次のような問いを発してこの章を結論づけるのがおそらく正当であろう。「自由」はそれ自身果たして内容を持っているのだろうか。それともそれ自身は空っぽで、異なる世代と異なる文脈において論争的な意味を吹き込まれる言葉なのであろうか。結局のところアイスキュロスがすでに認識していたように、いかなる人間も苦悩や死から逃れる自由を享受できない。自由であるものは何であれ必然的に、限界がありそして条件付きのものなのである。さらに、後の世代と同様ギリシア人にとっても、「～からの」自由の方が「～への」自由よりも多い。このことが「自由」を著しく消極的な概念にしているのであろうか。

　以下に示した証拠を吟味すれば、ギリシア人にとって「自由」の概念は見かけほど空虚なものではない、と私には思われる。始まりはつつましやかなものだった。〈eleutheros〉は単に、公的評価額からの割引を意味していたのだから。しかしそれは、他人の財産であるか、または他人の財産となったがゆえに「普通」ではなくなった者から、「普通の」者を区別する言葉になった。たしかにこれは実質的な区別であった。特に、高貴な振る舞いや高貴な物腰の一定の特徴が、「自由」人と結びつくようになってからはそうである。もし我々の断片的な記録を信頼することができるならば、ソロンは人身の自由を社会的自由に拡大した最初の人物であり、かつ自由人とは上流階級に対する経済的束縛から解放された者もしくは現在解放されているもののことであるとした最初の人物である。さらには、土地すらもこの解放に関係していたために、その土地でさえ自由を享受することができた。この文脈において、この「自由」もまた実質的な何ものかなのである。それは債務からの解放だけでない。僭主政からの解放後、より十分に自覚されるようになったのだが、それは全体としての社会生活の中で十分な役割を果たす機会でもあるのである。上流階級が下層階級よりも「自由」だという事実にもかかわらず、実質としての自由は、「自由」な社会の概念の基礎となっている。ペルシア戦争に関連して、また特にペルシア戦争後の海軍力の発展があって初めて、下層階級は十分な自由を得た。彼らは、

公的行為について責任のある公的役職全てを握る権利を通して十分な自由を得たので、前5世紀と前4世紀に正しく評価され称賛もされた民主的自由のための道を、準備することになるのである。

　僭主政とそれからの解放により、人類史上初めてギリシア人は対内的な政治的自由の概念を創造する。一方、数の上で途方もなく優ったペルシア軍の攻撃を撃退するという、ギリシア人の成功の後に続いて起こったイオニアの反乱により、人類史上初めて外国勢力による支配からの自由という観念が創造された。外国支配の不在は自由を消極的な種類の「自由」にしてしまっている。しかしそれは積極的な側面を持っている。外国支配の不在はギリシア都市国家の自信と自立を育み、その結果、ギリシア都市国家に共通の文化的同一性を与え、それがまた個人のレベルにも影響を与えたのである。この同一性は、お互いに対してであれペルシアに対してであれ、前4世紀にみられた諸スローガンを吟味する上で重要になった。

　しかし、ペルシア戦争の終結に始まりペロポネソス戦争において最高潮に達したこの「自由」、もしそれを時代錯誤的に「ナショナルな自由」と呼ぶとすれば、この「自由」は、「自由」の内容を空にする過程の始まりであった。「ナショナルな自由」は政治的駆け引きとして使われたからである。アテネ人がその同盟諸国から自由と自律を奪ったと非難することも十分正当化可能であろう。なぜなら彼らはペルシアに対する同盟組織を強固にして帝国へと行き着いたからである。しかしそのような非難は、スパルタが戦争目的として「ギリシアの解放」を宣言したとき、単なる宣伝用具となってしまった。なぜならペロポネソス同盟においてスパルタの同盟諸国に対する統制はアテネのものより少しばかり緩かっただけであり、スパルタはペルシア戦争の間、自由の擁護者として自己を誇りにしていたからである。結果として「自由」は、過去において実質があったと同じ程度に、今度は空虚なものとなってしまった。同様のことは次のことからも思い起こされる。つまり、どの都市国家も他に対して敵対する場合、ギリシア人全体の名において敵対したということである。空虚なスローガンとしての「自由」は、当時ギリシア本土に対しては何ら脅威を与えてはいな

かったペルシアに対抗して、ギリシアの統一を創造するための装置になりえた。これらの事実は高価なコインを安っぽいものにしてしまった——しかし永遠にそうであったわけではない。

　政治的自由の観念は、最も貴重で並はずれたギリシア独自の遺産であり、内的事柄・外的事柄において神的承認を必要ともしないし排除もしない。さらに、それは空虚な宣伝と同様実質的な願望を述べることにも役立ったので、西洋史の過程におけるほぼ全ての政治的状況にも容易に受け入れられたのである。君主は政治的自由の観念を、王の神的権利を擁護するために使うことができたし、僭主は政治的自由の観念を利用して、自分たちの民族集団がマイノリティであるような土地を併合することができた。しかしそれはまた、アメリカの人民を結集させ、またフランスの人民を結集させて、彼らを圧政からの解放するのに役立ったのであった。

　私はここで、私の同僚であるグラハムとジェイムズ・プリチャードに謝意を表したいと思う。彼らの助言と協力により私はこの章に関して多くの誤謬を免れることができた。

注
1. M.I. Finley, "The Freedom of the Citizen in the Greek World," in *Economy and Society in Ancient Greece*, eds. B. D. Shaw and R. P. Saller (New York, 1982), 77–94, esp. 77, citing E. Leach, "Law as a Condition of Freedom," in *The Concept of Freedom in Anthropology*, ed. D. Bidney (Paris and The Hague, 1968), 74.
2. O. Patterson, *Freedom, vol.1: Freedom in the Making of Western Culture* (New York,1991), xiv–xvi, quote from xv.
3. M. I. Finley, "The Servile Statuses in Ancient Greece," in *Economy and Society in Ancient Greece*, ed. Shaw and Saller, 133–49.
4. 以下を見よ。M. Ventris and J. Chadwick, *Documents in Mycenaean Greek*, 2d ed. (Cambridge, 1973), 123–24, 156, 164, 166–67, 353, 409–10, 417, and 418; see also 236.
5. Ibid., 298–300, 469.
6. K. Raafiaub, "Zum Freiheitsbegriff der Griechen," in E. C. Welskopf, ed., *Soziale Typenbegriffe im alten Griechenland und ihr Fortleben in den Sprachen der Welt* 4 (Berlin,

1981): 180-405, esp. 186-87.
7. 以下を見よ。Y. Garlan, *Slavery in Ancient Greece*, trans. J. Lloyd (Ithaca, NY, 1988), 29-37.
8. Homer, *Iliad* 6.455, 16.831, and 20.193〔ホメロス『オデュッセイア 上・下巻』松平千秋訳、岩波書店、2001年〕. そこでそれらは "booty" (leiadas) として述べられている。
9. Homer, *Odyssey* 14.340 and 17.323〔ホメロス『イーリアス 上・下巻』松平千秋訳、岩波書店、1992年〕.
10. 以下を見よ。K. Raaflaub, *Die Entdeckung der Freiheit. Zur historischen Se-mantik und Gesellschaftsgeschichte eines politischen Grundbegriffs der Griechen* (= *Vestigia* 37) (Munich, 1985), 36-46. パターソンは *Freedom* 1: 50-54 の中で自由の理念の主たるを女性の奴隷に求めているが、パターソンのこの立ち入った理論展開はホメロスのテクストによって充分に支持されてはいない。またラーフラオブは *Entdeckung der Freiheit* 189 with n.67 において「エレウテロスはただ……女性を考慮して現れている」と主張しているが、これは『イリアス』6節526によって支持されてはいない。
11. Heraclitus, F 53 (DK 6). これは Charles H. Kahn によって以下の本の中で解釈されている。*The Art and Thought of Heraclitus* (Cambridge, 1979), 207-10.
12. Alcaeus, ft.72 (L.-P) (=D14) 11-13: σὺ δὴ τεαύτας ἐκγεγόνων ἔχηις / τὰν δόξαν οἴαν ἄνδρες ἐλεύθεροι/ἕσλων ἔοντες ἐκ τοκήων, D. Page, *Sappho and Alcaeus* (Oxford, 1955), 171-74.『アルカイオス』には他に二箇所「自由」が現れているが (120 と 306 [10] {L.-P.})、あまりにも断片的な言述中にあるため解釈不能である。
13. Semonides, ft. 7.57-58 (West).
14. 反対に「ある奴隷の食事」は、彼の同時代人であるエフェソスのヒッポナクスの断片に、社会・経済的意味で見いだされる。δούλιον χόρτον and δούλιον ἄρτον (frr. 36.6 and 194..8 [Degani]).
15. Solon, ft. 36.6-15(West).
16. 最近なされた精巧な再構築は、アンドゥルーズによるそれである。In *Cambridge Ancient History* 3.3, 2.d ed. (Cambridge, 1982): 368-84. また以下も見よ。P. B. Manville, *The Origins of Citizenship in Ancient Athens* (Princeton, 1990), 105-23.
17. Solon, ft. 4.7-19 (West).
18. See Raaflaub, "Freiheitsbegriff", 193 with n.116.
19. この点については、ソロンの改革に関するマンヴィルの見事な議論を見よ。*Origins of Citizenship*, chap. 6.
20. 以下を見よ。D. Page, ed., *Poetae Melici Graeci* (Oxford, 1962), frr. 893.4 and 896.4 with M. Ostwald, *Nomos and the Beginnings of the Athenian Democracy* (Oxford, 1969), 96-136.
21. Herodotus 5.55.x, 62.x, 63.x, 64.2, 65.5, 78〔ヘロドトス『歴史 上・中・下巻』松平千秋訳、岩波書店、1971年、1972年〕.
22. 例えば以下のようである。Raaflaub, *Entdeckung der Freiheir*, 139-40. また110を参照。

23. 例えば以下を見よ。The Lipit-Ishtar law code in J. B. Pritchard, ed., *Ancient Near Eastern Texts Relating to the Old Testament*, 3d ed. (Princeton, NJ, 1969), 160, no.25:「男が妻をめとりその妻が子を産みそしてその子らが生存している場合、そして奴隷が同様に主人の子を産みしかしその父親が奴隷とその子供たちに自由を認めた場合、奴隷の子らは（前）主人の子らと財産を分けることはできない。」ここでは奴隷の妾の例だけでなく、奴隷状態からの解放とその相続に関した社会的地位の例が見られる。
24. 以下を見よ。Pritchard, *Near Eastern Texts*, 163-80.
25. 以下を見よ。R. Meiggs and D. M. Lewis, *A Selection of Greek Historical Inscriptions to the End of the Fifth Century B.C.*, 2d ed. (Oxford, 1988), no.12. エジプトと近東を概観するためには以下を見よ。A. B. Knapp, *The History and Culture of Ancient Western Asia and Egypt* (Chicago, 1988); アナトリアに関しては以下を見よ。H. Lewy, "Anatolia in the Old Assyrian Period," in *Cambridge Ancient History* 1.2, 3d ed. (Cambridge, 1971): 707-28, esp. 715-23. これはまたメソポタミアの地域性にも当てはまる。メソポタミアは君主的に統治されていたにもかかわらず、民主的相貌を呈していたと信じる研究者がある。特にThorkild Jacobsenによる以下の二つの論文を見よ。"Primitive Democracy in Ancient Mesopotamia" and "Early Political Development in Mesopotamia," both republished in *Toward the Image of Tammuz and Other Essays on Mesopotamian History and Culture*, ed. W. L. Moran (Cambridge, MA, 1970), 157-70 and I32-56. 一般的には以下を見よ。R. M. Glassman, *Democracy and Despotism in Primitive Societies*, 2 vols. (Millwood, NY, 1986).
26. 以下を見よ。R. de Vaux, *Ancient Israel: Its Life and Institutions*, trans. J. McHugh (London, 1961), 68-79, 80-90〔ドゥ・ヴォー『イスラエル古代史』『続イスラエル古代史』西村俊明訳、日本基督教団出版局、1977年、1989年〕。他の側面については以下を見よ。L. I. Rabinowitz, "Freedom," in *Encyclopaedia Judaica* 7 (Jerusalem, 1971): 117-20.
27. この点については以下を見よ。D. Daube, *The Exodus Pattern in the Bible* (London, 1963), esp. chap. 5: "A Change of Masters." また以下も見よ。M. Walzer, *Exodus and Revolution* (New York, 1985)〔ウォーザー『出エジプトと解放の政治学』荒井章三訳、新教出版社、1987年〕。
28. 以下を見よ。Ventris and Chadwick, *Documents in Mycenaean Greek*, 298-300, 469.
29. Herodotus 2.135.2; 3.125.3; 4.95.1-2; 5.92 n. 3; and 6.58.I.
30. この言葉に関する価値ある考察については以下を見よ。L. Edmunds and R. Martin, "*Thucydides* 2.65.8:," *Harvard Studies in Classical Philology* 81 (1977): 187-93.
31. Solon, ft. 9.3-4 (West)with Raafiaub, "Freiheitsbegriff," I93.
32. 好奇心をそそられる文章は7.58.2で、そこではGelonが、「交易所から莫大な利益と利便がギリシア人に生じているにもかかわらず、その交易所を自由にする」ことにつき彼を手助けしなかった、とギリシア人を糾弾している。問題となっている交易所はおそらくカルタゴの交易所であるから、それを「自由にする」とは、帝国主義的な野心を封じることであると思われる。

33. 以下を見よ。Kurt von Fritz, "Die griechische bei Herodot," *Wiener Studien* 78 (1965): 5-31.
34. この種の模造については以下を見よ。Patricia A. Rosenmeyer, *The Poetics of Imitation* (Cambridge, 1992).
35. Page, *Poetae Melici Graeci*, fr. 419. これは以下におけるアナクレオンの作である。*Anthologia Palatina* 13.4.
36. 以下を見よ。Rosenmeyer, *Poetics*.
37. この問題について最もよく述べているのは、今でも以下のものである。U. von Wilamowitz-Moellendorff, *Sappho und Simonides* (Berlin, 1913), 105-6. 彼はこの詩が書かれたのは、アナクレオンがサモスにあったポリクレトスの宮廷に出仕する以前、すなわち紀元前522年以前であるとしている。
38. 例えば以下を見よ。Meiggs and Lewis, *Greek Historical Inscriptions*, nos. 24-28. 54-57には解説が付加されている。非常に多くのものは伝統的にシモニデス(紀元前556-468頃)の作とされ、以下に収集されている。E. Diehl, ed., *Anthologia Lyrica Graeca* 2 (Leipzig, 1925): 85-118. また以下において議論されている。A. J. Podlecki, "Simonides: 480," *Historia* 17 (1968): 257-75. 一般的な議論については以下を見よ。Raafiaub, *Entdeckung der Freiheit*, 72-82.
39. Meiggs and Lewis, *Greek Historical Inscriptions*, no.26 (I), line 4.. 解説つき。W. C. West III, "Saviors of Greece," *Greek, Roman and Byzantine Studies* (1970): 271-82.
40. Plutarch, *De gloria Atheniensium* 7 (=Moralia 350A) = Pindar, fr. 77 (Maehler) 〔プルタルコス『モラリア』戸塚七郎訳、京都大学学術出版会、1997年、2000年〕.
41. Pindar, *Isthmian* 8.15, with E. Thummer, ed. and comm., *Pindar: Die Isthmischen Gedichte* 2 (Heidelberg, 1969): 131.
42. ピンダロスにおける外的・内的な自由についてまた以下を参照。*Pythian* 1.71-75(470 B.C.). そこでは、紀元前474のクマエの戦いは「ギリシアを嘆かわしい隷属から抜け出させた」と言われており、また60-65では、ドーリア人の規範に従えば、「自由」が神によって置かれたアイトナのいしずえとなったと言われている。
43. 多くは以下において参照可能である。Meiggs and Lewis, *Greek Historical Inscriptions*, no.23. 解説と研究目録つき。
44. 以下のものが、その動員令はアルテミシウムとサラミスの戦いの前年に出されたものであると、精密に結論づけている。N. G. L. Hammond, "The Narrative of Herodotus VII and the Decree of Themistocles at Troezen," *Journal of Hellenic Studies* 102(1982): 75-93.
45. プラタイアイの誓いについて記した前4世紀の二つの版(the Acharnae inscription, lines23-24, and Lycurgus, *In Leocratem* 81) において eleutheros と eleutheria は、おのおの身体的自由について語っている。以下を見よ。P. Siewert, *Der Eid von Plataiai* (= Vestigia 16), 9-19, 24, 53-56.
46. Diodorus 11.72. 2.
47. Thucydides 2.71.2. 〔トゥーキューディデース『戦史 上・中・下巻』久保正彰訳、岩

波書店、1966 年、1967 年〕Plutarch, *Aristeides* 19.7 *and de malignitate Herodoti* 42 (= Moralia 873b).

48. その教団がアテネにあるということは、紀元前 430 年頃にさかのぼる考古学上の遺物によって最もよく証明される。以下を見よ。R. E. Wycherley, *The Stones of Athens* (Princeton, NJ, 1978), 42-43 with n.40. 文字通りの証拠としては以下を見よ。R. E. Wycherley, *The Athenian Agora 3. Literary and Epigraphical Testimonia* (Princeton, NJ, 1957), 25-30.

49. 文献と一般的な解説は以下の通り。Raaflaub, *Entdeckung der Freiheit*, 125-35.

50. 以下のものはヘロドトスとアイスキュロスの Persae の間にある、興味深い言語論的並行関係を示している。M. Pohlenz, *Herodot* (repr. Stuttgart, 1961), 116 n.3.

51. 以下も見よ。Aeschylus, *Choephori* 1060 and *Eumenides* 175 and 340; Euripides, *Heracleidae* 790, 868, *Hecuba* 864, 869, *Heracles* 1010, *Electra* 911, *Phoenissae* 999, *Rhesus* 664. このような語の使用に関連しているのは、クリュタエムネストラが殺人の告発「から自由である」(無実である) という復讐の女神の主張 (『エウメニデス』603) である。また以下を参照。Sophocles, *Antigone* 399 and 445; Euripides, *Hippolytus* 1449-50, *Orestes* 1088; and [Hippocrates], *De Arte* 7.25, *Letters* 11.37. また子供の解放についての以下のものを参照。*De septimestri partu* 4.24.

52. 以下も参照。Sophocles, *Electra* 1509; and Euripides, *Electra* 868.

53. 法律については以下の書において最もよく例証されている。R. F. Willets, ed., *The Law Code of Gortyn* (= Kadmos Suppl. Ⅰ) (Berlin, 1967). 日付については同書 8 頁を見よ。

54. The Gortyn Code においてはまた、apetairos と呼ばれるある種の自由人 (hetaireiai のメンバーから除外された人) が認知されている。これについては前掲書 12-13 頁を見よ。そして oikeus と呼ばれるある種の家内奴隷が、所有権との関連で言及されている。(cols. 3-4).

55. Sophocles, *Trachiniae* 63, *Ajax* 63, 1258-60, *Oedipus Tyrannus* 706, *Electra* 1256; Euripides, *Hippolytus* 421-22, *Andromache* 153, *Bacchae* 775, *Iphigeneia at Aulis* 930, 994, *Rhesus* 420. この関連で、副詞の eleutheros が「束縛されていない」という意味で頻繁に使われているのは全く価値がない。(Sophocles, *Electra* 1300; Euripides, *Cyclops* 287, *Alcestis* 1008). これは eleutheros (Euripides, *Heracleidae* 559, *Orestes* 1170) と eleutheros (Euripides, *Alcestis* 569, 678) の双方における寛大さと公平無私の含みについても同様である。

56. 例えば以下を見よ。Sophocles, *Trachiniae* 249, 267, 301, *Ajax* 1020, 1260. また以下を参照。Hippocrates, *De morbis popularibus* 6.7.1.35, Oath 21.

57. 例えば以下を見よ。Sophocles, *Philoctetes* 996; Euripides, *Heracleidae* 789, 890, *Andromache* 12, 195, 433, *Hecuba* 234, 291-92, 367, 420, 550, 754, 864, *Iphigeneia among the Taurians* 1349, Helen 275.

58. E.g., Sophocles, *Trachiniae* 487; Euripides, *Ion* 855, *Helen* 730.

59. Aristotle, *Politics*1.5, 1254a17-1255a3 〔アリストテレス『政治学』牛田徳子訳、京都大

学学術出版会、2001年].
60. Euripides, *Heracleidae* 62, 113, 198, 244, 287.
61. 以下におけるトロイの自由を参照。*Rhesus* 469 and 991.
62. Thucydides 1.122.3, 124.3; 2.63.2; 3.37.2, 6.85.1. ペルシャの統治からの自由に関しては以下を見よ。1.69.1; 2.71.2; 3.10.3, 54.4,; 6.76.4, 83.2.
63. Id. 6.59.4; 8.68.4.
64. Speeches: id. 1.69.1, 124. 1, 3; 3.10.3-5, 13.3, 7, 39.7, 62.5, 63.3; 4.85.5-6, 86.1, 4, 87.2, 5-6; 5.9.9; 6.87.2. Indirect speech: 7.56.2; 8.48.5. Narrative: 4.52.3, 120.3, 121. 1; 8.52.1.
65. Pindar, *Pythian* 8.98-100 with R. W. Burton, *Pindar's Pythian Odes* (Oxford, 1962), 174-93, and Raafiaub, "Freiheitsbegriff," 215. コス島については以下を見よ。
[Hippocrates], *Epistle* 26.17 and 22. ここではコス島はアテネによって奴隷化され、またテッサリア人がコス島を解放するよう呼びかけられている。しかし*Epistle*の真正性は非常に疑わしい。この主張に沿った唯一の歴史的状況は紀元前446/5から紀元前443/2の間でしかない。以下を見よ。S. M. Sherwin-White, *Ancient Cos* (= Hypomnemata 51) (Göttingen, 1978) 375-77. 著者はヒポクラテスの書簡を引用していない。
66. Thucydides 2.8.4, 72.1; 3.32.2, 59.4; 4.85.1, 86.1; 8.46.3. これは4世紀に、以下において繰り返された。Isocrates 4. 122.
67. Thucydides 1.84.1; 5.9.1. 興味深いことに、アテネ人が内的自由を要求するのは彼らの「領土」のためだけであり (2.36. 1)、またペイシストラトスの僭主制からの解放のためだけである (註63)。
68. 最も明快なのは以下である。3.45.6; 6.20.2; 8.43.3. しかし以下も見よ。2.62.3, 63.1; 3.12.1; 4.63.2, 64.5, 92.4, 7,95.3, 114.3; 5.9.9, 99, 100, 112.2; 6.40.2, 69.3, 87.2, 89.6; 7.68.3, 69.2, 82.1; 8.45.4, 64.3-4, 71.1.
69. 以下を見よ。M. Ostwald, *Autonomia : Its Genesis and Early History* (Chico, CA, 1982). 特に 11-14.。
70. E. J. Bickerman, "Autonomia: Sur un passage de Thucydide (1, 144, 2)," *Revue Internationale des Droits de l'Antiquité* , 3d ser., 5 (1958): 313-44.
71. Thucydides 2.72.1; 3.10.5, 46.5-6; 4.86.1; 6.77.1, 84.3.
72. 以下を見よ。M. N. Tod, *A Selection of Greek Historical Inscriptions* 2 (Oxford, 1948), no.123, lines 10 and 20. さらに早いのは、キオス島とアテネの協定である。No.118, line 2. また、カルキスとアテネ (no. 124, lines 21-22 of 377 B.C.)、アテネとトラキア (no. 151, line 16 of 357 B.C.)、紀元前334年のアレクサンドロスと *Priene* の協定も参照。(no. 185, line 4). また以下も見よ。Isocrates 4 (*Panegyricus*) 117; 14 (*Plataficus*) 24; 6 (*Archidamus*) 64; 8 (*On the Peace*) 58; *Epistle* 8.7; Demosthenes 1 (*Olynthiac* I) 23; 7 (*On Halonessus*) 30, 32; 17 (*On the Treaty with Alexander*) 8; 18 (*On the Crown*) 305.
73. Thucydides 2.78.4, 103.1; 3.73.1; 4.26.5, 80.3-4, 118.7; 5.34.1, 83.2; 8.15.2, 28.4, 41.2, 62.2, 73.5, 84.2.

74. 簡単な社会的区別についてば例えば以下を見よ。Aristophanes, *Plutus* 148; Andocides 4 (*Against Alcibiades*) 14, 23; Antiphon 6 (*On the Choreutes*) 19, 22; Lysias 5 (*For Callias*) 4, 5; 7 (*On the Olive-Stump*) 16; 23 (*Against Pancleon*) 9, 11–12; Isocrates 17 (*Trapeziticus*) 14, 17, 49; Aeschines (*Against Timarchus*) 62, 65–66; 3 (*Against Ctesiphon*) 122, 169, 171. 法的な区別は例えば以下を見よ。Lysias 4 (*On a Wound by Premeditation*) 12, 14; Lycurgus 1 (*Against Leocrates*) 41, 65.

75. Andocides 4 (*Against Alcibiades*) 18.

76. Antiphon 6 (*On the Choreutes*) 23, 25.

77. Id. 5 (*On the Murder of Herodes*) 48–50.

78. Isaeus 8 (*On the Estate of Ciron*) 12. また以下も参照。Antiphon 2 (*Tetralogy* Ⅰ) 3.4, 4.7 and 5 (*On the Murder of Herodes*) 31, 34.

79. Aeschin 1 (*Against Timarchus*) 7, 9, 12, 14, 15–17. また以下を参照。Lysias 1 (*On the Murder of Eratosthenes*) 32.

80. 例えば以下を見よ。Lysias 2 (*Funeral Oration*) 14, 62, 64; 3 (*Against Simon*) 23; 13 (*Against Agoratus*) 66; Isocrates 20 (*Aegineticus*) 6; Aeschines 1 (*Against Timarchus*) 43, 107, 123, 138, 159; 2 (*On the False Embassy*) 4–5, 127, 148.

81. 例えば以下を見よ。Aristophanes, *Clouds* 1414; *Lysistrata* 379, 614. そして特に以下を見よ。*Ecclesiazousae* 721–24, 941.

82. Aeschines 1 (*Against Timarchus*) 42; 2 (*On the False Embassy*) 173; Lycurgus Ⅰ (*Against Leocrates*) 49; Plato, Republic 4, 431 c.

83. 例えば以下を見よ。Xenophon, *Memorabilia* 1.2.29; *Symposium* 8.23.

84. Thucydides 2.37.2, 65.8; 6.85.2; 7.63.4; Aristophanes, *Clouds* 518; *Ecclesiazousae* 1145; Lysias 8 (*Calumny*) 16; Isocrates 4 (*Panegyricus*) 49; Aeschines Ⅰ (*Against Timarchus*) 120, 156; 2 (*On the False Embassy*) 23, 70; 3 (*Against Ctesiphon*) 154. Eleutheros がしばしば同じ意味を含んでいることに注意せよ。Aeschines (*Against Timarchus*) 42.; Plato, Laws 7, 795e. 註 55 を参照。

85. Antiphon F44A, col. 4.3–8; Plato, *Gorgias* 491e5–492c8, esp. c5〔プラトン『ゴルギアス』加来彰俊訳、岩波書店、1967 年〕.

86. 以下を見よ。Xenophon, *Memorabilia* 1.2.5–6; 4.5.2; *Oeconomicus* 1.23; Aristotle, *Politics* 6.2, 1317b10–13.

87. 例えば以下を見よ。Aristophanes, *Thesmophoriazousae* 102; Lysias 2 (*Funeral Oration*) 18; Isocrates 10 (*Helen*) 35.

88. 以下において最も明快に表現されている。Plato, *Laws* 7.790a–b and 807d〔プラトン『法律』藤沢令夫訳、岩波文庫、1988 年〕. また以下を参照。*Protagoras* 312b.

89. Aristotle, *Politics* 1.5, 1254a17–b26; 1254b27–34.

90. Ibid. 6, 1255a4–b4; 3, 1253b21–22. 註 59 を参照。

91. 「教養教育」の概念の発展に関する見事な概論は以下を見よ。"Excursus: The Liberales

Disciplinae," in J. J. O'Donnell, *Augustine: Confessions* 2 (Oxford, 1992): 269-78.
92. Aristotle, *Politics* 3.5, 1277b33-1278a13. アリストテレスは、労働者が現実の諸国家において市民権から除外されるべきであると、どこかで主張しているわけではない。彼はただ、共同体における会員資格は能動的な参加を要求するという自身の見解を表明しているにすぎない。「もしわれわれが労働者を市民とみなすなら、われわれは今まで議論してきた市民の卓越の定義は、全ての者に属するのでもなく自由人にのみ属するのでもなく、労働の必要から解放された者全てに属するものとしてのみとらえなければならない」(3.5, 1278a9-11).
93. 以下における余暇についての強調に注意。8.3, 1337b28-30.
94. Ibid. 8.2, 1337b4-21.
95. Ibid. 8.3, 1338b2-4.
96. Euripides, *Supplices* 353, 404-8.
97. Isocrates 12 (*Panathenaicus*) 68; 20 (*Against Lochites*) 1, 10; Aristotle, *Rhetoric* 1.8, 1366a4 〔アリストテレス『弁論術』戸塚七郎訳、岩波文庫、1992年〕; *Politics* 3.8, 1279b39-1280a5; 4.4, 1290b1-3, 17-20, 1291b34-35; 5, 1292b38-39, 8, 1294a11, 15, 1299b26-27; 5.9, 1310a28-33; 6.2, 1317a40-b17, 1318a3-10.
98. 一般的な性質の例は前5世紀の終わりと同4世紀の前半において広く見られる。例えば以下を見よ。Andocides 3 (*On Peace with Sparta*) 14; 4 (*Against Alcibiades*) 1; Lysias 2 (*Funeral Oration*) 24, 26, 33, 41, 44, 46, 48; 25 (*Subverting the Democracy*) 32; 33 (*Olympic Oration*) 6-7; 34 (*Subversion of the Ancestral Constitution*) 11; Isocrates 4 (*Panegyricus*) 52, 95, 104, 106, 123, 140, 185; 5 (*To Philip*) 104; 6 (*Archidamus*) 7, 43, 51, 83; 14 (*Plataïcus*) 5-6, 17, 18, 43, 61.
99. 前5世紀初頭のペルシア戦争への言及は以下の通り。Andocides 1(*On the Mysteries*) 142; 3 (*On Peace with Sparta*) 17-18; Lysias 2 (*Funeral Oration*) 35, 42, 47, 55, 60; Isocrates 5 (*To Philip*) 129; 8 (*On the Peace*) 42; 15 (*Antidosis*) 307; 類似のものも見よ。[Aeschines], *Epistle* 3.2. 前4世紀に関する言及は以下の通り。Andocides 3 (*On Peace with Sparta*)17-18; Isocrates 4 (*Panegyricus*) 185; 8 (*On the Peace*) 141; また以下における小アジアのギリシア諸都市も参照。5 (*To Philip*) 123 and Epistle 6.11.
100. Lysias 12 (*Against Eratosthenes*) 73; 13 (*Against Agoratus*) 17; 18 (*On the Property of the Brother of Nicias*) 27; 26 (*On the Scrutiny of Euandros*) 2; 31 (*Against Philon*) 26,31-32; also 28 (*Against Ergocles*) 13-14. 以下を参照。Isocrates 7(*Areopagiticus*) 65.
101. デモステネスにおける関連箇所は多すぎて引用できない。しかし以下を見よ。Lycurgus 1 (*Against Leocrates*) 42 45, 47, 48, 50, 73, 147. 以下を参照。Aeschines (*On the False Embassy*) 60.
102. [Aeschines], *Epistle* 11.6 and 9 (*spurious*). また以下に引用されているプラタイアイの誓いを註45と共に見よ。Lycurgus 1 (*Against Leocrates*) 144.

第三章　自由と中世の教会

ブライアン・ティアニー

　偉大な法制史家であるフレデリック・メイトランドは、中世では「教会が、一つの国家であった」とかつて表現した[1]。もちろん中世の教会は、近代の自由な立憲国家の原型ではなかったし、当時もそのようなことはありえなかった。後代に中心的な重要概念として受けとめられるようになったいくつかの自由は、中世では実在していなかったし、また考慮されることもほとんどなかった。中世の教会は、封建的な隷属状態を黙認し、異端者を迫害した。このような中世の宗教文化の否定的な側面を無視することは、間違いであろうし、また、ここで我々はそのような事柄にも言及することになるであろう。しかし、この章では、より積極的な主題に主要な関心を置くことにする。つまり、本章の主要な目的は、中世を通じて、教会が西洋の諸制度の発達においてどのように建設的な役割を演じたのか、その多様な道程を探求することにある。
　1100年前後の数年間に、初めて教会は世俗的な支配者の統制から脱却し、そして、教会独自の法と制度的な機構を再形成し始めたのである。数世紀の間、教会の指導者たちつまり実務にたずさわる教会行政担当者や学識ある知識層の両者は、キリスト教社会内部の正当な秩序というものについて思考を巡らせてきた。そして、そうする過程で彼らは、最終的に西洋的立憲統治の理論と実践へと吸収されていく一連の思想と手続きを創出したのである。この点において、中世の教会は近代的な自由の成長のために、多大な貢献を果たしたのである。
　統治に関する中世の思想は、ある面でその時代の実際の生活環境によって形

成されていたが、別の面で古代世界から引き継がれてきた思想によっても構成されていた。まず中世の現実世界における政治生活は、霊的権力と世俗的権力との衝突という特色を持っていたが、さらには、暴力行使が常態化していた社会に対して、ある程度の平和秩序をもたらそうとする教皇や国王たちの奮闘によっても、特徴づけられていた。12世紀には壮大で新しいキリスト教文明が出現し始めた。しかし政治的な発展は文化的な高い達成度の陰に隠れていた。封建制に由来する歯止めの効かない暴力沙汰は、無政府状態を招きかねなかった。そこに、強力な支配者が登場する必要性があったが、しかし同時に、むき出しの専制的統治に対する強烈な嫌悪感も並存していたのである。無政府状態に対して代わるものがあるとすれば、それは言うまでもなく絶対主義であった。しかし中世の人々はその方策を採らず、むしろ彼らが創出しようとしたのは、法と当時人々が認知した諸権利とに一貫して制約されつつも有効に機能する政府であった。

　中世の著作家たちが、統治問題に関して思案する際に参照した古代の資料には、ローマ法とアリストテレスの哲学とが含まれていた。約1140年頃に教会法学者のグラティアヌスは、多くの初代キリスト教の文献を含んだ『教令集』(Decretum) として知られる教会法の偉大な編さん書を書き記した。その著作は、普遍的に受容された教会法の集大成を、西方教会全体のために、最初に提供したのである。これらの初代教会の資料が、中世の思想世界の中へと吸収される際には、実に複雑な過程を経ることになった。まず中世の思想家は古代の文献を、新たに形成されつつあった自分たち独自の文化という文脈の中で読み換えた。また彼らはそれらの文献を、古代世界の問題とは全く異なる中世社会の諸問題に、適用させた。そして、その過程で彼らは、ある種の創造的な誤解を犯すことによって、本来の古代の著者たちが、ほとんど心に思い浮かべることができなかった意味を、しばしば古代の資料から汲み取るようになっていったのである。その上、これらの資料自体も多義的な内容を含んでいた。たとえばユスティニアヌス大帝の『ローマ法学説彙纂』、あるいはアリストテレスの『政治学』、あるいはグラティアヌスの『教令集』などの著作はどれもこれも、

第三章　自由と中世の教会　89

そこに絶対的な支配を正当化するのに有用と思われる文章を見いだしえたし、また制限を受けた様々な統治形態を正当化するのに役立つと思われる文章も、見いだすことができたのである。

　同様のことが、中世の思想家によく知られた全ての古代の資料の中で最も重要なもの、つまり、キリスト教の聖書においても妥当する。「マタイによる福音書」の第16章19節でキリストは、ペテロに「私があなたに天の国の鍵を授ける」と述べている。この言葉は、教皇絶対主義の理論に基盤を提供することができたし、また、実際に提供したのである。しかし、「マタイによる福音書」の別の文章（第18章15節 - 17節）には、「もし、あなたの兄弟があなたに対して罪を犯したならば、……教会に申し出なさい」と記されているが、その言葉は、権威が全ての信徒たちからなる団体の中に本来備わっていることを、示唆したのである。実際、最初の教会会議がエルサレムで開催された時に、使徒たちは、召集された信仰共同体を通して聖霊が言葉を語ったと、宣言したのである[2]。そしてここから中世の思想の中に教会的統一に関する二つの概念が並存することになった。つまり、全ての構成員が主権を有する頭（かしら）に従属することによって維持される統一と、構成員たちが聖霊の導きの下で誤りなき団体的生命を保持しながら、自由に結びつくことによって確保される統一である。その上、いくつかの文献が教会の本質を、共同体的な統一体として、すなわち中世の言葉で言うところの「神秘体」として規定していたのに対して、他の文献は、神の視点における一人ひとりの個人的な人格の価値を強調したのである。加えてキリスト教的な自由という理念の中にも、あいまいさが存在した。パウロは、「キリストが我々を解放した自由」（「ガラテヤ人への手紙」第5章）に関して言及した時には、古き律法のくびきからの自由について考えていた。しかし、その言葉は、あらゆる形態の教会や世俗における専制政治からの包括的な自由として、広い意味の中で理解されることも可能であったのである。

　統治に関する西洋的な思考方法は、新しい時代に入った。つまり中世の法律家は、神学的な意味合い以上に、教会統治の実際問題に関する事柄に関心を有していたのだが、その彼らが、古い聖書の教説を憲法の言葉で再公式化しよう

としたのである。これらの法律家たちの仕事において、そして、後にアリストテレスの思想の影響を受けた哲学者たちの著作において、新しい論述の言葉が成長したのである。それは、霊的権力と世俗権力との間の相互作用、主権と法との関係、そして、同意や権利や代表制の問題にかかわる言葉であった。言葉や思想の新しい語彙集が作られ、それは、最初は主として教会の正しい秩序の問題を取り扱い、しかし、すぐに世俗の統治権力にも適用された。そして、中世の論述様式は、最初は中世社会の独自の必要性によって形成されたが、それは近代初期まで持続し、順々に後の時代の思想を形成するのに役立ったのである。

≪Ⅰ≫ 教会と国家

　中世では統治に関する論述は、一貫して霊的権力と世俗権力との間の緊張関係によって、影響を受けていた。実際に中世の諸教皇が（もちろん彼ら自身意図していたわけではなかったが）近代的な自由の発展に寄与した最も明白な道筋は、世俗の支配者の統制から教会を自由にしようと固執したことにあった。中世では、絶対的な権威を行使する単一的な統治のヒエラルキーというものは、全く存在しなかったが、しかしながら、後の時代の用語を用いれば、教会と国家という二つのヒエラルキーが常に存在していたのであり、両者はしばしば相互に他者と争い、一方が他方の権限を制限しようとしたのであった。このような統治の二元性は、人間の歴史の中でむしろ珍しい展開であった。部族的な結合や都市国家よりも大きな社会で最も一般的な支配形態は、ある種の神政的な絶対主義であった。エジプトのファラオ、ペルーのインカ、日本の天皇など全ては、神聖な人物として崇拝されていた。そこでは社会の秩序は、宇宙の神聖な秩序の一部として見られていた。また支配者は、天と地との間の必要な結びつきを提供していた。しかし、キリスト教は、始めから異なっていた。それは、古代ギリシア・ローマの知的に洗練された古典的な文明という異質な文化の中で、成長したのである。キリスト教徒になったり、あるいは、自己の宗教的な立場に固執したりすることは、自由な個人の選択の問題であったが、それは、

しばしば相当な自己犠牲を伴うこともあった。初代のキリスト教徒たちにとって、ローマ皇帝は神から権威を授与された支配者ではなく、真の信仰の迫害者であった。ローマ帝国という国家とキリスト教会との間の緊張は、イエス自身の以下の言葉によって典型的に表現されている。「皇帝のものは皇帝に、神のものは神に返しなさい」と。

コンスタンティヌス大帝が回心し、キリスト教的帝国が確立された後、しばらくの間教会は、ローマ帝国の神政政治的な教会国家の中で、宗教部門を担当する単なる一機関になり下がる可能性が現実にあった。しかし、西方では帝国権力が崩壊したので、教会の独立した役割が、ローマ教皇ゲラシウス 1 世（在位 492-96 年）によって力強く繰り返し言明された。

　　この世を主として支配している尊厳ある皇帝陛下よ。地上には聖職者の聖なる権威と王の権力がある。……（あなたは）宗教は秩序において、天の聖なる秘跡を受けとりかつ正しく実施することがらに関しては、貴方は聖職者を支配するというよりもむしろ自らを彼らに委ねるべきである[3]。

つまり、この世界には二つの権威が存在していたのである。宗教的な思想とその実践の全領域は、世俗の支配者の統制から免れていた。ゲラシウス 1 世のこの文章は、12 世紀にはグラティアヌスの『教令集』の中に編入され、後代の人々によって絶えず引用され、論争の的となるのであった。

帝国と教皇制という問題が中世において定式化されたのは、800 年にシャルルマーニュが、新しい神政政治的な帝国の確立を試みた時からである。そして彼の主張は、その後継者であるオットー朝やザリエリ朝の皇帝たちによって、繰り返された。11 世紀までにシャルルマーニュの帝国は、いくつかの別々の王国に分解し、その王国自体も無数の封建的な公国に分裂し、しばしば相互に闘っていた。そのような状況においては、強力な君主国を建設することが、引き続く無政府状態に対する唯一の選択肢であったように思われた。そして、聖職者たちは聖なる権力を自分の王に属するものだと再び考え始めたのである。

11世紀の戴冠式では、王は、しばしばヨシュア、ダビデ、ソロモンと比較され、教会の高位聖職者のように聖油によって聖別された。王は、「神の代理」と呼ばれたのである。そして、王たちは、地上における神の代理として、彼らの教会を統治する権限を掌握した。彼らは、自分の統治する領域では定期的に司教を叙任し、霊的職務の象徴である指環と杖を授けた。たびたびドイツ皇帝はイタリアに侵入してローマを占領したが、その際皇帝は、他の司教を叙任するのと同じようにローマ教皇を選出し叙任したのである。

教会は、神政政治的な一元論という別の形態へと流されていくかのように思われた。しかし劇的な変化が、グレゴリウス7世が教皇に在位していた時代（1073-85年）に到来した。グレゴリウスは、社会に存在している全ての秩序が神の正義に対して、根本的に背反していると非難した。彼が明らかにした目的は、教会の自由の回復であり、彼は一種の雄叫びのように、以下のような警句を用いた。つまり、「悲惨で悪魔の巣窟のような奴隷状態に沈み込むよりは、教会の自由のために戦うべきである」と彼は書き記したのである[4]。1076年にグレゴリウスは、俗人による聖職叙任（国王による司教の任命など）の実施を禁止した。通常「叙任権闘争」と呼ばれた戦いが始まったのである。もっともそれは、今日しばしば教皇の革命として簡潔に語られる。ドイツ国王であり、かつ、選出された皇帝でもあったハインリヒ4世は、この教皇の教令を断固として受け入れようとしなかった。それどころか皇帝は、グレゴリウスを偽の教皇であり、異端者であるとして弾劾したのである。グレゴリウスは、ハインリヒに破門を宣告することによってそれに応じ、そして、彼をドイツ国王職から罷免した。教会の自由の要求として開始されたものが、キリスト教社会における支配的権威のための闘争へと移り変わったのである。

グレゴリウスの敵対者から見れば、教皇が教会のために要求した内容は、教皇自身の権限を無制限に主張すること以外の何物も意味していなかった。グレゴリウスは、自分の行動が個人的な野心に動機づけられていることを常に否定していたが、しかしながら権力への熱望と教会のための熱心さとは、彼自身の複雑な人格の中で分かちがたく融合していたのである。ハインリヒ4世との闘

争が始まる直前の 1075 年に、グレゴリウスは彼の公的な記録の中で、『ディクタートゥス・パパエ』(Dictatus Papae) として知られる、教皇の権威に関する一連の主張を書き留めた。それは、次のような主張を含んでいた。「ローマ教皇だけが、唯一普遍的と呼ばれうる存在である。……ただ教皇だけが、時代の必要性に応じて、新しい教会法を制定する合法的な権限を有するのである。……教皇の足に、全ての君侯はひざまずいて接吻を捧げるべきである。……教皇は、皇帝を罷免しうる。……教皇自身は、他のいかなる者からの裁きを受けることがあってはならない」[5]。このような主張に応答する際に、皇帝ハインリヒは、王権主導の神政政治イデオロギーからは幾分退いていた。すなわち、皇帝の主張によれば、キリスト自身は、聖職から王権を分離したのであり、自己の利害のためにこの二つの役割を奪おうとしたのは教皇グレゴリウスの方である、というのである。こうして教皇と皇帝との間に生じた戦いは、宣伝合戦でもあり、ドイツとイタリアの事実上の内戦でもあった。ある時点では、ハインリヒはカノッサにおいて教皇に屈服し、平身低頭して教皇に許しを乞わなければならなかったが、その後彼の軍隊はローマを占領し、グレゴリウスを亡命へと至らせたのである。最終的には、両陣営ともに勝利を得ることはできなかった。争いの原因となった二人の主役は没し、教皇と皇帝の間では妥協的な平和が 1122 年の「ヴォルムス協約」でなんとか実現したのである。

　教皇と王との間の闘争は、その後何百年にもわたり繰り返し再演された。その際教皇たちは、王たちの神政政治的な主張を非難したが、後になると彼らはしばしば自ら神政政治に類似した役割を主張する誘惑にかられた。つまり時折教皇たちは、霊的な事柄と世俗的な事柄の二つの領域において、キリスト教社会に君臨するある種の専制君主を志向する極端な主張を押し進めたのである。しかし、教皇制の側からの世俗的領域に対する権利請求は、中世の王や民衆に決して十分に受け入れられることはなかった。その上、大学の知識人たちの間でも、見解は分かれていた。中世という時代を通じて、教会法学者や神学者の中には、より極端な教皇主義的な主張を承認するものもいれば、それに対して繰り返し反論した者もいたのである。

教皇による神政政治的な要求がその最高潮に達したのは、1302年にボニファティウス8世が発布した教書「ウナム・サンクタム」(Unam Sanctam) においてであり、それは以下のような妥協を許さない宣言を伴っていた。「全ての人間という被造物は、ローマ教皇に従属する必要がある」[6]。しかし、ボニファティウスは、彼がこの声明を発布した原因となったフランス王との戦いに敗れ、屈服したのである。このように中世では教権と王権の両陣営ともにその極端な主張を達成することができなかったので、教会と国家の二元主義は、中世社会の中で存続し、結局その原理は多くの政治理論書の中で合理的に解釈され、正当化された。例えば、フランスの神学者ジャン・ド・パリは、あの教書「ウナム・サンクタム」が発布された同じ1302年に、「王と教皇の権力について」(De potestae regia et papali) という論文を執筆した。それは、慎重に均衡のとれた二元主義を提示し、各々権力にその固有の機能を割り当てたのであった。ジャンが書いたところによれば、聖職者は霊的な事柄においては、君侯よりも偉大であるが、逆に君侯は世俗の事柄においては、より偉大であるというのであった[7]。

　実際の状況では、いかなる支配者も絶対的な権力の立場を強化することは不可能であった。そして、教会と国家との間の闘争が続く中で、どちらの側も相手側の権力を制限するように常に努めてきたので、こうした状況によって、専制政治に対する抵抗理論の生成、および統治権に関する憲法上の制限を設ける理論の生成が促された。すでにグレゴリウス7世とハインリヒ4世との間の叙任権闘争の際に、教皇の支持者であるラウテンバッハのマネゴルトは社会契約に関する原始的な理論を提示した。彼が書いたところによれば、支配者は契約によって、被支配者である人民と結びついているのであり、もし支配者が専制君主となり、迫害を行うことによってその契約に違反してしまった場合には、人民は支配者に対する臣従の義務から解き放たれるというものである[8]。それから2世紀後に、ジャン・ド・パリは教会と国家の双方における抵抗権についてより詳細な説明を提示し、慎重に教皇、王、人民の役割の境界線を定めた。もし、王が（たとえば聖職売買を実行したり、あるいは、異端に陥ったりすること

によって）霊的な事柄に関して罪を犯した場合には、教皇は彼を破門にすることができた。だが、実際問題として王を罷免することが必要となると、それは貴族と人民とによって実行されなければならなかった。同様に、職務を怠る教皇を拘束するのは枢機卿や公会議の長老議員たちの義務であるが、王はもし必要ならば、彼らを手助けすべく、物質的な力を提供することができたのである。各々の権力は、他方の権力濫用を抑制するために、自分が有する諸力を用いることができたわけである[9]。

中世における教会と国家の闘争が自由の歴史に寄与した最も重要な意義は、その闘争によって、どちらか一方の領域の統治者が最終的に、絶対的な神政政治的主権者になれなかったことにある。しかし、このことは他の領域にも余波をおよぼした。つまり歴史家たちが今もなお理解を深めようとしている複雑な道筋を通して明らかになりつつあることであるが、教会の自由のための要求は、世俗社会の自由な諸制度の成長をも促進したのである。

改革を実行しようとする教皇たちが主張したのは、司教は自分の管轄下の都市の聖職者や市民たちによって選出されるべきであって、決して遠距離に居住している王侯や皇帝によって叙任されるべきではないということであった。そしてまさにこの時代に、ヨーロッパの多くの地域の諸都市においては都市共同体が形成され始め、この共同体は自分たち自身の市参事会の選出権を要求した。このことは偶然とは思えない。これまで言われてきたことであるが、叙任権闘争は、聖なる生活領域と世俗の生活領域との間にある種の「分離」を生み出したのである。最終的にはこのことが、世俗国家の概念を実現可能にさせたのである。世俗国家とは人間にとって必要な事柄に奉仕するために存在し、そして人間の理性によって統制されたものなのである。しかしまた叙任権闘争は、伝統的な教会の諸制度の枠の外にある世俗の領域における、様々な形態の共同体的な生活を通して、愛や兄弟関係というキリスト教的な理想を新しく表現する方法をも促進した。すなわち、俗人たちの間で無数の仲間団体的な人的結合、例えば、職人たちの同業者組合、慈善のための兄弟団、都市共同体などが成長したのである。それらの組織が形成されたのは、上からの強制によってではな

く、構成員の自由な結社によってであった。それらの仲間団体は、周囲を取り巻く階層的な社会の中で自治政府を保持する、孤島のような存在であった。アントニー・ブラックが書いたところによれば、「教会の自由と都市コミューンの自由とは、団体の自己決定権を得るための同じ運動の中で相互に関係しあった部分だったのである」[10]。

さらに、教会が中世の王国の中でそれ自身の権利と特権を持った独自の一身分として認められるようになると、このことは他の「王国にある諸身分」、つまり、最初に貴族に、後代になると平民たちに対しても模範例を提供した。結局彼らも教会のそれと類似した権利を主張し、そして自分自身の特権証書を要求したのであった。そのような史料のうちで最も有名なのは、「マグナ・カルタ」であり、その第一条には「イギリスの教会は自由であるべきであり、それ固有の権利を全て完全に所有すべきである」と宣言されており、そしてその後で、封建領主や自由人たちの諸権利についての一般的な考察へと進んでいるのである。

我々が叙述してきた中世社会に存続した二元主義は、近代的な「政教分離の壁」とは異なるものである。中世においては、教会権力と国家権力とは、絶えず重なり合い、相互に作用し、相手の領域を侵犯してきた。しかし、教会は、宗教の領域における国家権力の介入を根本から制限することを自らの務めと見なし続けたし、そしてその限りにおいて教会は人間の自由の領域を拡大したのである。この教会の方向性は近代初期の世界において王権神授説に立脚する新たな君主政体の挑戦を受けることにはなったが、そのとき王の権利請求もまた、新しい形態の抵抗運動や宗教的自由の主張を引き起こさないでは済まなかった。そしてそのような運動の一つは最終的に、「アメリカ合衆国憲法修正第一条」に結晶したのである。

≪Ⅱ≫　支配者と共同体——主権と法

　我々がこれまで考察してきた教会と国家という問題と共に別の問題が生じた。それは教会それ自体の基本組織内における、自由と権力のバランスにかかわるものである。もし、『ディクタートゥス・パパエ』の主張が十全かつ無条件に実現されてしまったならば、グレゴリウス7世の言う教会の自由は、全てのキリスト教徒が、全権を有する教皇の無制限の意志に従うことを意味したに過ぎなかったであろう。しかし、専制的な支配は、自由の否定である。共同体が自由であるためには、法の支配の下で、つまり、共同体の一致した意思を反映し、ある意味においては統治者自身をも拘束する法の支配の下で生活することが必要である。そうでなければ、強者が弱者の自由を破壊することが可能になるであろう。このような考察が、中世教会において憲法上の問題を引き起こしたのである。もし、支配者が主権者にして立法者であるならば、どのようにしてその人物を自ら作った法の下に置くことができるであろうか。そして、もし、彼が最高の統治権を持っていたならば、いったい誰がその人物を裁判する権限を持つことができたのであろうか。

　学問的な次元において、主権と法的な抑制との間の問題は、12世紀の法律家たちにとってローマ法のテクスト間における明白な不一致から生じたのであった。ユスティニアヌス帝の『ローマ法大全』の一節は、「君主が法から自由である」と主張しているが、しかし、別の一節は、「君主が法によって自らが拘束を受けると公言することは、統治する威厳を持つにふさわしい行為である」11)と述べている。これらの原典を説明する際に、中世の法律家は共通して、法に従う義務と、服従を強要する強制的制裁との間に区別を設けたのである。皇帝は、法の強制的制裁には従わないという意味で、法から自由であった。皇帝は、最高の裁判官であったので、いかなる者も彼を裁くことはできなかったわけである。しかし、皇帝は、自分自身の自由な意志から法に従う義務があるという意味で、法によって拘束されていた。このときしばしばキリストとの類似性、つまり、キリストは神的な存在としては律法の上にあったが、それに

もかかわらず、自ら進んで律法に従ったことに言及がなされた。このような議論の流れが、ローマ法テクストにおける言葉の上での不一致を解決することができたのであるが、しかし、事実上無法な統治をしている主権者に対して、もしあるとすれば、いかなる対抗手段が有効であるかという問題に対して説明をしていないのである。

　イギリスの著作家ソールズベリのジョンは、1150 年代に書かれた政治理論に関する彼の主著『ポリクラティクス』の中で、この議論をさらに一歩進めた。ジョンは、王さえも常に拘束する法の基本原理と、支配者の裁量によって変更可能なより柔軟な規則とを、区別しようと試みたのである。彼はまた専制政治に対する明快な解決策、つまり、暴君の暗殺を議論した。ジョンは、暴君殺害を必ずしも奨励したわけではなかったが、彼は議論を通じて邪悪な支配者に、以下のことを思い知らせようとしたのである。すなわち、神は暴君を懲らしめるために志士を立てて天罰を下す用意があること、そして暴君は往々にして不幸な結果に至るものであること、である[12]。

　支配者、法、共同体、これら三者間にどのような正しい関係が設定されるべきかという問題は、中世の教会法学者たちの間で最も先鋭化した形となって現れた。実際この問題を細部に至るまで詳細に議論したのは、これらの教会法学者たちだった。教会法学者たちにとっての支配者であるローマ教皇は、君主たちの中でも最も高い地位にある人であった。しかし、教会法学者たちが属する共同体、つまりキリスト教の教会は、神聖不可侵の社会であり、世俗的な人的結社とは全く異なり、神の民、すなわち、キリストの神秘的な体そのものであったのである。このことが、教会法学の思想の中で永続的な緊張関係を引き起こした。『教令集』のいくつかの条文や後の『教皇教令集』(Decretals) の諸巻は、ローマ教皇に明白に無制限の権力を帰属させており、教会法学者たちも、時として非常に熱心にそのようなテクストの含意を追求したようである。教会法学者の一人は教皇について以下のように著している。「いかなる人も教皇に対して、なぜこのようなことをするのかと尋ねることはできない。……教皇は法を超越しており、法に反してでも、……法の変更や是正を行うことができ、

……そして、彼は至高権を持っているのである」[13]。教会法学者たちが実際に確信したところによれば、強大で主権を持った教皇制は、教会の自由を担うためには、つまり世俗の権力の統制や堕落した慣習からの自由や新しい法規を制定することによって教会改革を実施する自由などを担うためには、必要不可欠であったというのである。しかし、その同じ教会法学者たちは、このような強大な権力を振るう教皇個人が、単なる死すべき人間であり、他の人々のように罪や過失を犯しがちな存在であると記すことも決して忘れてはいなかった。教皇もことによると犯罪者や異端者になるかもしれなかった。また教皇は自らの権力を行使することで教会を害することになるかもしれなかった。教会法学者たちは、このような可能性を無視することはできなかった。なぜなら、たとえずかであっても『教令集』のいくつかの節は、信仰上の誤謬を犯したと言われる様々な初代教会時代の教皇について言及していたからである。その上、グラティアヌスのテクストの中のいくつかの箇所では、教皇はいかなる人間によっても裁かれないと主張されてはいるものの、他方でその同じテクストの一つでは、「教皇が真の信仰から迷い出ていることが認められない限り」という留保条件が、つけ加えられていたのである[14]。

　教会法学者たちは、真の信仰はたとえ過ちを犯している教皇の下でも、教会の中で常に生き続けるだろうことを信じて疑わなかった。信仰共同体についての彼らの教説が展開されるのは、まさにこの点においてである。彼らが述べるところによれば、教会は、「その団体全体においては」誤謬を犯しえない存在であった。その時代の最も偉大な教会法学者であるフグッチョは、12世紀末頃に著作をものして、以下のように説明している。「ローマ教皇が時折誤謬を犯してきたにもかかわらず、ローマ教会は決して過ちを犯さなかった。このとき教会は、教皇ただ一人ではなく、全ての信徒を包括するものとして理解される。なぜなら、教会とは信徒の集合体であるからだ。」そしてまた「善きキリスト信徒のいるところにはどこでも、そこにローマ教会がある」[15]と述べた。教会法学者たちに共通したこの教説は、『教令集』についての正式な注解の中に編入された。その注解は以下に示すものであるが、それは中世を通じてその

原典と共に講読された。「私は、確かに教皇が過ちを犯しうるのにもかかわらず、……教会が決して過ちを犯しえないと、ここで言われていることによって、あなたがたがどのような教会を理解したのか尋ねたい。これに対して私は、信徒の集合体が教会と呼ばれるべきであるが、……そして、そのような教会は存在しえないと答える」16)。教会法学者たちは、誤りを犯さないキリスト教共同体を、誤りを犯しうるローマ教皇と対比させていたのである。その上、彼らは法律用語で信仰共同体というものを、定義しようと試みた。一人の教会法学者は、誤りを犯さない教会と教皇個人という例の区別を取り出して、この点を立証するためにローマの団体法さえも引用した。「私たちが、『ローマ法典学説集成彙集』の中の『法律の基準とその他の事柄について（De regulis iuris, Aliud)』（Dig.50.17.160.1）で読んできたように、共同体的な全体によって（ab ipsa universitate）なされたものでないならば、教会によってなされたことと言うことはできない」。そのような章句においては教会をキリストの体として捉える古いパウロの神学も、教会を法学的な団体構造としてとらえる理念に改めて作り変えられた。そしてその中でローマ教皇は、団体的な信仰共同体を統治する代理人として支配するであろう17)。

　しかし、教皇が共同体の法律によって拘束を受けることは本当に可能であったのであろうか？　誰もが皆、教皇はキリスト教信仰の真理、あるいは、自然法の道徳的規定を打ち砕くことはできないということに同意している。より難しい問題は、教皇が人間の力で制定された法律によって拘束されうるかどうかということであった。キリスト教的な共同体は独力で、共同体の維持と福祉に必要で、教皇さえも拘束する信仰や秩序の規範を定式化することができたのであろうか。

　この問題に取り組むに際して、教会法学者たちは普通、公会議の権威に訴えた。そしてここでもまた彼らは『教令集』のある章句の中に、支えを見いだしたのである。グラティアヌスの原典の一つには、大教皇グレゴリウス1世の著述から取り入れられた箇所があり、それによれば、最初の四つの公会議で制定された法令は「普遍的な同意によって」確立されたものなので、四つの福音書

のように尊重されるべきであると宣言されていた。これを受けてこのテクストの注解者たちはすぐに、教皇もそのような公会議の法令に縛られるのかということを問い始めた。教会の頭さえも拘束するある種の教会の基本法が、存在したのであろうか？　一つの問題として挙げられるのは、初期の公会議は、信仰に関する重大問題を決定しただけではなく、恒久的ではない地域的な問題に関しても発言していたことである。それゆえ公会議で定められた制定法の内容が全て、細部にいたるまで恒久的に教皇や教会を拘束し続けうるものではないことは明白なように思われた。1160年頃に二つの解決案が提示された。『教令集』について、ある注解者が主張したところによれば、教皇すらも違反することのできない公会議決定の根本規範は、信仰箇条に関する規範である。また、別の注解者によれば、犯すことのできない根本規範とは、「普遍的教会のあり方を維持するために、十全な権威によって公布されたものである」と考えられた。そしてこの時期から、これら二つの公式を結合させることが一般的となった。その結果、教皇は「教会の全体的あり方と信仰」に関する事柄について公会議の根本規範に拘束されるということが広く主張されたのである[18]。その際教会法学者たちにとって「教会のあり方」が意味していたものは、教会の基本的な憲法上の構造と全キリスト教共同体の福祉であった。（少し後に「王国のあり方」という類似の言葉遣いが、同じ含意を持った世俗の憲法上の資料の中で登場している。）恐らく教会法学者たちは、教皇が主権を持っていることと、公会議の立法が最優先すべき権威であることとを同時に主張することが可能であると感じていたのであろう。なぜなら彼らは、公会議が一般的に教皇自身によって召集され、そして主宰されると考えていたからである。実際に彼らは以下のように主張していた。すなわち、教皇は教会の主権的頭でありそして教皇は他の人々よりも主権的地位にあり、さらには代表者たちからなる公会議を主宰している時には最も主権的なのである。ある教会法学者が提案したように、「公会議と共なる教皇というものは、そうでない時よりも優越している」のである。ここに見られるのは、議会と共なる王（King-in-parliament）の主権という後代の世俗理論と本質的に同一の内容をもった、キリスト教教理の初期的形態なの

である。

　教会法学者にとって困難な問題が、一つ残っていた。もし、教皇が実際に信仰において誤りを犯したり、あるいは、「教会のあり方」を危険に曝すほどまでに権力を乱用したりした場合には、どのような対策が可能であったのだろうか。この問題に関しては、多くの返答がなされてきた。フグッチョは、教会全体のみが信仰において無謬な存在であるという立場を支持したが、しかし彼は教会の中に、教皇に判決を下しうる、いかなる司法的権威の存在も認めなかったようである。フグッチョは、もしローマ教皇が周知の異端への傾倒を公言したり、あるいは、悪名高い罪を止めようとしたりしない場合には、そのような教皇を教皇として裁く必要は全くなく、彼を聖務から罷免しうると考えた。なぜなら、そのような人間は、すでに教皇であることを止めていると推定されるからである。人は、教皇であると同時に異端者であることは不可能だったのである。その上、フグッチョの見方によれば、教皇の犯す悪名高い犯罪は、異端に等しいものと扱われうる。なぜなら、教皇の悪しき例は、信徒たちを誤謬へと導き、教会の全体的あり方を脅かしかねないからであった[19]。

　フグッチョの見解は、必ずしも全ての者に満足を与えたわけではなかった。ある人は、教皇が正式な破門の判決を受けることなしに聖務から罷免されることは、不可能だと考えていた。しかし、彼らにしても、以下のごとき提言によって教皇に対する実際的な審理の必要性を回避していたのである。すなわち、誤謬を犯している教皇は、初期の公会議によって法令化された罰則に、つまり、教理にかかわる法令を破った全ての人々を対象にした罰則に対して、自動的に服するのである。この主張は、公会議が教皇個人よりも優位に立つという広く受け入れられていた見地から、導き出すことができた。また別の教会法学者たちは、告発された教皇が本当に有罪か無罪かを決定するためには、ある種の適正手続きが必要であると主張した。そのような考えに立つ一人は、「人間が罪人と確定されるのは、告発された時ではなく、有罪の宣告を受けた時である」と書き記した。この著者は、公会議が司法的な機関としてではなく、疑念を持たれた教皇の誤謬を慎重に審議するための会議として、開催されるべきだと提

言した。もし公会議によって、教皇の説いた教説が本当に異端的であると決定されたならば、その時教皇はその聖務を喪失したと見なしてかまわないのであろう。最後に挙げておきたいのは、最も単純で急進的な見解を選択した少数の人々である。彼らによれば、信仰の問題に関して、教皇と公会議の出席者たちとの間に論争が生じた場合には、後者の方が前者よりも一層優位な司法的権威を持ち、教皇を審判する権能を有するというのである[20]。

　これらの問題点に関する教会法学者たちの議論は、特に約1200年頃、詳細に探求されてきたが、それらは王と身分制代表議会との関係や、専横な君主を罷免可能にするための様々な方法を論じる後代の抵抗論のさきがけとなったのである。政治的な自由に関する数々の論拠は、主権的権力と共同体の権利との間の弁証法を共通して含んでいた。そしてこの論点に関しては、中世の教会法学者による以上に詳細に提示されたものはなかったのである。

≪Ⅲ≫　正当性と同意

　自由な社会においては、共同体が最後の手段として我慢のならない統治者を追放できるということだけでは十分とはいえない。問題が残されている。すなわち、そもそも我々はいかにして、強制的政府の下に生きつつしかもなお自らが自由であると思うことが可能なのであろうか？　その返答の一つは、自由人を統治する政府は、支配者たちの私利私欲のためではなく人民の利益のために治めなければいけないというものである。そして、とりわけ自由とは、人民が自分自身の同意に基づいて統治されている場合に、維持されていると見なされるものなのである。

　アリストテレスは正当性に関する第一の基準を、つまり、共通善のための支配という概念を強調し、そして、この見解はしばしば中世の著作家たちによって繰り返された。トマス・アクィナスは特別に人間の自由という見地から教理を述べた。「臣民の利益を目的としている権威は、臣民の自由を取り去ったりはしない」と彼は書き記した[21]。アクィナスにとって、このことは、まさに

奴隷的社会と自由社会との相違であったのである。奴隷は、その主人のために支配されていたが、しかしながら、自由人は自分自身のために生きていた。それゆえに、自由人たちを統治する政府は、全ての人々の善へと向けられている場合に、正しいとされたのである[22]。恐らく中世の著作家たちの誰一人として、この見解を拒絶した人はいないであろう。しかし、中世の著作の多くでは、少なくともよき統治に関する他の基準、つまり被統治者の同意という基準も、等しく強調されていたのである。この主題は、様々な方法でローマ法学者、教会法学者、政治哲学者たちによって探求された。彼らが関心を寄せていたのは、立法と徴税の際の同意であり、もっと広く言えば、全ての正当な支配のために必要な基盤としての同意であった。通常彼らの思想は、ある面では中世的な生活の現実によって形成されていたが、別の面では古代世界から引き継いできた異教的古典の伝統やキリスト教的な伝統によっても形作られていた。

　中世社会は、同意の慣習に関する多くの事例を提供した。封建契約は、領主と家臣との間の相互的な同意を必要とした。ヨーロッパの多くの地域の都市共同体は、定期的に自分たちの市長とその他の役職を選出した。そして、キリスト教世界で最高の権威である教皇と皇帝という地位も、選挙に基づいた尊厳ある役職なのである。理論的な次元においては、古代のローマ法が人民の同意という教説のための基盤を提供していた。古代ローマ法中のある文献によれば、皇帝の立法権は、元来人民から授けられたものであったと主張されているのである。「君主の意にかなうものが、法の効力を持っている。なぜなら、人民が君主に全ての権威と権力を認めたからである」[23]。

　ローマ法のいくつかの章句の中には、ローマ帝国自体の内部では実効性に欠けていたために、活発には用いられないものがあった。しかしながら、それらが中世ヨーロッパという異なった社会に再び適用されると、新たな生命や意義を帯びるようになった。このような例はいくつかあり、先に挙げた「君主の意にかなうものが……」というテクストもその一つである。12世紀以来、注釈学派たちは、古代ローマの法学者の頭には決して生じなかった疑問を探求し始めた。人民は、支配者を任命した時に、自らの権威を譲渡したのであろうか？

そうではなくて人民は、自らの中に常に固有なものとして残されていた権威を支配者が遂行するだけを認めたにすぎないのであろうか？　そのような疑問は以下のような特徴を持つ社会の中で自然に生じたのである。すなわちその社会とは、古ゲルマン的な法概念、つまり、支配者の意志の表現ではなく人民の全体的な生活から自然と発達したものとしての法という概念が未だに浸透している社会であり、そしてそこでは、人々の実際上の生活の基盤となっている法も一般的に慣習から、つまり人民のならわしからその権威を引き出していたのである。

　もし共同体がそれ自体の立法権を譲渡することがなかったならば、人民は自分自身のために法を制定したり、あるいは支配者によって提示された法に同意したり、あるいはその同意を差し控えたりする権利を引き続き持っていたように思われる。しかし幾人かの中世の法学者たちは、そのような状況はありえないと考えていた。彼らがその根拠として提示したところによれば、もし、臣民が皇帝の法に従うように義務づけられていなかったならば、皇帝は効果的に統治することができないだろう。しかし、1200 年直後にボローニャのローマ法学者アゾは、この問題に対して非常に影響力のある解決策を提示した。彼は、ローマ人民は皇帝に対して権威を認めたのであって、その権威を譲渡したのではないと考えた。そして次に、いかに皇帝が有効な支配者であり、かつ人民の代理人でありうるのかということを説明するために、アゾは、一個の団体的全体として考えられる人民（populs）という概念と、ばらばらの諸個人の集合体として考えられる人民という概念を区別したのである。支配者は、個々に分離している各市民よりは、偉大であり、個別的に市民の誰に対しても命令を下すことができた。しかし支配者は、人民全体の団体より上位にあるのではなかった[24]。アゾの見解は「諸個人より優越しているが、全体よりは劣る (maior singulis minor universis)」という警句に要約されて、後の論議の中で果てしなく繰り返されたのである。15 世紀の公会議運動においてもアゾの見解は、教会全体、あるいは教会を代表している公会議が、教皇よりも優位に立つということを証明するために用いられた[25]。後の近代初期の政治理論書においても、

この見解はしばしば再登場した。実際リチャード・フッカーは、イングランドのように、人民が自由意志で国王の統治に同意した国では、「国王は、諸個人より優越しているが、人民全体よりは劣るという公理が当てはまる」と16世紀に書き記したのである[26]。

中世の教会法学者たちも、人民の同意と支配者の立法権について詳細に論じ、しばしばその論拠としてグラティアヌスの『教令集』のあるテクストを採用した。「法律とは、公布された時に制定されるものであり、また、それを用いる人々が実践することによって法律を受け入れた時に、確立されるものである」[27]。議論の初期においてフグッチョは、制定法は公布される以前に、必要な是認が得られるべきだと慎重に提案した。彼が述べたところによれば、新しい法律は、教皇あるいは皇帝の評議会において長期間にわたって慎重に審議されるべきであるが、しかし、ひとたびそれが「共同の協議や同意によって是認されたならば、」全ての者を拘束しつづけるのである[28]。しばしば教会法学者たちはここでの論点を、制定された法律と人民の慣習法との対立という問題として提示した。もし人民が、支配者の法律と矛盾する慣習法に固執し、それによって制定法に同意することを事実上差し控えた場合には、一体慣習法と制定法のいずれが上位に立つべきであろうか。トマス・アクィナスは、法学者というよりは神学者という立場からこの問題を議論して、自由な共同体においては、人民の同意は、支配者の権威よりも重いと考えた[29]。法律家たちはと言えば、彼らはこの論点に関して常に意見が分れた。15世紀に彼らは、12世紀に書かれたグラティアヌスのテクストに関してなおも議論し、そして、様々な方法でそれを解釈していた。その中の幾人かは、支配者の他の全てを圧倒する権威を擁護した。彼らが考えたところによれば、法律の権威が、法律に拘束されている臣民の意志に依存すべきだという考えは、不条理に見えたのである。別の人々の議論によれば、支配者は不同意な人民に新しい法律を課すことを望まないものなので、およそ新しい法律というものは、人民がそれを受け入れたと見なす暗黙の条件によって、公布されたと推定できるのであった。公会議運動の主導的な神学者であったジャン・ジェルソンは、グラティアヌスのテクス

トを引用して、教会全体が教皇権力の履行を制限し、規制することの可能性を証明した。ある者は、法的な (de jure) 権力と事実上の (de facto) 権力を区別した教会法的な論拠を固持した。というのも法的には (de jure) 支配者は自分の意にかなう法律を公布することが可能であるが、事実としては (de facto) それらの法律は、もし人民に受け入れられなければ、無効になるであろうからである[30]。

これと類似することであるが、同意に関する理論と実践は別の主要な問題領域で、つまり、徴税に対する同意権という問題領域で論じられた。新税を課すことを望む中世の諸王は通常、前もって自己の配下にある家臣や都市共同体と交渉した。どんなに王が法的に徴税権があると自負していても、彼は、もし自分が最初に同意を得るか、あるいは少なくともその税を支払うべき人々から不承不承の黙認を勝ち取るかしなければ、事実上有効には税を徴収できないことを承知していた。しかし、そのような実際的な考察とは別に、税には原理的な問題も内在していた。中世の人々は彼ら自身の財産権に関する強烈な感覚を持っていたので、恣意的な税に対しては支払い義務を感じてはいなかった。その際、財産権は、慣習法によって、そしてローマ法学者と教会法学者から学んだ法によって両方から正当化されていたのである。

12世紀からローマ法学者たちは、地上の主 (dominus mundi) としての皇帝の役割は、皇帝をその臣民の財産の所有者とするものではないと主張した[31]。教会法学者にして教皇インノケンティウス4世（在位1243-54年）も、財産とは自然法に基づいた権利であるので、市当局が恣意的に市民から財産を奪うことはできないとつけ加えた。ついで1302年、ジャン・ド・パリは、統治権と関連して財産権についての慎重な説明を行った。すなわち、教会において所有権は、全キリスト教的な共同体に帰属する。その際、教皇は教会財産の主要な管理人ではあるが、所有者ではないのである。他方、世俗社会においては、王はこの程度の権威すら持っていなかった。世俗の財産は、共同体に属するのではなく諸個人に帰属するのである。彼らは「自分の技能、労働、勤勉さによって」それを獲得し、そして個人として「財産と合法的な所有権についての権利

と権限を」持っていたのである。王は臣民の財産にかかわる争いに対して裁判権を所有していたが、裁判権と所有権とは全く別のものであると、ジャンは指摘した[32]。

これらの章句の中でジャンは、1280年代に著作をものしたパリの神学者であるフォンテーニュのゴドフロワによる初期の議論に、部分的に依拠していた。ゴドフロワのテクストでは、自由な社会の本質的属性として、徴税に対する同意権が明確に論じられていた。その著者によれば、いかなる支配者も、奴隷ではなく自由人を統治している場合には、自己の臣民に対してその同意がない限りいかなる重荷をも課すべきではないのである。臣民たちは自由人であるから、強制されてはいけない。彼らが税を支払う時は、自由意志でそうすべきである。なぜなら、彼らは課税の理由を理解しているからである。支配者が共通善のために、あるいは国家の必要性という理由で、税を課していると述べるだけでは不十分である。もし支配者が臣民の同意を求めなかったならば、臣民には従う義務はないからである[33]。

中世後期においては、中世社会の高い階層にまで浸透していた合意の慣習は、全ての正当な統治が、被支配者の同意の上に基礎づけられねばならないと主張する一般化された理論へとしばしば高められた。この主張は多くの著作家たちの中で広まっていたと認められるが、しかし彼らは別の事柄に関しては、互いに鋭く異なった立場に立ち、その中には急進主義者や保守主義者、教皇制の批判者や擁護者も含まれていた。我々は、こういう形での同意の理念をロックやホッブズのような17世紀の理論家と結びつけがちである。しかし、はるかそれ以前に、同意理念は、中世後期の思想に共通する一般的命題になっていたのである。当然、中世の著作家たちは、全ての権威が究極的には神から由来していたと考えていたし、17世紀の著作家たちも全く同様に信じていた。ただ、中世において問題となっていた論点は、いかに神の意図が、地上において実現されるのかということであった。14世紀初頭の著作家であるサン・プルサンのドゥランドゥスは、最初にいかに世俗の権力が生じたのか問いを提出した後で、神が最初に人間の中に理性を植えつけ、それから、人間の理性が政府を設

立する必要性を悟ったのだと返答した³⁴⁾。そして、ジャン・ド・パリは、簡潔な形式で見解の共通点を要約した。すなわち彼は、王権が「神と人民から」由来したと書き記したのである³⁵⁾。

　14世紀で最も著名な同意理論家であるパドゥアのマルシリウスは、1324年に著した『平和の擁護者（Defensor pacis）』という論文の中で、彼の同意論を急進的な世俗主義と結びつけた。アリストテレスや当時の都市共和国の慣習から引き出した諸思想を混ぜ合わせた上で、マルシリウスは、健全な統治に関する二つの判断基準が存在すると書いた。つまり、支配者は共通善のために統治しなければならず、そして、自覚的な意志を持った臣民を統治しなければならないということである。その上でマルシリウスはこうつけ加えた。「しかし、際立った判断基準は絶対的に、そしてより大きな程度において、まさに臣民の同意である」³⁶⁾。マルシリウスにとって同意とは、統治の「作用因」だったのである³⁷⁾。当然、全ての権力が、究極的には遠因として神から由来したということをマルシリウスは認めていた。しかし彼は、神が人間の心と意志を通して、政治的権威の確立に働いたことも認めたのである³⁸⁾。共同体の生活を指導する諸法は、全市民団体の同意、「あるいは、その中のより重要な部分」の同意によって制定されるべきものであった。というのも、国家は自由な諸個人の共同体であるし、諸個人は奴隷的な支配に従属すべきではないからである。これに対し、もし一人ないしごく少数の市民が残りの全ての人々に法律を課すことが可能であったならば、そのような支配者たちは、独裁者のように振る舞うであろう。その上人民は、もし、各個人が「自分自身のために法律を制定して」いると思うならば、一層喜んで服従するであろう³⁹⁾。

　政治社会に関するこの全ての議論は、『平和の擁護者』の第1巻の中に含まれていた。これに対しその第2巻でマルシリウスは、教会に目を向けた。ここでの彼の見解は、革命的であった。この時代の全ての正統的な著作家は、キリスト自身が裁治権つまり教会を統治する権限を、ペテロおよび彼の後継者たる将来の教皇に対して授与したということで一致していた。また、同様に広く理解されていたところによれば、12使徒と72弟子の後継者としての司教および

他の聖職者たちは、元来キリストによって授与された裁治権を分け合っていた。ところがマルシリウスは、この全てを否定したのである。キリストがペテロと使徒たちに与えた権限とは、単に聖礼典を施行する権能に過ぎないと彼は考え、そして、この権能は（教皇も含めた）全ての聖職者に平等にあるとしたのである[40]。ペテロは、キリストから教会に対するいかなる強制的な権限も与えられてはいない。また、たとえもし使徒たちがペテロを自分たちの指導者として選出したことを根拠に、ペテロに権限があると仮定しても、そのことは、ペテロの権威が後代のローマ司教に継承されたことを意味しないであろう。実際にマルシリウスが考察したところによれば、聖書はペテロがかつてローマに在住していたということを何ら証言していないのである[41]。むしろ聖職者と司教は、人民によって設立された政府の強制的権力の下に従属している。したがって聖職者自身が所有しているいかなる強制的な権限も、たとえば破門の権限のようなものも、キリスト教徒共同体、あるいはこの共同体のために統治している政府から授与されたものとして、彼らの手中に帰していたのである[42]。実際マルシリウスは、教会の位階制が人間によって考案されたものであり、神によって秩序づけられた構造物ではなく、そして、教会が本質的には国家の一部局に過ぎないと論じた。

　マルシリウスの教会論は、16世紀に再び蘇生し、その時彼の反教皇的な主張が、幾人かのプロテスタントの思想家の心に訴えたのであった。これに対しマルシリウスの時代には、彼の著作は直ちに教会から非難を受けた。しかしそのときも、教会の権威に関する彼の特別な教説だけが、審査の対象となって取り上げられたに過ぎなかった。一般的に統治への同意を取り扱った『平和の擁護者』の第１巻の議論は、いかなる批判も呼びおこさなかったのである。このことを理解するのは困難ではない。近代の政治理論史家はこの部分に最も多くの興味をいだいたが、この部分は、彼の時代に共通に考えられていた思想が、つまり多くの正統的な思想家たちによって共有されていた思想が表現されたものであった。最終的には、マルシリウスの同時代人であるドミニコ修道会士ヘルヴェウス・ナターリスへと目を向けることによって、この点を説明すること

ができる。ヘルヴェウスはドミニコ修道会の総長にもなったパリ出身の神学者であった。彼は教会内における教皇の最高統治権を例外的に忠実に支持した人物であり、マルシリウスとは厳格に正反対の立場に立っていたと見てさしつかえない思想家であった。しかし彼もまた、『平和の擁護者』が現れる前の数年間に書いた著作において、全ての合法的な統治は被支配者の合意の上に基礎づけられなければならないという、体系的な主張をしたのである。

マルシリウスは中世の思想家の中で最も近代的な人物と呼ばれてきたが、しかしながらヘルヴェウスが提示した主張の方が、しばしばより密接に後世に体系化される思想を先取りしていたと思われる。ヘルヴェウスはおそらく、統治権力を立法権、司法権、行政権に明確に分離させた最初の著作家であった。そして数世紀後のジョン・ロックと同様に、ヘルヴェウスは統治の起源について研究し始め、政治的権威と「私的な支配権、つまり父親が息子に対して、領主が奴隷に対して、夫が妻に対して持っていたような支配権」とを区別したのである[43]。公的ないし政治的支配権はまた、学校においてある事柄を決定する教師の権威とも異なっていると、彼は指摘した。賢者は確かに助言を与えることができる。しかし支配者の権威の本質は、臣民に服従を義務づけることであり、臣民は統治者の法令に拘束されていたのである。そこでヘルヴェウスは、そのような支配する権威がいかに合法的に成立するかということを探究した。彼の説明によれば、政治的に支配する権威はどのような人物にも生まれながらにして与えられているものではない。なぜなら全ての者は生来平等であったからである。もしその権威がそれを好まない人々に対して暴力によって課せられたのであれば、その時その権威は合法的な権力ではないだろう。なぜなら暴力的占有はいかなる権利をも与えないからである。その結果、唯一可能な返答が残された。正当な支配的権威は「人民の同意からのみ」由来する。ヘルヴェウスはこう宣言したのである[44]。

彼はさらに続けて、支配するための役職を確立することと、その役職を全うするために特定の人物を任命することとを区別した。教皇制を例にとると、教皇職はキリストによって確立されたが、各々の教皇を任命することは人民ある

いは人民がその選出権を委譲した選挙人たち次第だった。これに対し世俗の支配者の場合では、職務とそれを保持している人物の両方とも、人民からその権威を引き出していた[45]。結局ヘルヴェウスは、サン・プルサンのドゥランドゥスと同様に、神が人間たちに支配者を任命する必要性を判断すべく理性の力を植え付けたという意味に限って、王の権威は神から由来すると論じた。そのような立場は、王権神授説に反対する17世紀の論者の心に訴えたことであろう。

≪Ⅳ≫ 代議制的統治

　政治的自由の成長は代議制的統治の成立と分かち難く結びついている。したがって注目に値するのは、12世紀から西洋で初めて、代議制的な会議が教会において、後に様々な君主国において数多く召集されるようになったことである。叙任権闘争が終結した直後の1123年に、教皇カリストゥス2世はローマで開催すべく公会議を召集した。その後公会議は、ラテラノ教会堂において1139年と1179年に開催された。1213年になると教皇インノケンティウス3世が第4ラテラノ公会議を開催し、その公会議に教会の高位聖職者たちだけでなく、諸王の使節、イタリア諸都市の使者、司教座教会や他の聖堂参事会教会から選出された代表も召集した。開催された公会議は中世世界の小宇宙を形成していた。M. V. クラークが記したように、その会議は「代議制的な原理をキリスト教世界に知れ渡るような規模と権威を持って実行に移したものであったのである」[46]。

　この直後にドミニコ会が、自分たちの新しい修道会のために、込み入った代議制的統治組織を発展させた。托鉢修道士たちの各修道院は、修道院長を選出した。各修道院から一人ずつ選出された代議員と一緒に、管区の修道院長たちは管区総会を形成し、そこで一人の管区長が選出された。全修道会の役員たちによって構成され、続く2年間は選出された代議員たちによって構成されていた。そして制定法は拘束力を持たせるために、三つの継続的な修道会総会で法制化されなくてはならなかった。役員と代議員たちが一緒に参加する拡大修道

会総会は、修道会行政の長である修道会総長を選出したのである[47]。これは込み入った組織のありのままの輪郭に過ぎないが、そこにはアメリカ建国の父たちを喜ばせたかもしれない抑制と均衡の制度が配されていた。それは、これまで作り出されていた代議制的統治組織の中で、最も知的に洗練されたものであった。そしてこれは、全西欧を通じて実行に移された代議制を提示したのである。

　同様の発展は世俗の領域においても生じていた。1158年に皇帝フリードリヒ・バルバロッサはロンカグリアに大規模な帝国議会を召集し、そこには司教、世俗の君主そしてイタリア諸都市の執政官が出席した。1188年に開催されたスペインのレオン王国の身分制議会（コルテス）は、司教、貴族、都市の「名士」を含んでいた。そして選出された代議員たちからなる議会は、13世紀末までにはヨーロッパの全ての地域で、すなわちスペインの他の王国、シチリア、ハンガリー、ドイツ、スカンディナヴィアにおいても王によって召集されていたのである。フランスの身分制議会は1302年に初めて開催された。またイングランドでは、選出された代議員たちが1265年すなわち王ヘンリー3世と貴族団との闘争期に初めて議会に召集された。次の王エドワード1世は、事あるごとに代議員たちを召集する慣行を、特に彼の治世の最晩年に作った。14世紀になると都市や農村の代議員たちが全ての議会に含まれるようになり、そして1343年以降「庶民院」において彼らは別の集団として会合を開いたのであった。

　中世において代議制議会が出現したことは、西洋における統治のあり方の行く末に決定的な重要性を持っていた。この現象はいささか説明を要する。歴史家の中には代議制議会の全体的な発展を、その時代その時代の実際的な必要性に対する自然な応答にすぎないものとして把握した者もいた。彼らは、中世の王たちが代議制議会を召集したのは、そうすることが「行政上好都合である」と見なしたに過ぎないからだ、と言う。このことはそれなりに正しいのである。中世において教会や国家の支配者たちは、なるほど自分自身の目的のために会議を召集した。支配者たちが新しい法律や税に対する支持を得ようと望んだ場

合、彼らが用いることのできた選択肢の一つは、全共同体に代わって発言し投票することができる代議員たちを召集することであった。しかし行政上の便利さだけでは、中世における代議制の出現を完全に説明することは難しい。なんと言っても支配者たちは、自己の政策を効果的に成しとげる方法を常に模索していたし、彼らは通常代議制議会の召集によって効果的な政策遂行を図ろうとしたわけではなかったからである。実際これは失敗を抱きかねない術策であった。と言うのもそれは、支配者と代議員たちとの権力関係にかかわる憲法上の議論——そのいくつかについてはすでに考察してきた——を容易に引き起こしえたからである。理解しやすいことではあろうが、代議制的な制度による統治は、人類が経験したあらゆる統治の歴史の中で、極めて稀な現象なのである。

　この点に敏感に反応した歴史家たちは、中世的な統治で一般的でないことを理解するためには、中世社会の構造の中で例外的なものに注目しなければならないと記した。そしてこの視点の中から、中世の生活における教会の例外的な役割を解釈しようとする学問的方向性が生まれた。オットー・ヒンツェは代議制的な制度を研究する際「人はキリスト教的西洋にしか見られない特徴的な現象に直面する」と書き記した。ジョルジュ・ド・ラギャルドは全教会を代表するものとして公会議が考え出されたのは、世俗の議会が国家の中でそれと類似した役割を引き受ける以前だったと指摘した。アーネスト・バーカーはドミニコ修道会について、それはイングランドの代議制統治のモデルだった可能性があると論じた。そしてカール・シュミットは、近代国家の重要な概念は全て、神学から政治理論へと移転された宗教的な諸理念の世俗化された形態であると主張した[48]。

　これらは意味深い考察である。なぜなら中世の教会は、西洋の代議制制度の発展の中で主要な役割を演じたからである。このことは主として二つの仕方で起こった。第一に教会が王たちの権力を制限した結果、彼らは絶対的な神政政治的君主として君臨することができなくなった。そのため王たちは、効果的に統治するために、人民の同意を得なければならなくなった。第二に教会は、代議制的な公会議を保持するという自らの慣習を、以下のごとき深い確信に基づ

いて発展させた。その確信とは、全キリスト教共同体こそ教会の信仰と福祉にかかわる問題において、正しく指導するための最も確実な道案内だというものである。もちろん全ての王が熟慮の上、教会の公会議あるいはドミニコ会の慣習を自己の統治の手本にし始めたと想像する必要はない。むしろ教会や国家の行政官たちが類似した必要性に直面し、思想の共通の宝庫を利用したと言うべきである。ただしそれらの思想の最初の発展は、教会法学者たちに拠るところ大だったのである（中世の王の行政官たちは通常聖職者であり、彼らの多くは教会法の訓練を受けていた）。実際、世俗的なローマ法の成句は何度となく教会法学者たちによって取り上げられ、教会統治に関する彼らの著作の中で新しい視野や意味を与えられた。そしてそれは、王の大法官府に勤めていた聖職者を通じて、世俗統治の分野に再び適用されたのである。かくして、代議制の理論と慣習は、中世文化における聖俗両要素の間における複雑な相互関係から発展した。

　この過程の軌跡を詳細に見ることができるのは、代議制制度の発展にとって重要性を持った法思想の二つの分野においてである。すなわち、そのような制度が出現するためには、第一に代議制に関する適切な技術——ある人物が全共同体に代わって行動することが可能になり、共同体のために彼が下した決定が共同体を拘束するような法的形式——が存在しなければならない。第二に、政府の行為によって影響を受ける全ての人々は、政府の行為に関して相談を受ける権利を持っているという、全面的に受容されている法学説も存在しなければならない。そして中世の法律学においてこれらの諸原則は、ローマ法から採用され近代の歴史家たちによって入念に研究されていた二つの成句、すなわちプレーナ・ポテスタース（plena potestatis 十全なる権力）とクオド・オムネス・タンギト（quod omnes tangit 全てのものに関係する事柄）によって表現されていた[49]。

　plena potestatis という言葉は古代ローマ法の中に現れるもので、それは本人に代わって法廷に立つ代理人の権威の範囲を定めていた。しかし事実としてはローマ法は、代理制や代表制に関する学説を十分に生み出さなかった——代理人は、代理人を立てた本人との間に直接的な法的義務を形成する相手方と関係

を持つことはできなかった。おそらくローマ法のこの分野は、相対的に発展することなく残されたのだろう。なぜなら奴隷たちが、正式な権威を認められることなく、自分の主人に代わって商取引を遂行しうることが常だったからである。中世では異なった事情が生じた。中世の教会は、手広く財産を所有ししばしば訴訟に巻きこまれていたもろもろの団体──司教座聖堂参事会、修道院、僧団──によって構成されており、団体は、自分に代わって行動する権限を付与された代表者たちを通じてのみ、法廷に出廷することが可能だった。そしてこの実際的な状況は教会法学者に、代理制に関する洗練された法の定式化を促進させたのであり、その過程で plena potestas という用語が大きな意味を持つようになったのである。plena potestas を付与された指令を受けた代理人あるいは代表者たちは、もし本人がその場にいたなら実行したであろう全てのことをすることができた。また代理人は法廷において訴訟事例を主張し、判決を受け入れ、場合によっては「取引すること」さえも、すなわち対立する相手との間で妥協的な決着を交渉することも可能だったのである。代理人は、さらなる指令を受けるべく、依頼主に再度相談する必要もなかった。しかも彼の決定は、自分を任命した人物ないし団体を拘束し続けたのである。

　中世の支配者が領域下にある都市の代表者たちを会議に召集した場合、支配者たちは、自由市民たちが自ら選んだ代表者たちの投票結果に確実に拘束されるように望んだ。このように 13 世紀になると徐々に plena potestas の用法が、教会法から憲法上の慣習へと移行した。最初の有名な例は 1200 年に見られる。そのとき教皇インノケンティウス 3 世は教皇領にある六つの都市の代表者を、plena potestas の指令を持って教皇の宮廷に出頭するよう召集した。ドミニコ修道会で選出された役員たちは、1228 年以後 plena potestas を与えられた。1231 年に皇帝フリードリヒ 2 世はイタリア諸都市の代表者たちに、プレーナ・アウクトリタース（plena auctoritas）を持って出頭するよう召集した。そして 13 世紀の後半になると、十全なる権力を認める指令が、ヨーロッパの様々な地域で開かれた教会会議や世俗会議の両方で一般的に用いられるようになった。イングランドでは、plena potestas という用語は 1268 年の議会召集状で初め

て記録され、1294年以降それは定期的に使用された。

　中世の法律家たちによって用いられたローマ法に由来する第二の成句・quod omnes tangit も、ユスティニアヌスの『ローマ法大全』に由来する。しかしそれは、ここでは私法に関する専門的表現として登場しているに過ぎない。『ローマ法大全』によると、幾人かの人々がある被後見人に対して共通の保護者であった場合、彼らの全ての同意なしに共同体の財産管理を放棄することはできなかった。なぜなら、「全ての者に等しく関係することは、全ての者によって是認されるべき（quod omnes similiter ab omnibus comprobetur）」だからである50)。さて、この quod omnes tangit の成句は『グラティアヌス教令集』において教会法の中に取り入れられ51)、そして教皇令集（Decretals）の中に含まれているインノケンティウス3世の回勅にも取り入れられている52)。この成句は13世紀のローマ法や教会法に関する著作の中で頻繁に、私法についての格言として登場しており、その際、言い回しの若干の違いがしばしば見られた。教会法学者たちはまた、諸個人の集まりとしての（ut singulis）集団に共通な権利と、団体としての（ut collegiatis）集団に共通な権利との間に重要な区別を行った。もし権利が一人ひとりの諸個人に属する場合には、各個人の同意が必要であった。だが、もし権利が団体的な全体組織に属していた場合には、多数意見が存在することであろう。この考えは、団体的共同体が多数決によって代議制会議の議員を選出するようになったときに、重要なものとなった。

　quod omnes tangit が憲法の領域へと決定的に移行したのは13世紀初頭に活躍した教会法学者の著作においてであった。彼らの主張によれば、もし公会議が信仰の問題を考察しなければならない時、俗人であっても公会議に出席するよう召集されなくてはならない。というのも信仰とは全ての人々に共通の問題であり、しかも「全ての者にかかわる事柄は全ての者によって議論され承認されるべき」だからである53)。ついで plena potestas の場合と同様に、quod omnes tangit の成句は教会会議や王の身分制会議召集の際に広く使用されるようになった。教皇ホノリウス2世が quod omnes tangit の成句に解釈を加えたのは1222年にヴェローナ公会議を召集したときであったが、皇帝フリード

リヒ 2 世は、1244 年に同じヴェローナで開催する帝国議会を呼びかける勅令において、この成句を直接引用した。またローマ法学者ヴィテルボのヨハネスは 1261 年の著作の中で、イタリア諸都市の統治に関して議論する際に、quod omnes tangit の成句を引用した。そしてこの法的格言は 1284 年のフィレンツェで、市内に住む全ての階級の人々が差し迫ったピサとの戦争についての議論に参加すべきだと促した演説の中でも引用された [54]。憲法上の資料においてこの成句を使用した最もよく知られた例は 1295 年、議会を召集すべくイングランド王エドワード 1 世が公布した王令の中に見られる。このたびの召集に際しては、我々が議論した二つの成句、すなわち plena potestas と quod omnes tangit が提示された。それはカンタベリー大司教に宛てて、こう述べている。

> 最も正しい法が、全ての者にかかわることは全ての者によって是認されなくてはならないと訓戒し定めているように、朕は汝に直々にウエストミンスターに出席するよう命じる（その司教座聖堂参事会員や教区聖職者も代議員を選出すべきことが記された後）。上記の聖堂参事会員は適切な一人の代理人を通じて、また上述した教区聖職者は二人の代理人を通じて、しかも彼らは所属する聖堂参事会や教区聖職者から「十全なる権力」を受けて（会議に出席すべきである）[55]。

歴史家たちの中には、quod omnes tangit という成句がこのように使用されたことを、単なる修辞学上の装飾的表現として、また議会制度の出現には何ら意味を持たない使用例として片づける者も昔からいる。しかし 19 世紀の憲政史家の中でも最も著名なスタッブズ主教は、エドワード王はこの成句を使用することで「単なる法的格言を偉大な憲法上の原理へと」変化させたと主張した。このスタッブズの見解は半分正しかった。確かにここには偉大な原理が含まれていたが、しかしそれはエドワード 1 世によって考案されたのではなかった。スタッブズが指摘したような変化はエドワードよりも約 1 世紀前に、教会法実務家たちの著作の中で始まっていたのである。もちろん中世の王たちが代議制

会議を召集したのは、文脈から切り離されたローマ法の定型引用句が召集手続きに適した形で引用可能だったためだけではない。代議制的な統治の成長を探求しようとする研究者にとって大切なことは、ローマ法の中にある有効な原材料それ自体ではなく、それが中世的な生活の必要性を満たすよう適用された方法なのである。王たちは自分自身の目的に役立たせるために会議を召集した。しかし彼らがそのような行動をとるのには別の理由もあった。王たちは複雑な社会に生きていたのである。そこでは統治者は権力を持ってはいたが、それは絶対的ではなかった。そしてそこでは共同体統治への参加という考えが、キリスト教的伝統とゲルマン的伝統の双方によって育まれていたのである。我々はローマ法の格言の変化を研究してきたが、その要点は、研究を通じて我々が中世という時代の心的態度を網羅的に深く洞察できるようにすることなのである。

≪Ⅴ≫ 理想の統治と混合政体

　法律家や行政官たちは技術的細部にいたるまで中世の統治機構を作り上げたが、他方で哲学者や神学者たちはしばしば、より広い視野に立ち、より抽象的な次元で権威と自由の問題を考察した。政治理論における永遠の問題の一つは最善の政治体制にかかわっている。すなわち、支配者が臣下の善のために統治すべきであるとするならば、いかなる国制体系がこの望ましい状態を存続させることができるのであろうか？　法律家と同様に哲学者たちは、そのような問題を考察する時、古典古代の思想と彼ら自身の中世キリスト教的な諸概念を混合させた。そして、そうすることによって彼らは遥か後代の政治思想の基盤を確立したのである。とりわけトマス・アクィナスは、君主政・貴族政・民主政という諸体制が何らかの形で結合した混合政体が最も完全な統治形態であるという古代の教説を復興・再形成して、大きな貢献を果たした。

　アクィナスは彼の論説『君主政論』の中で、「最善の統治と最悪の統治とは君主政の中に潜んでいる」と書き記した。全宇宙を支配する唯一神から類推して彼は、一人の王の支配は理念的に最善の統治形態であると主張した。しかし

またアクィナスは、王が「王的威厳をたてに専制支配を行い」尊大になる可能性を秘めているとつけ加えた。それゆえ、専制化する機会を取り除く仕方で、統治は整えられていなくてはならない[56]。しかしながらアクィナスは、この著作を未完成のままにした。そのため、いかなる種類の制度・方法がこの目的を達成しうるかについては説明がないのである。

アクィナスは『神学大全』の中でこの主題に立ち返ったが、その取り上げ方は間接的なものであった。法の本質に関する重要な章の中で彼は、多種多様な法とならんで、神が旧約聖書でユダヤ人のために定めた規範とそのキリスト教徒に対する妥当性を論じた。すると古代イスラエルの統治形態に関して、アクィナスの見解に対する反論が沸き起こった。なるほど最善の統治形態は王政であるが、神は最初からイスラエル民族の上に王を立てなかったではないか。となると神は、選民のために不完全な統治形態を確立していたことになる。この議論は当然、アクィナスの是認するところではなかった。そこで彼は返答して、国家あるいは民族の正しい秩序づけを考察する際に二つの点が議論されるべきだと書き記した。第一に、全ての人民は統治に対してある程度の役割を持つべきである。なぜならこのことが、平和や安定性を確実にするだろうから。実際アクィナスは「全ての人民は、そのような政体を愛し守るであろう」と記した。第二の論点は、採用されるべき体制の種類に関するものであった。アクィナスの説明は非常に圧縮されたものであるが、彼は一貫した議論を提示しているように思われる。ここでの問題は、全ての者が統治の中で役割を持ち、なおかつ君主政の利点を保ち続ける体制を明らかにすることである。

典型的な方法でアクィナスはアリストテレスに着目・援用して、聖書を基盤に据えた自身の議論を進めた。最善の二つの体制は君主政と貴族政であると、アリストテレスは書き記していた。すると、いかなる都市国家や王国にとっても、最善の統治形態は、全ての者の上に君臨する例外的な美徳を持った一人の人間と、彼のもとで政務を担当する他の有徳者を持つことであるように思われる。しかしアクィナスは、人々は皆そのような統治の中では一定の役割を持つことができるだろうと結論づけた。なぜなら支配者は、全ての人民から、また

全ての人民によって選出されうるからである。

　　本当に最善の政体とは、一人の人物が統治する王政と、多くの者が美徳に従って政務を担当する貴族政と、そして人民が権力を持ち、支配者が人民から選出可能でその選出権は人民に帰属する民主政とが、うまく混合されたものなのである[57]。

　それからアクィナスは、神は実際イスラエルのために、まさしくそのような統治形態を確立したのだと主張した。全ての者を治めたモーゼは君主政を代表し、72人の長老は貴族政を代表していた。しかしそこには民主制の要素も存在していたのであり、支配者は人民から・人民によって選ばれていたのである。もっともこの最後の結論は、出エジプト記や申命記のテクストに対する、いくらか創作的な注解なしでは済まされなかった[58]。

　アクィナスは自分の論拠をアリストテレスと旧約聖書から引き出したと主張したが、しかし彼が公式化した教説は、エティエンヌ・ジルソンが指摘したように、実際には新しいものであった[59]。アクィナスは聖書のテクストから混合政体の理論を引き出した最初のキリスト教的著作家であった。その上、混合政体の教説は彼による修正を経る中で、アリストテレスのものとは重要な点で異なるものとなった。古代における混合政体の説明は、人民が統治に直接参加していた都市国家の支配に言及していた。しかしアクィナスの関心は「あらゆる都市あるいは王国」にとっても最善の統治形態にあったのである。このことから、彼にとって民主政はある種の代議制システムであり、また支配者の選出に参加できるという意味において、全ての人民が「統治における役割」を持っているものだったのである。だからそのような国制体系は巨大な王国あるいは（アクィナスの継承者たちが指摘したように）教会全体に対しても適用可能であった。

　両者の相違は次の点にも見られた。アリストテレスは主として、社会的な調和を促進するべく様々な階級の利害を混合させる点に関心を持っていた。これに対しアクィナスは、社会階級については論じなかった。アクィナスが関心を

抱いたのは、むしろ抑制と均衡についてであった。彼にとって混合政体の目的は、王の権力が中庸を保つようにすることであった。我々が見てきたように、いくつかの個所でアクィナスは、共通善を志向していれば、どんな政府も人民の自由と両立しうると主張した。しかし政体の多様性について議論する中で、彼は民主体制と自由とを特別に結びつけるようになった。そして「民主政の目的は自由である」と考えた[60]。アクィナスの根本思想によれば、ある政体の中に民主政を混入させることは、支配者が実際に真の王として統治し、共通善のために支配し、そして人民の自由が保持されることを保障するように思われたのである。

アクィナスの議論は、中世後期や近代初期に開花する政治思想的伝統の出発点になった。多くの後代の著作家たちはアクィナスの主題を取り上げて、それを様々な方法で教会統治と世俗統治の両方に適用した。たとえばジャン・ド・パリは、アクィナスが行ったイスラエルの混合政府の説明を丁寧に註釈し、議論を一歩前進させた。この種の統治は単に古代のユダヤ人にとってふさわしいものだっただけでなく、今日の教会にとってもそうである、とジャンは考えた。「もし、一人の教皇の下に多くの者が各教区によってそこから選出され、その結果すべての者がある程度教会の統治に参加するようになるならば、それは確かに教会にとって最善の政体になるであろう」[61]。またニコル・オレーム (c.1320-82) は、教会と国家の両方にとって混合政体の利点はいかなるものか広範囲にわたって論述した[62]。そしてジャン・ジェルソンは1415年コンスタンツ公会議で演説し、公会議に集まった教会はまさしく混合政体を例証していると主張した。教皇は君主政を象徴し、枢機卿団は貴族制を、そしてその他の公会議の参加者は民主政を象徴しているからである[63]。

ルネサンスの学者たちがポリュビオスや混合政体の教説を支持する他の古代人を再発見したとき、混合政体の長所に関しては言説の伝統がすでに花開いていた。そして17世紀において混合政府の思想は、近代初期の立憲思想の中心的な地位を獲得していた。17世紀の著作家たちは通常、自分の見解を補強する際に、中世の著作家よりも古代のものを好んで引用した。しかし彼らが提示

した教説は、アクィナスが先鞭をつけた伝統によってしばしば影響を受けていたのである。古代イスラエルにおける理想の政体というギリシア・ローマに由来しない概念は、教会と国家双方のガヴァナンスに永続的なモデルを提供することができたが、それは17世紀のピューリタンたちにも広く共有された。したがってこの教説の世俗版、すなわち王・領主・平民から構成された代議制的統治を混合政体の意味とする教説は、古代ギリシア・ローマのいかなる政治思想よりも、ジェルソンが理解した教皇・枢機卿団・公会議からなる混合政体論の方により近かったのである。ジェイムズ・ブライスは近年「近代初期にあって混合政体主義を説く主要な思想の起源は全て、議論の余地なく中世的であり、またアリストテレス主義的であった」と記したが、それは決して誇張した表現ではなかったのである[64]。

≪Ⅵ≫ 自然権

これまでのところ我々は主として、支配者と共同体との関係について議論してきた。ところで近代的自由の成長を考えるにあたり、もう一つ主要な主題がある。それは諸個人の権利にかかわる。17世紀以来、自然権の思想は西洋政治理論の中心的な論題となった。そしてこの領域においても近代初期の理論家たちは、中世教会の中で確立された思想の基盤の上に立脚していたのである[65]。

この事実は、自然権理論の初期の歴史について探究した近代の歴史書の中で、必ずしも評価されてこなかった。幾人かの学者たちは自然権理論の起源を、実に17世紀という遅い時代に設定しようとした。その際、問題となっている理論は、その世紀に誕生した初期資本主義、もしくは特定のピューリタン集団が持っていた宗教的個人主義と結びつけられていた。これに対し、自然権思想の出発点をもっと昔に遡って探究してきた歴史家たちは通常、14世紀の哲学者ウィリアム・オッカムの著作の中にそれを見いだした。個人の自然権という教説は、オッカムの唯名論的かつ個人主義的な哲学の論理的延長だったというわけである。この提題を多くの著書や論文の中で論じてきたミシェル・ヴィリー

の主張によれば、オッカムは jus（ユース）という言葉を「正当な権力」として定義することで、正義（jus）と権力（potestas：ポテスタース）という二つの概念を結びつけたが、そのときオッカムは西洋思想の中に根本的な新しさを——まさしく意味論の革命と言うべきものを——導入した。しかもこの二つの概念は、ヴィリーによれば、オッカム以前まで互いに分離されていたのである[66]。

しかしこの議論は、中世初期における一連の内容豊かな知的素材を無視したものである。オッカム以前の何世紀もの間、公式の法律学においても日常的な用語法においても、jus という言葉は一般的に、権力・権利請求・自由を意味するように用いられており、しかもその際しばしば「諸権利と諸自由」（jura et libertates）という複数形で表現されていた。中世社会では、権利に対する関心が広く行き渡っており、そこでの関心は幾度となく教会法学者の著作の中に反映されていたのである——実際、『グラティアヌス教令集』に対する注解は通常、「いかなる人も非常に重大な原因による以外には、その権利を奪われるべきではない」と述べていた[67]——。だから本当の問題は、全ての個人に生まれながらに備わっているという自然権の教説が、特定の人々や集団の諸権利を問題にしていた中世にあって、一体いつ生じたのかということである。意味論の次元で敷衍するなら、伝統的に客観的な自然法のことを指してきた jus naturale という言葉は、一体いつ自然権を意味する主観的な含意を獲得したのだろうか。このことが決定されなくてはならない。

この思想の展開は『グラティアヌス教令集』に対する初期の注解の中で生じていた。グラティアヌス自身は『教令集』を著すに際し、jus naturale を「自分が、他者にして欲しいと思うことを、他者に施しなさい」という倫理的な教え、すなわちキリスト教の「黄金律」として定義した。しかしその彼が続いて引用した権威ある諸説は、その言葉をいろいろ異なった意味で使用していた。そのため教会法学者たちは混乱を避けるべく、jus naturale が意味する多様な内容の全てを一覧化した。ただ、その際彼らは一覧の中に、明らかにグラティアヌスの原点に存在しなかった主観的なものを含めることがあったのである。

最も初期のデクレティスト（『教令集』の注解学者）の一人であるルフィーヌス (c.1160) は『教令集』の冒頭の言葉を注解する中で、明白にグラティアヌスの定義を無視して、彼自身の新しい定義を付加した。ルフィーヌスによれば「jus naturale」とは、人間という被造物全ての中に生まれながらに備わっていて、善を行い、その反対の行為を避ける力のことである」[68]。また別の教会法学者たちは、これを受けて直ちに、jus naturale を人間理性・良心・自由意志と結びついた「才能」「力」「能力」として定義した。フグッチョは、jus のこうした主観的な定義は基本的でかつ固有なものであり、この言葉の他の使用例は全て、グラティアヌスのものも含めて、この第一義的な定義から派生したものであると断言した[69]。

　jus を、人に生まれながらに備わっている道徳的な資質の一種として主観的に定義することは、それ自身自然権の教説であるわけではなかった。しかし、この jus の定義は容易に自然権の教説に向かうことが可能だったし、実際それは直ちに教会法学者の著作の中で自然権の教説へと発展したのである。13世紀の間に教会法学者たちは、そのような権利の整理を注目に値する形で推し進めた[70]。自分自身の財産に対する自然権、生活に不可欠なものを得る自然権、自己防衛の自然権が規定された。夫と妻は結婚に際し自然権を持った。異教徒でさえ自然権を持った。1250年ごろからは法律家たちも、訴訟に際し適正な手続きに則る権利は自然権であり、それは単なる人定法の法的規定ではないと主張した[71]。

　したがってウィリアム・オッカムが14世紀に自然権について考察するようになったとき、彼の面前には引用に値する知的に洗練された法学的素材がかなりの程度存在していたわけである。だから、自然権理論の祖としての彼の役割は誇張されるべきではない。ただ、それでもオッカムは彼独自の本質的な貢献を果たした。それは実際のところ彼の唯名論的な哲学を通してではなく、むしろ新たな種類の聖書注解を通してである。オッカムが行った独創的な貢献は、福音的な自由──パウロが言うように「キリストがそれによって我々を解放したところの自由」──に関する聖書の教えを取り上げ、そしてそれを自然権の教

説を守るために用いたことである。その際自然権は専制的な統治からの、とりわけ教会内における専制的な統治からの自由として理解されていた。オッカムは教皇に絶対的な至高権を帰する極端な教皇主義者の教説に反論して、キリストは断じてキリスト者の自然権を害するような権限をペテロとその後継者に付与したのではない、と主張した。教皇は「神と自然によって信徒に与えられた世俗の諸権利と諸自由」をくつがえすことはできないのである[72]。

　自由に関するパウロのテクストと並んでオッカムは、キリストの法を「自由をもたらす完全な律法」だとするヤコブ書の言葉（「ヤコブの手紙」1章25節）を特に強調した。オッカムの議論によれば、もし教皇が彼の支持者たちが主張するような至高権を持っているならば、福音の法は自由の法ではなく「最も恐ろしい束縛の法」となり、モーゼの古き律法以上に抑圧的なものとなるであろう。すべてのキリスト教徒の王、高位聖職者、聖職者、俗人は、最高位を占めた教皇の単なる奴隷となってしまうであろう。したがってそのような権利請求は、単に誤謬であるばかりでなく異端的であると、オッカムは断言した。教皇は「人間が、生まれながらに奴隷ではなく、自由であるために不可欠な自然の自由」を取り去る権限を持ってはいないのである[73]。

　オッカムは1347年に没した。だが、その半世紀後にジャン・ジェルソンは、オッカムの議論を取り上げて、これをさらに発展させた。ジェルソンはjusについて「正しい理性にしたがって各人に属している力あるいは能力」という非常に影響力のある定義を行い、そしてそのように定義されたjusから統治と財産に関する全ての理論を引き出すことが可能だと主張した[74]。著しく例外的な仕方でジェルソンは自らのjus概念を拡大し、そこに神の創造全体を含ませるにいたった。jusは理性と一致した力であり、そして神的理性は全宇宙を支配しているのだから、全ての被造物は己が固有の活動に対する権利を持っている。「太陽は輝く権利を有し、炎は燃える権利を有し、そして燕は巣を作る権利を有するのである」[75]。人間に関して言えば、彼もしくは彼女はたとえ堕落した状態で生活していようとも多くの権利を保持しているのであり、そこには自由の権利・生きる権利・自己保存の権利が含まれているのである。

またジェルソンはオッカムに倣ってキリスト教的自由という主題を取り上げ、それを用いて教会の法と慣習に関する急進的な改革を主張した。キリストの法は自由の法であるとジェルソンは記したが、彼の同時代のキリスト信徒は全て「人間の伝統」を、すなわち階層制的教会が考案した迷路のような官僚制的支配と規則という耐えがたい重荷を負わされ、死に至る罪を課せられていた。この「人間の伝統」は信徒たちを陥れる罠や網のようなものであり、キリスト教的な自由を破壊するものだった[76]。これに対しキリスト教徒の本質的な義務は、人間理性と良心によって判別可能な自然法と、聖書の中で啓示されている神法に自由に従うことである。その際、自然法は人類に地上の幸福をもたらし、神法は永遠の幸福をもたらす。そして神によって与えられた生命と自由の権利は、人間がこの目的を追求することを可能にしたのである[77]。(もしジェルソンが後の時代の言い回しを用いることができたなら、神は確かに不可譲の権利を、すなわち生命・自由・幸福の追求をその中に含む権利を人類に授けたと記したであろう) ジェルソンの権利の定義は16世紀になってもよく知れわたっていた。彼の著作は、中世の権利理論が近代的な世界へと伝えられるための主要な水路の一つだったのである。

≪Ⅶ≫ 自由の制限

残された問題は、この章の最初に言及した生活の二分野——人間の隷属と宗教的な迫害という分野——である。そこでは中世教会の行った政策はひたすら抑圧的だったように見える。確かにその二つの分野において教会は、結果として近代的自由の成長に貢献したと推定される教説も育てた。しかしこのことは、後の時代に環境が変化したことによって生じたのである。中世の著作家たちは共通して、自然法によって全ての人間が自由であると主張し[78]、そして彼らはまた共通して、個人の信仰が形成される際の良心の権威を堅く信じていた。しかし彼らは、これらの理念を隷属と宗教的自由の問題と関係づけたとき、自分たち自身のキリスト教的な心性が意味する事柄には気づいていなかったよう

である。

　中世という時代、ヨーロッパの大半の農民たちは半自由な農奴であり、完全な奴隷身分も決して消滅してはいなかった。そして教会の指導者たちはこの状況を、諦念をもって眺めていたように思われる。彼らは、奴隷身分が旧新約聖書で合法的な制度として認められているという明々白々な事実によって、隷属に対する非難を一般化できなかったのである。なるほどパウロは「キリストにおいては奴隷も自由人も存在しない」と書いた。しかし、神の前で全ての人が平等であるという事実は、人間社会の秩序づけにおいても全ての人が平等であることを意味するとは受け取られなかった。また中世の著作家たちは、人は生まれながらに自由であると書いた。だが、それが意味していたのは単に、奴隷身分はむしろ、後に人間が立法を行ったことの中にその起源を持つということに過ぎなかった。奴隷身分は、神が最初アダムにおいて確立した人間の本質の必然的結果ではなく、むしろアダムの罪の結果だというわけである。だから、もし人類が罪のない状態にとどまっていたならば、人々は決して互いに他者を隷属化させたりはしなかったであろう。しかし中世的な視点からして鍵となった事実は、人間たちが現実に罪人だということである。隷属状態は悲しむべきではあるが、治癒できない結果によって生じたものだったのである。オッカムでさえも、キリスト教的な自由に関する彼のすべての論法において、自分は奴隷身分それ自体を非難するものではないと説明しなくてはならなかった。オッカムが主張できたのは、キリストの法そのものは、それ自体いかなる者をも隷属化しないということだけだった[79]。

　キリスト教の教えは隷属状態がこの上なく過酷になることを、たぶん軽減させた。キリスト教を奉じる道徳家は主人に対して常に、やさしく奴隷を取り扱うように促してきた。実際、中世ヨーロッパにおいて農奴は、人間の姿をした家畜としては決して扱われなかった。教会の目からすれば、彼らは人であって物ではなかった。また農奴は、正式なサクラメントとしての結婚を行うことができた。農奴はまた、聖職者という高位に就くことが可能であった（そのためには領主の同意が必要だったが、しかしそれは一般に認められていたようである。

村の聖職者の多くは農民出身だった)。加えて大教皇グレゴリウス１世は、人間は生まれながらに自由なのだから、奴隷を解放し彼らを「生まれたときの自由な身分に」戻してやることは賞賛に値する行為であると宣言していた。このテクストは『グラティアヌス教令集』の中に編集され、そして数世代にわたるデクレティストたちによって正式に注解された[80]。しかし彼らのうちの誰一人として、その中に、全ての隷属状態を廃止するための論拠を見いだす者はいなかったのである。中世末に農奴制は西欧ではほとんど消滅した。しかしこのことは、宗教的な要因よりも経済的な要因によるところ大であった。そして農奴制が終焉をむかえたのもつかの間、アメリカ大陸発見後キリスト教世界が拡大する中で、新しくより厳しい奴隷制の形態が引き続いて起こったのである。デヴィッド・デイヴィスが書いているように、キリスト教徒は、罪がある種の奴隷制だと早くから感じ取っていたが、しかし奴隷制がある種の罪だと認識するのには時間がかかったのである[81]。

宗教的な迫害の歴史は同様の物語を提供する。今日では嘆かわしいと思われる振る舞いも、中世社会では当然のことと考えられていた。しかしここにも、異なった伝統につながりえた思想や慣習の要素が存在していた。最も重要なのは、中世の教会法学者や道徳的な神学者たちが幾度となく、正しい行為の導き手として、個人の良心という絶対的な価値を支持した事実である。たとえばアクィナスの考えによれば、たとえ良心は誤りうるものだとしても、人は常にその良心が正しいと判断したことを実践する義務がある[82]。教会法学者たちの中には同様の教説を『教皇令集』(Decretals) に対する一般的な注解において力強く言い表す者もいた。「いかなる者も自分の良心に反して行動すべきではなく、自分が確かであるならば、教会の審判よりもむしろ自己の良心に従うべきである……良心に対する罪を犯すよりは、むしろいかなる不幸をも甘受すべきである」[83]。もちろんそのようなテクストが念頭に置いていたのは宗教的自由の権利ではなく、自分自身の良心に従う義務であった。しかしそれでも良心を強調することは、後の時代に成長する宗教的な自由の教説において本質的な要素であった。

しかしそのような展開は中世の教会では起こらなかった。この問題を論じた中世の著作家たちは皆、異端というものを、教会によって適切な審判が下され、世俗権力によって罰せられるべき罪であり犯罪であると見なしていた。たとえばジェルソンは、彼なりの仕方でキリスト教的な自由を強調したが、彼は我々が今日理解しているような宗教的自由の概念を持ち合わせていたわけではなかった。実際ジェルソンはヤン・フスの審理と処刑に加わった。彼は教会の中でキリスト教徒の権利を守ることはできたが、異端者たちが教会に反対する権利を持つという主張をなすまでには決して至らなかったのである。中世の人々は自分たちの信仰の真理を強く確信していたので、その信仰とは異なる考えを、単なる知的誤謬や判断の誤りと見なすことはできなかった。中世人の考えるところによれば、異端はどういうわけか悪意、つまり善より悪を・神より悪魔を熟考した上で選ぶ、堕落した意志から生じていたに違いなかったのである。

　そうは言っても、そのような宗教的逸脱者が酷い迫害を受けるべきだということは、近代人にとっては自明なことではない。おそらく我々は「中世という時代には教会が一つの国家であった」という本章の冒頭で引用したメイトランドの見解を踏まえることで、中世の精神的姿勢に関する説明の一端を見いだすことができよう。13世紀にあって世俗の国家は、まさに成立し始めようとしていたに過ぎない。西方のキリスト教社会を結びつけていた第一義的な絆は、共通の宗教という絆であった。今日我々の忠誠心はもっぱら国家に向けられている。というのも我々は、自己の安全と自由を守ろうとするとき国家をあてにしているし、また20世紀において「国家に属さない人間」になることは、最も不幸な運命だからである。そして、このコインの裏面はこうである。我々は国家に対する裏切り者と目された人々を容赦しない。我々は彼らを謀反人として告発し、彼らを処罰し、極端な場合には死刑を執行することもある。反逆者が、自己の良心に従って正しい動機から行動したと言ったとしても、この個人的には誠実な抗弁も十分な弁明にはならない。ところで中世の人々は異端者を、全く同じ見方で見ていたのである。彼らは異端者を、教会への反逆罪を犯していると考え、そして彼らを謀反人として取り扱ったのである。

現代人にとって、そのような態度は理解しがたい。そして、もし我々がこのような態度を理解しえたにしても、以下の事実は疑うことができない。すなわち、この領域において中世教会が採った立場は、近代的自由の成長に対して正反対だった、ということである。

≪Ⅷ≫ 結論

中世全体を通じて、教会統治の立憲主義的な諸教説は、より厳密な教皇絶対主義の諸理論と常に敵対していた。我々が論じてきた論争の大部分を生み出させたのは、確かにその教説の間での緊張関係であった。15世紀の初頭、しばらくの間は立憲主義的な傾向が優っていたようである。1378年に教会大分裂が勃発した。最初は二人の、後には三人の教皇が、自分こそ真の教皇だと主張した。結局1415年、コンスタンツで開催された公会議は教皇位を主張する三人を廃位し、一致して新しい教皇を選出した。

この処置を正当化するために、公会議も自己の権威を規定した「ハエク・サンクタ」(Haec Sancta) という布告を出した。この布告は、いままで議論してきた以前の教会法学者の論拠の上に作られているが、しかしそれをさらに発展させていたのである。

> コンスタンツのこの聖なる宗教会議は以下のごとく宣言する。すなわち、この宗教会議は戦う教会を代表してキリストから直接その権限を与えられること。また、いかなる身分や高位に就いている者でも、たとえそれが教皇という高位であったとしても、信仰に関する事柄において、教会分裂の根絶に関する事柄において、そして首と構成員における教会の全体的な改革に関する事柄において、公会議に従う義務があるということである。

さらにコンスタンツ公会議は、将来公会議が定期的な間隔をもって開催されることの必要性を説いた改革宣言を制定した。

この「ハエク・サンクタ」の意義は近代の学者たちの間で広く議論されてきた。およそ1世紀ほど前にジョン・ネヴィル・フィッギスは、それを「世界史の中で最も革命的な公的史料」だと呼んだ。しかしコンスタンツに集まった公会議主義の父祖たちは実際には、ある種の革命的で共和政的な教会統治の確立をめざそうとしていたのではなかった。彼らは、改革された公会議は将来、普遍的に承認された教皇によって召集・主宰されるだろうと見なしていたのである。彼らの理想は、公会議に影響力を行使して指導したジェルソンが1415年、議論のさなかにあって記した一種の混合政体であった。あるいは、その1世紀後のイギリス人法学者フォーテスキューの言葉を借りるなら、公会議主義者たちは、教会の統治を純粋な君主政（dominium regale）や単なる民主政体（dominium politicum）にしようと望んだのではなく、むしろ両形態の結合（dominium regale et politicum）を期待していたと言えるかも知れない。

　新しい公会議が1423年にシエナで、そして次の公会議が1431年にバーゼルで開催された。しかしこの公会議はすぐに教皇エウゲニウス4世と対立した。数カ月後、教皇は公会議を解散させたが、公会議側はこの命令の受け入れを拒否した。もはや教皇と公会議の両者による統治の可能性は存在しなくなった。いまや、教皇か公会議かという二者択一の問題が生じたのである。そして10年間にわたり宣伝合戦が続けられたが、ヨーロッパの君主たちは——公会議主義の教説が君主政治の権利請求を全て基盤から掘り崩しかねないという教皇の主張に説得されたのだろう——徐々に公会議から距離をおき、教皇を支持するようになった。

　もし公会議主義者たちの理想が実現されていたならば、教皇制は代議制的な公会議と権力を分有する制限君主制へと発展したであろう。しかし1450年までに公会議運動は敗北し、教皇たちは己が主権的権威を再び主張することができるようになった。かくしてローマ教会は、バロック時代の絶対主義のモデルとして近代世界に入っていった。ただし、教会内で発展した立憲主義的な原理は、後の時代に出現しつつあった世俗国家の理論と実践の中に、その原理的な適用を見ることになったのである。

やや逆説的だが、このことはプロテスタントのイングランドで明白になった。というのも、この地域で生じていた国王と議会の関係をめぐる問題は、思うに、教皇と公会議の関係をめぐる初期の諸問題と類似していたからである。以前に指摘したように、言葉と思想の用語集といったものが、中世の言説から近代初期における立憲主義の議論の中に残存し続けていた。17世紀のイングランドは、そのような残存の例を数多く提供してくれる。国王は個々人よりも優越しているが全体に対しては劣ると主張する教説「maior singulis minor universes」は、しばしば議会主義に立つ著作家たちによって引用された。そしてウィリアム・プリンは「はるか昔、教皇主義者が最初にこの教説の口火を切った」と記した。プリンと他の著作家たちも、議会が国王に優越すると主張するときは、教皇と公会議の類比を使用した（もっとも、そのような論拠に対して国王主義に立つ著作家ジョン・マックスウェルは、議会主義者たちは宗教改革以前のカトリック的著作の「汚れた肥桶」から教説を引き出したのだ、という悪口を言った）。plena potestas という中世の権威はさらに 17 世紀の選挙令状でも使用された。たとえばヘンリー・パーカーは国王に助言し、かつ国王の利害を代表する議会の権利を確立するために、格言 quod omnes tangit を引用した。1650年代になるとジョージ・ローソンが、支配する権威が常に人民あるいはその主要な人々にあることを証明するために、パドヴァのマルシリウスを引用した[84]。チャールズ1世自身も、議会と最後の和解を模索する中で、イングランドが君主政・貴族政・民主政で、すなわち国王・領主・平民で構成される混合政府によって統治されていることに同意した。そこでピューリタンの著作家たちは（トマス・アクィナスが最初に考察した）古代イスラエルで想定された混合政体を、イングランドが忠実に模倣すべきモデルとして支持したのである。

　17 世紀における立憲主義の展開を理解するためには、我々はその時代の現実生活における摩擦を研究する必要がある。しかし我々は、歴史の主人公が活性化させた言葉を通してのみ、それを研究することができる。ちょうど中世の著作家たちが古代の古典や初期キリスト教の原典を取り上げ、それを自分が属する社会の問題に適用することによって新たに採用したように、17 世紀にお

ける立憲主義的な理論家たちも中世の言葉を再解釈し、そして異なった時代の文脈の中でそれに新しい意味や力を充填したのである。もしこの過程を幾分でも自覚することがなかったならば、我々は、17世紀の立憲主義的言説の用語とそれが近代的自由の創出に貢献したことをほとんど理解できないであろう。

　以下、要約してみよう。中世教会が西洋における自由の発展に主要な貢献を果たしたのは、次の点であった。すなわち、宗教問題における国家権力の制限、正当な統治の基盤として十分に発展した同意理論、代議制という新しい技術、混合政体という古い思想を注目すべき形で適用したこと、自然権の萌芽的理論、以上である。いくつかの事柄は達成されなかった。近代的な自由の理想が出現可能となる前には、奴隷制の終結と宗教的迫害の終焉が達成されなければならなかった。これらは後代への課題として残されたのである。

注
1. F. W. Maitland, *Roman Canon Law in the Church of England* (London, 1898), 100.
2. 「マタイによる福音書」第16章第15-17節、「使徒言行録」第15章第28節「聖霊とわたしたちは、次の必要な事柄以外、一切あなたがたに重荷を負わせないことに決めました。」
3. Brian Tierney, ed., *The Crisis of Church and State, 1050–1300* (Englewood Cliffs, NJ, 1964), 13.
4. E. Emerton, ed., *The Correspondence of Pope Gregory VII* (New York, 1932), 179.
5. Tierney, *Crisis*, 49.
6. Tierney, *Crisis*, 189.
7. John of Paris, *On Royal and Papal Power*, trans. J. A. Watt (Toronto, 1971), 94.
8. Tierney, *Crisis*, 79.
9. John of Paris, *On Royal and Papal Power*, 157–59.
10. Antony Black, *Guilds and Civil Society* (Ithaca, NY, 1984), 63.
11. *Digest* 1.3.31; *Code* 1.14.4.
12. John of Salisbury, *Policraticus*, trans. Cary J. Nederman (Cambridge, 1990), 46–49, 206–13.
13. *Decretales, D. Gregorii Papae IX... cum glossis diversorurm* (Lyons, 1624), gloss ad 1.7.3. 続く本文中で言及されている多様な教会法学のテクストは、以下の私の著作に挙げて論じられている。*Foundations of the Conciliar Theory* (Cambridge, 1955) および "Pope and Council: Some New Decretist Texts," *Medieval Studies* 19 (1957): 197–218.
14. *Decreturn Gratiani... una cum glossis* (Venice, 1600), Dist. 40 c.6.

第三章　自由と中世の教会　135

15. Tierney, "Pope and Council," 206; id., *Foundations*, 41.
16. Johannes Teutonicus, *glossa ordinaria ad* C.24 q.1 c.9. 注解書の中でヨハンネスは、「信仰の問題にまつわる領域においては、教皇よりも公会議のほうが上位にある」と述べている。*ad Dist*. 19 c.7,
17. ザバレルラ枢機卿はこの点を明示的に主張した。彼は、至高権が「本来的に団体に、そしてこの権力を体現する首長としての教皇に」存すると記したのである。Tierney, *Foundations*, 225. 上で触れられているローマ法の引用箇所については以下を参照。ibid., 46.
18. Tierney, "Pope and Council," 201.
19. Tierney, *Foundations*, 58–63.
20. これらの多様な見解は、例えば以下のものなどに見受けられる。*Summa Et est sciendum, the Summa Duacensis*, and the *Apparatus of Alanus* on the *Decretum*. 以下を参照。Tierney, "Pope and Council," 214–18.
21. Thomas Aquinas, *Commentum in Libros IV Sententiarum* 2.44.2 ad 1 in *Opera Omnia*, 34 vols., ed. L. Vivès (Paris, 1874–89), 8: 590.
22. Thomas Aquinas, *On Kingship to the King of Cyprus*, ed. G. B. Phelan and I. T. Eschmann (Toronto, 1949), 1.1.10, 7.
23. *Institutes* 1.2.6; Code 1.17.1.7; Digest 1.4.1.
24. Azo, *Lectura ad Cod*. 8.53.2, quoted in E. Cortese, *La norma giuridica*, 2 vols. (Rome, 1962–64), 2: 176.
25. 公会議運動は 1378–1417 年の教会大分裂の時期に発展した。その指導者たちは、公会議が教会統治の最高機関であり、また教会にある種の議会制を設立すべく期待されていると主張した。上に述べた特定の見解については以下の私の著作を参照。*Religion, Law, and the Growth of Constitutional Thought, 1150–1650* (Cambridge, 1982), 58–60〔ティアニー『立憲思想　始原と展開 1150–1650』鷲見誠一訳、慶應義塾大学出版会、1986 年〕.
26. *The Works of... Mr. Richard Hooker*, ed. John Keble, 7th ed. rev. by R. W. Church and F. Paget, 3 vols. (London, 1888), 8.2.7, 3: 346.
27. *Dist. 4 dictum post* c.3. このテクストに関する教会法学者の注釈については以下のものを参照。Luigi de Luca, "L'Accetazione popolare della lege canonica nel pensiero di Graziano e dei sui interpreti," *Studia Gratiana* 3 (1955): 194–276.
28. De Luca, "L'Accetazione," 211.
29. Thomas Aquinas, *Summa Theologiae* 1.2ae.97.3〔アクィナス『神学大全』稲垣良典訳、創文社〕, *Opera* 2:595. アクィナスはまた、全ての共同体がこのように自由なわけではないとも述べている。いくつかのものは支配者の権威に従属させられていた。
30. これらの様々な見解は以下に示されている。De Luca, "L'Accetazione," 201, 212, 213, 219.
31. この問題についてはペニントンの最新刊を参照。K. Pennington, *The Prince and the Law: Sovereignty and Rights in the Western Legal Tradition* (Berkeley, 1992).

32. John of Paris, *On Royal and Papal Power*, 96–105.
33. *Les Quodlibets onze-quatorze de Godefroid de Fontaines*, ed. J. Hoffmans, vol. 5 of *Les philosophes Belges* (Louvain, 1932.), 76 (Quodl. 11 q. 17).
34. Durand of St. Porçain, *De iurisdictione ecclesiastica* (Paris, 1506), fol. lrb.
35. John of Paris, *On Royal and Papal Power*, 124.
36. Marsilius of Padua, *Defensor Pacis* 1.9.5, in A. Gewirth, *Marsilius of Padua. The Defender of the Peace*, 2 vols. (New York, 1951–56), 2: 32.
37. Ibid. 1.15.2, in 2: 61.
38. Ibid. 1.9.2, in 2: 29.
39. Ibid. 1.12.6, in 2: 47–48. マルシリウスにおける「より重要な部分」(valentior pars) という語の用法については多くの議論がなされてきた。ゲヴァースが論じたように、わずかな支配的エリートではなく、むしろよりたくさんの市民を含む多数について彼は考察していたのだとするのが最も妥当かと思われる。
40. Ibid. 2.15.4, in 2: 235.
41. Ibid. 2.16.16, in 2: 252.
42. Ibid. 2.4.12, 2.6.12, in 2: 122–24, 2: 148–49.
43. Hervaeus Natalis, *Tractatus de iurisdictione*, ed. L. Hödl, in *De iurisdictione. Ein unver ffentlichter Traktat des Hervaeus Natalis O.P. (+1323) ber die Kirchengewalt* (Munich, 1959), 14–15. また以下を参照。John Locke, *Two Treatises of Government*, ed. Peter Laslett, 2d ed. (Cambridge, 1967), 1.2, 286.「為政者がその臣民に対してもっている権力は、子供に対する父の権力や、召使いに対する雇主の権力や、妻に対する夫の権力や、奴隷に対する主人の権力とは区別することができよう。」〔ロック「統治論」宮川透訳『世界の名著32 ロック ヒューム』大槻春彦（ほか）訳、中央公論社、1980年、194頁〕
44. Ibid., 16.
45. Ibid., 17.
46. M. V. Clarke, *Medieval Representation and Consent* (London, 1958), 296.
47. V. H. Galbraith, *The Constitution of the Dominican Order, 1216–1360* (Manchester, 1925).
48. O. Hintze, "Weltgeschichtliche Bedingungen der Repräsentativverfassung," *Historische Zeitschrift* 143 (1930): 1–47; G. de Lagarde, "L'Idée de repré sentation dans les oeuvres de Guillaume d'Occam," *Bulletin of the International Committee of Historical Sciences* 9 (1937): 425–51; E. Barker, *The Dominican Order and Convocation* (Oxford, 1913); Carl Schmitt, *Politische Theologie*, 2d ed. (Munich, 1934), 49〔シュミット『政治神学』、田中浩・原田武雄訳、未来社、1971年〕。
49. plena potestatis と quod omnes tangit については特に以下を参照。Gaines Post, *Studies in Medieval Legal Thought* (Princeton, NJ, 1964), 91–220; J. G. Edwards, "*The Plena potestas of English Parliamentary Representatives*" in *Oxford Essays in Medieval History Presented to H. E. Salter* (Oxford, 1934), 141–54; Yves Congar, "Quod omnes tangit, ab omnibus tractari

et approbari debet," *Revue historique de droit français et étranger* 36 (1958): 210–59.
50. *Code* 5.59.5.2.
51. *Dist.* 63 *dictum post* c.25.
52. *Decretales* 1.23.7.
53. Tierney, *Foundations*, 49.
54. これらの例は以下のものより引用。Congar, "Quod omnes tangit," 217, 233, 234.
55. William Stubbs, *Select Charters*, 9th ed. (Oxford, 1913), 480.
56. Aquinas, *On Kingship* 1.2.19; 1.4.30; 1.6.42; 12, 19, 24.
57. Aquinas, *Summa Theologiae* 1.2ae.105.1, Opera 2:675.
58. Ibid.,「だが、これらの者が民全体から選ばれたという点で、民主制的であった。けだし『出エジプト記』第十八章（第二十一節）に「民全体のなかから智慧のある人々を見つけだし……」といわれているからである。また民が彼らを選んだ、という点でも民主制的であった。ここからして『申命記』第一章（第十三節）に「あなたがたから智慧のある人々をだしなさい……」といわれている。」〔『神学大全　第 13 冊』稲垣良典訳、p.378〕
59. E. Gilson, *The Christian Philosophy of St. Thomas Aquinas* (London, 1957), 330.
60. Raimondo M. Spiazzi, ed., *In octo libros Politicorum expositio* (Turin, 1966), 3.6, 140.
61. John of Paris, *On Royal and Papal Power*, 206.
62. Susan Babbitt, "Oresme's Livre de Politiques and the France of Charles V," *Transactions of the American Philosophical Society* 75 (1985): 1–158.
63. Jean Gerson, *De potestate ecclesiastica in Oeuvres complètes*, 10 vols., ed. P. Glorieux (Paris, 1960–73), 6: 248.
64. James Blythe, *Ideal Government and the Mixed Constitution in the Middle Ages* (Princeton, NJ, 1992), 307.
65. 次の私の論稿を参照。"Origins of Natural Rights Language: Texts and Contexts, 1150–1250," *History of Political Thought* 10 (1989): 615–45.
66. Michel Villey, *La formation de la pensée juridique moderne*, 4th ed. (Paris, 1975), 252, 261.
67. *Gloss ad Dist.* 56 c.7.
68. H. Singer, ed., *Rufinus von Bologna. Summa Decretorum* (Paderborn, 1902), 6.
69. これらの教会法学者によるテクストについては以下の私の論文を参照のこと。"Origins of Natural Rights Language," 629–35.
70. いくつかの例は以下の論文中に挙げられている。Charles J. Reid, "The Canonistic Contribution to the Western Rights Tradition: An Historical Inquiry," *Boston College Law Review 33* (1991): 37–92.
71. この発展については以下のものを参照。*Pennington, Prince and Law.*
72. *An princeps in Guillelmi de Ockham opera politica*, 3 vols., ed. H. S. Offler (Manchester, 1956–74), 1: 251.

73. Ibid., 230-32, 248-51. オッカムはその政治的著作の中で幾度となくこの問題に立ち返った。言及のリストとしては以下を参照。A. S. McGrade, *The Political Thought of William of Ockham* (Cambridge, 1974), 141n. 179.
74. Gerson, *De vita spirituale animae*, Oeuvres 3: 141, 143.
75. Ibid., 142.
76. Ibid., 129.
77. Ibid., 130, 135, 145.
78. ここでの jus naturale という語の使い方にはある曖昧さがあった。しばしば自然法は、(グラティアヌスの黄金律のごとく) 全ての人々が従わねばならない恒久的な訓戒のまとまりを意味するものと考えられた。しかし時にこの語は、人定法の制定に先んじて存在し、その後すぐ人定法によって修正を加えられてきた物事の原初的な条件にも用いられた。
79. Ockham, *Octo quaestiones* 1.5, *Opera* 1: 28.
80. C.12 q.2 c.68.
81. David B. Davis, *The Problem of Slavery in Western Culture* (Ithaca, NY, 1966), 90. デイヴィスは奴隷制に関する中世的な態度についての適切な概観を提示している。関連するテクストを集めたものとしては以下を参照。J. F. Maxwell, *Slavery and the Catholic Church* (London, 1975).
82. Aquinas, *Summa Theologiae* 1.2ae.19.5, *Opera* 2: 189.
83. *Gloss ad Decretales* 5.39.44.
84. William Prynne, *The Soveraigne Power of Parliaments and Kingdoms* (London, 1643), 5-7, 31, 68, 73, 153; John Maxwell, *Sacro-sancta regum majestas* (Oxford, 1644), 16; Henry Parker, *Jus populi* (London, 1644), 26; George Lawson, *Politia sacra et civilis*, 2d ed. (London, 1689), 119. この問題にまつわる議論については以下を参照。Francis Oakley, "On the Road from Constance to 1688," *Journal of British Studies* 1(1962): 1-31; id., "Figgis, Constance, and the Divines of Paris," *AHR* 75 (1969): 368-86.

第四章　中世都市における自由

ジョン・ハイン・マンディー

　本章は、10世紀から15世紀にかけて、西ヨーロッパの都市住民が経験した社会・政治史、および社会・政治思想を素描するものである。章全体は、4節より構成されており、第一節は政治史を扱うことで、後述する3節の導入部となる。続く二つの節では、自由と平等が当時どの程度希求され、また達成されたかが、そして最終節では、シティおよびタウンの住民により達成された政治参加の度合が示される。

≪Ⅰ≫　歴史的文脈

　西欧では、広範囲に及ぶ農地開墾と都市建設は10世紀後半に始まり、14世紀中葉まで続いた。1300年までに、二つの地域が、およそ近代的ともいえる強固な基盤を有した都市性を誇るようになった。その最大のものが北部イタリアのジェノヴァ、フィレンツェ、ボローニャ、ヴェネツィア、ミラノで囲まれた環状の地域であった。二番目はフランドル地方沿海部のブルージュやガンを中心とした地域で、ここはライン川とムーズ川沿いの都市圏を凌ぎ、毛織物輸出による北方ヨーロッパ最大の複合的産業地域となった。ロンドン、パリ、ナポリなどの大都市は、もっぱら中規模の町が散らばるに過ぎない地域に所在していたのである。

　経済的な伸張に続いて、急進的な教皇グレゴリウス7世（1073-85）にちな

んで「グレゴリア」と呼ばれる時代に、政治的大変革が起こった。11世紀中葉から12世紀中葉まで続き、1073年から1099年にかけて武力衝突がピークに達した内戦によって、ヨーロッパ最大の世俗権力であった神聖ローマ帝国は衰退し、その結果、そのライバルで、新たに自由を得たローマ教皇権が、全ヨーロッパを支配する統治権力として浮上した。また、ローマ教皇権の興隆と並行して、ヨーロッパ各地に地方的権威の中心がいくつか現れた。古い君主国のいくつかは勢力を保持し、また神聖ローマ帝国を除く全ての君主国はほどなく刷新されようとしていたが、どの地域においても権力は、有力君侯から地方君主の手へと委ねられ、また地方君主の下でも、都市・地方の双方における小権力機構たる領主権へと委ねられていった。

　本章で取り扱う都市あるいは都市領には、様々なかたちがあった。ヨーロッパの北部と南部では、多くの町が周辺地域を支配しようと試み、そしてその各々が従属する村落を所有していた。1323年あるいは1324年の段階で、シャンパーニュ地方の小都市プロヴァンは八つの村を所有していたし、ロレーヌ地方のメッツは168以上の村落を治めていた。1373年には、司教領であるリエージュの議会は、4人の司教座聖堂参事会員、4人の貴族、14の自治都市で構成員とされていた。そして、それらの自治都市は、ブルージュ、ガン、イープルがフランドル地方沿海部の地所を監督したように、法団体として自らを監督した。しかしながら北部の町で、ロンバルディア地方のミラノに匹敵するものはなかった。ミラノは、1300年までに周辺の町々、村落に対し一様にその支配力を拡げたのである。また、北部の都市は地方君主の権力によってしばしば分割されることがあった。1300年までに、リエージュの新市街地を含む、広範囲にわたる地域は、毎年当地の住民により選出される行政官（jurati）によって統治されるようになったが、君主たる司教とその補佐役（scabini）の評議会は依然、周辺の地方部のみならず、小規模ながらも従来からの都市中心部をも統治しつづけた。他の地域の同様の自治都市に目を向けると、北ヨーロッパや南イタリア、そしてイベリア半島の大部分に住む市民は、北イタリアの市民とは対照的に、コミュニティー全体を支配することも、あるいは城壁を越えて

第四章　中世都市における自由　141

周辺部まで支配することもまれであった。
　イタリア、南フランスの大部分や、ドイツのライン川やドナウ川流域ではまた、都市に在住する社会諸集団は、注目すべき対照性を示している。職人、貿易商、騎士、称号貴族などが、都市民を構成したとされ、また構成し続けた。たしかにイタリアでは、貴族は都市に永住することをしばしば余儀なくされていたが、他の地域では、都市に諸集団が共に居住することは通常なく、あったとしても長くは続かなかったし、貴族や騎士は不定期に都市に滞在するにすぎなかった。その一つの結果として、北イタリアの都市は、貴族の館が高層建築となって埋め尽くしていたが、北フランスやドイツの都市では、そのようなものがほとんどあるいは全く見られなかった。他の結果として、近代の歴史家が誤って北方ヨーロッパ人をブルジョア的生活様式の創始者と考えるようになったことが挙げられる。
　このような相違が見られた理由は二つある。ほとんどの北方ヨーロッパの都市は、新しく生まれたもので、多くのコミュニティーは当初小さすぎたため、イタリアで貴族と一般の都市住民とをうまく結びつけた中間的な社会層は生まれなかった。しかしながら、このような経済的状況は政治的状況と関係づけられる。中心的な国家が弱小、あるいは不在の地域においてのみ、都市は自由を相当程度に獲得し、先に述べたような複雑な社会を維持し、成功裡に周辺地域を支配下におくことができたのである。神聖ローマ帝国の辺境に位置したドイツの諸都市が、北海とバルト海の海外貿易を支配すべく、リューベックと組み、ハンザ同盟を設立したのは、帝国が急速に衰退した1300年以降のことである。より重要なのは、神聖ローマ帝国の西側の境界に位置するフランスとドイツの都市のあり方で、その地域は北部の中心地であるフランドル沿海部から、南はモース川、モーゼル川、ライン川、ソーヌ川、そしてローヌ川の流域にまで及んだ。この地域の諸都市はかなりの自由を享受し、先のメッツのように、周辺の農村部を支配することができた。ヨーロッパ南部では、グレゴリウスの改革と、1183年のコンスタンツの和議から1250年のホーウェンシュタウフェン家のフリードリヒ2世の死去にいたる、神聖ローマ帝国の急速な衰退によって、

北イタリアは純然たる都市共和政の拠点となり、それは中世最大のものとなった。この繁栄した地域に加えて、1100年代に中心となる国家がほとんど存在しなかった、隣接する2、3の領地が挙げられるだろう。その一つは、プロヴァンス、特にローヌ河岸のアヴィニヨンからガロンヌ河岸のトゥールーズにわたるランドック地方を横切るかたちで広がる地域、もう一つは、シュワーベン地方あるいはスイスの小都市とその他の南ドイツの領土を覆う地域である。これらの地域の外側では、従属する地域を伴う堅固に統一された国家が存在した。例えば、北ではイングランドという頑強な君主国などがあり、他にはイスラム世界の辺境沿いに位置する、プーリア地方、ナポリ、そしてシチリアといった南部イタリアの諸領域、そして西ではイベリア半島の諸王国がある。

　1218年にマルセイユで語られた「神のみがこの都市を統治する」という標語が示すように、都市が最も切望していたことは、自由な自治であり、あるいは当時言われていたように、神以外の何者からの「支配」も受けないことであった。もっとも、法律家の言うところの「地上の優越者」を認めることを実際にやめたのは、コンスタンツの和議以降の北イタリアだけであり、多くの都市はそのようなことを望むべくもなかった。村落の住民と同じく、都市の住民は、君主や領主に対して税を納め、結婚や相続、居住にかかわる管理といった統制を受けねばならず、したがって彼らは、個人の自由を掲げ、君主に課せられた兵役義務や納税、法的特権を制限する慣習法を求めて努力した。しかし多くの都市はこれらの自由のほんの一部を勝ち得たにすぎなかった。かの偉大なミラノでさえ帝国の統治権を、一時はほとんど排除可能だったものの、完全に封殺することはなかった。

　相当程度の自由を獲得した都市では、新しい公選の行政官職が見られるようになった。11世紀の後半以降、イタリア、後にはフランスの諸都市において、古代ローマをほうふつとさせる、統領委員会が選出された。司法管轄の領域と長官職の双方を意味する「権力（potestas）」という言葉は当初は帝国の統治者を示すものであったが、コンスタンツの和議以降はイタリアの諸都市は「ポデスタ（potestas）」を最高権力者として選出するようになった。北方ヨーロッパ

ではさほど目を引くものは達成されなかった。統領職は地中海沿岸、南フランス、その他の地域に急速に広がったが、アルプス以北ではあまり見られず、例えばドイツにまで広まったのは、13世紀になってからのことであった。さらに、北方ヨーロッパの諸都市における公選の市長と都市評議会は、イタリアの同等の官職ほどの権力は持たなかった。

　自由を享受できた期間というのは地域によって異なっていた。早くからビザンティン帝国との関係が深かったヴェネツィアは、一貫して自由を享受できたが、その状態は1797年まで続いた。久しくミラノの主導下にいたロンバルディアの諸都市は、1183年のコンスタンツの和議以降——ほどなくしてリグーリアやロマーニャ、トスカーナの諸都市がそれに続いて帝国支配圏を脱したのだが——少なくとも2世紀もの間、あるいはしばしばそれ以上の期間、自由な状態にあった。その他の地域では共和政は短命であった。ランドック地方では、トゥールーズは1189年から1229年にかけて自由な状態にあったが、その後この自由は次第に弱まり、1249年にカペー朝がこの都市を継承してからは、消滅したも同然となった。マルセイユの市民は領主を1212年から1220年にかけて追放し、およそ20年にわたって共和政をしいた後、1245年にはアンジュー朝の君主政治に服した。このようなイタリアとその他の地域との間の違いは人々に考察を促した。後のドミニコ派の政治思想家、ルッカのプトレマイオス（1327年没）は、都市はまさにその性格上、どこでも自治を行うものだと考えた。彼の考えによれば、村落は独立するには小さすぎ、王政は多様性を包容するのが困難な広大な地域においてもっとも適切であった[1]。しかしながら理屈はどうであれ、彼は、自由な都市はイタリアに独特のものだとし、その他の地域では、自由は君主によって制限されるものと考えた。

　共和政は都市に適したものであったが、しかしどのような集団が共和政を運営していたのかは、微妙な問題であった。1200年頃までに、多くの都市で富裕層が勝利を収めていた。イタリアのように君主が弱小で、都市の成長が急速なところでは、軍事と行政をつかさどる貴族層が、富裕な商人層と結託して主導権を握った。一方君主が強大なところでは、軍事組織がしばしば分裂し、そ

の中から地方の貴族になったり、ブルジョアに同化したりする者も出た。とはいえ、ブルジョアへの同化が多く見られた地域でさえ、血統と財産の両方を誇る貴族が登場することとなり、彼らは早晩指導的な立場についたのである。

　寡頭政治または金権政治に対し実際に脅威を与えたのは、13世紀の「人民」あるいは民衆団の出現であり、理論的に述べれば、少数者から多数者への権力の移行であった。温和で控えめな個々の人間には、経済的に自分たちを守ることも、また彼らの意志を政府に突きつけることもできなかったが、彼らが団体を形成すればそれも可能となった。この二つの目標を追求する上で必然的に、「人民」はギルド拡大の初期段階を築いた。結果はめざましいものであった。1300年頃までに、ヨーロッパ北部と南部の都市は概ね、ギルドによって支配された。ガンは単一産業の町であり、1300年には5万人強の住民がいた。これには5,200人の職工が含まれていたが、家族や他の仕立屋もいたことから実際にはその何倍かの数になると考えられる。1379年には、ギルドの構成員はハンブルクの人口の62％を占めるようになった。

　「人民」という多数派の興隆は、君主が都市とどのような関係にあるかに左右された。君主の力の強い地域では、君主はギルドを支援し、都市における自治の成長を擁護する貴族の弱体化に努めた。1204年までにフランス南部のミディ地方にあるモンペリエの領主は、市政の基本が団体にあるとして、政府とギルド組織が相対的に融合されるよう取り計らった。しかし、このようなことはイタリアの自治的な産業都市には、少なくとも1250年までは当てはまらなかった。階級対立もまた、君主が都市の自立を崩壊させる原因となった。1250年ごろには、パリの貴族層は市政の支配権を失い、王令によって101のギルドの地位が法的に登記された。フランス王を擁護した行政官のフィリップ・ド・ボーマノワール（1296年没）は、富裕層に有利な売上に対し、私有財産への累進課税を承認し、富裕な人間がむやみに都市の官職を独占することを非難した。都市自治の廃止は、実際、時として民衆の働きかけによることもあった。14世紀初頭のプロヴァンでは、有権者の96％が公選の行政官を国王の役人におきかえることを支持した。

しかしながら、自由都市においてさえギルドは成長した。1250年ごろに組織化されたイタリアの親方と徒弟たちは、政治力を持ち始めた。しかし、彼らがギルドを形成すると、他の人間もそれに倣った。起業家は、公的に認可された商社や銀行業務を行う会社、および製造会社を設立した。フィレンツェのラーナ（Lana）というギルドはその一例で、彼らは毛織物業全般を管理し、同業者を取り締まるまでに至った。法律家や医者は、自分たちの職能を統制し独占するために大学を創設した。ギルドが貿易商や様々な分野の職人および商人らによって設立されたことで、広範囲に及ぶ団体主義（コーポラティズム）が誕生した。

団体主義は社会的分類を正式化した。貴族が都市の住民であるイタリアやその他の地域では、「貴族的に生活している高貴な家柄の」平民の名士と共に、先祖か親族に騎士を輩出した血統の人間も、貴族として法律で定められるようになった。1220年頃のトゥールーズの法律や文献では、市民を「騎士、ブルジョア、人民」または「騎士、ブルジョア、熟練工」と分類する例に出会う。1247年には、アラゴン王国の慣習法であるウエスカは、「彼らは自ら汗を流して働かず、親方や労働者を使って自分の職を遂行する」と述べることで、ブルジョアを定義し、さらに貿易商、両替商、法律家、医者もブルジョアに含めるものとした[2]。このような評定がヨーロッパ全土に広まるには時間がかかったが、初期近代の分業体制はすでにその輪郭ができ上がっていたのである。

フィレンツェの国制は団体主義の政治的表現の一例である。1250年までに、毛織物・絹織物業の起業家や学者・法律家が構成する比較的大規模のギルドは、市政に参加するに至り、見劣りはするが国家の第二の長である民衆の統領（カピターノ・デル・ポポロ）を設け、ポデスタに並置させた。1280、90年代には、職人や商店主からなる中堅ギルドが政府内に職位を獲得し、共和国は多党制となった。正義の旗手に導かれるかたちで、ギルドの長（プリオーリ）や「長老」は共和国の最高権力者となった。この民衆の統領と一部類似したものは、アルプス以北の地域でも見られた。例えば、バーゼルでは、ギルドの「オーベルマイスター（Obermeister）」が1280年に初めて誕生したが、その役職はその後

ライン川・ドナウ川流域のドイツへと拡大した。社会対立がギルドの勃興に拍車をかけた。リエージュでは職人たちが、1300年代に一進一退の抗争を繰り広げた後、1343年には君主たる貴族や司教を破り、1384年には貴族を一掃した。このような「民主」的国制が瓦解したのは、低地諸国の君主で、ほとんどそこの国王とも言ってもよいブルゴーニュ公が、1468年にリエージュを制圧してからのことである。

ギルドの勢力が弱まったのは、起業家と職人に分離したためである。ラーナの事業家は13世紀の末に、民衆の政党であるグェルフィの支持を取りつけ、フィレンツェの羊毛関係業者の全てを結集させた。しかし、いかに軍事力を誇ろうと、1378年の革命的な「チオンピ」に参加した梳毛工は財政的にも繊維産業では下位にあり、人口の上でも少数派であった。したがって、「チオンピ」のような運動のほとんどは長くは権力を保持しえず、また権力自体を握ることもほとんどなかった。ギルドは依然として専門職能、事業、貿易、工芸の規制を続けたが、この分離は、次第に彼らの政治勢力をそぐものとなった。

アリストテレスの理論に同調し、共和国は住民の中の中間層を基盤とすべきだと考えるものは多くいた。高名な法学者であるサクソフェルラートのバルトルス（1357年没）は、この点に関し、ルッカのプトレマイオスの議論を再び取り上げた。プトレマイオスによれば、下層階級や庶民は、権力を手にした際、一直線に何でも「民主化」してしまうという[3]。アウグスティヌス修道会士で、政治理論家でもあるアエギディウス・ロマーヌス（1316年没）は、政治参加を求める原動力として始まったものは、結局、経済的平等を求める原動力に行き着いてしまうとして、民主政に本来的に潜む「欠陥」を指摘した[4]。多数者は、富を均等に配分することで、富裕なものに打撃を与えようとするが、このような情動がどうか抑えられるようにというアエギディウスの祈りは、それが民主主義にとって当然の帰結であるものであると主張するものによってかき消された。このことは上流、中流階級にとって民主政を考える際の足かせとなった。下層の市民の怒声に揺さぶられることはあっても、上流・中流階級は多くの場合、そのような声を何とかして押さえ込んだのである。

同様に、バルトルスとプトレマイオスによれば、政治的強調に亀裂を生じさせるものがあるとすれば、それは強大な権力と富を持つものが、常に共同体を「しいたげ」ようとすることであった[5]。その反動として、人民は立法を通じてしばしば有力者を攻撃した。1250 年から 1350 年にかけて、イタリアの民主政がその絶頂に達したころ、諸共和国では社会抗争の機運が高まっていた。フランシスコ会の年代記作家サリンベーネ（1290 年没）が記すところによれば、13 世紀も半ばを迎えるころには、都市から有力者が一掃され、そのことにより、イタリア諸都市からは、フランスの都市と同様に貴族が姿を消したという[6]。1293 年に続く 2 年間に、貴族や名望家の半数近くがフィレンツェを追放された。1280 年以降、イタリアの民衆団は、自分の手で働くものだけに政治的役職が与えられるべきであると主張することが多くなった。しかし実際には、一時的な例外を除いて、富裕層が政治的役職を逐われることはなかった。これはおそらく「青い爪（布地の製造時に用いられる染料からくる）」法を文字どおりに適用していたら、民衆による政治的指導そのものがなくなってしまうであろうからである。また、教育の充実と余暇の増加により、上流階級のなかには、学問をつんだ風変わりな輩があらわれた。彼らは理想主義的であったり、利潤指向が強かったりしたが、いずれにせよ興隆しつつあった民衆団を自分たちの帝国と見なしたのである。例えば、1292 年のフィレンツェで、騎士のジアーノ・デッラ・ベッラは中堅のギルドを政権に導き、また 14 世紀に入って、貴族のアルデフェルデ家はガンの民衆団を指揮した。

　しかしながら、様々な留保があるとはいえ、1300 年ごろのイタリアの民主政は（後で見るように、それは穏健な寡頭政的であったが）その絶頂に達していた。君主政主義者であるアエギディウス・ロマーヌスは以下のように述べた。「イタリアでは通常、多数者あるいは全ての人民による統治がなされている。もちろんポデスタ（行政官）や領主はここでも都市を治めているが、人民はそれをしのぐ統治を行っている。というのも、人民は自らポデスタや領主を選出して彼らに懲戒権を与えることができるからであり、また人民はポデスタや領主による政府権限の及ばない法律を制定するからである」[7]。このような全盛期の

イタリア民主主義を体現するのが、マルシリウス・パドゥア（1342年没）である。その堂々たる政治理論においてマルシリウスは、バランスのとれた政治的主張を記しており、その彼の筆致は、今なお説得力がある。ホーウェンシュタウフェン家のフリードリヒ2世に倣い、ボーマノワールやピエール・デュボワ（1312年没）のようなフランス人は、ロンバルディア人を、共和主義について「考察」したとして忌み嫌った。半世紀のちに、低地諸国やドイツ西部において同様の共和主義運動が勝利を収めたとき、北方ヨーロッパの保守主義者たちは自らの土地への好ましからざる影響を慮り、不安の色を隠すことができなかった。

　成長で彩られる数世紀の後、崩壊の時期が訪れた。14世紀初頭以降の200年以上の間に、経済的な困難、対外戦争、社会闘争そして黒死病が都市や地方でまず地域的に生じ、そしてそれらはイタリア、フランスから西ヨーロッパのほとんどの地域に拡大した。このような情況はそれ以前にも見られた。とりわけグレゴリウス改革時の内戦期が挙げられる。もっとも、これらの二つの時代には著しい相違があった。多難なグレゴリア期において、一方で普遍性を奉じる教会は諸都市や地方の領主権力と結んで自由を勝ち取り、他方で人口増加を見るにいたった。それに対し、14・15世紀になると、教会は衰退し、都市や領主も自由を失い、人口は減少した。戦争形態にも変化が生じた。大砲の使用は、1330年代初頭の包囲攻撃の際に見られたが、ほどなく王城の城塞を陥落させ、都市の城壁を突破することも可能となった。それまでは、それぞれの地域社会の騎兵や歩兵が戦闘を担っていた。しかし、いまや堅固に結集した傭兵団や職業兵士が各地に出現した。したがって、中世後期の社会にあったのは、攻撃一辺倒の軍隊だけであり、命をかけて祖国を防衛する軍隊ではなかったのである。

　このような文脈において、経済危機のため激化した階級対立はイタリア諸共和国を分裂させた。フィレンツェの梳毛工であったチウト・ブランディーニは、1345年、労働者の暴動を企てたとして処刑されている。彼の支持者たちは諸外国に援助を求めないようにとの警告を受けた。この警告は賢明な策と思われ

た。というのも、これに遡ること3年前に、職人らの協力を背景に、外来の専制体制が実質的に打ち立てられたことがあったからである。実際、初期の段階では、トーレ家がミラノの民衆政党すなわちグェルフィを主導する際に果たした役割を見てもわかるように、暫定的な独裁者は、政権の座に就こうとする下位の社会集団を支援した。もっともこの段階では、そうした集団は独裁者に仕えるべく招聘されはしたが、しかし彼らは統治を担いつづけたのである。ブランディーニのような梳毛工も、革命家を気取った。ただ彼にとって致命的であったのは、フィレンツェの領主との連携を絶ったことである。とはいえ、ひとたび、かつてない程度の政治参加を経験した人間にとって、希望を捨てることはたとえ彼が追放されたとしても困難であった。その一つの結果が、フィレンツェのチオンピのような反乱であり、それは中世末期のイタリアの都市生活の一時期を画した。

　いかに混乱の様相を示そうとも、これらは純然たる共和国であった。時を経て、小規模のギルドが最終的に敗退した後にも、1393年の時点で、フィレンツェの二つの立法議会の議員数は700人を数え、いかなる議員も任期終了後、3年間は公職に就くことができなかった。7万人に近づこうとする人口に比して、フィレンツェの行政官や裁判官の人数は約150人であり、彼らは成人男子人口のほぼ4分の1から選出され、任期は2カ月から4カ月であった。近代においても、これほどの民衆参加の水準を満たす共和国はほとんど見当たらない。

　これらの共和国に関する興味深い特徴の一つに、党派制の衰退を経験したことが挙げられる。13世紀の中葉には、すでに二つの党派が激しく敵対していた。このうち、グェルフィは親教皇派で共和主義であり、ギベリーニは親帝国派で君主制を奉じていた。しかしその後の1世紀を見ると、二大党派制に立つ共和国が現れることはなかった。このような変化をもたらした要因を特定することは困難である。おそらくは、教会においてそうであるように、信条の相違が異端と見なされるためであったと考えられる。1290年までに、フィレンツェの公人でギベリーニであった者はなく、公職に就けたのは「ネーリ（黒グェルフィ）」あるいは「ビアンキ（白グェルフィ）」のみであった。しかし、ビアンキ

に身をおいていたダンテ・アリギエーリ（1321年没）は思想的にはギベリーニであった。他の理由としては、「人民」の興隆により、社会が団体的（コーポラティヴ）な性格を帯び、その結果、政治の機能は、どのギルド、団体、社会的地位がどの程度統治にあずかるかを決定することにあったのである。もっとも、党派は表舞台から降りたわけではなかった。党派は、ひきつづき、外交関係の区画において重要な線引きをしたのである。トスカーナ地方におけるフィレンツェのライバルはシエナとピサであった。すなわち、フィレンツェがゲルフィであるのに対し、シエナとピサはギベリーニであった。しかし、イデオロギー的には党派の意義はほとんどなく、バルトルスの的を射た説にあるように、もし暴君がゲルフィなら、善良な人の義務はギベリーニになることだが、逆もまた然りであった[8]。

　半年あるいは一年という限られた任期と、憲法上と人材面における制限を受けて、ポデスタの職務は、君主政の復活を阻止することに主眼が置かれていた。後年、もはやそのような制限の必要がなくなると、代わって委員会や個別の行政官に特権が与えられるようになった。このことにより、彼らは自らの政党の綱領を、手段を選ばずして法定化させることができたのである。緊急委員会や官吏にも、一定の権域を定め、その中で自由に裁量を行使できる特権（potestas absoluta あるいは liberum arbitrium）が与えられた。その権域自体は徐々に拡大され、任期も一個人が共和国を生涯にわたり統治する全幅の権限が与えられるにいたった。1299年には、マントーヴァで終身統領を務める人物が、「助言の有無にかかわらず、自らが最良と判断する統治を行う自由」を授かった。彼はまた、開戦や和平、増税、官吏の任命や罷免そして公的な会議の召集を決定する権限を与えられていたが、彼はそれらのことを「自身の無制限かつ充分な裁量権と意思」により、また「いかなる法律、慣習、命令、布告ならびに法規にも拘束されずに」果たしえたのである[9]。

　そのような例外的な権力を行使する行政官が真正の君主に代わるには時の流れを待たねばならなかった。というのも、特定の家族に権力の継承が許されている場合に、行政官は社会の諸階層から切り離されることが可能であったから

である。当初は、現職の行政官が任期中に自身の指定を選出することにより世襲化を図っていた。しかしながら、相続権が承認された場合においてさえ、支配層である氏族は私法に従って生活しており、このことは一族のうちの誰かが死ぬと、相続人の間の領地分割をめぐる紛争につながることを意味した。早発のミラノが全面相続を達成したのは早くも 1396 年のことであったが、それがイタリア全土に広まったのは 15 世紀に入ってからのことであった。

全ての都市が同様の発展を示したわけではなかった。ミラノが君主政への道を進めば、フィレンツェが遅れをとるといった具合に、進展の早い都市もあれば、その歩みの遅い都市もあった。当初、目立たなかったメディチ家の公権力は、1512 年から 1531 年にかけての期間、カール 5 世により世襲特権を与えられ、後世の共和政に影響を与える金字塔となった。とはいえ、フィレンツェの歴史そのものが物語るように、発展の形態は様々であった。メディチ家が 1434 年に民衆の支持を得て、君主の地位を獲得する以前には、限られた一集団だけが、枢密院という手段による寡頭政体を敷いていた。1487 年以前のシエナにも同様のことが言える。

もっとも見事な典型的寡頭政はヴェネツィアに見られた。時間的な隔たりはあったものの、1296-97 年の間に、政体をめぐる討論に終止符が打たれ、そこで政府参加集団の凍結、市民総会の廃止、そして最高枢密院の設立が定められた。14 世紀初頭に、総督（dodge）の権限が解除され、民衆や貴族の隆盛がくじかれたことにより、寡頭政は確固たるものとなった。ヴェネツィア、そしてそれほどではないもののフィレンツェやジェノヴァにおいて、なぜ安定した寡頭政が成立しえたのかは、他の地域で君主の勢いが強まり、寡頭政確立の試みが失敗に終わったことと照らし合わせると、一つの謎である。理由として考えられるのは、おそらくこれらの都市が非常に強力な国際関係を享受していたということである。ジェノヴァとヴェネツィアは双方とも、寡頭政の統治による海運帝国を経営していた。フィレンツェの商業銀行家は、他の都市より潤沢な資金を持ち、ローマ教皇の財政と密接な関係にあり、フィレンツェの寡頭政を支える存在であった。しかしながら、フィレンツェの資金力は明らかに、他

の二都市の制海権ほどには持続せず、先に触れたように、フィレンツェは、ほどなくして君主国になった。

　この時代に、サクソフェルラートのバルトルスが寡頭政治に関する考察を行っている。彼の考えによれば、中規模の都市共和国は多数者による統治がもっとも望ましいかたちでなされるのであり、しかもそこでは厄介な存在、すなわち極めて富める者と極めて貧しい者は排除されるのである。より規模の大きな共同体は、君主と多数者のどちらの統治も受けるべきではなく、

　　少数者、すなわち富裕層や学識者による統治がよい。ヴェネツィアとフィレンツェは共にそのような統治のかたちをとっており、これらの共和国においては民衆運動の発生する余地はなかった。というのも、これらの共和国は少数者による統治を受けていたというものの、この少数者というのはそれぞれの都市における多数者と比べての少数者であり、他の都市と比べるならば、その数は決して小さなものではなかったからである。統治する人間の数が少なくないことから、むしろ多数者側は、彼らの統治を受けることには抵抗なく、また、都市の中間層自体が都市の法秩序を維持し参加していたため、統治する側の内部分裂も簡単には起こりえないのである[10]。

　人民による統治は、端的に言うならば、粉砕されてしまっていた。寡頭政は残っていたものの、通常は君主権力が勝利をおさめたのである。だが、その権力は制限されたもので、外交、戦争、社会の治安維持をその対象として、私的な商取引や財産法に介入することはほとんどなかった。人口の大多数は、ギルドに編入され、その中で経済的に保護されるかたちで、政治生活からおおむね離れるようになった。富裕層はますます宮廷に集まるようになり、そこで彼らは忠誠の報酬として特権や貴族の称号を与えられたのである。平穏な状態が続くようになり、このような政治のあり方は君主と社会の双方にとって、有利なものとなった。このような状況の中で、政府の諸評議会は「貴族政」的なものへと改変され、人民から切り離されるようになり、そして人民からは疑惑の目

で見られることとなった。こうして、ますます有名無実となる共和政の伝統的制度の残滓は、人民の支持を受けることはなくなった。

　君主政を再発明する必要のなかった地域、言うなればアルプス以北では、イタリアの君主権力にあたるものは王権であった。この王権は、過去に都市によって達成された自由と自治を犠牲にするかたちで発展していったのである。発展の仕組みはどこでも似通ったもので、人民と上流階級の間に社会対立が生じ、それが君主の仲裁によりおさめられるというものであった。その際、君主は、通常、機を見るに敏であった。サンスでは1320年、フランス国王が貧困層の呼びかけに応じ、彼らの擁護に踏み込んだ。また1383年にはアミアンにて、その逆、すなわち国王による貧困層の弾圧が行われた。王権は課税政策でも漁夫の利を得ようとした。貧困層は財産に応じた累進課税を要求したのに対し、富裕層は市場の使用料を支持した。このような対立を調整するべく、国王はまずシステムを「改革」し、それから手際よくこれら二つの税を徴収したのである。

　アルプス以南の都市と同様に、北方の都市は、君主権の行使に抵抗を示し、イタリア的な君主政に類似したものを創設しようとこころみた。ヤーコプ・ファン・アルテフェルデがガンでしいていた独裁政は、彼が1345年に暗殺されるまで8年間続いた。また、チューリヒの社会的混乱は、1336年に市長の終身独裁を認める結果となった。しかしながら、北方の都市はイタリアの都市とは異なり、片時も大君主の権力から逃れることはできなかった。したがって、局地的な君主権力は北方の都市には根づかなかったといえる。ガンのアルテフェルデ家の最後の統領は、1382年にブルゴーニュ公により倒された。北方の都市は、かつて勝ち得た自由を守ろうとして戦闘に明け暮れたが、13・14世紀には勝利が続いたものの、1452年や1492年の敗北からは形勢が悪くなった。しかしガンでは、1540年にカール5世によって廃止されるまで、自治を守ることができたのである。争乱が続いたリエージュは、1603年に再び勢力を取り戻したが、1684年には、ついに当地の統治者であった司教により制圧されてしまった。そのころ、都市の自由や、また共和国でさえも、拡大する領域国

家や諸国民の間隙を縫う形で、特に神聖ローマ帝国のアムステルダムからハンブルクにかけて、そしてそこからライン川沿いに南下し、シュヴァーベン地方やスイスの諸都市にいたる地域で、生き残っており、繁栄を見ていた。その一つの例が、ライン河畔のケルンであり、当地の統治者である司教は1288年に刑事裁判権を除く全ての職権を放棄しており、またケルンでは相対的に民意を反映した憲法が14世紀に作られ、それは1796年まで有効であった。

≪Ⅱ≫ 自 由

　以下の各節は、主としてイタリアのローマ法学者、ならびに教会法学者——これも多くはイタリア人である——の著した政治に関する諸論文をめぐって、展開している。ここでイタリア人が頻繁に登場するのは、イタリアを除く他の地域では、知識人や法学者が、共和主義的な政治思想にほとんど関心を示さなかったという理由による。イタリアの学風に基づいたローマ法研究に鼓舞されるかたちで、法学において、早くも12世紀には諸学派が発達し、ほどなくしてその道の学識をつんだ法律家や裁判官がイングランド、フランス、その他の地域で見られるようになった。しかしながら、彼らのほとんどは、君主制を奉じていた。アルプス以北のヨーロッパ人のうち共和政を支持していたもの——その数は多くはなかったが——は、スコラ学者の指導下にあったことから、おおむねアリストテレス（前322年没）の影響を受けていた。たとえば、オーストリアの修道院長アドモントのエンゲルベルト（1331年没）は、イタリア共和政を賞揚した。また司教座聖堂参事会員のホクゼムのヨハネス（1348年没）は、君主政を非難し、彼の描いたリエージュの人民反乱の歴史の中で、真の民主政を賞賛した。イデオロギーの面でも、イタリアと同様、アルプス以北でも党派が存在した。フランドル地方において、1300年代初頭には、ある党派（Leliaert）はフランスの君主制を支持し、寡頭政を擁護した。また、別の党派（Clauwaert）は民主政とフラマン語地域の自主独立を支持した。もっとも、イタリアと比較して言えば、これらの党派は一過性の存在であった。

第四章　中世都市における自由

　1257年から1300年の間のある時期に、エルベ河畔の都市であるマルデブルクで書かれた法律書に、自由（freedom）とは「物理的強制力あるいは法によって禁じられない限りで、自らがしたいことをできる、人が生まれながらに授かる自由／特権」[11]という定義が見られる。この法律は広範に普及し、ラテン語、チェコ語、そしてポーランド語に訳された。このことから、ミルトン、モンテスキュー、そしてジェファーソンのように、自由はゲルマンの森にその起源を持つと考えてよかろう。人間は皆、自分の欲するところに従い行動したいのだという理由のみを仮定しても、ゲルマン人がタキトゥス（紀元120年没）——彼は自らその代名詞的存在としてチュートン神話を有名にした——以前にすでに、自由について考え、また自由へと駆り立てられていたことはほぼ確実である。しかしながら、このマルデブルクの法律書に収められた記述が、多分にそれ以前の思想の再利用に依っていることから、我々はさらに時代をさかのぼって自由の起源を辿ることができる。したがって、同時代のイタリアの法学者が、2世紀の法学者フロレンティヌスと同一の表現を用い、同じ出典から引用するといったことがあっても、驚くにはあたらない[12]。しかし、またフロレンティヌスも独創的であったとはいえない。というのも、古代ローマの法学者もストア派から思想を借用していたからである。事実キケロ（前43年没）は、かつて、人間の自由を「自分の好きなように生きる力」[13]と定義していたのである。

　マルデブルクの優れた法律家が後代にそれに倣ったのであるが、フロレンティヌスはさらに言を進め、「奴隷制とは、実生活の法（ius gentium あるいは ius civile）の特色の一つであり、この法により一人の人間が自然の理に逆らって他人の所有権に属している」と述べた。古代・中世の法学者が確実に信じていたことは、ローマ法および聖書に述べられている原初の至福を失って以来、奴隷制は人間社会の特徴そのものであったということである[14]。より微妙でかつ漠然としていたのは、ローマ法学者のアクルジウスの語ったことである。彼は、自然法は個人が自らのなしたいことをなしうる「可能性」を認めたが、それは「力によって、すなわち人間の必要性により導入された実生活の法によっ

て禁じられる」ことのない場合に限られるであろうと推察した[15]。つまり、フロレンティヌスにおいては能力であったものが、ここでは単なる可能性にまで弱められたのである。また、人間の要求というものは決して満たされるものではないがゆえに（例えば、仮に貧乏人が持てる以上を常に「必要」としているなら、金持ちは迫りくる死のためにより多くを欲するであろう）、自然法はおそらく単なる理論にすぎず、そして唯一真の法とは実生活に基づくものであるとされる。法学者のプラケンティヌス（1192年没）は、たしかに自然法に忠実な人々から反発を受けたものの、「奴隷制は、自然法においては実に不当であるとはいえ、実生活の法においては正当である」と端的に述べ、したがって実生活上の法は、事実上自由を破壊してしまったと主張した[16]。実際、奴隷の地位にある者に生命と宗教にかかわる保護のみ与えていた奴隷制は、中世を通じ、都市においても地方部においても合法であるとされていたのである。

　しかしながら、プラケンティヌスの辛らつな意見は少数派に属していた。大アゾ（1230年没）は「世俗法によって曖昧にされうるとはいえ、自然法から派生した自由というものを葬り去ることはできない」と述べたが、すぐ後で次のようにつけ加えることを忘れなかった。「自然法というものは、完全に廃棄することができないゆえ、普遍であるといわれる。しかしながら、修正を施すことは可能である」[17]。これに加え、古代においてと同様に、解放という手段によって、人間に生まれながらの自由／特権を「改めて与えた」ことは賞賛に値するということも確かである。しかしこの見解は人々を欺くこととなった。おそらく、だまされやすい人々が、自然というものは情け深いと信じた、あるいはそう願わざるをえなかったということがその理由であろう。高名なフィレンツェの1289年の法律は、その中で他人の「自由／特権あるいは人格」を支配するような権力を手に入れることを禁じたことで、このことを明らかにしている。この法律の本当の動機が何であったか、またその動機が利己的な目的からきたということはさておき、この法律の前文は、以下のような表現により自由／特権を定義している。「自然法により、様々なかたちで装飾をほどこされているが、自由／特権とは——それによって各人の意志はその人自身の判断に依

拠し、他の誰の判断にもよらない——都市や人民を抑圧から守り、彼らの法律を保護し改善するものである」[18]。自由は人間社会に利益をもたらすものであると行政官は無邪気にも考えたのである。

　ボローニャ人のオドフレード（1228-33年ごろ活躍）は、フロレンティヌスによる自由の定義を検討するにあたり、彼以前の時代の法学者であるイルネリウス（1118年以前に没）を引用した。ボローニャにおける学問の父祖であったこのオドフレードは、イルネリウスの原文での趣旨をこえて、「全ての人間は、自然の法に従って自由意志というものを持って」おり、また、そのような意志を授かっているがゆえに「自らの望むように行動することは正当である」と主張した[19]。自由意志と、自分の望むことをすることとの関係が認識可能であると証明することは困難であるが、この仮定は、自由についての全く別の定義を生んだ。ダンテは、その著作『君主政論』の中で、自分がしたいことをするという欲求は、単なる欲望にいきつく危険があると述べた。詩人にして政治活動家であったダンテは、神学の文献から借用して次のように述べた。「仮に人間が、ある先行する欲望によって、自らの判断をいかなるかたちであれ動かされうるとすれば、彼は自由ではありえない。なぜなら、彼は捕虜のように、他の欲望に突き動かされており、自分自身で行動しているとはいえないからである」[20]。

　ダンテは、自由というものは、欲望をふりはらうことができた場合、有益なものであると考えた。彼によれば、自由は、世界君主なるものによって最善に保証されるものであった。なぜなら、世界君主とは、全てを手中にし、何ら不自由はなく、「人類を愛し、（したがって）全ての人間が善良であることを願っている」からである。そして他のいかなる統治の下でも、「このようなことは、起こりえない」とされる[21]。かくしてダンテは、フィレンツェ人が、「恐るべき貪婪」に駆り立てられて皇帝相手に反逆したことを次のように非難した。「自由といういつわりの蔽いに護られる」と信じて、（彼らは）「奴隷の監獄に堕ちてしまった」。「奴隷に堕してしまったイタリア」を復興させるために、この詩人は、人間が自分のしたいことをする能力にかえて、人類全体のために支

配する普遍的君主の意志を穏やかに受け入れることを願った[22]。

　内に秘めたギベリーニの情熱に駆り立てられ、ダンテは、フィレンツェで達成されていた民主政のあり様を本気で攻撃した。とはいえ、民主政の避けがたい物質主義的貪欲を最初にさげすんだのはダンテが最初ではなかった。ケルンのローズのアレクサンドロスは、神聖ローマ帝国の没落を嘆き、1280年代に次のように述べた。「キリスト教共同体 (republic of the Christian faith)」は三つのことを表明した。すなわち、統治、宗教、そして学問である。統治については、これはドイツの領分であった。宗教に関してはイタリア、そして、学問はフランスであった。おのおのの国民は独自の習俗を持っていた。ドイツ人は「支配することを好み」、フランス人は「知ることを好み」、そしてイタリア人は「得ることを好む」という特徴を持っていた。イタリアでは、人民が支配し、ドイツでは軍人が、そしてフランスでは聖職者が支配する。そして彼らの悪徳はそれぞれの長に見合ったものとなる。ドイツ人は「強欲と不和」に、フランス人は「愛欲と自尊心」に、そしてイタリア人は「食い意地と嫉妬」に支配されていた[23]。

　人に本質的自由を認めないとする理論を除いたとしても、自由は実際上、妨害を受けていた。その一例がすでに述べた奴隷制である。地方の農奴と、都市の臨時の農奴は例外として、中世を通じて、個人所有の農奴というものはほとんど見られなかった。しかしながら、1300年以降になってイタリアの船員が地中海東部より、高価な使用人——女性が高い比率で含まれていた——を輸入した。15世紀にな入り、奴隷制は、黒人および男性の比率が増大し、鉱山や農業の分野において、エーゲ海の島嶼群からシチリアへ、そしてついにはアンダルシアや、イベリア半島のアルグラーブにまで広がっていった。この新たな動きは、フランスの歴史家フィリップ・ド・コミネ（1511年没）によって記されている。その論評において、彼はアフリカ人自身によるポルトガル人への奴隷売却は、人間による人間の御用の例証であるとして不快感をあらわにしている[24]。

　これまで学者のなかには、中世の共同体はいくつかの特権を享受するだけで、

完全に自由ではなかったという事実をふまえ、共同体に居住する人間は自由というものを理解していなかったのではないかと憶測するものがいた。おそらくはそうであろう。しかしこの場合「理解する」ことと、自らがしたいことをしようと思うこととは異なると考えたほうがよい。もちろん中世の都市住民もまぎれもなく自らがしたいことを知っていた。本章では、すでにトゥールーズやその他の共同体にふれ、それらの共同体が、つかの間の独立と自治の期間を経たのち、フランスのカペー朝の支配下に入り、自由を失ったことを述べた。このような都市は、様々な権利を特権的に認められたままであったが、しかしそれにもかかわらず、もはや臣下の立場にあったということができよう。しかし、これらの都市に関しては二点指摘することができ、このことは、わずかばかりの自由しか手にした事のない共同体にも十分あてはまるものであった。第一に、また、最も基本的なことであるが、人民は常に自由を求めていたということである。1040年に、ミラノで市民が蜂起し、年代記によれば、「自由／特権を手に入れるべく」戦った[25]。後の時代、ルネサンス期の君主政下において、ミラノ人は、彼らの享受する自由について疑いもなく誇りを抱いていた。また、彼らが、自治を行っているという意味において自由であるとはいえないことをもってしても、ミラノ人の心から自由の概念を奪い去ったことにはならなかった。第二に、自由あるいは部分的な特権というものは、真の自由であったということである。税の削減あるいは課税の予告にこぎつけたこと、兵役義務を軽減したこと、財産と行動の権利を保護したこと、そして民事・刑事事件に関して裁判権を獲得したことは当時、意義深いものがあったし、今日でもその意義は変わらない。さらに、ある小さな特権がやがて大きな自由に実るということもあった。1282年、サクソン・アルトマルクのタンゲルミュンデ、オスターブルク、シュタンダルといった連盟した都市において、領主が都市の種々の権利を廃した場合、領主に対する忠誠から身を引く権利を領主自身から勝ち取った。人がしばしば、パイの一切れに甘んじるという事実は、彼がパイ全体を思い描くことができないということは意味しないのである。

　税に目を転じると、十分の一税について、またそれに従い教会のことが明記

されるべきである。教会の存在は、中世の人の上に重くのしかかっていたが、にもかかわらずそれはキリスト教共同体（republica Christiana）、すなわちその当時のラテン西欧文化を特徴づけるものであった。ユダヤ人や、一時期のイスラム教徒はよく知られた例外であったが、彼ら以外の人々は、宗教改革、すなわちヨーロッパが16世紀に宗教的に分断されるまでは、その共同体の成員であった。この共同体の臣民は常に幸福であったというわけではない。意見の対立が中世の生活の特色をなしており、そして、幾度かそれが頂点に達することもあった。十分の一税がしばしば抗議の対象となったが、それは、特に、この税が農地の穀物のみならず都市の製品にまで適用されたときであった。もっとも、この重税は、程度の問題であった。なぜなら、土地所有身分の人間から都市の金貸しにいたるまで、世俗人は、時に十分の一税を「奪取」したり、あるいは利潤目的でその取立て役を買って出たりしていたからである。

　十分の一税のほかにも教会は、高利貸しを禁止することで、利益を追求しようとする都市居住者と衝突した。教会人は、市場に関し二つの考えを持っていた。一方で、彼らは商業を、リスクを負った社会的活動であり、報償に値するとの理由で許容した。他方で、彼らは経済における兄弟愛を奨励し、地主や商人が「汝の敵を愛し、善きを行い貸し与え、そこより（いかなる利益をも）望んではならない」[26]という聖書の言葉に従うよう勧告した。後代の教養ある世俗の専門家、すなわち公証人、法学者、そして医者などをのぞいて、聖職者が社会的に警戒しなくてはならなかったのは、兵士と商人であった。教会の書記は、彼ら自身、少なくとも直接には血を流したり金を貸したりはしなかったことから、自分たちの道徳的優越性を主張した。グレゴリウス7世は、このことに関し1078年に以下のように述べている。「兵士や商人、あるいは罪を犯さずにはまっとうされえない職についているものが懺悔に来たならば、彼らに知らしめよ。彼らが商いを離れ、罪ある職を手放さないかぎり、永遠の命を得ることはないということを」[27]。

　伝統的に見られたこのような道徳的な厳格さが、支持を得るようになったのは、グレゴリウス「改革」に聖職者が刺激を受けたのちのことであった。グレ

ゴリウス改革以前には、聖職者自身が商いに従事していたのである。例えば、修道院は12世紀中葉まで抵当による金銭貸与を行っており、また、修道院の土地に入る権利を売り、いかさまの財産貸借証書を多く偽造していたりしたのである。全てではないが、グレゴリウス期の道徳強化にかかわる様々な議論は、このような「経済偏重主義」の行き過ぎを抑える働きをし、それは他の視点を復活させた。聖書は、使徒共同体の共産制を賞賛していた。すなわち各人の財産に応じた体制から各人の必要に応じた体制へという共産制である[28]。したがって修道院や、いくつかの世俗集団までもが、全てが共有され、全ての成員が汗して働くというキリスト教的兄弟愛へと人々を改心させようとこころみた。1213年には、枢機卿であるクールソンのロベールが、全ての人々が「使徒の命ずるように、精神的にも肉体的にも働き、自らの労働を通じて得られたパンのみを食べる」よう指導する目的のため司教および君主が宗教会議を招集するよう強くうながした。続けて彼は「そうすれば、高利貸しや盗人は一掃され、慈愛がみちあふれ、全ての人々はもとの無垢な状態にもどされるであろう」と述べた[29]。

しかし個人財産は、永きにわたってキリスト教理によって正当化され、またローマ法の保護を受けてきており、廃止されうるものではなかった。それゆえ、高利貸しを攻撃することで市場を浄化しようとする試みは徹底されず、ましてや革命的なものではなかった。聖書にもとづく議論や異教の教え、とくにアリストテレスの名高い「不毛な金」理論が、この立場を擁護するべく総動員された。聖職者がなぜこの立場を好んだのかは一考に値する。なぜなら、投資をするものに利潤を無視しろと求めることは不可能を要求することだからである。とはいえ、これは、道学者がしばしばこの世に生きるものから厳しく取り立てる類の「高利」であったにもかかわらず、この時代の社会の進展にたまたま適応していたのである。

ローマ時代の末期から、君主らは高利貸しを制限していたが、道徳的に厳格な人間が非難していたように、彼ら君主は手数料のために高利貸しによろこんで便宜をはかった。聖職者は、国家が彼らの目上の存在である以上、不平不満

をもらす以上のことはできなかった。しかし、グレゴリウス的転回は事態を二つの方向に変化させた。一つは、教皇によって開始された十字軍派遣をきっかけに——内には平和、外では戦争！——兵士の負債の取立てに関する規則が必要となり、12世紀初頭にはそれを強制執行するための法律が登場したことである。もう一つは、脱中央集権化がすすむ中で国家の統制がゆるみ、ある種の「経済的個人主義」なるものが都市においても地方においても浮上してきたことである。そこでは抵当や利息付の融資のかたちをとった高利貸しが横行していた。このような「資本家」的エートスが強まる中で、それに対抗するエートスも現れた。都市では、上述したように、ギルドの成長をめぐる初期の騒々しい奮闘のさなかにあった貿易商人や手工業者が、一時、経済的兄弟愛に惹きつけられた。同様の理想につき動かされた教会人が国家管理にとって代わり、市場を統制した。しかし、高利貸し取締法を練り上げるのに時間がかかっただけでなく、その施行はつねに強硬派の要求にはるかにおよばない軟弱なものであった。

　おそらくこれは、ほとんど誰も推奨しなかった財産の大規模な再分配がなされない以上、経済的兄弟愛は実現不可能であり、そのため譲歩が必要となったためと考えられる。興味深いことに高利貸し取締法は、商売をそれほど損なうものではなかった。ローマ法に由来する、中世の人々が「利子」と呼んだ科料は、高利貸しへの非難をうまくかわし、代わりに貸し主の意図を際立たせた。不可能を要求する法は緩和されるべきであるという原則があらたに主流になり、そして時にはリスクを負うならば利潤を得ることが認められることもあった。高利が明確に擁護されないかぎり（1312年に異端とされる）、教会人のなかには世俗世界に譲歩して厳格さを軽減するものが現れ、商業を擁護する者まで出た。アエギディウス・ロマーヌスは、商人たちは市場活動の内情に精通した者から情報を得ることで利潤をあげてもかまわないと考えた。ピーター・ジョン・オリヴィ（1298年没）は、「資本は、ある種の利益を生み出す生産的な特質を持っている」と述べ、このフランシスコ会派の急進的人物は、したがってリスクが共有されている場合には、投資あるいは融資が利息を生むことを認めたので

ある[30]）。

　それに対し、強硬派は、ただただ現実を前に悔しがるのみであった。グレゴリウス９世は1236年の書簡において、商人に金を貸す者に対して、たとえ彼らがリスクを共有していたとしても利潤を得ることを禁じた[31]）。さらに、高利貸しの告発は実際には商人世界の合意にかかっていたが、商人が受ける「悔悛せよ」との心理的圧迫は、いつでもどこでもみられた。仮に、慈善が、何度罪を犯しても悔悟することのないいつわりの贈与として強硬派から非難を受けたとしても、それにもかかわらず教皇からはしばしば祝福された。より厳しい要求は、商人に対して課せられた、臨終の床での遺言（遺産贈与）で怒りの神をなだめるという義務であった。悔悛は、理想的には高利貸しによって搾り取られてきた人々に対して直接に「返還」されるべきものであるが、それが不可能な場合、教会にいくらかの金額を納めることでもよしとされた。ジョワンヴィルのジャンは、1309年に聖者の列に加えられたフランス王の列伝を著わす中で、そのような「不明瞭な償還」を、教会人を堕落させる悪魔の仕業として辛辣に批判した[32]）。

　これらの収入源に加え、強制的悔悛が挙げられる。十字軍のための資金調達から発したもので、罪に対するこの世での罰を免除する免罪符を販売し（一部財産に応じて格付けされた）、そこから多額の歳入を得たのである。この制度のかなめとなるのは、司祭に対する罪の告白と、司祭による悔悛の勧告であり、この行いは1215年に義務化された。1229年までに、さらに、全ての人に対し、臨終の際の慈善の寄付が要求されるようになった。聖職者がひとたび商売にふけり、不労所得者となると、拡大する悔悛制度は彼らにとって利得の温床となった。不労所得者が新興の経済に追いつくことは困難であったが、悔悛が広まり経済と肩を並べ、あるいは経済を超える規模に拡大することで、みごとに教会権力の絶頂が築かれることとなった。

　上記に十分の一税を加えると、「霊的」課税によって、ヨーロッパ全域の教会や修道院がいかに資金調達していたかが説明できる。実際、ほとんど有用性がない巨大で壮麗な建築物が建てられたが、その規模は近代の経済学者を圧倒

するほど大きかった。もっとも、収入の一部は、例えば架橋や学校教育などの実用的な用途にもあてられた。大方の学校教育の目的は、聖職者の確保と養成にあったが、法学と医学の成長により、世俗人の教育が必要であることが示されたのである。このことが都市住民にとって何を意味したかは、南フランスの大学に支えられた地域（モンペリエとトゥールーズ）の主要都市カルカソンヌを例に取ればわかるであろう。1304年の時点で、人口はおよそ9,500人で、そこには43人の貴族、12人のロンバルディア人そして30人のユダヤ人が含まれていた。法と統治は63人の書記（solicitors）、15人の弁護人（barrister）そして40人の兵士と警察が担当していた。宗教、医療、教育そして慈善活動は、9人の大学教育を受けた医者、同数の教区司祭および教会法の下におかれたその他の250人の人間によって行われていた——彼らの中には司教、司教座聖堂参事会員、修道士や托鉢道士、施療院の医療活動者や修道会献身者および学校教師が含まれる。カルカソンヌの人口のうち、書記、弁護人、医者、教区司祭そして上級の聖職者や修道士はラテン語と母語の双方の心得があった。キリスト教徒の商人や熟練工、ユダヤ人、さらにほとんどの貴族は母語の読み書きができ、商人や少数の貴族はおそらくある程度のラテン語ができたと考えられる。

　教会書記の教育は、ときには喜ばしい結果を生むこともあったが、その主眼は商人と投資家に重きがおかれていた。成功した商人らは例外なく、さほど恵まれない商売上の仲間と比べ、自分が相応な利益を得ていると確信していた。しかし、彼らは金を儲けたことを祝福されるかわりに、（兵士が体を張ることを命じられるように）償還することを命じられたのである。ダンテの『神曲』について述べているイモーラのベンヴェヌート（1387年あるいは1388年没）は、彼らの困惑をいくぶんか巧みに表現している。「高利で貸す者は地獄に落ちる、そうしない者は貧困にあえぐ」[33]。

≪III≫　平　等

　マルデブルクの法律には平等に関する言及はみられないが、この法律の制定

者が自然法理論に通じていたことは疑いようがない。基本となる教えは、ローマ法のウルピアヌス（228年没）のものであった。「市民法において奴隷法はいかなる尊厳も持たない。しかし、自然法においてはそうではない。というのも、自然法に関するかぎり、あらゆる人間は平等だからである」[34]。教会人は古代からこの考えに対して注釈をつけており、ウルピアヌスの見解は骨抜きにされ、あるいは、グレゴリウス１世（604年没）などの思想家によって実際的なものにつくりかえられた。このローマ教皇は、個人というものは能力あるいは社会的役割において様々に異なっているがゆえ、神の摂理は「明確な階層を定めており、その結果、劣っている者が優れている者を敬い、優れている者は代わりに劣っている者を慈しむ中で、結合された調和が多様性の中から生まれる」[35] という考えを提示した。この考え方は、後世、支持されるようになった。ルッカのプトレマイオスは、アリストテレスの、誰かが常に上にたたなければならないという意見をふまえ、「人の人による統治は自然である。このことは天使にも、人間の堕落以前にもあてはまるし、現在でもそうである」[36]との考えに同意を示した。自由と同様に、平等は再定義を呼び起こし、その栄光の一部を奪われてしまったのである。

　都市の内部において、非市民は市民と同等の存在ではなかった。マルシリウスは市民を政治的有資格者と定義したうえで、女性、子供、外国人そして奴隷を市民の地位から排除した。興味深いことに、この偉大なパドゥア人はユダヤ人に言及することはなかった。市民法や教会法の通常の注釈では、ユダヤ人はローマ人であると定めており、サクソフェラートのバルトルスは、「ユダヤ人はローマ市民が持つ全てを持っている」[37] と語ることにより法学上の学説を総括した。しかしながらこの考え方は見せかけのものだといえる。なぜなら、男性のユダヤ人でさえ、保護されているという受動的な意味においてのみ市民であったからである。平穏な時期においては、彼らは周囲のキリスト教徒より富裕な層に属していた。そして彼らの共同体はおおむね自治をしいており、犯罪にかかわらない仲間内のもめごとは自分たちで解決していた。それぞれの土地でローマ法の実施形態は様々であるが、「裁判において被告に対し原告が申

立する」38)というローマ法の原則は、通常、ユダヤ人とキリスト教徒の間の訴訟に適応されるものであった。

　それにもかかわらず、ユダヤ人市民はキリスト教徒と同等なあつかいを受けてはいなかった。彼らは教養ある専門職からは排除されており（もっともユダヤ人医師はキリスト教徒に雇われることはあったのだが）、行政官として、キリスト教徒の上に立つことはなかった。彼らが実際に享受しえた自由とは、ユダヤ教の信仰と戒律に従って生きることが許されたということであり、これはヨーロッパにおいて、強制的な統合を通じた社会的調和というギリシア－ローマおよびキリスト教の考え方に関する重要な例外であった。しかしながら、ユダヤ人は常に大目に見られていたわけではなかった。グレゴリウス革命の期間、キリスト教徒の市民的結合意識が世俗的なもろもろの考え方を圧倒したとき、西ヨーロッパ世界の統合は、ユダヤ人に改宗かあるいはライン渓谷での死かという選択をせまったのである。ユダヤ人の証言によれば、それに巻き込まれた数は大きくはなかったものの、彼らの共同体はことごとく根絶されたとされている。そのような恐怖の時代を経て、平穏な時期が14世紀初頭まで続いたが、人々のあいだにふたたびキリスト教的協同の機運が高まり、虐殺が繰り返されることとなった。このような受難の時期にあって、ユダヤ人の多くはイングランド、フランス北部、ドイツ西部そして北イタリアの諸地域から放逐され、彼らはゲルマン世界とスラブ世界の境界地域およびイベリア半島においてのみ、数多く、また富裕な住民として生き残ったのであった。東西両端にはさまれたこれらの例外的地域では、貧困へと追いやられたユダヤ人は、周辺的で人の嫌がるような経済活動に従事させられることとなった。法律や学問において屈辱的なあつかいを受けたこの少数派集団は、煽動者ならびに貧しいキリスト教徒（彼らは裕福なキリスト教徒をあえて攻撃することはなかった）によって、悪魔的に搾取をし、きたならしく、そして人を食うとさえ見なされるようになった。つまるところ、周囲のキリスト教徒と同等のあつかいを受けなかったユダヤ人は（この点においてはイスラーム教徒も）真の市民とはいえなかったのである。

　キリスト教徒に目を向ければ、全ての市民は、少なくとも国によって等しく

保護されるという意味において平等であるとされていた。1251年のヴィッテルボの法令集の一節では、行政長官（podesta）の役割は「人民全体を、そして一人一人を人格および財産の上で守る」ことであると明示されている[39]。「人格（person）」は、生命と地位の両方を意味するゆえ、市民の「生命、自由そして財産」はここにおいて保証されていた。そして、財産はまた、その機能によって正当化されたのである。ロザーテのアルベリック裁判官（1360年没）は「法令とは公共の善のために、すなわち富により維持され、欠乏により衰える家族というものの威厳と記憶のために作られるのである」と述べた[40]。

　この目的を達成するために子供は成年になるまでその依存期間——女子の場合12歳から、そして男子の場合14歳から、それぞれ25歳まで——大人に依存していた。子供である彼らは、自分自身の事柄さえも、たとえば債務契約からも保護されていた。一方、子供には権利も与えられていなかった。窮乏した親は幼児を売りに出すことを許されていたし、富裕な親でも余分な子供を修道院に追い出すことがしばしばあった。もっとも、両親には義務があった。たとえば、結婚持参金が習慣となっているところでは、若い女性は婚姻にさいして持参金を、また修道院に入る際にも持参金もしくはより小額の寄付金を、親から受け取ることができた。ローマ法学者ガンディーノのアルベルト（1310年没）は、両親が子供を教育する義務のある期間を18歳にまで下げるというフィレンツェの法令を再検討した。多くの者はこの法律を賞賛した。「しかし、私が思うに」と、ローマ法の25歳までという原則を支持していたアルベルトは以下のように述べた。「子供の教育というものは自然法の不変の部分である」[41]。

　女性はより多くの権利を持っていた。市民権は彼女らの人格に付与されるものであった。君主は通常、共同体の「男性と女性」に自由を認めたのであり、女性は自分の夫がいなくても市民たりえたのである。女性の役目は受動的なものであったから、兵役を免れるという重要な利点があった。しかし、同時に女性は法的無能の地位に置かれた。女性は、結婚持参金と引き換えにしばしば家財の相当な配分を受けており、また一般に、手工業、貿易、農業、商売にも従事していたが、平均すると男性よりも貧しかった。男性ほどには教育を受けて

いなかったので、富裕な女性でさえも男性にくらべて教養がなかった。女性は、少数の、学者、初等学校の教師、修道女（修道士に比べてはるかに少なかった）などの例外をのぞき、なべて自由7科の専門職や法学者あるいは聖職者からは排除されていた。政治の領域においては、家系の関係で、兄弟のいない王女や君主の未亡人が時折王位を占めることがあったが、公選の高位の行政官には女性はいなかった。しかしながら、女性が政治から排除されていることには例外があった。すでに何度か引用されたプロヴァンの住民投票では、投票者の14％は人口のあらゆる構成要素であるものたち——農民、熟練工、交易業者そして都市民など——の妻、未亡人、未婚の女性で占められていた。以上を要約すると、ブラクトンの名を記した名高いイングランドの法律書（1220年から1234年のあいだに作成された）は、「女性は男性とは異なる。なぜなら彼女らの条件は男性の条件に劣るからである」という偉大なるローマ法学者大アゾの意見をそっくり取り入れたのである[42]。

都市外の田園居住者もまた平等な存在とは見なされなかった。古代においては、都市アテネおよびアッティカ地方に住むものは全てアテネ人であった。そして同様のことは中世においてもときおり見られた。1256年および1257年に、ボローニャの行政官は市民の『楽園の書』の中に、六千の田園居住者の名を記載し、またイタリアおよびその他の地域の共同体は外国人や独立自営農民を兵士や同盟者として登録し、彼らに市民権を付与した。多くの場合、近隣の村や小さな町は、政治的共同体の一部に組み込まれていた。プロヴァンにおいて、それは村民のおよそ三分の一を占めていた。しかしながら、一般的に言ってイタリア都市共和国でもアルプス以北の自由都市でも、田園居住者は都市の支配を受けていたものの、市民とは見なされなかったのである。

都市の人間は、しばしば自分たちが周辺の農民を自由にしたと考えていた。しかし、それが実際に意味していたことは、都市の人間が周辺の農民を自分たちの利害に従わせるというものであった。たとえばイタリアでは、グェルフィ派の都市は近隣の小さな町や村にグェルフィを支持することを強要し、また都市の長老はアルプス以南以北を問わず、いずこにおいても地方の小領主や農村

共同体を支配下に置いたのである。説教者であるヴィトリのヤコブス（1240年没）は、およそ適切にも、都市の人間は近隣のものをしいたげていると訴え、「もし盗人や高利貸しでさえ（彼らの不正な利益を）返還するということが考えられるのであれば、近隣の領主を弱体化させ抑圧し、彼らの裁治権を奪うこれらの乱暴で有害な共同体が周辺農民の自由を復活させるということも十分可能ではないか」と勧告した[43]。城壁の外側に広がる平野を展望するサン・ジミニャーノの壮麗な尖塔には、競合する名門貴族の一門――彼らの中には周辺の村落から利益を得ている金貸しや法律家がいた――が居住していた。それにもかかわらず、問題は困難なものであった。都市の助けをかりて農民は領主からの自由を手にしたが、彼らの自由／特権は必然的に彼らの住まう小さな領主国を破壊し、その結果、都市に搾取を許すことになった。

　実際、農村は都市の法律と矛盾するような法案を通過させることができたであろうか。ガンディーノのアルベルトはこの問いをブレシア地方のある農村について投げかけ、「いかなる人間も、あるいはいかなる団体 (universitas) も自らのための法を作ることができる」というローマ法の文言を挙げた[44]。しかし、ふたを開ければ、「通常そうはいかない」というのが実情であった。著名な法学者バルドゥス・デ・ウバルディス（1400年没）が以下のような区別を設けたとき、それは現実を反映していた。すなわち、真の自由を手にしている都市の人間と、砦の有無にかかわらず、都市や領主の完全なる支配下にある農村の裁判権をまったく持たない人々、「アンコーナのマルケにおける多く（の村）の場合のように、あるいは民事や軽犯罪に限って裁治権を与えられた共同体のように司法権を持たない人々」[45]のあいだの区別である。

　しかしながら、小さな町や村は都市と同様の発展をみせることとなった。ときには一定の裁判権あるいは行政権が村民に委ねられることもあり、彼らは都市でみられるのと同様の肩書きを持つ役人を選んで、彼らにその権力を委嘱したのであった。田園居住者は複数の法例集を公布したが、それらは多くの場合、近隣の町の慣習を踏襲していた。共同体は自由を手にするため、あるいは自由をまもるために互いに団結した。よく知られた例がスイスの渓谷共同体（カン

トン）が1291年に起こした行動である。今日まで久しく続く連邦制がここから生まれたのである。小さな町も時として大都市に匹敵する動きをみせることがあった。トゥールーズで自治政府が興ってから40年のちに、その近隣のリスル・ジュルダンは当地の行政官をみずから選出する権利を手に入れた。1230年には、目障りな慣習法——成文化されている、いないにかかわらず——を撲滅させ、随意に新たな法律を公布する権限がこれらの役人に与えられた。トゥールーズの公式文書には、これほどあけすけに物語るものは見当たらない。その後は、この動きも下火となり、リスルにおいて1275年までに、自由のためという大義は妥協を余儀なくさせられていたのである。新しい法律について語られることはもはやなくなり、選挙に関する自由は消え失せた。領主と退任する行政官らは騎士や中産市民そして郊外に居住する人間から40名の名士を選び、そこから抽選で7人の行政官が選出された。さらに、40名の選挙の母体要員がマイオレス（maiores）と呼ばれる人口の上層階級、そしてメディオクレス（mediocres）と呼ばれる人口の下層階級の双方から選ばれた。多数派である人民は、独立運動を率先していた少数派である富裕層を抑える権限を与えられたわけである。この方法は君主がよく採用したものであったが、これにより都市の自由は減ぜられた。しかしながら、全体的にはリスルは自由をめぐる争いからの退却においてさえトゥールーズの上を行っていた。すなわち、仮に人々が政治的自由を求めるならば、リスルの単独のラッパ吹きは、トゥールーズにおける耳障りな歌声よりも澄んだ明瞭な響きを持っていたのである。規模が全てではないのである。

　とはいえ、概して農村や小さな町は、都市ほどには領主から自由と自治を勝ち取ることはできなかった。当時の人間がその理由を問うたところ、ルッカのプトレマイオスは次のように答えた。農村は、善き生活そして完結した生活を送るための十分で専門的な業務を欠いているゆえ自治を行うには小さすぎる、と [46]。実際、村や小さな町は決して医者や法律家を擁することはなく、地方貴族は様々な競技や集会を近隣の都市の広場で催していた。農村や小さな町は、多くの場合城壁を持ってはいたが、その防衛は十分ではなかった。ロザーテの

アルベリックは次のように記している。「防備を固めているにせよ、固めていないにせよ、農村や集落には都市に与えられているような威厳は備わっていない。なぜなら城壁がないからである」[47]。これらの不十分さその他の理由から、農民は実際上の指導を求めて、領主一族、教会組織、あるいは近隣の都市に依存することを余儀なくされた。自治の要素があちらこちらに散見されたものの、しかしながら、農村の統治の基本的な政治形態は、結果的には小型の領主による君主制であり、その住民により達成された自由とは、通常、政治的な文脈というよりは社会的な文脈──結婚・相続・移住の自由、また兵役や税の軽減など──に表わされていたのである。

古代よりこれらの都市と農村の相違は、田園居住者に対する見下した態度を生み出していた。4世紀にヴェゲティウスは次のような詩を詠っている。「最初、都市の創造は、人間の粗暴で洗練されない生活を、愚かな動物や獣の交わりから区別することからまず始まった」[48]。興味ぶかいことにこの考えは様々なかたちで表現された。古代人の中には、人間はもともと森に住んでおり、それから家を建て、最後に都市を建設したと記した者もあった。アエギディウス・ロマーヌス──彼は王と教皇の双方に仕えた──は、聡明な者は愚かな者、特に「森に住む野蛮人」を支配するものであり、さらに続けて曰く、都市の人間は「より思慮深く聡明であり、彼らは田舎ものが服従を拒んだ場合に正義の戦いを挑むのである」と述べた[49]。一方で他の思想家は、人類が農民の勤労により生きていることを論じ、田舎の生活特有の徳を見いだしたのである。さらに、地方居住者は、殺伐とした都市における争いに役立っていた。イタリアにおける原初の暴君は、不満を持つ田園居住者と共に都市の集会を壊滅させ、ブルゴーニュの君主たちは、フランドル議会が抱える三つの大都市の均衡を保つべく、地方のブルージュのフランを支持した。

たとえ、都市に従属する田園居住者が都市民と対等の存在ではないとしても、都市の市民は平等であり、法的保護を求める平等な権利を持っていたのである。この点における法は不可侵なものであった。シーニャのボンコンパーニョ（1250年以前に没）は、世俗の裁判官を「何かしら神聖なものを与えてくれる

祭司」と呼んだ[50]。個々の人間の権利を損なわずに保つゆえ、公証人と法律家を高く評価した著名な著作家はここで、正義とは不可侵であって「各人に彼の権利を帰する」ものとするローマ法に典拠した[51]。

しかしながら、ときには、公権力が個人の権利を侵害することもあった。たとえば、公職者は「いかなる者もみずからが当事者となっている件で判決を下してはならない」とするローマ法の原則を破ることができた[52]。ピストイアのキヌスは、皇帝から下級貴族まで、およそ地上における優越者を認めない者は市民の権利を無効にしかねないと正しく考察している[53]。さらには、キヌスより後代にバルトゥスは考察をさらに押しすすめ、ペルージャ共和国では、そこで選出された長官は君主同様に「完全で自由で包括的な意志」を享受しているゆえ、共和国自体がそのように振る舞うことができたと述べた[54]。反逆、暴力的な犯罪あるいは異端についても、ローマ法、教会法は共に、市民が弁護人を立てる権利を剝奪することができた。もっとも幾人かの世俗法学者は、この点に関し、同意しかねていた。ロザーテのアルベリックは法的な代理を支持する意見を総括し、「弁護の業務は公的な機能であり、公共的に有用である」とし、反逆やその他の重罪に関しても「抗弁は破門された者あるいは（世俗の）追放者に対しても否定されるべきではない」と述べた[55]。

より重要なのは社会的・経済的障害であった。史料によれば、1100年ごろ、専門的訓練を受けた弁護人が法廷に見られるようになるとすぐさま、貧しい者は弁護人を雇う余裕がないゆえ損害を被るという問題が発生した。世俗法学者はローマ法に依拠し、次のような原則を支持した。すなわち、仮にある訴訟当事者が恐怖あるいは貧困から弁護人の助けを受けることがなかったとしたら、裁判官はそのことを酌量すべきである[56]。おそらくこれはよい原則であるが、しかしながら富裕層にはこの原則を尊重する理由は見当たらなかった。アゾは、「一方の当事者が複数の優秀な弁護人を立てており、もう他方には弁護人がほとんどおらずまた未熟である」場合、裁判官が実際に弁護の公平を保とうとしているのを見たことがないと述べている。さらに続けて彼は、古代には「弁護人は公的な報酬を得ていた」と述べることで、誰もが救済策であると考えてい

たものを明確化した[57]。早急に平等観念を取り込んだ君主はしばしばこの欠陥を利用し、不満を持つ貧困層に都市における貴族の統治に敵対するようそそのかした。

　社会的現実もまた平等を損なう働きをした。貧困者は定職につくことができず、安定した住居を持たなかったので、彼らのなかには「乱れた」生活を送る者もいた。それゆえ、世俗法学者はローマ法に従い、貧困者は財産をほとんど持たないゆえ、彼らを罰する最良の方法は肉体的なものであると提唱した。また、アゾは「より高い尊厳を持つ者には、金銭的にはより厳しく、肉体的にはより穏やかな罰を科すべきである」が、ただし重罪の場合はその限りではないと述べた[58]。このように、平等と目されている市民の各階層は、実社会においては法律上、警察あるいは裁判官によって実に多様な扱いを受けていたのであった。幸運なことに、イタリアでは13世紀の法学が流罪を発達させたことにより肉体的刑罰が軽減されることとなったが、ロザーテのアルベリックはこの流罪を「公的善からの疎外であり、したがってある種の世俗的破門」と定義した[59]。

　本章の歴史的文脈の紹介において、政治思想家たちが、アリストテレスに倣い、住民の中間層による支配を支持していたと述べた。極めて貧しい者と極めて有力な者を排除する理由の一つにこの両者がともにすさんだ生活を送っていたことが挙げられる。シグナのボンコンパーニョは、有力者は気前がよく、浪費家で、みだらで酔っ払っており、訴訟好きで暴力的な争いをするきらいがあると指摘した[60]。彼がつけ加えてもおかしくはないこととして、彼らの子弟は町中でも馬をこれでもかと速く走らせ、また、最悪なことに年配者は土地を多く持ち、武装した従者を多く抱えており、また、法律家や聖職者と深い関係があり、その土地の顔役一族や貸金業界と深く結託していた。庶民の党派は時として有力者の尖塔をなぎ倒すこともあった。これらの尖塔は有力者一門や貴族の連合にとっての誇り高い象徴であり、そして彼らは13世紀に入ってもしばらくはもめごとを自分たちの階級内で処理していたのである。たとえば追放は貴族や高位者を統制する際に重用された方法であった（その一例が1302年に

始まるダンテのフィレンツェからの 19 年におよぶ追放である)。その他にも方法はあったものの、それらはそれほど高位身分にふさわしいものではなかった。

　名望家は経済と司法の分野において多大な権力を保持していたゆえ、人民による立法はバランスをとろうとする試みであった。パルマでは1316年に、有力者を告発した者に対する告訴を行政長官が審理することが法律により禁じられた。またバルドゥスは、身体や財産の損害を証拠づけるものが提示されない限り、貴族がいかなる「庶民」をも告発できないとするアンコーナの法典を記録している。この世俗法学者はまた、有力者やその子や孫に対しては庶民 (populares) に科されるよりも過酷な刑罰をもって罰する法典を記録している[61]。ここまではおそらくよかったが、しかしながら、世の常として、社会的対立が熱狂的な者に一線を超えさせた。1316・17年のパルマの法典ではクアエスティオ (司法拷問、イタリア人によって庶民主導の共和国の初期に導入された) は、共和国の長官あるいは「長老」の任に就く 5 人の庶民の立ち会いのもと、行政長官によってのみ執行されるよう命じられた。これらの名士の立ち会いは、拷問がことさら「庶民や他の地位の低い者」に適用されることを未然に防ぐためのものであった。しかしながら、行政長官には「『長老』(の立ち会い) なしに、有力者に拷問を科す」ことが許されていた。「しかしながら他の者に対しては、行政長官は理性的に、また死に至る危険がないように穏やかに拷問を執り行わねばならない」とされた。事態はさらに進行し、1282年と1286年のボローニャとピサにおける人民の立法では、有力者は容疑をかけられただけで「あたかも犯罪が完全に立証されたかのように」有罪であると判決を下すことが可能となったのである[62]。

≪Ⅳ≫　政治参加

　上記のような例外を除いて、全ての市民は政治的生活に参画する地位にあった。したがって市民の行政と司法を担う為政者は、彼ら市民から発せられるような法律を表明したのである。ローマ法学者のヨハネス・バッシアーヌス

(1197年没)は単刀直入に述べている。「法と慣習の力は人民の意志である——諸々の法律は、人民の判断により承認されたという理由においてのみ我々を拘束する——法は人民の意志にのみ拠る」63)。ロザーテのアルベリックの見解では、二つの団体が法をつくる。一つは市民の議会における顧問官団であり、彼らの法廷における為政者団であった。職業的な裁判官でさえ人民によって選ばれた。「というのも」彼が述べるには、「およそ為政者が行うこととは、彼らを選出した人民の権威のもとでなされるものであり、すなわち人民が行うことに他ならないのである」64)。すなわち、ルッカのプトレマイオスがイタリアの都市共和制を描く際に述べたように、「共和制における統治者は法律に拘束されており、裁判を行う際、法律を超えることはできない。このことは王や他の君主にはあてはまらない。なぜなら、彼らは彼らの心の中に法律を見いだし——君主の意とするものが法の効力を持つ。しかし、この命題は共和制の統治者には妥当しない——なぜなら彼らは成文法に見いだされないいかなる新奇なこともなしえないからである」65)。イタリアの都市住民は、為政者の司法活動や評議会の新しい立法について、公刊の年報 (sindicationes) 上で吟味することが常であった。

　イングランドの裁判官やフランスの行政官は職業的官吏であったが、イタリアの官吏とは趣を異にしていた。というのは、彼らは国王に仕える下臣であり、彼らが任についている共同体によって選出されたものではなかったからである。フィレンツェのブルーネット・ラティーニは、彼が1264年頃著わした『トレジャー』において、このように官吏が公選に依っていないことと、それにあわせて官職の売買が君主制の内在的腐敗を典型的なものにしているとの見解を示した66)。官吏の職業化もイタリアにおいて絶頂を極めた。1250年から1296年の間に、パルマ出身の騎士コリーギアのマテオは一年任期の統領 (ポデスタ) に11の共同体で15回にわたって選任された。このような専門家たちは読み書きが堪能である必要があったが、それはいかなる言語においてであったのか。多くの人々はラテン語に通じていたが、そうではない者もいた。大学で教育を受けた法学者であるベネヴェントのロフレードゥス (1215-43年活躍) は、み

ずから習得したラテン語を誇るべく次のような苦言を吐いている。すなわち、ラテン語の心得がない者が「しばしばポデスタに選任され、裁判で判決を下している。このような者はローマ法に通じた補佐人を雇い、その助言に従うようにすべきである」と[67]。実際、都市の法令は補佐人が裁判官の傍らに立ち会うべきであるとの主張をしばしば提出していた。

しかしながら、知識人が意のままにできたのは部分的なものにとどまった。ロザーテのアルベリックは、立法の通常の方法は「大学あるいはその顧問たちが、専門家を選出しその人物に法律の公布を行う権限を与える」というものであると述べた。続いて彼はガンディーノのアルベルトの以下のような事実認識を引用した。すなわち、そのような人物が「法学者であるべきであるのに対し――法律に通じていない素人が選出されているのが現状である」と[68]。土着の言語の熱烈な擁護者であった上流階層の人々は、彼らにとってラテン語を学習する価値はないと考えた。教師であったリーヴァのボンヴェシーノは1288年にプステルラのウィリアムの例を引いた。ウィリアムはミラノの騎士で、ラテン語の知識はなかったが「生まれつき備わった知恵」により誰よりも優れていると見なされていたのである。ボンヴェシーノは「ウィリアムはボローニャにおいて法学者に混じってポデスタの任に就いていたが、彼らはラテン語の素養のないこの人物を賢者と見なし、ウィリアムを典型的な『知恵ある素人』と考え、そう呼んでいた」と記している[69]。実際、ウィリアムは1180年から都市の統治に奔走しており、1190年から1224年にかけて、ボローニャでの4回を含め、9つの都市において16回にわたり統領（ポデスタ）の任に就いていた。オドフレードのような法学者は彼のことを個人的に知っていたばかりでなく、その能力に敬意を表していた[70]。

ここには社会的な動機も部分的に作用していた。すなわち、裁判官や法律家はしばしば有力者と結びついており、彼らのうち実に多くの者が有力者の出であった。さらに悪いことに、そのような専門家は平民出身の立法者を妨害していた疑いをもたれていたが、この疑いはあたっていた。シーニャのボンコンパーニョが模範的な法令を求めてふるった熱弁は次のようなものであった。「法

学的な学識が膨大なものであれば、そのことが問題点の多い陳述のみならず、有効な判例や明白に堅固な論理をかえって不安定にするので、我々はこの法令を共通善のために起草だけする。この法令に対して我々はいかなる例外や解釈の幅をも認めず、そして法令のなかの単語一つひとつを、こじつけや意味のすり替えをすることなしに、文字通りに（ad litteram）とらえることを主張するものである」71)。法学者らはこのような立法に非難の砲火を浴びせた。ロザーテのアルベリックは、サクソフェルラートのバルトルスの師であるヤコブス・ブトリガリウス（1348年没）がボローニャのもっとも神聖な1282年の法令に関する逸話を何度も繰り返し楽しそうに話していたことを記録している。特に、名高い金字塔たるこの人民による立法は、都市の宮廷において何人の血を流させることも禁じ、それに反した者は死罪をもって罰せられることとなっていた。それに対してヤーコプは、それではそこで瀉血した医者は打ち首になるのかとの問いを投げかけたのである72)。

　君主や領主を除いて、俗人が裁判官の職に就くことはめったになかったが、彼らは立法評議会に選任されていた。その選出の方法は様々であった。特に寡頭的であったのは、13世紀中葉のガンで、退任する評議会メンバーが後任を選び、その後任が就任してから2年間ものあいだ共に業務にたずさわり、そしてまた再任されるというものであった。より民主的なところでは立法評議会員と行政官は、都市の地区やギルド、評議会そして時には人民全体によって選出されていた。この最後のケースでは、人民の意志は歓呼賛同により示され、したがって激しい感情が表れる機会を除いては、彼らの選挙なるものは自由ではなかった。小規模の団体あるいは執行団体においては、選挙や投票はしばしば秘密投票による抽選（イタリアのように色のついた豆を入れる）によって決められた。このような団体では、また時にはより規模の大きな団体——たとえば1360年以降のガンにおける86名の評議員からなる三つの市民団あるいは「指導的メンバー」のような——でも、個人や特定の集団は、総体のとった行動に拒否権を発動することができた。これは、全員にかかわる事柄は全ての人間一人ひとりの承認を受けなければならないとするローマ法の原則に則ったものであ

った[73]。

　選任された立法評議員は、様々な方法で立法を行った。ロザーテのアルベリックはそのうち三つを提示している。一つは任命された専門家の委員会によるもので、前述の通りである。もう一つは、専門家によって同じくらい頻繁に用いられたもので、「都市の行政を担う」立法評議員がポデスタと共に招集された後、あたらしい法案が提出され、討議され、そして修正可決される（propositio, consultatio, reformatio）というものである。めったにみられないかたちは、「人民すなわち公的会議における都市の総体」が招集され、そこで議題に取り組むというものであった[74]。大規模な共同体では、人民のために裁判の判決を下し、または／かつ吟味する評議会や委員会は人民が選出するのが最善であると一般に考えられていた。総会は1年に最高4回開催されたが、それらは実際には戦争などの危機の際、人民に法律や連帯の組み方を教育する目的でなされていた。成年男子の議会に比較すれば小さいけれども、運営委員会は近代的水準からいえばしばしば大きなものであった。オドフレードは、「ローマはボローニャより倍も大きいが、元老院議員は100名しかいない。法学博士を勘定に入れなくても、ボローニャには二千名の評議員がいる」と、あざけるように述べた[75]。この法学者はしかしながらボローニャのあり方に批判的な人物ではなかった。この法律は、テオドシウス2世が紀元446年に元老院議員と相談して公布したものであった。彼は「大学は同意を形成することができないと主張する人々への反論を有名な法律フーマーヌム（Humanum）から導きだしている」と主張した。「大学が同意を形成するのは容易ではない。しかし、ラッパや鐘の音で招集された人間が全員で『それをなせ！　それをなせ！（fiat! fiat!）』と叫べば、同意できるのである」[76]。

　全ての市民が評議会に参加する資格を持つべきのみならず、そこで発言する資格も与えられるべきである。この理論はある程度の現実を反映していた。ロザーテのアルベリックは「人の数だけ意見がある」ということわざに異議をとなえ、広く協議に附すことを支持した。彼に先だって、『牧者の目（Shepherd's eye）』とよばれる古くからある統治の手引書もこの協議という方法を支持して

おり、その中では「真理は多くの人間のなかからよりよく発見される。なぜなら会議が人々に開かれているところ (multa concilia) では、意見に安全装置が働くからである」と主張されている77)。この冊子はまた次のように述べている。君主とは異なり「共同体はその評議会に多くの人間を選出するが、これは恐らく全ての人間にかかわることがらは全ての人間によって承認されねばならず、また、聖書にあるように、全能なる神は時に、力ある者に対しては隠すものを小さな者には明かすことがあるという規則にのっとったものである」78)。フランシスコ会派の修道士サリンベーネは、任期が短いというイタリアの制度を聖職にも導入することを推奨するだけでなく、協議に関する互いに矛盾した聖書のなかの意見を記している。「というのも、かりに『愚か者の数は無限である』というのであれば『地上の安寧たる数限りない賢者』も無限である」79)。この他に、いかに経験があり教養があるといえども小集団に権力を与えることは危険であるということを強調する者もいた。アリストテレスに倣って、マルシリウス・パドゥアは、公共の福祉のために、全市民の判断を仰いで小集団の利己心のバランスをとる必要があると論じた。「なぜなら少数の人間は、市民全体がするようには共通善というものを正確に理解したり欲したりすることはできないからである」80)。

　大多数の人間が政治に参加するためには、貧しい人間が為政者あるいは評議員の任に就くことができるのでなければならなかった。つねに保守的であったルッカのプトレマイオスは、アリストテレスに典拠し貧困の種類というものを区別した。自発的な貧困はよい。しかし、欠乏からくる貧困は個々の人間に「腹と財布を満たす」よううながす欲求そのものとなる。したがって、行政職や司法職は貧しい人間に、「彼らの貧困が解消された」場合にかぎって委嘱されるべきである81)。ダンテと同様、プトレマイオスは、古代の高貴なローマ人が国に対する純粋な愛のために奉仕していたとの幻想を抱き、俸給をもらっている当時のイタリア人の専門的官吏を見下した。もっとも彼はまた、俸給と職に就くことが彼らの目的であるがゆえ、「雇われの」官吏らは君主よりは裁決が穏やかであり、それは生まれつき自由なイタリア人にとってふさわしいも

のであると認め、留保をつけている[82]。同じように穏健な立場をとっていたのはヴィテルボのヨハネス（1240年頃活躍）であった。都市の統治の指導者であった彼は、「貧しい者は容易に汚職に手を染めるだろうから、能力があるならば富裕な人間を選出するほうがよい」と提唱した。と同時に彼は、信頼できるならば、財産を持たない善人が全面的に申し分ないということも認めている[83]。

　このような例外的な人物が13世紀の民衆団の興隆期に現れた。サリンベーネはグゥエルフの指導者であるジョン・ベリセッロについて、パルマで「見いだされた貧しい者にして賢者」であり、恐るべきギベリーニを倒し「その知恵で都市を自由にした」と語っている。農民の子で仕立屋であったジョンは、都市からごくありふれた方法での報酬を受けた。「彼は貧乏であったが、富を与えられ、貴族出身の妻を（与えられた）」[84]。ダンテと同じく人民による統治を嫌った法学者にして詩人のチーノは、このような事例の裏面を強調した。ルッカにおいて彼は、人民の頭が都市コムーネの宮殿において「淫売宿の娼婦のように自分を売っている」のを見たと語った[85]。

　サリンベーネは、パルマの民衆団の指導者であったバリセッロが「あふれるコモンセンスと演説の才能」をそなえていたと述べた。庶民は教育を受けていなかったので、このような演説の才能を持っていた者はまれであり、この才能ゆえに賞賛された貧者などはまして見られなかった。バリセッロは幸運にも、ローマ教皇により強くあと押しされた人民の支持に乗ることができた。しかしながら通常の政治生活においては、穏健派はそのような援軍をともなうことなしに自分たちより「優れた人々（「雇い主」と理解される！）と対面したのである。たとえばロザーテのアルベリックは、重要な法令に関して投票するに際し、ポデスタが、人民の頭領の評議会と六百名からなるポデスタ自身の評議会を同時に呼び集めることができるかと問うた。彼は、ポデスタの評議会はその都市の「もっとも高貴で有力な」者から成っていると記した。彼は続いて、初期のボローニャの法学者マルティン・シリマーニ（1306年没）の見解を示した。シリマーニは、「ポデスタはうまく機能していない。なぜなら、二つの評議会が

集まった場合、人民の評議会は単独でいる場合ほど自由に発言できず、六百名もの評議員からなる評議会の意見を後追いすることになるからである」と断じていた[86]。

富裕層の自信と能力は、彼らが時間と助力を買う力にかかっていたため、これまで議論されてきた問題の解決策は貧困層に富を共有させることであった。本章で前に触れた使徒条令の有名な一節を模した共産主義の教義は多分に論じられ、この考えはギルドの運動の初期の段階で経済的友愛の観念が強められたことから、世俗人のあいだでしばらくのあいだもてはやされた。しかしながら、通常は、修道院内の修道僧や隠遁所の托鉢修道士のみがこの理想を満たすことができると考えられたのである。したがって、ユートピア的な衝動はおおかた実世界からなりをひそめて後退し、わずかな逸脱者――ほとんどが異端――においてみられるにすぎなかった。

ローマ法に見いだされ聖書によって強化された考え、すなわち自然法は財産の私有を賞賛するものではないという考えはやっかいな問題を提起した[87]。全てを包括する自然に従うことから誰も逃れられないとすれば、人類はみな罪に生きていることになると多くの者が思い悩んだ。ボローニャの教会法学者ビシナーノのシモン（1215年没）は、そのような意見はばかげているとして臆病な者をなぐさめた。彼は「自然法は命令・禁止・例示の三つの方法で表現される。このうち最初の二つからは免れることはできない。しかし三つ目からは可能である。自然法は財産の共有や損なわれない〔人身の〕自由を命令したり禁止したりはしないが、人がそのような状態にあれば望ましいということを示すに過ぎない」と論じた[88]。天国は地上には当てはまらないというこのようなひそやかな悲哀よりはましだったのは、ローマ法学者によって語られるあつかましくとも現実的な注釈であった。彼らは、他のローマ法の法文をくりかえし検討し、財産の私有が君主や政府の権力を限定することで自由を確かなものにしていることを見いだした。オドフレードは「君主の意とするものが法の効力を持つ」という有名な「王の法（Lex regia）」に賛同しながらも、「たとえ皇帝でも私の財産を私から奪うことはできない」と高らかにうたった[89]。

いうまでもなく、人間本性に根ざした友愛は断片的に生き永らえていた。ロザーテのアルベリックは「仮に誰かが飢饉のさなかにパンを盗んだとしたら」、その者はつねに過酷な刑罰により罰せられるべきだろうかと問うている。スッツァリアのグイド（1250-92年頃活躍）は著作『法令についての質問の数々』の中で「そのとおり」と述べている。しかしながら、ロサーテのアルベリックはローマ法と教会法そして托鉢の神学者に依りつつ「窮乏の時は全ては共有となるゆえ」に「否」と考えた[90]。あいまいなかたちであれ明白なかたちであれ、このような窮余の一策は非常時には役立つものであったが、大多数の人間は、富が平準化することなしには、均しく政治生活に参加することはできなかった。したがってこれらの共和国は、ときに穏和なものであったにせよ、つねに寡頭制のかたちをとっていた。

例外はさておき、中世の共和国と自治都市は、ヨーロッパの近代的統治の直接的な創始者ではなかった。この理由は明らかである。すなわち、1300年頃に中世の共同体で達成された共和的自由や民主主義でさえ、中世の末期やルネサンスになって修復不可能な程度にまで弱体化したからである。復興した君主政によりかつて独立を誇った都市が吸収され、彼らの自由が抑圧されたばかりではなく、規模の大きい都市共和国のほとんどが公国へと変質した。これらのできごとは、社会的・経済的混乱の時代にあっては君主制の統治が内在的に有利であったことに関連している。そこでは社会は、対立するあらゆる社会集団間の紛争を調停し鎮めることで社会の成長を有利に運ぶ能力を持つ政府を求めるのである。日和見主義の利己心は、王権の神的きらめきを明らかにさせる。つまり、君主は家臣が彼に仕えるかぎりその家臣の出自をそれほど気に留めないのである。このような統治の二つ目の利点は、中世の論者がしばしば認識していたように、君主政のほうが都市国家よりも様々な異なった対立する領域を調停させるのに優れていたという点である。さらに、分裂していたイタリアやドイツにおいてでさえ、ヨーロッパが近代に近づくにつれて、政治体の規模は着実に拡大していったことが認められる。最後にもっとも重要なことは、君主

政は教会が衰退するにつれて勃興したということである。市民は、僧侶やローマ教皇の使い古された神秘を葬り去るべく、しだいに荘厳な王や君主の絶対主義への信奉を深めていった。

　中世の都市の自由は、変化した部分は別として、近代になって再びたどられることになる道筋を残した。それらの道筋は、歴史研究や法学研究そして哲学に根深く刻まれたのであった。不本意ながら、人文主義者や科学からの攻撃に圧倒されはしたものの、中世アリストテレス派の思想やボローニャの法学は決して完全に根絶されたわけではなかった。この道筋というのは制度的な側面でもいえることである。かりに民主主義がほとんど消滅してしまったとしても、少なからぬ寡頭制が生き残った。ハンブルクのようなアルプス以北の都市も同じく注目すべきではあるが、一番よい例はヴェネツィアである。これらのことが中世後期あるいはルネサンスの思想家にとって少なからず重要であったと示すことは容易である。フランスの貴族であるコミネはヴェネツィアを模範的な「貴族制的体制」として賞賛したが、彼はそのような考えを持つ多くの人間の一人にすぎなかった[91]。

　都市のみが中世の共和主義的伝統を伝えたわけではなく、あるいはまた君主の絶対主義を制限したわけではなかった。その他のものとして南イタリア・シチリア・イベリア・イングランド・スカンジナビアの議会や、増加の一途にあったドイツの自由な地域などがあり、これらの全てにおいて有産階級の代表が支配的とはいわないまでも重要な存在であった。もともとおよそ全てが農民により構成されていた名高いスイスの地方州と小都市からなる連邦制についてもすでに述べたところである。宗教的寛容で知られるのはポーランドとリトアニアの選挙制君主国であるが、これらは地方の地主階級による寡頭制で、その議会は2世紀にわたって繁栄をみた。そして同様の期間に別の寡頭制が繁栄をみせたが、それはアムステルダムの商業を基盤とする都市の繁栄とネーデルラントの小都市と諸州の結合であった。

　人間は自分たちでの自己統治が可能であるとの信仰を捨て去ることができないゆえに、古代人は共和的な統治形態は君主政よりも優れているとの考えを説

き、中世の人間はその考えを強化したのである。このような考えは、近代初期に入り君主政が支配的な統治形態となるにつれて衰退していった。しかし、その水面下の記憶は、17・18世紀になり教会が世俗の哲学と科学に凌駕されるに応じて王がもはや有用ではないと考えられた際、浮上したのであった。知識人や人々の眼には、教会の儀式と同様、国王のもったいぶった儀式は愚かしく、あるいは不合理なものと映ったのであった。したがって、近代の革命は寡頭的な共和制——ときに穏健なかたちのもの——への道程を用意したのであり、そこでこんにち、ほとんどの西ヨーロッパ人や北アメリカ人が生活しているのである。

注
1. 君主制に関する陳腐な表現はルッカのプトレマイオス（Ptolemy of Lucca）の *De regimilne principum* 4..2 in R. M. spiazzi, ed.., *Divi Thomae Aquinatis Opuscula philosophica* (Turin, 1954), no.1033, 327. 村に関しては、n.46 below を参照のこと。
2. G. Tilander, ed., *Los fueros de Aragòn* (Lund,1937), 280.
3. Ptolemy, *De regimine* 4.8, in Spiazzi, ed., no. 1056, 336.
4. Giles of Rome, *De regimine principum* 3.2.2. (Rome, 1607), 455.
5. Ptolemy, *De regimine* 4.8, in Spiazzi, ed., no. 1056, 336.
6. Salimbene, *Cronica, MGH Scriptores* 32. (Leipzig and Hanover, 1905/13): 643–44.
7. Giles of Rome, *De regimine* 3.2.2,45.
8. Bartolo of Sassoferrato, *Tractatus de Guelphis et Gebellinis* 2 , in D. Quaglioni, ed., *Politica e diritto nel trecento Italiano* (Florence, 1983), 136.
9. In E. Salzer, *Uber die Anfange der Signorie in Oberitalien* (Berlin, 1900), 302..
10. Bartolo of Sassoferrato, *De regimine civitatis* 2, in Quaglione, ed., *Politica*, 164-65.
11. *Das Sachsische Weichbildrecht: Jus rnunicipale saxonicurn*, A. von Daniels, ed. (Berlin, 1858),1: 66.
12. *Digest* 1.5.4.
13. Cicero, *Paradoxa* 34.
14. *Institutes* 1.2.2. . 聖職者の奴隷制に関するいくつかの考えはブライアン・ティアニーによる前章を参照のこと。
15. Accursius, *Glossa in digesturn vetus on Digest* 1.5.4 (Venice, 1488), 10va.
16. In E. Cortese, *La norma giuridica*(Florence, 1962–64), 1: 89. n. 109.

第四章　中世都市における自由　185

17. Azo, *Summa aurea*. no. 6 (Lyon, 1557), 1050–51.
18. In P. Villari, *The Two First Centuries of Florentine History* (New York, 1901), 304.
19. Odofredo, *Lectura super digesto veteri. on Digest* 1.5.4 no. 1 (Lyon, 1550), 1: 18vb.
20. Dante, *De monarchia*. 1.12, in G. Vinay, ed. (Florence, 1950), 72.
21. Ibid. 1.12, in Vinay, ed., 75.
22. R. L. Renson, "*Libertas* in Italy," in *La notion de libertè. au moyen-âge: Islam, Byzance, Occident*, G. Makdisi et al., eds. (Paris, 1985), 191, は、これらの文章を *Epist.* 6: 2. and 3. から引用している。
23. Alexander of Roes, *Noticia seculi* 12. and 13, *MGH Staatschriften des späteren Mittelalters* 1: i (Stuttgart, 1958): 159–60.
24. Philippe de Commines, *Mémoires* 5.18, J. Calmette, ed. (Paris, 1924–25), 2: 211.
25. Landulf in G. Dilcher, *Die Entstehung der lombardischen Stadtkommune* (Aalen, 1967), 110.
26. Luke 6: 35.
27. Gratian's *Decretum De penitencia Distinctio* 5.6.
28. Acts 4: 32–35.
29. G. Lefevre, ed., *Le traité. 'De usura' de Robert de Courçon* (Lille, 1902.), 33.
30. In J. Kirshner and K. lo Prete, "Olivi's Treatises on Contracts of Sale,Usury and Restitution," *Quaderni fiorentini per la storia del pensiero giuridico moderno* 13 (1984): 268.
31. *Naviganti in Decretalium Gregorii IX. Compilatio* 5.19.19.
32. John of Joinville, *Mémoires*, F. Michel, ed. (Paris, 1882.), 9.
33. In H. J. Gilomen, "Wucher und Wirtschaft im Mittelalter, " *Historische Zeitschrift* 250 (1990): 265.
34. *Digest* 50. 17.32.
35. Gregory I, *Registrum epistolarum*, 5.59 in *MGH Epistolae*. (Munich, 1978): 371.
36. Ptolemy, *De regimine* 3.9, in Spiazzi, ed., no. 974, 308.
37. In V. Colorni, *Gli Ebrei nel sistema del diritto comune* (Milan, 1956), 15.
38. *Code* 3.19.3.
39. *Cronache e statuti della citta di Viterbo*, ed. 1. Ciampi (Florence, 1872.), 518: "*in personis et rebus.*"
40. Alberic of Rosate, *De statutis* 2.2. no. 17, *TUJ* 2. (Venice, 1504): 28vb.
41. Albert of Gandino, *Quaestiones statutorum* 75, *BIMA* 3: 193.
42. *De legibus et consuetudinibus Angliae, introductio*, S. E. Thorne, ed. (Cambridge, MA, 1968), 2.: 32.
43. A. Giry, ed., *Documents sur les relations de la royauté avec les villes en France* (Paris, 1885), Sermo II ad burgenses, 58–59.
44. *Digest* 3.4.1. and *Institutes*. 1.2..1 in *Questiones statutorum* 44, *BIMA* 3: 176–77.

45. Baldo, *Consilia* no. 372. no. 2. (Venice. 1608-9), 5: 9 ira–b.
46. Ptolemy, *De regimine* 4.2., in Spiazzi, ed., no. 1035, 328.
47. Alberic of Rosate, *De statutis* 2.177 no. 5, *TUJ* 2.: 48vb–49ra.
48. Vegetius, *Epitoma rei militaris 4 proem*.
49. Giles of Rome, *De regimine* 2..3.7, 365.
50. Boncompagno, *Rhetorica. novissima* 3.9, *BIMA* 2.: 2.85.
51. *Institutes* 1.1.1. and *Digest* 1.1.10.
52. *Code* 3.5.1.
53. Cino of Pistoia, *In digesti veteris libros commentaria* on *Code* 3.5 no. 2. (Frankfurt, 1578), 137va.
54. Baldo, *Tractatus de statutis on Arbitrium* no. 13, *TUJ* 2.: 89vb.
55. Alberic of Rosate, *Quaestiones statutorum* quaes. 4.32. nos. 4 and 5, *BIMA* 3: 7irb.
56. *Code* 2,.6–7 and 2,10 *lex unica*.
57. Azo, *Ad singulas leges XII librorum codicis commentaria* on *Code* 2,.6.6 (Paris, 1577), 93.
58. Azo, *Brocardica aurea Rubric* 77 nos. 4x & 49, (Venice, 1566), 138.
59. Alberic of Rosate, *De statutis* 4. 1.8, *TUJ* 2,: 66ra.
60. *Boncompagnus Boncompagni* 6, L. Rockinger, ed., *Briefsteller und Formelbücher* (Munich, 1863-64), 1: 166.
61. Baldo, *Consilium* no. 335 (Venice, 1608-9), 3:91vb, and *Tractatus de statutis* on *Magnas*, *TUJ* 2: 128va.
62. In G.. Dahm, *Untersuchungen zur Verfassungs- und Strafrechtsgeschichte der italienischen Stadt* (Hamburg, 1941), 37-38.
63. John Bassiani, *Lectura on Institutes* 1.2.11 in E. Cortese, *La norma giuridica* (Milan, 1962.-64), 2: 413–14.
64. Alberic of Rosate, *De statutis* 1.3.6-8, *TUJ* 2: 2.va.
65. Ptolemy, *De regimine* 3.20, Spiazzi, ed., a composite quotation from nos. 1019 and 1031, 322 and 326.
66. Brunetto Latini, *Li livres dou tresor* 3.73, F. J. Carmody, ed. (Berkeley, 1948), 392.
67. In G. Rossi, *Consilium sapientis judiciale* (Milan, 1958), 34n.
68. Alberic of Rosate, *De statutis* 1.4 nos.1, 5, and 6, *TUJ* 2: 2va.
69. Bonvesino della Riva, *De magnalibus urbis Mediolani* 5.19, in F. Novati, ed., *Bullettino dell'istituto storico italiano* 20 (1898): 147.
70. オドフレード (Odofredo) は以下の文献において、彼のことをポスティリア (Postilia) と呼んだ。*Lectura super digesto veteri* on *Digest* 3..1.10. (Lyon, I550), 1: 99va.
71. Boncompagno, *Cedrus* 6, Rockinger, ed., *Briefsteller und Formelbücher*. 1: 123.
72. Alberic of Rosate, *De statutis* 1.9, *TUJ* 2: 5rb.
73. *Code* 5.59.5.2.

74. Alberic of Rosate, *De statutes* 1.4, *TUJ* 2: 2va.
75. Odofredo, *Lectura super digesto veteri* on *Digest* 1.1.7 no. 2 (Lyon, 1550), 1: 8ra.
76. Odofredo, *Lecturae in primam Codicis partem* on *Code* 1.14.8 no. 2 (Lyon, 1552), 39rb.
77. Alberic of Rosate, *De statutis* 1.135. no. 8, *TUJ* 2: 19va.
78. *Oculus pastoralis*, D. Franceschi, ed., *Memorie dell'Accademia delle scienze di Torino*, ser. 4 11 (1966), 32-33 and 70, マタイ伝 (Matthew) 11: 25 and *Code* 5.59. 5.2. を使用。法典の有名な Quod omnes tangit はここでは「多数者」を意味するが、ガンの "members" については2段落上をみよ。
79. Salimbene, *Cronica, MGH Scriptores* 32: 156, using *Ecclesiastes* 1: 15 and *Wisdom of Solomon* 6: 26.
80. Marsiglio of Padua, *Defensor pacis* 1.13.8, ed. R. Scholz (Hanover, 1932-33), 1: 76-77.
81. Ptolemy, *De regimine* 4. 15, Spiazzi, ed., no. 1077, 344.
82. Ibid. 2.8.A, in Spiazzi, ed., no. 873, 285.
83. John of Viterbo, *De regimine civitatum*, *BIMA* 3: 221a-b.
84. Salimbene, *Cronica, MGH Scriptores* 32: 372-75 and *Ecclesiastes* 9: 15.
85. In M. Sbriccoli, *L'interpretazione dello statuto* (Milan, 1969) 409.
86. Alberic of Rosate, *De statutis* 1.120, nos. 1, 7, and 10, *TUJ* 2.: 17va-b.
87. *Institutes* 1.2.2 and *Acts* 4: 32.-35.
88. In E. Cortese, *La norma giuridica* 1: 101. n. 4, 彼は、Isidor of Seville (d. 636) のこのテーマに関する論文は彼以前の教会法学者リフニス (Rufinus) (1157-59): *Summa decretorum* 1.1, in H. Singer, ed. (Paderborn, 1902.), 6-7 から借用されている。
89. Odofredo, *Lectura super digesto veteri Digest* 1.4.1 no. 6 (Lyon, 1550), 1 18ra.
90. Alberic of Rosate, *De statutis* 3.11 nos. 1-2, *TUJ* 2' 60va. ブライアン・ティアニーは、the *Ordinary Gloss* (Paris, 1602) の中で引用されている常套句を *Decretum Distinctio*. 47.8. に見いだしている。
91. Commines, *Mémoires* 7. 18, Calmette, ed., 3:113-15.

第五章　議会および全国身分制会議

H. G. ケーニヒスベルガー

　それゆえ、私の議論を進めようとするならば、以下のように問うことになろう。すなわち、自身の領地（私的領土）を越えて、彼の臣民たちから、それが圧制や暴力によらない限り、彼らの許可も同意もなく、たとえ1ペニーであろうと徴収する権力を持つ王や領主がいるのだろうか、ということである[1]。

　このように記したのはフィリップ・ド・コミネ（1447頃-1511）であった。彼は、ブルゴーニュ公とフランス王の双方に仕えた精力的な政治家で、当時の政治状況を観察した最も知的な人々の一人である。コミネは、自由という言葉には言及しなかったものの、実際には、ギリシア人がeleutheria（自由）を定義したように、圧制や暴力による支配の反意語として自由を説明していた。コミネにとって、このような自由の根本基準は、支配者が課税に対して同意を得るよう要求することなのであった。コミネを始めとする当時の人々は、そのような同意が議会あるいは身分制会議によって与えられるべきであると期待している。これらの機関にとって、このような同意を与えることが唯一の機能であったわけでもないし、またそれらは、元来このような目的のために創設されたわけでもなかった。しかし、その起源から、代議制度は、いかなる欠点や限界があろうとも、支配者の専制に対する砦として、また臣民の権利・財産の擁護者として見なされてきたのである。

15世紀の終わりには、カトリック・キリスト教のヨーロッパ世界のいたるところで、すなわちイングランドからハンガリー、ポルトガルからポーランド、シチリアからスウェーデンに至る地域の全域で、代議制会議が見られた。それらには、議会 (parliament)、身分制議会 (estates)、コルテス (Cortes)、帝国議会 (Reichstage)、議会 (diet)、ポーランド身分制議会 (sejm) というように様々な名称が冠せられている。議会はまた大小様々な多岐にわたる権力を持っていたが、コミネがきわめて重要だと見なした権力、すなわち支配者による課税に対し同意を与える権力は、まず間違いなくそこに含まれていた。議会は、国という共同体を代表すると見なされていたわけである。しかし、その議員構成に関して言えば、それは名称の違い以上に多種多様であった。
　このような議会は決して民主的ではなかった。平等なる市民というギリシア的概念は、この時代の都市共和国のいくつかでしか残存しておらず、しかもこれらの都市共和国において、代表制会議は発展を見なかったのである。この点は、後で論じなおす重要なポイントである。というのも、このことが代議制の本質に問題解明の光を投げかけるからである。中世の社会は高度に階層化されたものであった。議会や身分制議会の機能と目的は、その社会を代表し、かつまたその社会構造を変えないようにすることであった。中世や初期近代の議会は、議会で活躍した人々の意識や意向をみれば一目瞭然であるように、決して近代議会制民主主義の先駆者ではなかった。そのような中世や初期近代の議会が近代議会制民主主義の先駆けとなりえたのは、16～17世紀におけるいくつかの議会史の意図せざる結果なのであった。
　それにもかかわらず、すでに中世には、議会と自由との間に真の結びつきがあった。というのは、統治者と被治者との間に同意が必要とされたからである。基本的に、このような考え方は、民主主義と同様、ギリシア人の発明であった。ポリス（都市国家）を形成しつつ、市民という理念を発明したのはギリシア人である。この理念は、法律の制定と施行、戦争と平和に関する決定を巡る議論、そしてポリスの防衛に関して、市民の積極的な参加を意味するものであった。この積極参加は、話すこと・聴くことという二つの活動からなる対話を通じ

てなされ、そしてこの二つの活動から見えてきた合理的な結論の受容という形をとってなされた。この二つの活動はダイナミックな関係にあり、結論は自由な討議に付され、先取りされて決定されるものではなかった。そして、個々の市民の権利と義務の両方の基礎が形成された。別の言い方をすれば、それこそが自由の基礎であった[2]。

　議会や身分制議会が中世において成立するに到ったのは、以上のような「話すことと聴くこと」のギリシア的慣行を、納得しうる結論に到達することを目的として、都市とは無縁の構造化された社会に適合させることであり、あるいは都市を含んだり含まなかったりするより巨大な政治的統合体に適合させることであった。この適合は、意図的または意識的になされたわけではない。古代ギリシアの政治思想や政治的慣行の若干の知識が、教育を受けた当時のヨーロッパ人の間に、とりわけ12世紀におけるアリストテレスの『政治学』再発見以降、存在してはいたけれども、この適合に関してはそのように言えるのである。それはむしろ、歴史的に発展をとげ、なおかつ発展しつづける社会状況に沿った特殊政治的な要請の結果なのであった。

≪Ⅰ≫　代表制会議の起源

　5世紀の西ローマ帝国崩壊以後の500年から600年の間、ヨーロッパは経済的に貧しく、発展の遅れた大陸であった。住民の大多数は農民として生活し、かろうじて生き延びるに足るだけの食糧を生産しうるに過ぎなかった。彼らが何とか生産しえたごくわずかな余剰生産物に対する需要はあった。しかし、それは近隣の村落においてではなく——というのも、そこでは恐らく同様の産物を生産していたと思われるから——、むしろ非常に遠方の地域においてであった。それゆえ、中世の交易は、量的にはそれほどではなく、しかも遠隔地交易が主であった。こうして、専門的な商人団が必要とされた。彼ら商人は、国際共通語、ほとんどの場合ラテン語を使用し、そして可能な場合には、広範な地域を権力下に治める政治的権威の保護の下で売買や通行を行うことができた。

さらにこの時代の後期になると、交易に対する保護は、国際的に受容された商業規則および法規によって提供されることもあったのである。

商業・交易に当てはまることは、あらゆる専門的な技術についても当てはまることであった。大聖堂の建築家、釣り鐘の鋳造者、上質の武器を作る鍛冶屋、さらにこのような武器の最も腕の立つ使い手までが、自分たちの生まれ育った土地に永住することなく、彼らの技術が必要とされる場所へ、時に応じて、しばしばそれが遠く離れた場所であったにもかかわらず、旅をしなければならなかった。同様のことは、教会およびその諸制度においてもなされていた。教養人（実際、教養人はみな教会人であったのだが）や、ラテン語が流暢で、有能な教会運営者は、非常に魅力的な仕事や職業に従事すべく、キリスト教・ヨーロッパ世界の至る所を旅していたのである。それはまさに、我々の時代において、科学者を始めとする学者たちが、英語が話されるあらゆる大学や教育機関で仕事に従事しているのと同様の現象である。

これがまさに、初期中世社会の本質であった。すなわち、一方には自分たち自身の言語を話し、伝統的な生活スタイルに固執する圧倒的多数の農民共同体が、そしてもう一方には、自らの教養と技術で、望まれながらも現地では得られない商品や仕事をヨーロッパ中に提供することができるごく少数の人間集団が存在したのである。こうしたあらゆる事実が、このことがなければ理解に苦しむ次の現象を説明するのに大いに役立つ。すなわちローマ帝国の崩壊後、ヨーロッパが多数の小さな政治的単位へと簡単に解消してしまわなかったという異質な現象である。それどころか、ローマ帝国の後に続いた諸国家は、フランク族やデーン人に見られたように、多くの地域にまたがる大王国であるか、巨大な帝国でさえあったのである。

問題は、そのような大王国あるいは大帝国を長期にわたって支配することであった。封建制が発達したのは、少なくとも部分的には、この問題を解決するためであった。心理的に見れば、封建制は、自由人戦士の軍事指導者に対する忠誠というかなり古い考え方に基礎を置くものである。領主と家臣の間の、すなわち支配者と被支配者の間の忠誠という概念は、事実上は、より一層基礎的

な諸感情、例えば自分本位な感情や貪欲、野心や恐怖などによって歪められていた。にもかかわらず、その忠誠の概念は中世における男性的な徳として、非常に意識的に語られたものであったし、中世社会の心理的な接着剤として維持されたのであった。このような忠誠は、家臣の側からは忠誠の誓いあるいは誓約を通じて、そして主君の側からは諸特典（beneficium）つきの庇護の提供を通じて、発現したのである。この諸特典とは、名誉であり、免除特権であり、そして何よりも領地の授与である。この領地は封土と呼ばれ、それを保有する者すなわち家臣は、とりわけ戦時に、自身の主君あるいは為政者に対して奉仕することが義務とされた。有力な家臣たちは、彼らもまた自分たちで、より身分の低い者との間に、全く同様の義務と恩恵の関係を結ぶことが可能であった。あるいはその逆に、自由人が同じ条件で彼らの近隣の有力者に対して、領主になることを求めることもあった。

　このような政治的・軍事的組織の体系は、優れて融通のきく、効果的なものであった。9世紀・10世紀、そして11世紀において、この体系、すなわち封建制は、フランク帝国を始めとして様々に形態を変えながら、イングランド、イタリア、ドイツ、そして中・東欧のスラブ系諸王国にまで広がりを見せる。一方で、スカンジナビア半島やスペインにまで行くと、封建制も格段に脆弱なものとなった。また、中・西欧においても、フリースラントやアルプス渓谷のいくつかの地域のようなところでは、封建制は全く姿を見せなかった。

　西暦1000年頃になると、それ以後、ヨーロッパは徐々に豊かになる。それは、少なくとも部分的には、小規模ではあるが国際的に有益な仕事をする専門家集団に負っていたのであった。今やヨーロッパ社会には、特殊技能を身につけ、その数を増しつつあった専門家たちに提供できるだけの余剰生産物が存在したのである。その後の2世紀を通して、ヨーロッパ社会の国際性はますます拡大を続けた。この時代こそは、教会がその国際的な組織化を達成し、その頂点に立つ教皇の権利請求を前例にない規模と範囲にわたって行きわたらせた時代であったのである。しかし、この国際性の拡大はまた、ヨーロッパの諸地方に利益をもたらすものでもあった。諸技術は今や、地方レベルで調達可能なも

のとなり、それゆえ、専門家たちは郷里からあまり離れることなく仕事を見つけることができたのである。

このような発展は、地方文化の成長の中に見いだすことができる。町々や諸都市が、古代ローマの遺跡の後に建設されたり、復興されたりしたのである。また、英語やフランス語、ドイツ語やイタリア語、あるいはアイスランド語で書かれた文学が登場し、ゴシック様式の教会建築も誕生した。このゴシック様式は、地方に関係なく、いくつかの基本的な類似点をいまだ示していたけれども、初期ロマネスク様式と比べてみれば、地方ごとに見せる個性は相当なものであった。また、14世紀までには、ほとんどの大国で、その国独自の大学が創設されていった。

政治的組織の歴史は、これと同様の流れをたどった。封建制は、出現当初、政治的組織の有効なやり方ではあったが、安定した体制であったわけではない。封土は世襲になる傾向があり、その所有者は独立した支配者として自立することを試みた。この状況では、彼らはしばしば自分自身の家臣によって支えられた。その家臣たちは、心情的にも距離的にも隔たりがあり、時として無力な皇帝や国王に対して忠誠を誓うよりも、彼らの直接の封建領主に忠誠を誓うことを選んだのである。このような発展の歴史は、ヨーロッパの各地域によって、そして時代によって様々な様相を呈している。しかしいずれにせよ、やがて、単一の征服者が一生をかけて作り上げ、緩やかに支配していた大王国や大帝国の時代は終わりを告げることになった。至る所で、新しくより効率のよい地域的組織が出現し、そして新しい地域の支配者が国家の資源に対する有効な支配権を握ったのである。これは、新しい支配者たちが、隣国や政敵との激しい軍事競争を生き延びるためであり、しかもまた同時に無秩序状態や無法状態を極度に恐れる臣民に、より有効な裁判と国内の平和維持を約束しなければならなかったためであった。そのような組織の発展は、初期の封建関係を別物に変えてしまうというよりはむしろ封建体制を補完し、そして変化させるものであった[3]。

以上のことが歴史的な状況として存在したのであり、この状況にこそ、議会

はその起源を有しているのである。したがって、議会の起源はこの状況を考慮することなしに理解されるものではない。それにもかかわらず、代議制度の発展は必然のものでは決してなかった[4]。初期中世のイスラム世界もまた、詳しく見れば大きな相違点があるにもかかわらず、ローマ帝国の直接の継承者であるキリスト教・ヨーロッパ世界と同様の歴史を歩んでいたのである。すなわち、巨大であるカリフ支配体制は、国際言語であるアラビア語を話す少数の教養エリートによって支配されていた。10世紀以降、大アッバース朝カリフ支配体制は崩壊し、地域的基盤を持つ国家に取って代わられることになる。しかし、そのような国家のいずれもが、代議制度を発達させなかった。キリスト教・ビザンツ帝国も、ビザンツの東方正教会によってキリスト教化され文明化されたロシアの新興諸公国もまた同様であった。それゆえに、議会の起源は中世後期のキリスト教・ヨーロッパ世界の極めて特殊な状況の中に捜し求められなければならないであろう。

　西ローマ帝国の廃墟の上に国家を引き続き築き上げたゲルマン民族は、自由人による大集会の伝統を持っていた。イタリアでは、7世紀から8世紀にかけて、ロンバルド族の王たちが、とりわけ王の法律を公布するために、そのような集会を利用していた[5]。同時期に、フランク族もまた似たような集会を持ち、それは定期的に行われていた。これは常に自由人戦士の集会であったのだが、（唯一のというわけではないけれども）その最も重要な役割は、彼らの王に軍事行動に向けた助言（consilium）や援助（auxilium）を与えることであった。この二つの機能は中世の集会と議会の役割においても最も重要なものとして残ることになる[6]。しかしながら、これだけで代議制度の出現が説明されるわけではない。例えば、アルプス渓谷やアイスランドの沿岸部におけるように、政治的単位が小さく、自由人戦士の数も少数のままであった地域では、ある種の特異な民主主義である「直接集会」が何世紀にもわたって続きえたのであり、そしてこれは今日においても、法の有効な擁護者として、あるいは主権の器としてさえ機能し続けているのである。それらは、ヨーロッパ農村部の民主主義志向が最も古代ギリシアに近づいた例であった。

しかし、ヨーロッパの大部分においては、政治的単位が非常に大きく、その機構も非常に複雑であったため、そのような解決法が続くことはなかった。それゆえ、ゲルマン人の集会の第二の特徴が顕著なものとなったのである。この特徴とは、はるか昔から、部族長や大土地所有者や優れた軍事指導者といった偉大な有力者たちが示した卓越性であった。そして彼らにそのような王は全幅の信頼を置かざるをえなかったのである。封建制の発展はこのような慣行を制度化し、同時に、王の主要な家臣の義務として、王に助言と軍事的援助を与えることを制度化した。加えてそれ以外の状況、例えば王子への爵位の授与や王女の結婚、並びに結婚持参金の供出に関して支援することも義務とされた。こうして、ドイツ皇帝フリードリヒ1世とフリードリヒ2世は、12世紀後半から13世紀前半にかけての教皇権との激しい闘争の中で、イタリアにおける彼らの軍事行動に対する支持を得るために、また彼らの臣民と政敵の双方に自らの陣営の力と壮麗さを印象づけるために、主要な家臣を集会や会議に召集したのであった。

　家臣の側では、彼らは自分たちの封建領主に助言や援助を与えることが自らの利益を促進するために非常に有益な活動であると理解していた。それゆえ、助言を与えるという封建的な義務は王に仕える有力者が要求する権利としての色彩を次第に帯びるようになった[7]。集会制度が王の家臣に提供した好機が現実化されるにつれて、支配者とそのような集会の間には両義的な感情が入り込むようになる。というのも、両者の意図が必ずしも常に一致したわけではなかったからである。王の側は、当然、家臣からの最大限の支持を求めていた。家臣の側は、王の意図に賛成することもあればしないこともあり、自らの純粋に慣習的な義務を果たす以上に、仕事に対する報酬を絶えず要求したものであった。とりわけ、家臣たちは自分たちの権利と特権の擁護を望み、そしておそらくはまたそれらを拡大することを望んだのである。なるほど王の側も家臣の側も、ある特定の出来事に際して様々な申し立てをするにはしたが、このような両義的な状態は、君主と議会の間の関係における基本的な事実として続いたのであった。

助言や援助を別にすれば、王が集会を召集したもう一つ別の理由があった。それは、国王が情報を必要としたということである。自分はうまく領土を支配しているであろうか？　自分の命令は臣民たちによって、そして殊に自分の配下の役人たちによって遵守されているのか？　封建的支配者は正義の究極の源泉であると見なされ、それゆえに神に対して責任を負うと考えられていた。王に仕える有力者たちは、彼ら自身の家臣に正義を実現しているだろうか？　というのも、その家臣はつまるところ王の臣民だからである。王立裁判所は有効に機能しているだろうか？　王の臣民たちは、正義の蹂躙について、あるいは臣民を害している他の事柄について、王に対して請願することが可能であり、そしてこの権利は一般的に認知されて、中世を通じて、さらにそれ以降も行使され続けたのである。聖王ルイ（フランス王ルイ9世・1226-70）は請願を快く受けつけてくれることで有名であった。

　　夏になると、ミサに出席した後、王はしばしば（パリ近郊の）ヴァンセンヌの森へ行き、そこでナラの木を背にして座ったものであった……。そして、何か要求を抱いている者は王に直訴することができた……。王は彼らに直接に話しかけ、次のように尋ねた。「この場に、解決したい問題を抱えている者はいるか？」すると、問題を抱えている者たちが立ち上がったのであった。

　そうして、王は彼の顧問官の一人にその事件を委ねたのであった[8]。
　このような慣行がいかに立派なものであっても、それは偶然に委ねられていたものであって、王が滞在する場所の近くにたまたま住んでいた人々のごくわずかな個人的な問題を処理することができるだけであった。それゆえ、王たちはアングロ・サクソンの王エドガー（957-75）のように旅をしたのである。

　　彼は冬と春に王国内の至る所を旅して回り……、法律にある諸規則と彼の命令にある諸規定が為政者たちによってどのように守られているのか、

そして貧しい者が権力者による圧制に苦しんでいないかどうか、いつも熱心に見つけ出そうとしたのであった[9]。

場合によっては、王は代理人を派遣して、必要とされる情報を彼らに収集させることも可能であった。例えば、征服王ウィリアムは1086年にかの有名なドゥームズデイ・ブック（Domesday Book）を作成すべくこれを行ったのである。このドゥームズデイ・ブックは中世イングランドにおける財産と財産関係に関する最も詳細な記述である。しかし、それはまた非常に不人気な政策遂行であり、イングランド征服直後の非常に強大な支配者のみが可能としたことであった。したがって、少なくともこれほど包括的な規模においては、二度と繰り返されることはなかった。もっとも、王たちは特殊な問題を調査するために代理人を派遣したり、王国の様々な地域で裁判を開くために裁判官を派遣したりすることはあった。あるいはまた、王は地方の彼の役人――イングランドでは一般に州長官（sheriff）（現在のアメリカ合衆国のように郡保安官ではなく、州における王の高級官僚であった）であったのだが――に、現地の共同体や村落、郡、あるいは地方（州）全体について詳しい人々から得た情報を送るよう要求することができた。ある意味で、そのような人々は自分たちの共同体を代表していたのである。これは、選挙によって選ばれた代表による形式的で正式な代表制ではなかったが、非常に融通のきく実践的な方法であり、王と地方の共同体の双方にとって都合のよいものであった。

現実の代表制の概念は、まず初めにローマ法と教会法の中において生じた。法学者は二つの重要な原則を発展させたのである。一つは、共同体はその利益のために活動する代表者に全権を授与しうるというものであり、もう一つは、特定の問題に自らの利益がかかわる全ての人間は決定の下される前に意見を聴取されるべきであるというものであった。（このような原則を表現した技術的な言語、plena potestas と quod omnes tangit[10] は、第三章で議論された。）14世紀になると、我々はこのような原則がヨーロッパ中で用いられていたことを知りうるのである。それは助言と援助とを求める支配者によって用いられる場合

もあれば、支配者によって遂行された政策について疑いを抱く被統治者によって用いられる場合もあった。

　しかし、共同体とは何であったのか。アングロ・サクソン時代以来の強大な君主制と先進的な司法行政が存在したイングランドでは、共同体とは、村落から郡へ、州そして王国全体に至る諸単位からなる階層秩序であった。イングランド人は州裁判所の開廷期間に定期的に集合して国王裁判官と会合を持つ習慣があった。そしてヨーロッパの至る所で見られたように、この会合の雰囲気がどのようになるかは富裕な土地所有者の意向にかかっていた。小さな町や都市においては、共同体意識はその城壁の内部において明らかに強力であった。このような状況は、都市が建設されたり、再建されたり、急速に発展をとげたりした時代である12世紀から13世紀にかけて、とりわけ顕著であった。多くの都市が、王から特許状を得ており、自治団体へと発展した。そしてまもなく、王はこれら諸都市の代表を大貴族とともに封建制議会に召集することが有益であると気づくことになる。都市代表は、たとえ自分たちの助言が相手にされなくとも、王から援助を要求されることが確かにありえた。そして徐々に、「全員にかかわる事柄」の原則が封建貴族同様に都市民にも適用されるということが受容された。

　この点に関しては、イタリアの歴史がとりわけ興味深い。1158年のロンカリアにおける大封建諸侯会議で、神聖ローマ皇帝フリードリヒ1世（バルバロッサ）は、彼の支配下にあるイタリア諸都市に課税（regalia）しようとすることについて、有力諸侯の同意を獲得した。レガリアとは、この場合、通行税や特殊な交易に対する課税、造幣権、あるいは採鉱権を含むものであり、これらは全て伝統的に国王大権と見なされていたのである。しかし、皇帝はこれらの課税に関して諸都市から同意を得ることを無視したのである。そこで、諸都市はフリードリヒに対抗すべく、同盟を結成し、そして皇帝側を屈服させたのである。この結果、諸都市は皇帝の権威からの事実上の独立を獲得した。ロンバルディアやトスカーナの諸都市（これらは殊にコムーネと呼ばれていたのだが）は、実質上都市国家となり、まさに古代ギリシアの都市国家のように様々な統治形

態を試みることになる。ところで、まさに古代ギリシアの都市国家のごとく、イタリアの諸都市もまた代議制度の必要性を感じていなかった。コムーネの本質は市民（もちろんこれは男性であったのだが）の全体集会が与える同意によって、あるいは別の形態の統治への市民参加を経た同意によって、治められていたことにあったのである。こうしたコムーネのうちのいくつかは非常に強大になったので、やがて近隣の諸都市を征服し、大君主が形成したような領域国家を作り上げるようになった。それらの動機は非常に似通っていた。すなわち、コムーネは領土拡大で可能となる税の徴集と兵士の募集を必要としていたこと、またあるいは、常に戦争に脅かされている世界で、敵対勢力に領土や資源を渡さないようにする必要性に迫られてのことであった[11]。時として、シエナのような都市が議会（parlementum）に貴族と従属都市の代表とを召集することもあったが、しかし、そのような集会は決して常設の制度とはならなかった[12]。

　以上のように、イタリアの都市国家が、支配下に置いた領土（contados）から代表議会を召集しようとは望まなかったことが、中世後期に発達した代議制機構の本質に興味深い光を投げかけることになる。そのような領土内での封建貴族と都市共同体との関係が本質的に封建的なものであるうちは、その統治のために、王が自国内で必要としたような封建諸侯会議を求める必要はなかった。貴族の奉仕義務が個々に要求された場合を例外として、領土内の貴族を召集することは重要ではなかったのである。むしろより重要だったのは、従属諸都市の問題であった。トスカーナの諸都市の代表を召集することは、フィレンツェの利益に決してならなかった。というのは、それらの諸都市にフィレンツェに対抗して同盟する機会を与えることになってしまうからである。このような身分制議会に反対する伝統は、非常に強力であったので、ヴェローナやミラノを始めとする都市において、都市共和国が公国へと移行した時でさえ、代表制会議の発達を妨げることになった。

　以上のようにして、封建制も、（とりわけイタリアで経験されたような）ローマ法の復活や教会法の発展も、それだけでは代議制度の出現を説明するのに不十分であることがこれで明らかになったであろう。その際、しばしば欠如して

いたのは、我々が観察したように、代表というまさにその概念に固有の要素、すなわち所与の政治的構造全体の中の共同体感情であった。そしてそのような考え方は、次のような場面でしか現れることはなかったのである。すなわち、生き延びるために国際的なエリートを必要とするという中世初期の状況から、経済的、社会的そして知的な発展が生まれ出ることになった場面であった。ヨーロッパの全く異なる地域における二つの例が、このことを明快にしてくれるであろう。シチリアとフランドルが共に持っており、二者の歴史から我々が考察している問題に際立った光を投げかけてくれるものがある。それは、それぞれの共同体感情が非常に強力であったため、支配している王家に王位継承を巡る危機が起こった際、これらの地域が多数の都市国家に分裂することが回避されたという事実なのである。

　シチリア島とイタリア半島南部から成り立っていた両シチリア王国は、11世紀にノルマン人によって建国され、その王権はドイツのホーエンシュタウフェン朝によって受け継がれた。ホーエンシュタウフェン朝の没落後は、フランスのアンジュー家がこの王国を支配したが、その支配は貴族や都市の権利や特権を無視する専制的なものであった。ゆえに、1282年、シチリア島民はこのフランス系の王権を倒し（「シチリアの晩鐘」と呼ばれる）、王国はメッシナ海峡で二つに分断されることになった。当初、シチリア島の大都市は北部イタリアの都市国家のように独立をそれぞれ宣言しようと考えていた。しかし、疑いなく一つの島であるというシチリアの地理的な境遇によって支えられていたのだが、共同体感情が発達し始めてきていたのであり、いまだナポリに強固な陣営を築いていたアンジュー家による再征服の恐怖によってますますその感情は高められた。アラゴン王ペドロは彼の妻との婚姻による相続を通じてシチリア王位を権利請求した。しかし、実際に王冠を彼に与えたのは、彼がパレルモにおいて召集し、シチリアで初めて諸都市の代表も含まれて開かれた議会だったのである。この議会はシチリア島の西半分のみを代表していたようである。というのも、2〜3カ月後、シチリア王ペドロはシチリア島の東海岸にあるカタニアにもう一つの議会を召集したからである。シチリア人はアラゴン王家に対し

て自らの手で自分たちの王冠を手渡したことに誇りを感じていた。そして、シチリア議会は、彼らのアラゴン王（後のカスティリア王）にこの事実を決して忘れさせなかった。1283年、メッシナで開かれた王ペドロの3度目の議会は、ナポリ王国のアンジュー家に対する戦争に必要な費用を王に与えることを決定した。ペドロ3世が彼の野心的なシチリア政策に対する支持を獲得するために、1283年、自らのカタルーニャ公国のコルテス（議会）を召集する必要を感じていたとしても驚くには当たらない。高位聖職者、貴族、そして都市の代表は、共同して自らの特権の確認と王が彼らの同意なしには新しい法律を公布しないという約束を求め、それらを獲得したのであった。

　3代アラゴン王フェルナンド3世がシチリアの王冠を継承した1296年までには、王国議会は強固に確立されていた。議会は、かつてアンジュー家の王たちが廃止したり、無視したりした王国における特権や特許状を復活・承認するように主張した。そして議会は、この新しい王が、前の王とは違い、王国に居住すること、また王は議会の同意なしに戦争を起こしたり、平和を締結したりしないことを約束させたのである。国王とその役人が王国の法律に従うこと、そして議会が司法行政を監督するために12人委員会を選挙で選ぶことも同時に約束させた[13]。

　ここで起こっていたことは、この国全体の指導的諸集団が協同して、新しい王家を確立し、王位継承危機や外国の干渉を乗り切って彼ら自身の特許状と特権とを確認したという事実であった。このことは議会という代表制会議を通じてなされたのである。これを別の言葉で言えば、以前に支配者であった王家によって王位継承に異議を唱えられた君主は、新しい王国の最も力を持つ諸集団の協力を得る必要に迫られており、しかも迅速に得なくてはならなかったのである。これら諸集団を議会に召集するのに優るよい方法があったであろうか？

　第二の例のフランドル伯領は、大カロリング帝国を継承した国家の一つであった。元々はカロリング朝の役人であったフランドル伯家は、自ら世襲の支配者となり、自分たちの封建君主であるフランス王から事実上独立した存在であった。1127年、フランドル伯は、彼に仕える貴族の一部による陰謀のために

暗殺された。このフランドル伯には直系の相続人も身近な血縁もいなかった。そのため混乱の時代が続くことになり、その間、貴族たちといくつかの都市は特別な誓約を立てて同盟を形成したのであった。1128年、貴族と大都市（とりわけブリュージュとガン）の代表たちは、自らのイニシアチヴで会合を持ち、暫定的に伯となっていた者を免職して、ティエリー・ダルザスを新たな伯として選んだ。そして、彼にフランドル地方の法律と諸特権を遵守することを誓わせたのであった[14]。

　これは議会だったのだろうか？　あるいはこれまで述べられたように、議会の前身だったのだろうか？　この問題に答えることはたいした意味をなさないであろう。というのは、1127年から28年におけるフランドル地方の誰も、後の発展のことなど考えていなかったからである。実際、このような早い時期に、あの「全体同意原則」などを思い描く人間がいたとは思われないのである。この会合はむしろ、危機の諸条件によって実際の必要に迫られてできたものであった。継承を巡る危機そのものは、何も新しいことではなかった。新しいことは、フランドルの諸都市がすでにこの時代に多くの人口と富を抱え、そのため、継承者の選出が立ち往生するようなら、その選出過程に諸都市をも加えなくてはならなかったということなのである。この点はフランドルの究極の宗主権者（封建君主）であるフランス王によってさえ承認された。さらに、シチリアと同様に、150年後にはすでに十分に、下級貴族や聖職者や都市が連帯するほどの共同体感情が発達していた。しかし、シチリアと同様なのはまさにその点だけであった。来るべき何世紀もの間、ブリュージュやガンやイープルといったフランドルの大都市は独立したイタリアの都市国家のように振る舞い、近隣の小都市や小貴族の上に君臨し、イタリアのcontadoにおいて見られたようにその領土内で私腹を肥やしたのである。

　しかしながら、12世紀のその後について見れば、諸都市はフランドルの統治に参加しなくなってしまった。1157年に、ティエリー伯は下級貴族たちの協力だけで、相続問題を解決したのである。12世紀の終わりから13世紀を通じて、新たに復興したフランス君主制がフランドルをフランス王国に再統合し

ようとした際、フランドル伯家は諸都市の支持を求めざるをえず、そしてその統治にあたって再度諸都市と連携を図ることを強いられた15)。代表制会議の歴史というものは、シチリアと同様に閉鎖的な政治体系の中で展開されるのではなく、政体外の諸権力の活動によって極めて重大な影響を受けるものなのであった。これは、そのような外的な影響の性格や程度や最終的な重要性は場合によって様々であるとはいえ、ヨーロッパの至る所で見られる議会史の不変の特徴と言うべきものであった。

このことは、際立った議会史を持つヨーロッパの島国・イングランドにも当てはまる。フランドルやシチリアとは違い、イングランドには、ロンドンを別にすれば、大きな自治都市は存在しなかった。そのロンドンでさえ、城壁のすぐ外側に王の要塞であるロンドン塔があったことで明らかなように、12世紀や13世紀には、ブリュージュやガンは言うまでもなく、パレルモやメッシナほどにも君主の権力から独立していなかった。しかし、イングランドでは、大陸部においてと同じように、支配者は王国において最も有力な勢力の支持を必要としたのであり、それはとりわけ、政治的危機の時代に求められたのであった。

ジョン王の統治した時代は危機の連続であった。王国は、リチャード1世の第3回十字軍への参加のために重い金銭的負担を負わねばならなかった。加えて、リチャード1世が聖地パレスチナからの帰途、捕らえられてしまった際に、皇帝フリードリヒ6世から要求された莫大な身代金が重くのしかかっていた。リチャード1世の後継者であるジョン王は、フランスとウェールズへの遠征の費用をまかなうために、臣民たちに重い負担を課し続けた。そのため、貴族や高位聖職者からの反対が急速に高まり、そのうちの何人かは国王を殺害しようと共謀したものであった。1212年8月、さらに1213年、ジョン王はイングランド全ての州の州長官に一般令状を出し次のように命じた。すなわち、「6名以上の法に忠実で思慮深い騎士たち」を、噂されている謀議についての情報を王にもたらすために、また「余が騎士たちに申し渡すことを行うために」、王の下に派遣することであった。その見返りとして、国王はユダヤ人に借金を負っている全ての者に便宜を図ることを約束したのである16)。なるほど、その

ような策はそれまでも望まれていたものではあったが、疑いなく、ジョン王は、他人の財産を踏みつけにして自分の身近な人々の信望を得るという古くからのずる賢い手口を知っていたのであった。

　しかしながら、ジョン王に対する貴族の抵抗運動は続いたのであり、ロンドン市民によって支持されたのであった。そして 1215 年、ジョン王は「マグナ・カルタ」に署名することを強いられた。中世の法令の中でも最も有名なこの憲章は、貴族の権利と特権を確認したものであるが、その中では全ての自由人に法律に従って同身分の集団による裁判を受ける権利が含まれていた。「王国全体と一致している」25 名の貴族からなる評議会は、たとえそれが王に対して戦争を始めることを意味しようとも、憲章の諸規定を執行する権利があるとされた。ジョン王はこの憲章の無効性を訴え続けたが、1216 年に死亡した。すでに火蓋が切られていた内戦は、まだ幼い王ヘンリー3世の統治時代も継続した。反乱を起こした貴族たちは、自分こそがイングランドの王であると主張していたフランスのルイ王子（後のルイ7世）の援助を受けていた。このような手強い同盟に直面すると、摂政政府は支持者を獲得すべく、1216 年、1217 年、そして 1225 年の3度にわたって「マグナ・カルタ」を再発布した。それぞれ、その時点での政治状況の求めに応じて、詳細部分に若干の相違は見られたが、それらの写しは、その度に州裁判所に送られた。最後の憲章の中で政府が求めたものは、すでに内戦に勝利していたので、もはや支持ではなく金銭的な援助であった。すなわち、あらゆる動産に対して伝統的な封建税である 15 分の 1 税を課すことであった。

　「マグナ・カルタ」は、自らは王国社会のために行動しているとする大貴族の一団によって王に課された封建的な文書であった。確かに、「マグナ・カルタ」はそのように解釈されるようになっていた。「マグナ・カルタ」は歴代の王によって再公布されたが、より重要なことは、このような再公布を要求したのは歴代の議会であったことである。イングランド人の基本的権利を擁護したとして、議会と「マグナ・カルタ」は相互にその名声を高めあい、法の下にある統治、臣民の権利・特権の下にある統治、そして全社会の代表の下にある統

治という観念の独特の共生を形成するに至った[17]。

　王権による議会の召集や州裁判所におけるその州の貴族による選挙、あるいは州長官による貴族の簡単な任官が定期的に行われるようになるためにはさらに半世紀必要であった。

　このような貴族たちが、州全体、いわんや王国全体を代表するということがすぐに明確になったわけではない。王はいまだ彼の臣民の中の特別な団体のみを身分別の会合に召集していたのであり、そこには時に小都市からのユダヤ人団体も含まれていた（1231年と1241年）。しかし、より一層頻繁に、王の法令が「州社会全体によって選出されるべき人々」について述べるようになった。そのことは、このような人々が、伝統的に州裁判所においてそうであったように、議会において州を代表していることを意味していた。

　しかし、次のようなこともまた明らかになった。それは、王とその反対勢力の双方が、この伝統を利用して、王国全体から支持を得たうえに、それよりもむしろ大陸において見られたように、王国において最も力を有する人々や集団から支持を獲得したということである。またこの時も、政治的危機こそが自らの野心とよき統治を結びつけるために人々の目に多くの問題をちらつかせたり、人々を極端な行動に駆り立てたりしたのであった。ヘンリー3世は徐々に、その統治が専制的だったためと、親類縁者やポワトゥ地方（南フランス）とサヴォワ地方からの顧問官に対するひいきのために不人気になっていった。このような行為は多くの大貴族を敵に回すことになる。なぜなら、彼らは伝統的な封建契約によれば、自らを生まれながらの王の顧問官として見なし、そしてもちろん王の庇護の主要な受益者として見なしていたからであった。同時期に、王権はイングランド王国の中で強まっていた共同体意識を逆なでしていた。しかし、これはいまだ不明瞭な感情であり、近代のナショナリズムからは程遠いものであった。言語は一つであったが、必ずしも共同体を統一させる最も重要な要素というわけではなかった。英語（古代英語、すなわちアングロ・サクソン語に代わる中世英語）は、一般の庶民（相互にかろうじて理解しうる方言を使っていたに過ぎないけれども）によって話されており、徐々に教養層にも浸透してい

った。しかし、1066年のノルマン人による征服以降、王室と支配者層はフランス語を話していた。公式の文書はほとんどラテン語で記された。ラテン語は熱心な愛国者で外国人嫌いである修道院年代記記者によって使われる書き言葉でもあったのである。逆に言えば、共通語は必ずしも共同体意識を創造するものではなかった。共通語は、イングランド人とスコットランド低地人との間に共同体意識を育むものではなかったのである。それはちょうど、フランドル人とブラバンド人とオランダ人の間でも言えるし、あるいはシチリア人とイタリア本土人との間でも言えることであった。フランドル地方では、イングランドにおいてのように、貴族はフランス語を話していた。ところで、フランドルでもイングランドでも、貴族は他の階級の人々との垂直的な結びつきによって、自らを共同体の一部と見なし始めるようになっていた[18]。

　共同体概念の曖昧さは、1258年にヘンリー3世に対して起こされた貴族の反乱の指導者によって示されることとなった。シモン・ド・モンフォールは、イングランドにおいては、レスター伯として務めを果たすフランス人であった。彼の貴族層および騎士層における支持者たちは、前世紀のフランドル同盟のような同盟を形成した。彼らの団体盟約は、十字軍が創設したエルサレム王国の貴族たちが1231年に行ったものと同様のものであった。かつての十字軍メンバーであるモンフォールはこれを知っていたようである[19]。（また、1282年のシチリアの出来事と関連がある可能性もある。というのも、1231年に皇帝フリードリヒ2世はシチリアとエルサレムの双方の王であったのであり、シチリアの貴族団が、約50年も前の十字軍王国での出来事との関連やそれに関する記憶を持っていたとしても不思議ではないからである。）ヘンリー3世は、オックスフォード憲章によって、親族とポワトゥやサヴォワ出身の役人を王国の外に追放することを強いられ、また、選挙で選ばれた貴族の顧問官を受け入れ、年に3回の「議会」と呼ばれる定期会合を開くことを強制されたのであった。それは、「領土内の状態を論じ、王と王国の共通の問題を取り扱う」ことを意味した[20]。

　これこそは、君主制の権力を制限すべく、「マグナ・カルタ」もなしえなかった常設の立憲的組織を創造する試みであった。ヘンリー3世は確かに、この

ように理解したし、そしてまたイングランドの王と貴族団の両勢力が援助を求めた、ヘンリーの仲間であったフランス王ルイ9世もそうであった。1216年から17年頃とは違い、この時代、フランスによる干渉は、王権側を援助するものだったのである。

　内戦が始まった。モンフォールは、彼の立憲思想にもかかわらず、ますます独裁的に振る舞うようになった。それゆえ、彼がそのために行動すると公言していた共同体の支持を失っていった。1264年12月、彼は、州の騎士と共に自治都市の代表を、1265年1月に開かれる議会に召集した。19世紀の歴史家は、この行為を下院の起源として見なし、シモン・ド・モンフォールを近代英国議会の創設者と称賛したのである。だが実際には、彼は死に物狂いで内戦での支持を獲得しようと試みていた。というのも、彼は内戦において、いくつかの戦術上の勝利にもかかわらず敗色が濃厚だったからである。しかし、ヘンリー3世はこの内戦に確かな勝利を収めたにもかかわらず、彼とその後継者たちは、イングランド自治都市の代表を召集することが好都合であることを知った。仮に、動機を考慮せず、歴史上の皮肉を認めるとすれば、19世紀の歴史家たちは必ずしも間違っていたわけではなかった。

　しかしながら、州の騎士と自治都市民とが、「庶民」として、宮廷、すなわち議会で「庶民」の共同体を代表すべく定期的に会合を持つことは徐々にしか進展を見せなかった。というのも、このことは、彼らがすでに州裁判所において定期的に実行してきた事柄だったからである。州裁判所におけるこうした活動の目的は、課税の決定と徴集、および地方政府の仕事、とりわけ法律の執行、特権と自由の保護であった。この特権と自由とは、アングロ・サクソン時代以降勝ち取られ、そして13世紀に拡大されたものであった。またこれらは、しばしば、それを渋る王から勝ち取られたものであり、あるいは「マグナ・カルタ」にみるように、公然と王と対決することによって得られたものであった。代表制会議としての議会は、このような形をとらず、むしろ支配者と地方共同体とを連係させる手段として発達をとげた。このような共同体の代表たちは、一堂に会した際、その召集の本来の理由が何であろうと、徐々に王国の共同体

を代表するものと見なされるようになった。代表たちの援助と協力を必要としたのは王だったので、代表たちは共同体全体の特権を擁護するにあたって強力な立場にあり、隙あらばこれを拡大しようとした。

≪Ⅱ≫ 常設制度となった代表制会議

　13世紀の後半以降、代表制会議はキリスト教・ヨーロッパ世界の至る所で見られるようになった。それは、独立した王国や公国のほとんど全てに出現したのだが、それはこのような国において、支配者が助言と支持を必要としたからであった。「全員にかかわる事柄は全員によって承認されなければならない」という原則は、明らかにヨーロッパ全体で勝利の行進を歩み始めた。というのは、その原則は共同体感情を言葉に表していたからであり、理にかなっているとして、また同時にいささか現実離れした理想化の傾向があるとはいえ先祖伝来の伝統として皆が見なしている行動方針を表現していたからであった。そのような政府と権威の本質に関する意味合いは、ブライアン・ティアニーが第三章ですでに指摘したように、情熱と高度な哲学的見識を兼ね備えていた神学者と教会法学者とによって、11世紀以来議論されてきた。それゆえ、王権と代表制の間に横たわる二重性は、ヨーロッパの教養エリート層の考察対象になってきた。ところで、一体誰がどのように助言や支持を表現するのかという問題がまだ残っていた。それに密接に関連してもう一つの問題もある。言及され、あるいは関係するとされた「全員」とは一体誰であり、全員が承認したこととは一体何であるのか。

　支配者たちは、聖俗の最高位者からなる宮廷（curia）から助言を得ていた。11世紀から13世紀にかけて、統治はより複雑なものとなり、その結果、宮廷は専門化の道を歩んだ。最高位の封建貴族によってなされる王への助言は、法律家や行政官や財務官によって補完されなければならなかった。しかしながら、最高位の封建貴族による助言や支持はいまだ必要であった。というのも、彼らは独立した権力を持ち、地方の人々に服従を命令しえたからである。

第一に大貴族が存在した。彼らは、少なくとも西ヨーロッパについて言えば、独立の支配者として行動することはもはや望みえないと徐々に理解し始めた結果、彼らの個人的な、または一族の野望にとっての最善の策は、自分たちの支配者の統治に対して影響力を増大させることだと考えるようになった。これを達成するには二つの方法があった。第一は、王が開く会議や王の軍隊に直接の個人的貢献をすることによってであり、第二は、自分たちの権利や特権を擁護し、そしておそらくは拡大させるために真新しい代表制会議制度を利用することによってであった。貴族によるそのような行為のためには、彼らの間での連係が必要だった。ゆえに、彼らは同盟や盟友関係を築いたのである。それは、紛糾する王位継承の解決のためであったり、王からの重大な特許状の獲得のためであったりと、たいていは、特殊な戦術的目的のための短期的な集まりであった。あるいはまた、貴族間での婚姻、そして一族と主従関係の忍耐強い構築というそれほど劇的ではないが長期にわたる姿をとることもあった。かくして、王の大封建家臣は、貴族という自負心の強い身分となり、議会において強力な発言力を持つことができたのである。

　このような動きは、ゆっくりと進み、ヨーロッパの地域ごとに異なる速度で進行し、また異なる結果を生み出した。フランスにおいてさえ、若干の大封建貴族は、彼らが王家の一門であっても、なお事実上の独立した支配者として君臨することが可能であった。ヴァロワ朝の比較的新しい分家の者たちは、14世紀の後半にブルゴーニュ公となり、15世紀を通して、ネーデルラントの複数の公領と州を手に入れた。ドイツでは、大封建貴族たちが、13世紀に皇帝権が失墜した時に、王家の一門でなくとも公領や侯領の独立の支配者となった。しかし、こうした領邦君主の中の最高位の者たちの法的地位が、何人かの司教や大司教と連帯することによって十分な確立をみるに至るには、長い時間を必要とした。14世紀の中頃から、これら諸侯のうちの7名のみが王（彼は教皇から皇帝位を授けられるのであるが）の選帝侯として認められるようになる。彼らは、非常に排他的な集団、いわゆる団体を形成していたが、一つの身分へと発展することはなかった。実際、彼らは自らを神聖ローマ帝国の一身分と規

定し、これは彼ら以外のドイツ貴族にも用いられていた。これらの貴族は皇帝を別とすれば他に封建的上位者を持たないと主張しえた人々だった。このような身分規定の意味上の曖昧さは中世後期における法的な混乱と政治権力上の混乱とを反映していた。

　貴族が、代表制会議において共同で行動するために十分な共同体感情を伴って身分制議会を形成したのは、オーストリアの諸公領やバイエルンやザクセンのような大公領においてであり、14世紀以降、これらの公領に代表制会議は現れ始めた[21]。すでにこの時点で、ドイツ貴族の身分制を南ヨーロッパ・西ヨーロッパにおける貴族の身分制とは区別させるような厄介な問題が存在した。最も重要なことは、ヴュルテンベルクといくつかの教会領において、下級貴族が彼らの君主との忠誠関係から脱退し、彼らは「帝国の騎士」として唯一皇帝への忠誠を主張したことである。これらの領邦内議会においては、それゆえ、貴族階級というものは決して存在しなかった。ヴュルテンベルクは、大修道院のない地方で、それゆえ高位聖職者身分の存在しない地方であるのだが、そこでは結果として、代表制会議が有力者と地方官僚からなる一つの社会的に等質的な身分（Ehrbarkeit）にのみ開かれていた。その議会は、ドイツの議会の中でも最も効果を発揮し、長い歴史を刻んだ議会の一つとなった。

　聖職者身分の発展は、貴族身分のそれと同様の道をたどり、その地方ごとに異なる様相を呈した。支配者は皆、自分の顧問会議に聖職者が参加することを必要とした。彼らは、司教区においては小教区司祭たちの監督者として司教、また修道院の責任者とともに大土地所有者である司教を必要としたのである。このような司教は、しばしば上級貴族出身者だったのだが、人格的にそして財政的に上級貴族と同じ位置にあった。聖職者たちは、独立した一つの身分としての共同体感情を育み、そのような感情の発展は、王と教皇に対する二重の忠誠によって支えられていた。代表制会議において、彼らは圧倒的に重要な存在となることもあった。例えば、バイエルンにおいて、彼らは合計で公領の半分近い土地を所有していた。あるいは、司教たちは、司教座聖堂参事会もなく、裕福な修道院もほとんど存在しないような隣接するヴュルテンブルクやホラン

ト州やフランドル地方では姿を消すこともありえた。スウェーデンにおける例外を除き、身分の低い教区司祭は、全く自分たちの代表を持たないか、あるいは彼らが戴く司教を通じて、かろうじて間接的に代表されるだけであった。

　支配者は、長い間にわたって彼らの顧問会議に庶民を雇っていた。しかし、「第三身分」としての「庶民」は、ヨーロッパのほとんどの地域で、自治都市の発展と共にその比重を高めたのである。この身分にとってもまた、我々がすでにシチリアやフランドルの歴史の中で観察したように、共同体感情が、諸都市の諸々の支配者集団の間で、さらに垂直的には聖職者、貴族、庶民の異なる社会身分の間で育まれることが必要であった。ほとんどの国の議会では、第三身分はいくつかのごく限られた都市の代表のみに限られていた。これらの都市の代表たちは、初めは支配者によって選ばれ、その都市はたいていは非常に豊かで人口の多い都市であった。とはいえ、フランドルやシチリアの例が示しているように、大都市はまた、彼ら自身の手で問題を処理することもできたのである。しかし、ひとたび議会への出席が認可されると、たとえいくつかの都市では人口や富が衰退し、他の都市では増大するということが起こっても、その形式を変えることは困難であった。ロンバルディアやトスカーナのように都市が完全に独立していたところや、ドイツでのように事実上独立していたところでは、都市は決して一つの身分へと発展せず、あるいはドイツにおいてのように、その発展は非常にためらいがちな遅々とした歩みであった。

　いずれにせよ、それは多彩な例にあふれていた。イングランドでは、ロンドンを除いて、都市はいまだ小さいままであったが、初期中世の州機構が普及していた。ここでは、「庶民」は土地所有者であるジェントリ（大まかに言えば、大陸の下級貴族と同身分）と都市民とで構成されており、この都市民は議会に召集された自治都市の代表たちであった。そしてこの代表たちの数は、フランスを除く大陸側のどの王国においてよりもはるかに多かったのである。イングランドでは、数の上では全く少数である爵位を持つ貴族たちは、司教と共に議会の「上院」すなわち貴族院（the House of Lords）を構成したのであった。イングランドの聖職者は、一つの身分として、独立した集会、すなわち聖職者会

議に参加していた。彼らは、この完全分離の特権を維持することを切望したのだが、しかしこれは長い目で見れば、自分たちを真の権力の中心である君主制と議会から引き離してしまっていたのである[22]。

　歴史家たちは、しばしばイングランドと大陸の間に見られるこのような相違点を、幾分過剰に意識し過ぎてきた。むしろ単に、中世ヨーロッパにおける代議制度の発達の中で見られた多様性の中の一つとして見たほうがよいのである。イングランドの庶民の発展と非常に似た現象が、フランドルでも起こっていた。第三身分の４番目の「構成員」である（他の３構成員はブリュージュ、ガンとイープルである）フラン・ド・ブリュージュが、３大都市への勢力中和剤として伯によって特別に創設され、それは下級貴族とカスティリャ人の代表を含んでいたのである。フランスのいくつかの地域では、とりわけ南部において、そして南ドイツのいくつかの地域でも、村落共同体ですら地方議会に代表を送りこむようになった。村落共同体が独立した一身分とならなかった一方で、いくつかの村落共同体は自治組織を発展させ、地方裁判所の監督のためにかなりのレベルの自治を展開していたのであった。それは、支配者の課税を評価して、徴集する必要によっていたのであり、そして近隣の、時には盗賊にもなる貴族に対抗して共同防衛で自らを守るためであった[23]。

　制度と自己認識におけるその多様性にもかかわらず、あらゆる代表制会議は、何らかの形で、王の顧問会議の拡大版として機能し始めた。そしてその初期の歴史によれば、それらは君主の宮廷の諸特徴の多くを維持していたのであった。一度制度化されれば、その助言を行う義務は権利として見なされるようになる。この過程は徐々に進行し、また、議会が主張した権利にもかなりの多様性が見られた。しかし、この過程は、全ヨーロッパ的な現象であった。そして、中世後期には、教会の公会議にも類似の現象が起こったのである。このことは、支配者とその主要な家臣に面会しうること、恐らくはまた——結局，それは何らかの助言を行うということだが——政策決定に関して幾ばくかの影響力を持つこと、そして請願をする機会を確かに持つということを意味していた。その請願とは、支配者に、権力の濫用を改善し、かつて承認された自由と特権とを尊

重し再確認するように強く求めることであり、そして機会あるごとに自由と特権を拡大させようとするものであった。

　そのような諸関係に即してこそ、前述の自由と特権は、支配者の側における他の大きな要請と、臣民と家臣の側における他の不可欠な義務、すなわち援助を与えることと結合したのである。元来、この援助は、主に軍事的なものであり、援助におけるそのような軍事的な側面は、中世を通じて最も重要なものであり続けた。しかし、相当早い時期に、家臣が必ずしも常に彼らの君主に従って戦争へ赴くことができるわけではないことが明らかになっていた。例えば家臣たちが、あまりに年を取り過ぎていたり、あまりに若すぎたり、あるいは病気であったりすることがありえたし、女性や聖職者であることもありえたのである。そのような家臣たちは、代理人を差し出すことができた。しかし、間もなく、金銭を差し出すことが、関係する全ての者にとってより好都合なこととなった。というのは、王たちは傭兵を雇うことを必要とした。あるいは、より長い時間を要したり、家臣の伝統的な義務の範囲の枠外で遂行されたりした軍役奉仕に関して、封建家臣に金銭を支払わなければならないこともあったからである。12世紀から14世紀にかけては、西ヨーロッパの君主国は、ますます手の込んだ、そしてさらに金をかけた築城計画に従事していた。さらに、イングランドやアラゴンの王たちのように、沿岸部や海を越えた土地に領地を持つ支配者たちは、海軍を持つ必要もあったのである。

　このような全ての事柄は、支配者が自らの領地や課徴金（regalia）から調達しうるよりずっと多くの金銭を必要とした。1308年には、フランス王フィリップ4世が、臣民たちに「娘を結婚させるための援助金」と称して、封建関係による金銭の支払い——実際には税金——を要求した。それは、彼の娘イザベルとイングランド王エドワード2世の結婚のためのものであった。フィリップは、彼の代理人たちを地方へと送り込み、この金銭を徴収したが、その際代理人たちが大きな抵抗を受けたことは無理からぬことであった[24]。サントンジュ、ペリゴールやフランス中央南部のケルシーなどの地方では、聖職者、貴族、そして諸都市がパリへと代表を送ることを決定した。この代表たちがパリに辿

り着いた際、ノルマン人の代表は、すでに同じ問題でパリに姿を見せていた。援助金自体についての協議、そして王を束縛することもありうる決定をする代理人たちの権力についての協議は、1310年の春まで続いた[25]。この時は、これらの会合の主導権は、王の臣民が握っており、王はそれを受け入れなければならなかった。これは、王が1302年にかの有名な事件のために、王国全体から代表を召集した時と甚だ異なるものであった。あの時は、フィリップ4世は、教皇ボニファティウス8世との争いのために代表を集めたのだった[26]。この会議が、フランスにおける初の全国等族会議と常々呼ばれたものであった。しかし、実際のところは、それは王が彼の政策を布告する大会議ほどのものでしかなかった[27]。

さてイングランドでは、羊毛輸出が最も価値を生む商業活動であった。そして、イングランドの王たちが、王の権利として羊毛の輸出に課税することを欲した時、羊毛商人と自発的な協定を結ぶことが非常に好都合であると、王は見なしていた。そして、1294年以降、商人による会議が、期間限定で、王に羊毛輸出課税（maltolt）を承認するようになった。この課税の特徴は商議という形式を取っていたことである。王の役目は、商人たちが独占的なカルテルを形成する権利を受けられるようにすることであった。商人たちは、税金を外国の消費者に転嫁するように主張したのである。しかし実際には、間もなく次の事実が明らかとなった。この税金は、羊毛価格の下落という形をとって、ほとんどイングランドの牧羊業者にふりかかることとなったのである。当然の事ながら、主に土地所有者（その多くは牧羊業者であった）を代表していた議会が、この課税に異議を唱えた。しかし、経済的な不平不満以上により重要であったのは、羊毛輸出課税が実際に公的な税であったという事実であり、その税金が共同体の有力者たちによって払われていたということである。それゆえ、議会は自らの同意によってのみ税金は課されるべきであると主張した。1351年、庶民院は王に対して、商人への特権の許可を廃止するよう要求した。しかし、それは「半年あるいは1年間で40シリングの援助金（すなわち、羊毛1袋ごとに羊毛輸出課税を認める）を得なければならないという（対フランス戦争に向けた）

危急の必要性によって、王がそうしたいのなら、貴族や庶民に対して、そのような希望を示してもよい」という条件付であった。

　14世紀の中頃までには、西および南ヨーロッパの王たちは、議会に対して課税を承認するように定期的に要求するようになっていた。このような慣例は、今や徐々に金銭の支払いへと転換していた、援助という封建的な責務によって正当化された。またそれは、ローマ法と教会法の諸原則、つまり彼らの支配者が「必要」とした場合には臣民は支援しなければならないという原則によっても正当化された。このようにして、家臣を対象とした個人的な封建上の責務は一般化されて、共同体全体に当てはめられたのである。そして、この共同体は、ますます頻繁に、議会によって「代表される」ようになっていった。1321年のイングランド議会の役割に関する諸契約 the Modus Tenendi Parliamentum（議会運営方法）は次のように表明した。それによれば、議会が問題とするのは、第一に戦争と王である。第二に、司法上の問題や法律制定のような王国全体の問題であり、第三に、議員構成の問題であった[28]。

　王の要求を拒絶することは、議会のすべきこととは見なされなかった。そのため、金銭的な援助の承認があからさまに拒絶されることは、ヨーロッパのどこであっても、至極まれであった。しかし、議会は王に対してその必要性を説明し、正当化することを要求することができたのであり、現にそれをしていたのであった。たいていの場合、この必要性は王国を防衛することを意味していた。しかし、防衛とは何であったのか？　敵との休戦に入っていた場合、それはなお「必要性」があったのだろうか？　そして、現行の戦闘のために、あるいは将来の戦争の再開に向けて準備を行うために承認された課税を、王は徴収し続ける権利を持っていたのであろうか？　イングランドでは、エドワード3世が、幾度も機会を重ねて、次の内容について、どうにか議会を納得させた。すなわち、フランス人は戦争の再開を計画しているから、議会がそれまでに承認していた課税を継続したいという主張であった[29]。

　フランスでは、そのようなことは明らかに困難であった。14世紀までに、フランスは非常に多数の代表制議会を抱えるようになっていた。その形態と種

類は煩わしいほど多様性に富んでいたが、それは、フランスを構成する地域ごとの政治史と地域的な社会構造の両者に起因していた。代表制会議は、バイイ裁判所管区（bailliage）、セネシャル裁判所管区（sénéchaussée）にあり（これは、およそイングランドの county のようなものである）、そして全州にもあった（これはイングランドにおける行政単位よりもずっと大きい）。そのような会議は、地理的・社会的な単位を代表しており、それぞれの単位が、固有の共同体感情を持っていた。フランス王国全体を対象とする共同体意識は、確かに徐々に育まれてはいたが、地方的な愛着心と利害関心とが、しばしばそのような意識に優先した。王に対する忠誠心は、未だ大部分が封建的なものであったのである。王国の周縁地域での王による戦争をみると、要求された援助が本当に必要だったように思えないことがしばしばであった。そしてそれは、将来自らの地方を防衛するために必要であろう資源を消耗させるかもしれなかった。そのために、14世紀の大部分を費やしたフランス君主政の戦争記録からは、戦時の中央での指揮に対する信頼があまり伝わってこない。少なくとも、継続中の戦闘がない場合には、援助を拒絶するのももっともであると感じられていたのである。

　対照的に、イングランドはフランスよりもずっと早くに一体化されていた。そして12世紀以来、コモン・ローを享受していたのである。エドワード1世の対スコットランド戦争は、13世紀の終わりに、恒久的なフランス＝スコットランド同盟という形をとって終わりを告げたが、この国の北から南までのイングランド人にとって、この王の戦争が全員に関係していることは明白であった。というよりはむしろ、この戦争は、イングランド貴族の大多数によって承認されたものであったのである。この貴族たちは、フランスに対する戦いが、仮にうまくいったとすれば、自らの利害に合致しており有益であると考えていた。エドワード2世は、スコットランドにおける軍事的失敗によって、その王位と生命を失った。しかし、対フランス戦争は、1360年のブレティニー条約に至るまで、全体として、非常にうまく事が運んだのであった。そして、議会を一致団結させたのは、この戦争で得るところの多かった軍事貴族であった。王と議会の間の一国レベルでの連携は、結果として、うまく機能していたので

あった。

　フランス側が、この点を見誤っていたというわけではなかった。例えば、1339年に、フィリップ6世の顧問官たちはある覚書を作成した。それは、中央会議、地方会議の相対的利益、そしてより小規模な地方会議との交渉の相対的利益についての覚書である。彼らは、小規模な地方会議からなる交渉が最も望ましくないと考えていた。というのも、それはあまりに時間を要するとともに、金銭的にも高くつき、そして有力な地方名望家、集団、あるいは団体に対して、あまりに多く、あまりに多様過ぎる特権を生じさせそうな存在であった。王国全体を代表する全国等族会議では、1343年（休戦の時期であったが、戦争は今にも再開の雰囲気にあった）に、王が諸々の不平を是正することを約束した。それはとりわけ、鋳造貨幣の価値の低下についての不平である。その代わりに、王は少なくとも、取引税と塩税（gabelle）に関して、国全体からの暗黙の支持を受け取った。これらの税は、王権がそれまで、同意を求めることなく課していたものであった。

　1346年、イングランド側は戦争を再開した。そして、フランス側は、クレシーの戦いで壊滅的な敗北を被り、カレー市を失った。いまや、新しい全国等族会議の主導権は王の家臣たちの手にあった。彼らは、王の宮廷の構成員を入れ換えることを要求し、また再び、貨幣の改鋳を求めた。その見返りに、彼らは、トゥールで鋳造された明らかにほぼ300万ポンドに達するほどの金を提供することで、戦費におおいに貢献することを約束した。そのような金額は、取引税によって、あるいは地方のバイイ裁判所管区会議での決定を通じて達成されるべきものであった。そして、地方等族会議で選ばれた徴税請負人（élu）によって徴集されるべきものであった。君主政と代表制会議との間の連携は、イングランドにおいてと同様、フランスにおいてもうまく機能しているように見えた。しかし、この時、思いもよらないことが起こった。黒死病と呼ばれる腺ペストの流行が、西ヨーロッパを襲い、承諾された税はほとんど徴集されることができなかったのである[30]。

　ポワティエの戦い（1356年）でフランス王ジャン2世が壊滅的な敗北を被り、

捕虜になってしまうと、全国等族会議は戦費と王の巨額の身代金の支払いのために不可欠なもろもろの税を投票で議決した。彼らはまた、中央政府を改革しようと試みた。しかしこれらの試みは、農民の叛乱を背景とした内紛によって失敗に終わってしまった。新たに王位についたシャルル5世は、等族会議制度を通じて国を統治することをほとんど重視しなかった。いまや、もろもろの税制がしっかりと確立され、徴税請負人は王権によって任命されるようになった。そして王国の財政を取り仕切る役人の組織は、包括的組織というよりもむしろそのような組織が多数存在する形で、徐々にフランス全土に広まっていった。したがって、税を徴収する組織としては、それらは複雑過ぎて、とりたてて能率がよいというわけではなかった。しかし、それらの組織は、王権が思いのままに多数の重要な税の額を代表制会議の同意を求めずしてつり上げてしまうことを可能にした。フランスの財政役人は報酬を得ているので王権によって監督されることが可能であるのに対して、イングランドの州長官や、後に治安判事は、無報酬であり、ゆえに王権からはより独立した存在だったと、これまでしばしば主張されてきた。しかし実際には、フランス君主政はこれらの役人を安易に罷免することができなかった。というのも、公の役職を私的な財産として売買するという慣例がますます一般的になったからであった。それゆえ、王の意志に忠実でない役人を大規模に罷免することは壊滅的な出費を伴ってのみ可能であった。このようにしてむしろ、フランスのバイイ（bailli）とセネシャル（sénéchal）は、重要な裁判上の権利を持つことで、イングランドの州長官よりもより高い社会的地位を享受し、またそれゆえに、地方の意向にそれほど振り回されなかった[31]。

　イングランドとフランスの間の百年戦争によって、両国の君主政と議会の歴史は、異なる道のりをたどることとなった。イングランドが早い時期に政治的統一を達成したこと、その君主政が非常に強固であったことは、長引いた戦争の中で王権と議会の連携を促進した。この戦争が海を越えて戦われ、それゆえ深い地理的・社会的な分裂を引き起こさなかったため、イングランドの共同体感情は、さらに強化された。そしてそれ以後、同様に、君主政とともにますま

すこの共同体感情を代表するようになった議会という団体も強化されたのである。政治的および憲法的に言えば、その共同体感情は特権と財産を持つ社会身分の感情であった。例えば、そのことは議会における 1351 年の労働者規制法制定に際し、これらの身分の人々がいともたやすく連携したことからもうかがえる。この法律は、黒死病によって労働力が枯渇したことを受けて、その賃金を抑え込むことをもくろんだものであった。新しい人頭税に反対した民衆の叛乱である 1381 年の農民叛乱の際にも、同様に、彼らはすかさず連携し合ったのである。

　対照的に、フランスはイングランドよりもはるかに統一度が低かった。イングランド人の侵略、諸都市や有力者の移ろいやすい忠誠心、王家における家系間の対抗関係、イングランドにおけるよりもはるかに頻繁で暴力的な農民叛乱の遠因・下地に対するあらゆる闘い——これらのものは活発な共同体感情を成長させる諸条件ではなかった。長い目で見れば、フランス君主政は、そのようなあらゆる弱点にもかかわらず、侵略から国を救ったり、秩序を回復しうる唯一の勢力であったりするように見えた。そのためにこそ、フランス人は、彼らの君主政がいくつかの税を課すことを喜んで許したのである。それらの税は、取引税（aide）、人頭税（fouage・taille）、そして塩税（gabelle）である。これらの税は、特権身分層には非常に受け入れ易いものであった。なぜなら、彼らは人頭税を免除されていたからである。王はまた、勅令によって影響を受ける人々の同意を求めずして、勅令を発布することができた。イングランドにおいても、王は勅令という形で、法律を制定することができた。しかし、正確には、法律と勅令とは共同体の同意を得て発布された方が順守されやすかったために、徐々に議会を通じて立法することがイングランドの王たちの慣習になっていった。とはいえ、議会を通さずに立法することを全く諦めてしまったわけではなかった。フランスでは、王権による立法行為は、既存の法律によって制限され、パリの高等法院による承認を受ける必要があった。この高等法院は、代表制会議の諸特徴のいくつかをなお有していた。同時期に、君主政は、地方等族会議と州等族会議を召集し、課税に対する同意を獲得し、そして地方の私的な不平

不満を処理し続けていた。君主政は、対決するのではなく、買収することでこれらの会議を運営したが、その買収とは、これらの会議によって議決される課税からの税収を地方貴族と分け合うことであった。

　ヨーロッパの至るところで見られたように、代表制会議の形式を決定したのは、有力な社会集団が、身分制議会あるいはその他の自覚的な政治単位へと結晶していったことであった。そして、支配者と議会の間の関係が形成される上で最も重要な要素となったのは、支配者が課税に際して同意を必要としたことであった。結果として、議会という代表制会議は、常設の制度となった。そして、あらゆる常設の制度に見られるように、それらは、それ自体の生命とエートスを育み始めたのであった。多くの大陸諸国では、課税の承認は、支配者と議会との間の一種の契約となった。この契約によって、両者はかなり明確な義務に拘束された。その義務とは、議会の側では金銭を提供すること、支配者の側では特別な不平不満を是正するかあるいはある種の権利や特権を承認することであった。力のある支配者は力のある議会を持ち、そしてそれらを自らの目的のために利用することができた。対照的に、14世紀のフランスやシチリアでのように、王権が脆弱であるか、あるいは分裂状況にあるところでは、議会もまた脆弱だったようである。したがって、そのような議会が、一国全体のために、選択肢となりうる統一的な力を提供するような制度として十分に成長するには、15・16世紀を待たねばならなかったのである[32]。

　しかし、14世紀においてさえ、経済的・社会的に高度な発展を見たブラバント公領では、このようなことは試みられ、少なくとも一時的な成功を収めていた。それは一連の継承危機において起こった。そしてこの継承危機は、中世を通じ近代初期に至るまで君主制が典型的な問題点として抱えていたものであった。16世紀を対象とした統計調査によれば、支配者が死去した際、少なくとも50％の確率で、継承をめぐる論争が起こったものであった。それは、今にも外国からの直接的干渉を招きそうな継承であったり、あるいは摂政政治の支配権をめぐって内戦を起こしかねない、女性や子どもによる継承だったりしたのである[33]。支配者が若くして病気で死亡した事例、そして継承に問題が

生じたような事例は、14世紀には度々現れた。ブラバントでは、継承危機が、1248年、1261年、1312年、1356年、1406年、1415年、そして1430年に起こった。隣接するフランドルが12世紀においてそうであったと同様に、ブラバント諸都市は、このような危機に介入する必要性を感じ、そして貴族の大部分が、諸都市の導くとおりに従った。多くの貴族は、諸都市の裕福な上流家系と婚姻を取り結ぶか、あるいは自らの特権を享受し、恐らくは都市評議会に仕事を得るために、諸都市の「外国市民」となっていたのである。1312年の危機の際、身分制議会は、ブラバント公に対して、コルテンベルクの特許状を強いて承認させようとした。この議会は、1314年にももう一つの特許状を、さらに1356年には、包括的な特許状であるjoyeuse entréeを勝ち取った。この後者の特許状は、ブラバント公が、その公位を継ぐ際に、その初めの「joyous entry」（就任宣誓）で立てなければならない誓約だった。このような特許状は、以下のことを要求していた。すなわち、公的な役職は全てその土地の住人のためにとっておかれること、ブラバント人は公領以外の場所にある法廷では裁かれえないこと、そしてブラバント公はあらゆる課税の際、貨幣の鋳造や評価変えの際、戦争を開始する際には同意を得なければならないことであった[34]。

マグナ・カルタは、封建大貴族の一団によって王に課せられたものであり、後に議会の最も重要な関心事と同一視されるようになった。ブラバントの「即位憲章」（joyeuse entrée）は、諸都市が先頭に立って仕切っていた身分制議会によってその支配者に課せられた。その主要な関心事は、個々人の特権とこの国の実際の統治の双方であった[35]。一連の摂政政治の頃、身分制議会は、摂政会議に自分たちの推薦した者たちを送り込んでいた。その人々の中には、意味深いことに、貴族の代表と同じくらいの数の諸都市の代表がいた。そして身分制議会は、自らが議決した税金を管理するために評議会を創設したのであった。1415年には、実際に、彼らは摂政会議を創設したが、それは身分制議会に直接に責任を負うものであった。ブラバント公は、このような取り決めを無視しようと試みた。しかし、1420年と1421年における幾度かの対立の後に、ブラバント公は、この原則を承認せざるをえなかった。つまり、身分制議会は、

ブラバント公が彼らの権利と特権を侵害する場合には、彼への服従を拒絶し、彼に代わって摂政を選ぶことができるという原則である。ブルゴーニュ公フィリップ・ル・ボン（1430-67）は、公領の統治に関する自らの監督権を再度確立した。しかし、身分制議会によるこの国の現行の統治を監督しようという試みは、ブラバントやネーデルラントの全国身分制議会に見られた神話がゆっくりと育まれることに貢献していたのであった。「即位憲章」は、15世紀後半と16世紀における憲法紛争の際に、闘いの叫びとなったのであった[36]。

≪Ⅲ≫ 15世紀

中央・東および北ヨーロッパのほとんどの地域で、身分制議会が常設の制度として召集され始めるのは、やっと15世紀になってからであった。西ヨーロッパと比べてそれほど経済的には遅れていなかったドイツの場合、その理由は中央の君主制が弱体であり政治的権威が地方単位で分裂していたことにあった。大都市のほとんどは、イタリアのように事実上独立しており、それゆえドイツの領邦それぞれの身分制議会は統率力と活力を欠いていたのであった。それは、フランドルやブラバントの諸都市が彼らの身分制議会に統率力と活力を与えていたのとは異なっていた。特徴的なのは、神聖ローマ帝国の一部であるボヘミア王国において諸都市が独立せず、身分制議会がドイツ諸領邦の大部分に比べて早期に発展をとげたことであった[37]。

ドイツの君主たちは、典型的な理由から身分制議会を召集した。それは金銭を必要とした場合である。なぜなら、領邦間で頻繁に起きていた戦争とこれに関連する君主の継承にからむ度重なる危機が、重い金銭的負担となって彼らにのしかかっていたからだった。実際、ドイツの継承問題は、やがて相争うかもしれない兄弟同士の間で領邦を分割するというドイツの伝統ゆえに、ヨーロッパのどこよりも手に負えないものだった。身分制議会は、それゆえしばしば、損害をできるだけ少なくしようとした。すなわち、国家財政を君主の私的な財産から切り離そうとしたのである。その過程で、議会はしばしば、彼らが議決

した課税の管理権を接収した。また、君主の行動の自由とりわけ戦争を開始する自由に諸条件を課し、時には評議会の構成員の任命や領邦の統一を強く要求した。この目的で、議会はまた時として領邦が王家の複数の家系間で分裂していた際に領邦全体の議会として開かれた[38]。

　ドイツとは異なり、ポーランド王国は中世後期になっても分裂していなかった。巨大ながらも人口はまばらだったこの国では、諸都市は小規模なままであり、人口の大部分はドイツからの移民かその子孫で構成されていた。彼らは、政治にはほとんど参加していなかった。1466年にポーランド王によって獲得された西プロイセン（「王領プロイセン」と呼ばれる）においてのみ、諸都市の政治参加――その最たる例が、グダニスクの上級市民である――が見られ、身分制議会を支配した。議会は定期的に課税や防衛といった通常の目的のため、大体年に数回程度開催された。彼らの共同体感情はドイツ語によって結ばれた地域的なものであり、ポーランド王との関係は、彼が地域的な特権と伝統を尊重する限り非常にうまくいっていた[39]。ポーランドの他の地域では、貴族だけが身分制議会（sejm）に出席した。そして、その議会が大貴族院と下級貴族院（szlachta）の二つの院に明確に組織されるようになったのはまさに15世紀も終わろうとする時であった。

　スウェーデンでは、代表制会議の制度的発展がさらにゆっくりとしたものであった。スウェーデンは、中世のほとんどを通じていまだ発展途上の段階にあり、それは西ヨーロッパの11世紀以前の状態であった。すなわち、農民や採掘者からなる孤立した小規模な村落がところどころにあるだけで、それらは広漠とした空間によって隔てられていた。領土保有の貴族の数は決して多くはなく、ラテン語の用いられていた教会が書き言葉による文化と呼べる全てを提供した。対外交易は諸都市に定住したドイツ人の手によって行われたが、これら諸都市はポーランドのそれよりもさらに小さなものであった。地方の統治は、小規模な地方議会によって行われ、そしてこの議会はたいていは富裕な土地所有者によって牛耳られていた。王は大貴族と教会人からなる王の顧問会議によって助言を受けたが、住民の中から市民や自由農民などの様々な集団を呼び寄

せることもあった。それは、彼の政策に支持を得るためであったり、王位を主張する敵に対抗するための援助を得るためであったりした。王は、そのような政治的目的のために、毎年開かれる定期市を利用するにやぶさかではなかった。王国全体の共同体感情が育まれるのには時間がかかった。貴族と聖職者にとってさえ、スウェーデンというアイデンティティは、王の個人人格以上のものをはっきりと意味することはなかった。15世紀を通じて、王権は文化的・言語的に緊密に結びついたデンマークとノルウェーの両王国と連合した（カルマル連合、1397-1523）。スウェーデンの民族感情が十分強力に成長を見たのは、スウェーデンのいくつかの中央地域で採掘者と農民の支持を受けた一部の貴族の間でのみであった。この民族感情の成長のおかげで、反デンマーク主義貴族の指導者グスタヴ・ヴァーサが、王国議会（riksdag）を1527年にヴェステロスに召集することができ、そして自ら彼こそが王であると宣言することができた[40]。

　代議制度は、中世後期にとりわけ公領や伯領といった中規模か小規模の国家に出現した。それらは、ローマ帝国やカロリング帝国を継いだ大規模な国家が分裂したものであった。15世紀には二つのさらなる展開が起こるのが、一般的となった。その第一は、支配者と議会との間の対立が増加したということであり、第二に、複合君主制の出現であった。

　議会は、支配者が支持を必要とした点にその起源があった。それゆえに、議会はしばしば君主の顧問会議の拡大版として発展した。君主にとっての議会の価値は、議会が王国内において一定の独立的権威を持ち、かつ主張することができたという事実にこそ依拠していたのである。議会は、服従と支持とを自らの権利として要求することができた。この権利の形態は、非常に多様なものであった。司教は、明らかにその服従と支持を彼のもとにいる聖職者に要求した。封建領主は、家臣と小作人にそれを要求していた。実のところ、司教と修道院長もそうであった。というのは、彼らは大土地所有者の諸制度の頂点に立ってもいたからである。さらに、家同士の同盟や庇護関係を通じて、大貴族の地方における権威は一地方の半分に及んだりあるいはいくつかの地方に断片的にまたがる形で及んだりすることがありえた。

多様でありながらも、相当な司法上の独立を確保していた団体として、都市と町もまた、権威をもって服従を要求できた。十分に確立した団体がなかった地域でさえ、村落共同体が、しばしばかなりの程度の自己統治を発展させていた。非常に力を持ち、自負心の強い政府でさえ、それが課し、あるいは議会と共に承認した税を負担させるためには、村落共同体を頼みにしなければならなかった。イングランドでは、都市共同体が、大陸におけるそれと比較して脆弱であり、多くの地方統治の仕事が、州と郡で行われた。しかしながら、イングランドと大陸の間には代表の原理に根本的な相違点はなかった。すなわち、地方共同体がどのように組織されていようとも、代表されていたのはこの地方共同体だったのである。

13世紀の終わり以来、イングランドの王権は、議会の構成員が至高権（plena potestas）を持つべきことを強く主張した。その至高権とは、決定を下し、彼らの選出母体をこれらの決定に従わせる十分な権力である。大陸では、都市の評議会は、たいてい「命令委任」を強く主張した。これは彼らの代表の権力を厳しく制限するものである。それゆえ時には、評議会は、議員が彼らの選出母体に問い合わせるべきだと主張した[41]。しかしながら、このような相違は見かけほどには明確なものではなかった。というのも、イングランドでも、庶民院議員は簡単に恣意的な決定をすることができたわけではなく、地方共同体の利害と見解を考慮しなければならなかったからである[42]。

このような傾向のために、支配者と議会との関係には緊張が潜んでいた。というのも、結局、支配者と議会の利害がいつも一致したり、調停可能なものであったりするとは限らなかったからである。おそらく、地質学的な比喩を使ってこの点を描いてみるのがよいだろう。人々であれ国家であれ、断層線の上に生きていたのである。人々であれ国家であれ、何世代にもわたってそこで平和に過ごすことができた。しかし、その内部の緊張は高まり続け、遅かれ早かれ、いつかは解決されなければならないものとなった。そしてその解決は、長期にわたる一連の不平不満とその小さな調整によってなされるか、あるいは突然の破壊的な大地震によってなされうるものであった。いずれにせよ結果がどうな

るかは、関係する諸勢力間の相互作用に依存していた。そして、このような動きには一つとして同じものがなく、十分な予測をなすことは不可能であった。

　主従関係の緊張を高めたのは、被治者というよりも、まず間違いなく、支配者の認識と行動であった。支配者は、臣民の権利と特権を遵守すると誓わなかっただろうか？　これら臣民の権利と特権は、支配者の権威をめったに貶めなかったではないか？　こう問われ続ける支配者に対して根気よく、あなたは法に優っている（ローマ法ではその言葉は legibus solutus であった）とか、あるいは少なくともあなたは立法することが許されているなどと吹き込んだのは、支配者側近の法律家たちであった。人間というものは、協力するのにやぶさかでない時でさえ、これまで享受し、かつ自らがそれに値すると感じている権威を放棄するものではない。ブラバント公はしばしば、「即位憲章」を苦々しく思い、そしてブラバント人はその諸条件を支配者に強制し、一旦獲得したものを手放そうとはしなかった。フランス王は、全国等族会議が自らに付与した権威を認めようとはしなかった。彼らの言い分によれば、ポワティエの戦いで王が捕虜とされた時、王国を崩壊の瀬戸際から救ったものこそ等族会議だったというのである。アラゴン王フェルナンドとカスティリャ女王イサベルは、イサベルのカスティリャ王位継承を確保するために、内戦を戦わなくてはならなかった。彼女の継承権は、カスティリャ議会であるコルテスによって確認された。しかし、この確認を勝ち取ると、イサベルは 18 年もの間、コルテスを召集することがなかった。イングランド王ヘンリー 7 世は、時の王リチャード 3 世に対する謀反と内戦によって彼の王位を勝ち取り、そしてその王位を議会に承認させた。その後彼は稀にしか議会を召集せず、1497 年から 1504 年にかけては、全く召集しなかった[43]。このことは、1377 年から 1422 年にかけて、議会が 50 回も開かれたことと対照的であった[44]。

　フランス王ルイ 11 世は、はっきりと議会に対抗するため、ミラノ公とピエモンテ－サヴォア公との同盟を提唱するに至った。それは、まずはサヴォア公の議会が持つかなりの権力を破壊するためである。1471 年にフランスの駐サヴォア大使は、ミラノ大使に次のように伝えた。

フランス王であられる陛下は、次のようにおっしゃった。……我々は、全兵士を集めるまで待つべきである。それは、このサヴォア国の状態を、フランス国と殿下（ミラノ公）の国のような条件や形態へと回復させるためである。サヴォア公夫妻（サヴォア公夫人はルイ王の妹）は、その際、臣民を統治できなければならない。そして、臣民をむしろより厳しく統治すべきである。……というのも、陛下と閣下とサヴォア家は、目下のところ統一され、同盟を結んでおり、お互いに軍隊の面で助け合うことができ、このことがお互いの国家の安全と安定を非常に高めるだろうからである[45]。

サヴォアとミラノの支配者は、強大なフランス君主政の危険なやり口を丁重に辞退した。しかし、ルイ11世は、公と議会の関係は純粋にサヴォア公の国だけの問題には止まらないため、この関係に力で介入することは避けがたいという不愉快な事実について、順を追って詳細に説明したのであった。

歴史家たちにとってこのことは次のことを意味している。すなわち、支配者と議会の関係における緊張および大変動が結果としてもたらすものを予測したり再評価したりする際、国内の勢力分析だけでは十分に正確なモデルを提供することはできないであろうということである。

15世紀における第二の重要な展開は、複合君主政の拡大であった。複合君主政においては、構成要素が、発展した政治的・制度的実体としての統一に常に先行していた。時には統一は、征服の結果であった。しかしほとんどの統一は自発的なものであった。国によっては、1282年にシチリアが行ったように、外国の君主を迎えることもありえた。あるいは、デンマーク, ノルウェー, スウェーデンの3国がカルマル連合を形成したように、単一の王を載くことを認めることもありえた。しかしながらほとんどの場合、二つ以上の国々が結合するのは婚姻か継承の結果であった。このような場合にはいつも、君主は戴冠式の誓約の中で、新たに獲得した国における既存の法律、慣習法と諸特権を支持することを誓うのであった。そして、このような国は、ほとんどの場合、すでに一院制か二院制からなる代表制会議である議会を持っており、この議会は、

事あらばこれらの法律，慣習法，諸特権をどこまでも擁護しようとする伝統を有していた。

　これらの基本的な原則が遵守されるならば、この方式は非常にうまく機能した。君主は、次々と地方と王国を彼の王国に加えていき、それぞれの君主として、異なる法律の下、様々な権力によってそれぞれを支配した。君主がある領国で大権を持っているからといって、別の領国では必ずしもそれを得られるとは限らなかった。また、同じことは、臣民の権利についても当てはまった。

　それにもかかわらず、これが物語の全てと言うわけではなかった。複合君主政の支配者は、まさにその地位によって、君主政体の各構成要素にいる臣民たちの利害とは一致しないような政治的目的を追求せざるをえなかった。しかもその目的を、支配者がただ一つの国に君臨し、悩みの種である議会をただ一つだけ持つような場合と同じくらい都合よく遂行しなくてはならなかった。したがって不和軋轢の直接の原因は、新たに獲得された領地、あるいはより辺鄙な領地においても、君主は自らの母国出身の顧問官を雇うことを望み、しばしば彼に依存していた点にあった。君主は、庇護を施す際に、彼の旧友と母国の同朋に好意を示す傾向があったものだった。たとえ君主にそのような傾向がなくとも、彼には、この事実を臣民に納得させることは非常に困難に思われた。そこで、君主の母国以外の領国は、「在地人権利」（ius indigenatus）という特権を主張して、自らを防衛しようと試みたものであった。この特権によって、各領国は、公共の職務と教会の聖職禄を、その地方の住民のために空けておいたのであった。各領国は絶えず成功裏に事を運んだわけではなく、この点について論争が起こることは一般的であった。ただし、この論争だけによって、重大な政治的危機へと導かれることはまずなかった。

　より重大な問題は、特定の政策のために、君主の全領国から支持を得ることであった。それを達成するための方法は、理論的に言えば、複合的な代表制会議である全国身分制議会を召集することであった。この議会は、君主の全領国を代表しているか、あるいは少なくとも、領国それぞれの議会を代表するものであった。このようなことを行うための大規模にして意欲に満ちた試みは、15

世紀前半における、全カトリック教会を対象にした公会議の召集であった。というのも、教会は、政治的機構としては、あらゆる複合君主政の中で、最大級のものだったからである。15世紀の公会議については、第三章で論じられた。したがって、ここでは公会議史における二つの顕著な特徴を指摘するだけでよいだろう。その第一は、公会議が、教会の長の絶対的な権力を制限し、教皇を公会議の意思に従属させようと試みたことである。そして第二には、ヨーロッパ全土からの代表団の利害が、あまりに複雑で、相互に矛盾していたために、教皇君主政に対する一貫した共同戦線を張ることができなかったことであった。このような不一致に巧みにつけこむことで、教皇は公会議主義者を打ち負かすことができたのである。

　公会議の歴史のこのような二つの特徴は、程度の差は様々だったが、世俗の全国身分制議会にもあらわれた。公会議とは対照的に、世俗の身分制議会が海外領土からの代表を含んでいることはほとんどなかった。アラゴンの王たちは、時として、アラゴン・カタルーニャ・バレンシアという三つのイベリア国家からなる連合コルテスを召集した。しかし、王たちは、シチリア議会をこのコルテスに合同させようとはしなかった。公会議と最も類似した議会は、ヨーロッパにおける二つの最大の複合君主国に出現した。それは、その構成地域が隣接していたフランスとドイツである。

　フランスでは君主政が、全国等族会議とあまりよい関係ではなかったので、君主は孤立無援でない場合には、このような制度なしで物事を進めるようになった。かつて創設された複雑な財政制度と、1415年のアザンクールの戦いまでのイングランドとの休戦は、君主政が課税に対する公式の同意をなしで済ませることをより容易にした。特徴的なのは、全国等族会議を政治の舞台へと呼び戻したのは王位継承問題だったことである。トロワ条約（1420年）の中で、イングランドのヘンリー5世は、彼の義父であるフランスのシャルル6世の継承者として認められていた。この条約の両当事者は、双方の王国の身分制議会がこの例外的な協定を支持すると誓う必要があると判断した。そして、ヘンリーは、フランスにおける「全ての人々、貴族、諸都市、町々、共同体、諸々の

個人」の権利と特権を尊重するとはっきり約束した[46]。ヘンリー５世と、さらに彼の早逝の後には、幼少のヘンリー６世の摂政たちは、定期的にノルマンディー地方とギュイエンヌ地方の身分制議会を召集していた。これらの議会は、戦争の継続期間中も、相当な支持をイングランド王に提供した。それゆえ、1453年に、遂にフランスによって追い出されるまで、イングランド君主政は複合国家を効果的に支配していたのであった。

　このような諸条件によって、今度はフランス皇太子（後のシャルル７世）が、イングランド人に占領されていない地域の地方等族会議と、ラングドイル・ラングドック両地方の等族会議を召集しなければならなくなった。イングランド人が退却すると、1436年以降、シャルル７世は、全国等族会議を召集することを全く止めてしまった。国内には議会を求める声はほとんどなかった。イングランド王に対するノルマンディーとギュイエンヌの等族会議の支持は、フランスの民族感情がこれまでのところいかに弱いかを証明し、そしてまた、フランス王国が、いまだいかに複合君主政の段階にとどまっていたかを明らかにした。14世紀も終わろうとする頃から、この君主政は、定期的に貴族、自治都市と王国の役人自体を税の一部と引き換えに買収した。この税は、君主政が等族会議の同意なく取り立てていたものである。それゆえ、これらの税は徐々に、政治的組織や政治的影響力を持たない人々に重くのしかかるようになった。特権を持ち、今や徐々に税を免除されるようになった諸身分層は、全国等族会議においてより、地方や州の等族会議の場で、より都合よく彼らの諸特権を防衛することができた[47]。

　15世紀後半には、中央政府はただ一度しか全国等族会議を召集しなかった。1483年、ルイ11世の後を、彼の幼い息子シャルル８世が継承した。摂政会議は、彼の姉とその夫によって率いられたが、彼らはより幅広い支持を必要としていた。君主政の権威を制限すべく、この機会を利用しようとする者は多かった。しかし、まさに公会議に見られたように、この非常に大きく、ごく最近統一され、実際いまだ複合的であった王国で、地域的・身分的に異なる人々を一致させることは不可能であることが明らかとなった。摂政は、これらの多様な

当事者たちを、お互いに反目させることに成功したのだった。最終的に、フランス君主政は、権威を縮小されずに済み、さらに70年の間、全国等族会議を召集する必要性を感じなかった。

　ドイツの場合、事情は異なっていた。ここに存在した広大な王国は、13世紀には、一種の複合君主国になっていた。その複合性は、王権の下に国家や地方が吸収されたからではなく、イタリアの支配をめぐって教皇庁と何世紀にもわたる闘争が続けられた結果、君主政が破滅的に弱体化したからであった。ドイツは本質的には封建的な状態にあった。世俗家臣と聖職家臣は、いまだ王（神聖ローマ皇帝）の宗主権を認めていたが、しかし王にはごく最小限の実行力を伴う権威しか認められていなかった。時々、王は彼の直臣を議会（Reichstage）へ召集することがあった。しかし、これは代表制の議会というよりはむしろ、封建的な会議であった。15世紀になってからという遅れはあるとしても、西ヨーロッパでのように、ここでも諸都市や小君主が相互防衛や平和の維持のために同盟を形成した。15世紀を通じて、人々は国制改革について語るようになった。1495年には、ウォルムス会議で、マインツの大司教兼選帝侯であるベルトルド・フォン・ヘンネベルクに率いられた君主たちが、皇帝マクシミリアン1世に、4年間にわたって帝国の全臣民に年間税を課すことを承認した。その代わりに、皇帝は、帝国議会を毎年開催することや、皇帝の間と呼ばれる最高裁判所の設立とその裁判官の議会による選出、そして戦争と平和に関する権力を持つ帝国評議会（Reichsregiment）の組織化を認めなければならなかった。この評議会は、帝国議会の代表、すなわち君主たちによって構成されていた。

　この急進的な体制は、神聖ローマ帝国を立憲君主政に転換させることができたかも知れない。しかしながら、当時の一般的な状況から見れば、それは全くもって非現実的な計画であった。マクシミリアンは、そのような皇帝権力の制約を、ほとんど受け入れようとはしなかった。それはちょうど、10年前に彼がネーデルラントの摂政であった時に、そのような制約を受け入れようとしなかったのと同様である。帝国議会は、フランスの全国等族会議が王国全体の課税にかかわったような力はなかった。フランスとは異なり、ドイツには、皇帝

による財政運営の発端すらなかった。「共通のペニヒ硬貨」と呼ばれる年間税は、領邦君主とその下における各身分制会議の善意に委ねるしかなかった。諸都市および帝国議会における諸都市の代表の役割は不明確であったが、しかし君主たちは諸都市に共通税の大半を払うように期待した。恐らく最も重要なことは、ドイツの身分制議会が、強力な君主政の伝統への回帰を望んでいなかったのと同じくらい、強力な議会主義の政府をみることを望んでいなかったということである。その議会は実際、6名の選帝侯（7番目のボヘミアは、そのような提案から外れていた）によって支配されていた[48]。最終的には、皇帝の間と帝国評議会の双方が、実際に創設され、残存したが、その権力は大きく削減されたものであった。その後100年の間、帝国議会は、毎年というわけではなかったものの、頻繁に開かれた。そして議会は、宗教改革の間、ドイツの政治において重要な役割を演じたのであった。神聖ローマ帝国は、複合君主政の形をとり、活動的ながらも制限的な代表制議会を持って、機能し続けた。しかしそれは、1495年の改革者たちが望んだほどに有効な議会では決してなかった。

　複合君主国が、観念的にさえ、一つの王国ではなかったところでは、諸領域を結合させることは、支配者と議会との間にずっと複雑な関係を生じさせることになった。非常に明白な影響は、権力の均衡が急激に変化したことであり、その変化は支配者側に有利だった。いまや支配者は、領国の中の一つが持つ議会と反目し合った場合には、彼の支配する全領国内の全てのものを自由に用いて対抗することができた。14世紀にはシチリアはアラゴン王家に由来する新しい家系の王たちによって支配されていた。その家系が1412年に絶えると、カスティリャのトラスタマラ家に出自を持つアラゴンの新王は以前の取り決めを継続することを拒否した。そしてそれ以後、シチリアはスペインから派遣された総督によって統治されたのであった。一瞬にして、島内での明白な衝突もなしにシチリア議会はその権力の半分を失ったのであった。というのも、あらゆる重要な決定、とりわけ戦争と平和の問題に関する決定は、今やバルセロナの宮廷へと持ち込まれたからであった。

　究極の権力と政策決定に関する固有の地位をはっきりと確立しながら、アラ

ゴンの君主制は、13世紀のフランス人の失敗を繰り返さないように注意深い態度をとった。その失敗とは、シチリアの支配エリート層の慣習と特権を踏みにじったことであった。アラゴンの王たちは、シチリア議会を召集し続けた。この議会は、高位聖職者、貴族、諸都市という三つの身分からなる典型的な構造をとっていたが、3年に一度召集され、「献納金」の承認を行った。その代わりに、君主の側は、議会の請願のほとんどを受け入れた。議会の立法形式はcapitoliと呼ばれたが、君主の側は特定の提案を拒否する権利を持っていた。それはちょうど、イングランドの君主政が、17世紀の終わりまで行っていたことと同様である。この体系は300年もの間機能し続け、その結果シチリアには、シチリアの議会とイングランドの議会はヨーロッパで生き延びた唯一の議会だ、という伝説が生まれることになった[49]。王たちが、周辺の支配国において、議会を尊重するという基本的な法則をおろそかにした際には、破滅的な事態を引き起こすことがありえた。例えば、スペインの君主政は、17世紀に、カタルーニャ人との関係の中でそれを経験し、イングランドの君主政もまた、まさに同じ時期に、スコットランド人との関係の中でそれを経験したのであった。

アラゴンとカスティリャの二つの王権が結合した後の1479年、フェルナンドとイサベルは彼らの権威を、二つの王国の内でより大きくより豊かなカスティリャで確立しようと力を注いでいた。そして、アラゴン、カタルーニャ、バレンシアの各コルテスを、シチリア議会にそうしたのと同様にやんわりと無視した。彼らは、決してイベリア半島全体のコルテスを召集しようとはしなかった。イタリアでは、ピエモンテ－サヴォア公もまた、二つの隣接する公国の連合議会を召集しようとは試みなかった。それはたぶん、すでに力を持っていたピエモンテ議会の権力が増大することを恐れたからである。著名なピエモンテの議会主義者であるルイージ・タリアンディは、独裁的に支配されていたミラノ公国からの大使に、1476年、次のように語った。

　　ピエモンテ人は君主を戴いているけれども、それにもかかわらず、あらゆる重要な案件において、審議し、決定を下し、国を統治しているのは、

三つの身分層である[50]。

　ネーデルラントの状況もまた、また異なるものであった。1384年以来、約40年にわたって、ブルゴーニュ家が、社会構成も様々で、いくつかの異なる言語を話す、12ほどの公国と州の支配権を獲得した。その全てが身分制議会を持っていたが、その構成もまた多様であった。ブラバント地方やハイノルト地方における、典型的な3身分からなる身分制議会もあれば、ホラント地方における一院制議会もある。ホラント地方の議会では、六つの都市がたいてい召集され、6票の拒否権を持ち、貴族は1票であった。聖職者は全く代表に含まれていなかった。しかし、中世の諸制度が厳格に定められていることはめったになかったので、ホラント地方の小都市の最大12までもが召集される機会はあった。しかしながら、最も顕著な議会はフランドルの議会であった。フランドルには、ブリュージュ、ガン、イープルという三つの強大な都市があり、そして第4の「構成員」としてFranc de Brugesが存在した。Franc de Brugesとは、ブリュージュと北海の間に住む下級貴族とカスティリャ人の混合地域の代表であった。他の小都市のいくつかも、時として召集されることがあった。1430年以降、フランドル公たちは、彼らの先祖がただ一つ、あるいは二つの公領や州の支配者であった時に可能であった以上に、非常に強力な資源（ヒト・カネ・モノ）を自由にすることができた。彼らは、個々の都市の叛乱を打ち負かした時に、この優れた権力を証明することができた。民衆による革命が成功してきた歴史を持つ、多くの人口を抱えた裕福なガンの叛乱をも彼らは鎮めた。これに対してフィリップ・ル・ボンはそれに6年（1447-53）を費やすことになるのである。

　しかし、君公たちにとってはさらに、彼らの新しく獲得された権威を複合君主国全体に知らしめ、そして必要とされる財政的援助を得るために都合のよい舞台を確立する必要があった。諸々の都市や地方の側は、お互いに協力すること、そしてフランドル公と協力することを切望していた。その協力とは通貨政策とか、商売上の提携者であり敵でもあるイングランド人に対する共同戦線の

ような問題に関してであった。例えば、1384年から1506年にかけて、フランドルの身分制議会は4,000回以上開かれた。その平均的な会期は3日から9日であり、そのほとんどは経済問題に関して議論していた。1420年代以前から、フランドル公は、いくつかの地方の諸身分を合同した会議を召集していたが、これは全員の承認の下に行っていたのである。1463年には諸身分は、フランドル公家における公家内の危機を議論すべく、全国身分制議会に参集すべく呼びかけた。フィリップ・ル・ボンは、議会が主導権を握ることに激怒し、早速に自らの手になる召喚状を同じ代表たちに発布した。互いに険悪の中だったフィリップとその息子（後のシャルル豪胆公）の両者は、全国身分制議会を調停者として利用するのが都合がよいと考えた。そしてこの全国身分制議会という団体は、主に公家の危機とされた状況から出現したのだが、非常に高い評価を得たのであった。

　それ以来ずっと、全国身分制議会は定期的に召集されたが、まもなく、それはシャルル豪胆公の独裁的な統治手法と、金のかかる攻撃的な対外政策に対して異議申立てをするほどまでになった。1473年の会期中には、大法官であるギヨーム・ユゴネが、政府の政策を原理的な見地から正当化することを試みた。彼が言うには、人間社会は、人にとって自然であり、そして宇宙という神の秩序の一部である。統治には、君主政、貴族政、民主政の三つの形態があった。彼によれば、これらの中では、頭がその他の部分を支配する人間の身体のように、君主政が最善で最も自然なものであった。君主政と臣民は、それゆえに国家の共通善のために連携しなければならない。ユゴネの論理は、ヨーロッパ中で支配者や大法官によって議会に対して説明されたような、アリストテレス的理論のありふれた繰り返しであった。それゆえ、イングランドのヘンリー8世は、議会に対して、1543年に次のように確言した。

　　　朕は、議会の会期中においてこそ、わが王国の中で最も高い地位を占めている。そして、頭なる朕と身体なる議会は結合し、そして一つの政治体の中に融合するのである。

そのような演説は疑いなく代表者たち、あるいは議会の構成員を満足させていた。しかし、そのようなことは、議論されるべきほどのことではなかった。少なくとも、ユゴネは、この点に気づいていたようである。というのも、彼はより一層適切なプロパガンダを重視し続けたからである。ユゴネによれば、フランス人が彼らの王たちの課した過酷な重税の下で生きなければならなかったのに対して、ネーデルラントはとりわけブルゴーニュ家の支配下で自由な諸制度を発展させていたのである。それゆえ、彼によれば、全国身分制議会は、彼らの国をフランスから守るために、公を援助しなければならないのである[51]。

しかし、シャルル豪胆公と全国身分制議会との間の関係は、悪化の一途をたどった。危機は外的要因をきっかけに起こった。1477年1月5日、公が対スイス戦争で死んだのであった。フランス王ルイ11世は、直ちに彼の軍隊をブルゴーニュ公国と南ネーデルラント地方に送り込んだ。シャルル公の継承者である、若き娘メアリの政府は、全国身分制議会を召集し、直ちに、ネーデルラントの全土を対象にした「特許状」(grand privilège) に署名することを強いられた。基本的には、これはブラバントのjoyeuse entrée令状をネーデルラント全体に拡大したものであった。その諸条項は、州と都市の特権を先の公が無視したことなどの直接的な不平不満を扱ったものであった。その他、各州の住民には公共の役務を取っておくという「在地人権利」の確認であるとか、各州の現用語で公共の仕事を運営する権利が求められていた。これは、多言語である複合君主政の中で、理にかなった庇護の分配・提供を保障する方法としては、それほど狭量な地方主義ではなかった。全国身分制議会に関しては、支配者なる公によって召集されることなしに集合する権利を勝ち取った。いかなる戦争も、議会の承認なしには開始されることができなくなり、もし公夫人と彼女の将来の継承者がこの条件を遵守しない場合には、臣民は公への服従を免除されることになった[52]。

「特許状」は、議会制君主政体へ向けての慎重な一歩などではなかったし、またその諸条項は「国家形成」を妨げたり、ネーデルラント地方の統合を消滅させたりすることをもくろんだものではなかった。それが君主政に課そうと試

みた諸制限は、1477年には決して新しいものではなく、ヨーロッパで唯一のものでもなかった。政府の主要な諸制度については、少し前に創設されたマリンの最高裁判所と、中央政府の金庫であるリールの「会計院」が、廃止された。最高裁判所の諸機能とその裁判官は、公夫人の評議会によって引き継がれ、間もなく、裁判官はマリンへと戻った。会計院の諸機能は、評議会に戻された。政府と全国身分制議会は、大都市における住民叛乱の恐怖によって拍車をかけられ、電撃的な速さで協定を結ぶに至っていた。しかし、それも無駄な努力だった！　1477年の2月中旬、そのような叛乱が、フランドルとブラバントの大都市で勃発した。ガンの新しい革命的な評議会は主導権を握り、そしてルイ11世と交渉を行うように全国身分制議会を説き伏せた。しかしそれは空しい努力に終わった。ガンにおいては、彼らは行政官の何人かだけではなく、先の公の政府の大法官であるユゴネともう一人の嫌われ者を逮捕し、処刑した。彼らは、ユゴネたちを反逆罪の名で裁判し、メアリーに彼らの処刑令状に署名するよう強制した（4月4日）。ストラッフォード伯の弾劾の際にも、顕著な類似点が見られる。その私権剥奪令状は、1641年に、イングランド議会によって彼に下されたのだった。双方の事件において代表制会議は、支配者に以下のことを許可するよう強制した。すなわち、君主政を専制にした咎で大臣を死刑に処すことであった。これら支配者の権威をつぶす二つの事件によって、君主と議会の間の信頼は崩壊に瀕した。そして双方の事件では、信頼の崩壊が内戦を導いたのであった。

　ネーデルラントでこのような事態が起こったのは、メアリの新しい夫であるオーストリアのマクシミリアン（後の皇帝マクシミリアン1世）が「特許状」の妥当性を承認することを拒否し、シャルル豪胆公の政策と手法に戻ろうとした際だった。メアリは1482年に死去し、マクシミリアンは、彼の子どもたちの保護者として、公領の全権力を行使することを主張した。ブルゴーニュ公領の返還要求をかかげフランスと戦争を始めてみると、マクシミリアンは、自分が今やフランドルとの内戦にも巻き込まれていることを知ったのであった。他方フランドルは、マクシミリアンに対抗して全国身分制議会の他の州の支持を時

にはうまく取りつけることもあった。この内戦は、フランス王シャルル8世が1494年にナポリへの軍事行動のために身軽になるべく、フランドル支援を放棄した時、初めて収まったのである。ガンはその特権の多くを失ったが、支配者と全国身分制議会の間の協力関係は、マクシミリアンの息子「美麗公」フィリップ1世によって修復されたのであった。

　まず初めに、代表制会議がその国の統治をめぐって君主と論争した。それは、予定されていた議会の政策ではなかった。長く、破壊的で混乱した内戦によって、大貴族、諸都市、そして全州は態度の転換を迫られ、またドイツとフランスの軍隊はこの国を侵略したのであった。その結果は、全く予測できないものだった。結局、それは、州身分制議会と全国身分制議会の代表者たちとマクシミリアンとを、双方満足させるものであった。彼の宮廷の年代記者であるオリヴィエ・ド・ラ・マルシュは、マクシミリアンが、ネーデルラントでの傷にまみれたあらゆる経験の後に、彼の息子に宛てた助言を次のように引用している。

　　　真実を言えば、私はこのような規則を、おまえに与えているのだ。決して、おまえの支配下で生きる人々に、おまえの上に立つような権威を与えてはならない。しかし、私はおまえにこう助言する。おまえが重大な問題を指導・執行する際には、絶えず彼らの助言と援助を求めるのだ[53]。

　マクシミリアンは、実際このように言ったかもしれないし，言わなかったかもしれない。しかし、中世後期の王権のエートスはこれ以上簡潔に言い表すことはできなかった。ただこれは簡潔すぎた。というのも、それは中世の終わりには多くの人々に非常に明らかとなったある区別を、曖昧にしておいたからである。これは、独裁的な支配と同意に基づく支配との間における区別であり、その同意とは、ほぼ全てのヨーロッパ君主国で代表制会議によって与えられたものを意味した。コミネは、それを課税に集中させた。ユゴネは、身分制議会の権利と特権に集中させた。タリアンディは身分制議会の政策決定という権利

の中に、「全ての重要な事件」を含めていた。最高裁判所長官のフォーテスキューは、次のように断言した。

> イングランドの法律は……君主の単独の意志によってではなく、議会における代表たちによってなされた王国全体の一致した同意を伴って、制定されるものである[54]。

彼は、フランスに見られるような独裁的な君主政即ち dominium regale と、イングランドの制限君主政即ち dominium politicum et regale とを、はっきりと識別していた。体制にみるこのような相違の結果は、彼が主張したところによれば、フランスにおける哀れむべき貧しさと、フランス人が彼らの国を防衛する際の無能力であった。一方イングランドはそうではなかった。

> 人々は、その事から、そのような貧しい状態にはなく、彼らは裕福で、自然界での暮らしに必要なあらゆるものを持っているのである。それゆえに、彼らは力強く、この王国の敵に抵抗し、他の王国を打ち負かすことができるのである[55]。

自由と軍事的な偉大さは、その当時、マキアヴェリのような共和主義者によってさえ、しばしば同等視されていた。

フォーテスキューが二つの体制の相違点の原因とした全ての帰結に、歴史家が同意する必要はないし、彼の愛国的な男性優位主義を受け入れる必要もない。結局、彼自身は、イングランドが今まで主要な戦争で被ったものの中でも最も決定的な敗北の時代を生き続けたのであった。それは、軽蔑されたフランス人（一時は、少なくとも象徴的に、一人の女性によって率いられた）が、イングランド人をフランス国外へ追放した戦争であった。しかし、王的支配（dominium regale）と王的・政治的支配（dominium politicum et regale）との間の区別は、十分に真実であったし、そのように認識されていた[56]。16世紀までとあと2〜

3年という頃、フランス宮廷付きのヴェネチア大使が、フランソワ1世に、ある冗談を報告した。彼が断言したところによれば、それは皇帝マクシミリアンによって言われたものだった。彼は言った。フランスの王はけだものの支配者であった。なぜなら、みんなけだもののように彼に服従しなければならなかったからだ。スペインの王は人の支配者であった。なぜなら、彼の臣民はそれが正しいと思った時のみ彼に従ったからだ。しかし、皇帝は王の中の王であった。なぜなら、誰も決して彼に従わなかったからだ。我々の言葉で言えば、フランスは王的支配（dominium regale）であり、スペインは王的・政治的支配（dominium politicum et regale）であり、そしてドイツ帝国は封建的な構成要素へと分裂してしまった君主政における実質上の混沌状態なのであった。

注
1. Philippe de Commines, *Mémoires* bk. 5 chap. 18.
2. 以下を参照。M. Riedel, "Auf der Suche nach dem Bürgerbund" *Orientierungen für die Politik*, ed. P.M. Schmidhuber (Munich, 1984), 83–99.
3. H. G. Koenigsberger, "The Unity of the Church and the Reformation," in id., *Politicians and Virtuosi* (London and Ronceverte, 1986), 169–78; id., *Medieval Europe 400–1500* (London, 1987), chap. 2.
4. 以下を見よ。B. Tierney, "Medieval Canon Law and Western Constitutionalism," *Catholic Historical Review* 52 (1966): 1–17.
5. G. C. Mor, "Modificazioni strutturali dell'assemblea nazionale longobardo nel secolo VIII," in *Album Helen Maud Cam* 2 (Louvain, 1961): 1–12
6. T. N. Bisson, "The Military Origins of Medieval Representation," *AHR* 71 (1966): 1199–1218.
7. A. Marongiu, *Il Parlamento in Italia nel Medio Evo e nell' Et Moderna* (Milan, 1962), chaps. 1 and 2. この包括的な研究を要約した英語版としては以下のものがある。S. J. Woolf, *Medieval Parliaments: A Comparative Study* (London, 1968).
8. Jean Sieur de Joinville, *The Life of Saint Louis*, trans. M. R. B. Shaw (Harmondsworth, Middlesex, 1963), 177.
9. *Chronicle of Florence of Worcester* は以下に引用されている。J. C. Holt, "The Prehistory of Parliament," in R. G. Davies and J. H. Denton, eds., *The English Parliament in the Middle Ages* (Manchester, 1981), 3. 私は情報の重要性に関するジェイムズ・ホゥルト卿の見解を継承している。Ibid., 4–5.

10. G. Post, "Roman Law and Early Representation in Spain and Italy, 1150–1250," *Speculum* 18 (1943): 228ff.
11. *Storia d'Italia*, ed. G. Einaudi, 1 (Torino, 1972): 416; D. Waley, *The Italian City-Republics* (New York, Toronto, 1969), 111–15 〔ウェーリー『イタリアの都市国家』森田鉄郎訳、平凡社、1971年〕.
12. D. Waley, *Siena and the Sienese in the Thirteenth Century* (Cambridge, 1991), 74–76.
13. Marongiu, *Il Parlamento*, 183-84, 192; H. G. Koenigsberger, "The Italian Parliaments from their Origins to the End of the 18th Century," *Politicians and Virtuosi*, 37-38.
14. J. Dhondt, "Les origines des tats de Flandre," *Anciens Pays et Assembleées d' États* (Louvain, 1950): 13–19; id., "Les assembl es d' tats en Belgique avant 1795," *Anciens Pays et Assembl es d' tats* 35 (Brussels, 1966): 238–41.
15. Dhondt, "Les origines," 20–21.
16. Holt, "Prehistory," 5–8.
17. マグナ・カルタに関する標準的な研究は以下のものである。J. C. Holt, *Magna Carta* (2d ed. Cambridge, 1992)〔ホゥルト『マグナ・カルタ』森岡敬一郎訳、慶應義塾大学出版会、2000年〕.
18. 以下を参照。M. T. Clanchy, *England and its Rulers 1066-1272* (London, 1983), 241–60.
19. Ibid., 269–70.
20. 以下のものに引用されている。G. L. Harriss, "The Formation of Parliament, 1272–1377," in Davies and Denton, *The English Parliament*, 30.
21. A. Wolf, "Les deux Lorraines et l'origine des princes électeurs du Saint-Empire," *Francia* 11 (1983): 241–56; K. Bosl, "Repräsentierte and Repräsentierende," in K. Bosl and K. Möckl, eds., *Der moderne Parlamentarismus und seine Grundlagen in der ständischen Repräsentation* (Berlin, 1977), 102–7.
22. J. H. Denton, "The Clergy and Parliament in the Thirteenth and Fourteenth Centuries," in Davies and Denton, *The English Parliament*, 108. 聖職者会議は今日、主教、聖職者、一般信徒という三つの院を伴って存続している。1992年には女性の聖職授任式にまつわる問題に決断を下した。この点に関する最終的な決定は君主が英国国教会の首長であるため、「議会における女王」による立法を必要とすることになるものと思われる。
23. P. Blickle, *Landschaften im Alten Reich: Die staatlichen Funktionen des gemeinen Mannes in Oberdeutschland* (Munich, 1973), passim.
24. E. A. R. Brown, "Philip the Fair, *Plena Potestas,* and *Aide pur Fille Marier* of 1308," in *Representative Institutions in Theory and Practice. Studies Presented to the International Commission for the History of Representative and Parliamentary Institutions* 39 (1970): 1–17.
25. Ibid., 21–22.
26. R. Villers, "Réflexions sur les premiers états généraux de France au début du XIVe sièle," *Parliaments, Estates and Representation* 4.2 (1984): 93–97.

27. A. Marongiu, "Pre-parlement, Parlements, Etats, Assemblés dÉtats," *Revue historique de droit français et étranger* 57 (1979): 631–44.
28. G. L. Harriss, "War and the Emergence of the English Parliament, 1297-1360," *Journal of Modern History* 2 (1976): 45–47; id., "The Formation of Parliament," 40–52.
29. Harriss, "War and the Emergence of the English Parliament," 41.
30. J. B. Henneman, *Royal Taxation in Fourteenth Century France* (Princeton, NJ, 1971); id., "The French Estates General and Reference Back to Local Constituents, 1343–1355," in *Representative Institutions in Theory and Practice*, 34–45.
31. E. B. Fryde, "English and French Fiscal Systems and the Officialdoms that They Created, c. 1270 and c. 1420," in id., *Studies in Medieval Trade and Finance* (London and Ronceverte, 1983), passim.
32. O. Hintze, "Typologie der ständischen Verfassungen des Abendlandes" (1930) and "Weltgeschichtliche Bedingungen der Repräsentivverfassung" (1931), in *Gesammelte Abhandlungen*, ed. G. Oestreich, 1 (Gö ttingen, 1962). 1931年の論文は英訳されている。"The Preconditions of Representative Government in the Context of World History," in *The Historical Essays of Otto Hintze*, ed. and trans. F. Gilbert (New York and Oxford, 1975), 302–53. 以下を参照。Koenigsberger, *Politicians and Virtuosi*, 6–8; id., *Medieval Europe*, chaps. 4 and 5.
33. 算定については以下のものに拠っている。S. Peller, "Births and Deaths among Europe's Ruling Families since 1500," in *Population in History*, eds. E. V. Glass and D. E. C. Eversley (London, 1965), 87–100.
34. R. Van Bragt, "De Blijde Inkomst van de Hertogen van Brabant Johanna en Wenceslas (3 januari 1356)," *Anciens Pays et Assemblés d'États* 13 (1956); E. Lousse, "La Joyeuse Entrée de Brabant," *Schweizer Beiträge zur Allgemeinen Geschichte* 10 (1952) 139–62.
35. W. N f, "Herrschaftsverträge und Lehre vom Herrschaftsvertrag," in *Die geschichtlichen Grundlagen der modernen Volksvertretung*, ed. H. Rausch, 1 (Darmstadt, 1980): 214–21. 文書そのものはフラマン語（オランダ語）で書かれており、*de blijde inkomst* と呼ばれている。
36. R. Van Uytven and W. Blockmans, "Constitutions and their Application in the Netherlands during the Middle Ages," *Revue Belge de Philologie et d'Histoire* 47 (1969): 399–412; W. Blockmans, "Alternatives to Monarchical Centralisation: The Great Tradition of Revolt in Flanders and Brabant," in *Republiken und Republikanismus im Europa der Frühen Neuzeit*, ed. H. G. Koenigsberger and E. Müller-Luckner (Munich, 1988), 148–51.
37. W. Eberhard, *Monarchie und Widerstand: Zur ständischen Oppositionsbildung im Herrschaftssystem Ferdinands I in Böhmen* (Munich, 1985), 11–52.
38. F. L. Carsten, *Princes and Parliaments in Germany: From the Fifteenth to the Eighteenth Century* (Oxford, 1959), passim; K. Bosl, Die Geschichte der Repräsentation in Bayern

(Munich, 1974), 45-120.

39. これらの議会に関する文書の収集は、多くはドイツ語やラテン語で書かれているが、およそ中世議会について我々がなす中で最も充実したものである。F. Thunert, ed., *Acten der St ndetage Preussens Königlichen Anteils* (1466-79) 1 (Danzig, 1896) および Acta Stanów Prus Królewskich 2-8 (1479-1526), eds. K. Górski, M. Biskup, and I. Janosz-Biskupowa (Torun, 1955-93).

40. H. Schück, "Sweden's Early Parliamentary Institutions from the Thirteenth Century to 1611," in *The Riksdag; A History of the Swedish Parliament*, ed. M. F. Metcalf (Stockholm, 1987), 5-43.

41. G. Post, "Plena Potestas and Consent in Medieval Assemblies," *Traditio* 1 (1943): 355-408; J. G. Edwards, "The 'Plena Potestas' of English Parliamentary Representatives," in *Oxford Essays in Medieval History Presented to H. E. Salter* (Oxford, 1934), 特に 151.

42. J. R. Maddicott, "Parliament and the Constituencies, 1272-1377," in Davies and Denton, *The English Parliament*, 83.

43. E. B. Fryde et al., *Handbook of British Chronology*, 3d ed. (London, 1986), 572.

44. A. L. Brown, "Parliament c. 1377-1422," in Davies and Denton, *The English Parliament*, 110.

45. H. G. Koenigsberger, *Estates and Revolutions* (Ithaca, NY, 1971), 52 n. 127.

46. J. Russell Major, *Representative Government in Early Modern France* (New Haven, CT, 1980), 27.

47. Ibid., 32.

48. H. Helbig, "Königtum und Ständeversammlungen in Deutschland am Ende des Mittelalters," in Rausch, *Die geschichtlichen Grundlagen der modernen Volksvertretung* 2:99-116.

49. Koenigsberger, *Estates and Revolutions*, 80-93; id., *Politicians and Virtuosi*, 39-44.

50. Koenigsberger, *Estates and Revolution*, 22.

51. H. G. Koenigsberger, "The Beginnings of the States General of the Netherlands," *Parliaments, Estates and Representation* 8.2 (Dec. 1988): 101-14; id., *Monarchy and States General in the Netherlands in the Fifteenth and Sixteenth Centuries* (Cambridge, forthcoming), chap. 2; ヘンリー8世の演説とそれについての厳密な考察については以下にある。G. R. Elton, ed., *The Tudor Constitution* (Cambridge, 1960), 230, 257 n.1, 270.

52. W. P. Blockmans, ed., *Le privilège général et les privilèges régionaux de Marie de Bourgogne pour les Pays-Bas* (Kortrijk-Heule, 1985), passim. ただし特に次の章を見よ。Blockmans and M.A. Arnould; H. G. Koenigsberger, "Fürst und Generalstaaten: Maximilian I in den Niederlanden (1477-1493)", *Historische Zeitschrift* 242.3 (1986): 557-79.

53. Olivier de la Marche, *Mémoires*, ed. H. Beaune and J. Arbaumont, 1 (Paris, 1883): 163.

54. Sir John Fortescue, "De Natura Legis Naturae," *The Works of Sir John Fortescue*, ed. Lord

Clermont (London, 1869), 1:16.
55. Sir John Fortescue, *The Governance of England*, ed. C. Plummer (Oxford, 1885), 114–15.
56. ポリティカル (political) という形容詞はアリストテレスの『政治学』に由来し、当時のヨーロッパにおいては、立憲君主政あるいは混合政体を示唆するために至るところで用いられていた。これら二つの語はかなり曖昧であると私は考えており、また、ドイツ語の Ständestaat は近代的な概念であってイングランドにはうまく当てはまらないものと思われる。

第六章　1200年から1600年におけるイングランドのコモン・ローのもとでの個人の自由

J. H. ベイカー

　自由（liberty と freedom）という言葉は 1600 年以前には、コモン・ローの書物の題（title）としては見られない。「特権領」（liberties）と「特権的管轄権」（franchises）はしばしば見受けられるが[1]、ごく狭い専門的な意味においてである。それらは特定の特権や義務免税のことであり、実際に財産の形態として扱われていた。中世のコモン・ローにとって、自由や諸自由という広い一般的な原則から個々の問題への解答を引き出すという手法は通常の方法ではなかった。こんにち手に入るものの中でそのような演繹的な方法に一番近いのは、1215 年の「マグナ・カルタ」の 39 条にある見事な一節であろう[2]。

　　自由な人間は、何人といえども、その同輩による合法的な裁定か、国法によるのでなければ、逮捕、投獄、侵奪、法的な保護の剥奪を受けたり追放されたりすることはなく、あるいはどんな刑によってであれ、傷害を受けることはない。また余も彼を兵力をもって襲うこともなく、彼に兵力を派遣することもないであろう。

同様の趣旨はエドワード 3 世の、適正手続きについての制定法においても繰り返されている[3]。しかしこれらの法規はコモン・ロイヤーたちによって、それ以前のコモン・ローの宣言にすぎないと見なされていた。それらの法規は、

侵害があった時の個々の救済策について何も言及していなかった。法的救済についての理論的関与がテューダー期になされ始めていたとしても、16世紀までは、立法行為から引き出されて法的救済手段が発展したのではなかった。そのうえ39条は「自由人」にだけ言及しているから、それは「マグナ・カルタ」の精神や文言が当てはまらない非自由民もいることを、明白に指し示しているのである。これらの「隷属の民」は、1215年ごろはほぼコモン・ローの外側にいた。14世紀に彼らが正しい手続きに基づいた法律の枠内に取り込まれた時でさえ、彼らの隷属の地位に何も変わりはなかった。それは"国法"の一部をなしていたのである。

≪Ⅰ≫　自由と、法の適正手続き

　もし典型的なイギリス人が1215年に、いや1415年にすら、「自由であるとは何を意味するか」と尋ねられたら、彼の答えはせいぜい束縛（bondage）という観点からのものであるだろう。自由は当時はまだ議会への代表という観点からも、書面による表明という観点からも考えられていなかった。「マグナ・カルタ」それ自身も、そのころ自由ではなかった人に対してまで自由を拡大しようというものではなかった。自由はむしろ束縛や隷農制のアンチテーゼであった。それゆえ我々の考察の第一は、コモン・ローのもとでの隷農の扱いと、16世紀末までの事実上の隷農の消滅についてとなる。隷農が消え失せるにつれて、イギリス人たちは自分たちの自由についてより広い視野のもとで考えるようになった。そのことはヘンリー8世の治世（1509-46）のはじめから、一連の事例において明らかである。そこでは臣民たちが、王の大臣の命令による投獄など、当時の政府による合法的でない拘束や強制からの自由を主張していた。1627年から29年に議論されたような自由の法が発達してきたのは、このような事例——そのうちのいくつかは未だ出版されていないが——からであった。

　これら全ての発達の前提条件は、全ての人々は国法に従うという原則（principle）が受容されていることであった。王ですら国法に従う。なぜなら

第六章　1200年から1600年におけるイングランドのコモン・ローのもとでの個人の自由　249

彼を王にするのはこの法だからである[4]。王自身が任命した裁判官ですら、王もこの法を遵守すると保証しただろう。その保証の方法とは、王によるいかなる授与や取得も、また臣民へのいかなる拘束令も、手続き的に正しくなされ、正当に記録されるべきことを要求することであった。この方針は、15世紀には、王は間違いを犯しえないといううやうやしい擬制の表現となった[5]。王の名において不法になされたいかなる事柄も無効である。というのも王はそれを正当化することができないからである。15世紀半ばまでには、王の裁判官たちは次のように言うようになった。王自身はたとえ正当な理由があっても臣民を投獄することはできない。なぜなら法廷においてその理由に異議申立する方法が全くないからである、と。人を投獄することは王の権威に属しているが[6]、その権威は法の適正手続きによって行使されなくてはならないからである。

　しかし、適正手続きの重要性はしばしば法において主張されたものの、それをヴィクトリア期の法改革の一部のように、突然議会によって成就された特定の法原理と考えるのは現実的ではない。その起源はたやすく見極めることができない。適正手続きは議会より前に存在していた観念だったが、現実において遵守されるのかどうかあてにならないものであったし、それゆえに忘れられたり無視されたりしないように、歴代の王によって直々に原則として主張されていたのである。議会がこの原則を繰り返して主張したことは、疑いもなく重要な意味を持っていた。しかし適正手続きを実際に守っていたのは、現実の人々の運命を決定していた裁判官と陪審団である。17世紀には、陪審団はマグナ・カルタ29章にある「同輩による裁定」と見なされた。これは時代錯誤な解釈ではあったが、にもかかわらずそれは、陪審制というものは危機的状況における政府と臣民の間の主たる防波堤だと考えられていたことを物語っている。誰も、善良にして信実な12人の人間の裁定なくして死罪にされることはありえなかった。我々は陪審制こそ隷農制の終焉において指導的役割を果したと考えたい。

　法の下の自由にとってのもう一つの前提条件は、17世紀初頭にはかなり明確に知られていたが、独立した司法組織であった。1630年代、裁判官たちへ

の信頼度はこれまでになく衰退しかかっていた。恐らく彼らはかつて、それほど強い政治的圧力の下に置かれたことはなかったのだ。むしろそれ以前の3世紀の間、司法の伝統は独立性を増して行く制度の一つだった。裁判官たちは王によって任命され、王が望む間職務についていたにもかかわらず、彼らは法に従って正義を行うように誓わされていた。そしてコモン・ローは裁判所に併設された学寮制の大きな法学校で教えられていた、洗練された独立した学問であった。この独立した精神こそ、テューダー朝の司法制度が政府の専制的な傾向に対して立ち向かうことを、可能ならしめたのである。その方法とは、身柄提出令状を、身分の低い臣民でさえ法廷において王の最高位の大臣たちに異議申し立てができるような救済制度へと発展させることであった[7]。

　司法制度は常に圧力を前にしても揺らぐことはなかったとか、陪審たちは常に正しかったと言うことはできないし、この議論にとって必要なことでもない。全ての人間機構は、裁判所も含めて弱く過ちを犯すものである。この議論の主旨は、長い目で見て、様々な行政制度が変遷するなかで、イギリスの司法制度は、被支配者同様に支配者をも拘束する法制度に服従する伝統を育んできたということである。

≪Ⅱ≫　コモン・ローの体系

　コモン・ローはイングランド全体に共通の法の体系であり、多様な地方の慣習に対峙しているものであるが、それは必然的に中央集権化の産物であった[8]。中央集権化の影響は、国王裁判所においてみられた。国王裁判所は12世紀になってとりわけヘンリー2世（1154-89）の下で活動規模が拡大し始め、そして王はその権威を王の裁判官たち（justiciariiと呼ばれた）に委任することが確立され始めた。国王裁判官たちは王、御前に控え、また王が留守のとき、つまり地方に行っているときは王宮で職務を遂行したのである。あるいはまた彼らは巡回して国中をまわった。彼らの主要な関心は、初期には王自身の関心と同じだった。つまり、公共の秩序と歳入、王（the Crown）への嘆願などである。

しかし経験が教えるところによれば、平和と秩序というものは、土地に対する争いの最終的解決に大きく依存するものであるので、まもなく土地に関する嘆願は同じく王の裁判領域の重要な側面をなすことになった。

　国王裁判官が古来からの地方法廷における訴訟手法の古いやり方にとって代り、その息の根を止めることを、誰も意図したわけではない。しかし、一連の中央集権化された裁判制度によって、その中で統一的な一つの法体系がイングランド中に実施され、王の州長官を通じて効果的に実施されたので、全ての下位の裁判形式についてのイギリス人が持っていた観念を、不可避的に弱めることになった。少なくとも、それらの下位の裁判形式は王の法廷とコモン・ローに従わなくてはならなかった。封建的裁判権は令状とアサイズ（assizes）によって大幅に制限され、この両者は、小作人が土地に対する所有権および占有権を王の法廷において主張することを、可能ならしめたのである。教会裁判所は裁判移送禁止令状によってけん制されていた。裁判移送禁止令状は訴訟当事者が、教会裁判所の容認されていた領域を踏みはずさないようにするため、王の法廷から発行が可能であった。しかしまた、自治都市裁判所などの裁判記録におけるいかなる決定も、錯誤令状（writ of error）による王の法廷での再審に従わなくてはならなかった。そしていかなる他の裁判権も誤判断令状によって同様に精査されなくてはならなかった。私的な裁判権を実行する者、あるいは拘留したり令状を執行したり、市場や定期市を開いたり、もろもろの通行料を課したりする[9]などの行政的権威を持つ者は、その権威のための法的保証を王の裁判官の前で示すことによって、自らを正当化する義務があった（quo warrantoと呼ばれる手続きであった）。たとえ公的権威の口実の下であっても他人を傷つけたり投獄したりした者は誰でも、王の裁判官の前で不法侵害訴訟令状に基づき自らを正当化する義務があった。ゆえに誰も、王すらもそしてその廷臣でさえも、コモン・ローから免れている者はいなかったし、またそれを自由に用いる者もいなかったのである。

　以上のようなことが13世紀の国王中央裁判所の活動であった。そしてその裁判所の任務遂行のために法的な専門職が出現することとなったのである[10]。

コモン・ベンチ(後に民事訴訟裁判所と呼ばれた)の主要な法廷における弁護人たちは、法と請願に関する専門家からなるえりすぐりの同業組合で「上級法的弁護士」(serjeant)たちとして知られており、彼らからのみ裁判官は選ばれた。それ以外の数多の弁護士(attorney)は一般的な実務官であった。彼らの業務によって、訴訟当事者は自分の裁判のいかなる段階においても、自分が出席することなく遠方の国王法廷において代表されることが可能だったのである。この両極端の間に、中間段階での実務家たちの名称定かならぬ団体があった。彼らのうちの多くは忠告を与えたり、コモン・ベンチ以外の法廷で上級法廷弁護士と同じ機能を果たしたりしていた。

　すでに1260年代までにはこの専門職を訓練する法学校が存在していた。それは法廷自体にある意味で付属しており、その学生たちは1280年代までは「裁判官見習い」として知られていた。1340年ごろにはこの法学校は学寮制度へと発展し、(universitasにおいても少々そうであったように)教育は学寮へ移った[11]。「イン(法学院、別名 hospicia)」と呼ばれていたこれらの学寮は二段階になっていた。15世紀には一般に若い学生は法曹予備院という下級の院のうちの一つで、令状や、法の知識のその他の基礎を学ぶために2年間を費やした。そして適切と判断されれば、学生は四つの法曹学院の一つへの入学許可を得る。そこでは古い法規についての「講読」と呼ばれる講義が行われていた。課程は「マグナ・カルタ」で始まり、学生たちは「模擬討論」と呼ばれる念入りな議論に参加する。彼らはまた主な国王裁判が行われるウェストミンスター・ホールにも出席することが望まれた。それは、実際の裁判で弁護士たちが議論するのを観察して学ぶためであった。

　法曹学院で教えられている法はイングランド起源のものだった。ローマ法はオックスフォードやケンブリッジで教えられてはいたが、イングランドの法とはほとんど、いや全くといってよいほど関係がなかった。12世紀以来発展してきたイングランドの法は、王の法廷の複雑な手続きとあまりに分かちがたく絡みあってきたので、観念的に理解するのは不可能だったのである。またイングランドの法は書き記されていたわけでもなかった。それは制定法によって増

大し、実際の例によって説明され、13世紀からは法廷の人間のフランスなまりによって報告された。イングランドの法は「購読」されなかったばかりではない。それは個人的な討論によって、そして法曹学院の教育課程での膨大な課題に没頭することによってのみ、会得されるものであった。当然ながら、学院で獲得できる二つの学位、つまり（民会の法廷で議論する）バリスタと（民会のベンチに座る）ベンチャーの学位とは、弁護士（counsel）としての実践と法律の世界で昇進とに欠かせない必要条件となった。

　これらの制度は、法に従った統治の伝統のための基礎を提供した。とはいえこれらの制度が障害も妨害もなく常に完ぺきに機能していたというのではない。しかし法の伝統を生み出すための制度的枠組みがなく、そして権力を持った役人や時には王冠に対抗してまで法的権利を行使する手段がなかったら、自由はほとんど実践的意義を持たなかったであろう。コモン・ロイヤーが自由を発明したということは明らかに間違いである。自由がある特定の時期にどのように定義されようと、この言葉には、誰もそれが何であるかわかり、そしてそれを用いたいと望むような意味合いがあった。実際の世界ではもちろん自由を欲したからとて、それを本当に獲得できるという見通しが得られるというものではない。自由の法的概念は現実にかかわっていた。つまり法廷における羊皮紙と蝋と行為という具体的成果にかかわっていたのだ。自由は、14世紀の法律家が「法の適正な手続き」と呼んだところの、合法性の伝統ほど抽象的な言葉ではなかった。この合法性の伝統はウェストミンスター・ホールと法曹学院という小さな世界で育まれた。臣民たちに彼らの権利と自由について助言した者たちと、政府およびその多くの役人に助言した者、さらに国王法廷で裁判にたずさわっている者たちはみな、同じ学校において教えられ、教育されたからである。彼らはともに議論をし、ともに食事をかこみ一連の共通の前提を分かちあっていた。自らの自由を発展させるのが最も遅かった人々とは、この小さな世界に対して最も接近しにくかった人々であった。

　自由人に関しては、我々は、「マグナ・カルタ」が自由人について語りつつどのようにして非自由民を排除したかを見てきたが、次節ではその非自由民から議

論を始めるであろう。そこで我々は、コモン・ローが非自由民を排除してきたにもかかわらず、隷農身分の実際的消滅ですら、議会制度よりもコモン・ローに負っていることを見るであろう。不自由な身分が消滅してゆく道程は、現実における自由がどれだけコモン・ローに負うところが大きいかを見事に示している。コモン・ローは、公正という観念を人々に教え込むにあたって、政治理論や議会の確立よりも大きな力を持っていた。事実議会は現実においてこの物語の中で——自由な身分にかかわるごくわずかな法令の中でも [12] ——実質的な役割を演じていない。むしろ議会は刑罰としての奴隷状態を導入した [13]。それは隷農の廃止をいまだ適切だとも、必要だとも見なさなかったのである。

≪Ⅲ≫ 隷 農

　非自由な土地保有 [14] と対応するものとして用いられた、非自由身分を示すコモン・ローの術語は「血統による (de sank)」隷農というものであった [15]。だがこの身分はコモン・ロー以前から存在はしていた。実際アングロサクソン人は農奴制などの、他の束縛のあり方を知っていた。農奴 (serf) という言葉はラテン語の奴隷 (servus) という語からきており、1086年のドームズデーの調査によれば、イングランドには2万5,000人以上もの農奴がいたことになる。この地位が正確に何を意味したかはあまり明らかではなく、それぞれの地方の慣習によって異なってはいたが、みじめな状態だったことには変わりはない。隷農 (villein) という言葉はもともと単に農民である村人 (villanus) を意味していた。そして12世紀にこの言葉が採用されたことは、非自由民への態度がやわらいだことを表している [16]。いずれにせよ、この世紀には、社会的身分の範疇が混合しつつあった [17]。領主の隷農に対する権利は不動産に付随し、それとともに移転可能であった点を除けば、隷農はローマ的な意味での奴隷ではなかったし、領主に所有されているわけでもなかった。にもかかわらず隷農はかなりの程度領主に従属していた。彼は、財産を所有することができたが、それは領主の意志によってであった。したがって彼が得たものは何であっても、

いつでも領主によって召し上げられた。領主は体刑によって、隷農を規律に服させることができた。そして隷農は領主の同意なくして、労働のためにすら借地をはなれることはできなかった。逃亡は力によって阻止されえた。

　12世紀のコモン・ローはこの状態を、人間生活にかかわる既存の事実として承認しており、また領主の権利を保護していた。領主は、ある隷農が本来のマナー（荘園）から抜け出て他人のマナーに逃げこんでいる時の、その相手の領主に対して生来所有確認訴訟（de nativo habendo）を起こすことによってその隷農の身柄を取り戻すことができた。領主が自分を酷使したとか、自分の財産を取り上げたからといって、隷農は領主を不法侵害訴訟に訴えることはできなかった。12世紀の終わりに、コモン・ローについての最古の著者は、隷農とはどちらかの親から受け継いだ、消すことのできない身分なのだと説いた。たとえ領主が隷農に自由を許可したとしても、彼はその領主に対してのみ自由になるにすぎないのであった[18]。

　その後50年もすると、隷農についてのやや違った見方が確立されるようになり、『ブラクトン法令集』ではじめて詳述された。その指導原則は、法は自由を支持するということのようである[19]。おそらく、この原則の本来の趣旨は、隷農が自由民になりやすいようにすべきというよりも、自由民の自由が不当に剥奪されることを防ごうというものであった[20]。しかし長い目で見ると、その影響によって従属の鎖は弱められ解体にいたったのである。『ブラクトン法令集』は隷農にかなりの紙幅を割いていた。自由を財産と同種の権利として扱う抽象的な法律家の論理に則りつつ、それはコモン・ローにおける隷農という地位の三つの主要な特徴を強調している。第一の特徴は、隷属した身分というものには一種類しかなく、全ての隷農は平等に非自由というものであった。第二は、隷農とは相対的なものだということである。以前の見解を覆し、『ブラクトン法令集』は、隷農は領主に対してのみ隷属的なのであって、この世の他の全ての人に対しては自由だと主張した[21]。そこには隷農制をおびやかす理論的前提すらあった。すなわち証拠のない所では、「自由を支持する」[22]がゆえに、その人間は自由だと推定されるのである。この、隷農が相対的だと

いう理論の帰結は、領主によって隷農身分から解放されれば、彼は隷農という血統の定めから完全に自由になるということであった。そのうえ、隷農は国王裁判所において領主以外のどの人間をも訴える資格があった。つまり「自由を支持する」ために存在するもう一つの隷農への譲歩というわけである[23]。実際、領主に暴力的に酷使された隷農は、領主自身が重罪に値すると訴えることができた[24]。(1219年に確立された) 第三の原則は、隷農的奉仕によって土地を保有しているからといって、その人が血統に基づく (de sank) 隷農とはならないというものである[25]。非自由身分は血統によってのみ受け継がれる。ここでもブラクトンは古い教えから離れ、法が認めない結婚によって生まれた場合、非自由身分は母親から引き継がれるが、それ以外は父からのみ隷農の地位は受け継がれるという寛容な見解をとった[26]。14世紀初頭までには、不動産のアナロジーによって、前述の例外すら放棄されるにいたった。庶子は誰の子供でもない (filius nullius)。したがって彼は土地を相続することができないが、同じ原則から、法的無資格者の地位をも相続することはできないのである[27]。

現実には、中世における隷農の生活状態は、普通はさほどみじめに抑圧されていたものではない。もろもろの税法は彼らが金銭を持っていたことを前提としているし、実際彼らは金をかせいだり、専門的な職業に従事したりすることすら許されていた。彼らを領主に結びつけていた鎖は、身分の低い自由民を領主や主人に結びつけていたそれと実際にはほとんど違わなかったのである。最も重要なことは、隷農はコモン・ローの法廷から排除されていたからといって、領主裁判所からも排除されていたわけではないということである、マナーの慣習により、隷農たちはコモン・ローにおける自由民の権利と似たような権利を享受していた。例えば彼らは自分の動産について遺言をつくり、相続によって土地を保有することが許されていた。マナーの慣習のもとでは、領主の権利は、典型的なものとしては慣習化された奉仕義務や年ごとの税や、隷農の子供たちの結婚に際して払われる婚姻料 (merchet、または「血と肉の代償金」である) などを要求することに限られていた。しばしば慣習によって払われるべき金額

が定められていたため、そのことは領主が持つ事実上の主権をかなり制限することとなった。ともかく生産的な労働力を維持することは領主自身の利益でもあった。つまり過度の課税や生活手段のはく奪によって虐待することは愚かな管理法だったのである[28]。そしてもし、このような悪しき愚かな管理によって労働力不足時に人々を取り逃がしてしまったとすれば、それは法的には子孫に継承すべき財産の侵害と見なされた。

現代の基準から見て隷農の生活が厳しいものだったとしても、それは当時の自由民の生活と比べて必ずしもひどく悪いものではなかった。しかし隷農は自由民よりも搾取を受けやすかった[29]。自由民という身分はその人間の安全、尊厳の感覚、社会的地位に影響したし、隷農に対する訴えはしばしば国王裁判所において争われていた。この訴えの最も直接的な手段は生来所有確認訴訟である。「巣」（生まれた場所）からさまよっている隷農をその家族と動産もろとも連れ戻すために使われる場合、それは争っている領主の間で決定権を握るシェリフへの執行命令という形をとった。しかし、もし当の隷農が自由民となりたいとその旨を主張したら、「自由を支持」してその問題は国王裁判官の前に持ち出されなくてはならなかった[30]。被告である当の隷農は「彼が知っているありとあらゆる方法を使って、しかも自由を支持して」[31] 彼の自由を論証することが認められていた。もしこの訴えが聞き入れられたら、彼は永遠に自由なのである。これに関しては1310年に人民間訴訟裁判所（Common Bench）において上級法廷弁護士ヘイルは次のように言った。「そもそも世界中の全ての人間はもともと自由であった。そして法は自由を支持するがゆえに、一度でも正式記録裁判所において自由を言い渡された者は永久に自由なのである」[32]。

1300年までには通常、国王裁判所で身分をめぐって生来所有確認訴訟を始める場合、当の隷農を訴えることしかできなかったといわれる[33]。ある著作家によれば、束縛が不評だったゆえに、一つの令状で二人の隷農を訴えることはできなかったのである。原告たる領主はその隷農を占有していることを証明することで法的権限を主張しなくてはならなかった。つまり「領主が自分の意志に沿って多かれ少なかれ隷農にも課税していること、そしてその血と肉とい

う代償金を取っていること」を証明することが要求されており、その証明は、記録によるかまたは当の隷農と同じ血族の二人の男性の身柄を提示することによってなされなくてはならなかった[34]。その手続きの厄介な性質のため、また陪審員も自由への主張に好意的に傾いたこともあって、中世の終わりにはそうした訴訟は減少するにいたった[35]。

≪Ⅳ≫　隷農制の終わり

　隷農たちが以下のような様々なやり方で自由を獲得できるようになったのは比較的早い時期だった。例えば、隷農身分からの解放（領主による自由の附与）、禁反言（estoppel）もしくは行為による暗示（領主が隷農を自由民であるかのように扱うことで彼が自由であることを認める）[36]。あるいは特権的都市ないし自治都市（または古来の国王直轄地）に一年と一日住み、その間彼を連れ戻そうとする訴えのないこと[37]。あるいは聖職を授与されたり宗教的職業についたりすること、騎士になること[38]や結婚[39]などである。非自由身分は庶子には継承されないという原則は、自由になるための別の手段を提供した。つまり、当の隷農が自分の両親または先祖は婚姻関係になかったことを証明すれば、彼は必然的に自由になった。そしてこのやり方は15・16世紀まで、自由民となる常套手段であった[40]。そしてそのころまでには、たとえ領主がその手続きに関係していなくとも、教会裁判所による庶子証明書は領主に対して拘束力を持つようになったのである[41]。

　これらの原則は共謀やなれ合いを引き起こした[42]。いくつかの司教裁判所では、隷農の身分が争われる事例において隷農に庶子の身分証明を与えていたことが嘆願目録から明らかである。したがって我々が、これを隷農の道徳的あり方の反映というよりも、信仰による嘘の一形態だったと推測するのは理にかなったことである。そのうえ、もしある教区が杓子定規な対応で知られていたならば、別のつくり話へと訴えることができた。つまり、単に当の隷農はもっと協力的なことで知られる教区（例えばノリッジ）で生まれたということにし

てもらうのである⁴³⁾。いくつかの事例ではこの手続きは正式の隷農身分からの解放を得るための、隷農と領主の合作の結果として示される。嘆願目録に記された王立裁判所の判決は最も確かな自由の確認証書であり、この確実な手段は（よくあったことだが）隷農を所有しているかどうかについて領主が絶対的な資格を持っていないときは、望ましいやり方だった⁴⁴⁾。この手の共謀の存在は、このような訴訟が吉と出る可能性が高かったことを物語っていると言えよう。教会裁判所の裁判官は良心的なふうを装いつつ、争われていない訴訟の事実関係を詳細に調べることを避けた。

　隷農からの解放の別の主要な手段は陪審制度であり、これは、人々の考えが厳格な法律と合わなくなってきた時に、人々の考えの方を実行することができた。遅くとも 15 世紀までには、社会的にそれとわかる隷農階級はなくなっていた。不自由民というものは社会的現実というより法的例外であった⁴⁵⁾。隷農も自由民も同じ家族の中に見いだすことができたし、田舎の自由民は同郷の隷農と正式に結婚した。隷農の人間であっても高い地位に到達することができた。例えば、国王裁判所の首席裁判官にさえ、であった⁴⁶⁾。まちがいなく多くの一家が、自分たちが自由人であるか否か本当に確かなことは知らなかったが、このような不確実さこそまさに自由であることと同じであった。なぜなら、領主が眠っていた主張を堀り起こすのは事実上困難だったからである⁴⁷⁾。隷農身分は多くの人々にとって廃れたも同然であり、実際国内も多くの地方、特に北部においては消滅してしまっていた。

　こうした考えはコモン・ローの法律家に共有されていた。イングランドのかつての国王裁判所の首席裁判官であるジョン・フォーテスキューは 15 世紀後半に、こう述べている。

　　ある法は、それが隷属を増加せしめ、人間本性が絶えず欲するところの自由を減少させるようであれば、必ず残酷だと見なされるだろう。なぜならば隷属は人間によって邪悪な目的のために導入されるが、しかし自由は神によって人間本性に刻み付けられているからである。それゆえ本性的自

由 (natural liberty) が否定されるときにはいつもそうであるように、自由は人間から取り去られると、もとに戻りたがるのである。よって自由を支持しない者は神をも恐れぬ残酷者だと見なされるだろう。こうしたことを考えると、イングランドのもろもろの法はいかなる事例においても自由を支持するのである[48]。

1520年代にジョン・フィッツハーバートは、隷農制は濫用の恐れがあり、当時の法によって引き起こされた不都合の最たるものであると言った[49]。同じころ、グレイ法学院の模擬裁判で、隷農こそ「法において憎むべきものであり、好むべきものではない。なぜならそれは完全に自由に反するからであり、自由こそ法が最も支持するものだからである[50]。」と言われていた。

こうした文脈に照らせば、陪審たちが係争中の訴訟において、人々を自由だと宣言する、多かれ少なかれ抑制されない手段を提供したのも驚くにあたらない。生来所有確認訴訟がすたれてからも自由の宣言を獲得する方法はいくつかあった。最も明白なやりかたは、当の隷農が領主を相手どって逆に訴訟を起こすことであった。例えば実際にあった過去の拘留を、誤れる不正な監禁として起訴したり[51]、あるいは拘留され、隷農として捕らえると脅かされたことについて不法侵害として起訴したり[52]、あるいはもし領主がいま現在彼を拘留しているのであれば、自分の身体回復のために起訴したりしたのである（de homine replegiando）[53]。この身体回復訴訟は重要な手立てだった。なぜならそれは原告の自由と財産を、その問題の裁判の間回復してくれたからである。この方策なくば、領主たちは隷農の持ち物を取り上げ彼を閉じ込めることで、自分たちが訴えられるのを妨げてしまったであろう。1498年に裁判官立法と称せられるものによって、王座裁判所は手続き的に比較的簡単な不法侵害訴訟が、身体回復訴訟と同じように扱うことができると決定した。その目的は、たとえば原告本人が監禁されていなくても、判決が出るまで彼の財産が本人のところに戻っているようにすることだった[54]。1510年以降、初期の名誉毀損訴訟は非自由身分の言葉による主張をも尊重して行われ、物理的な脅威や拘束の

証拠を見せる必要はなくなった[55]。しかしいかなる訴訟でも事は足りた。なぜならば被告は原告に対して隷農にとどまることを要求していたのであり、問題なのは身分だったからである。その結果、当事者が自由民か否かは陪審員の判断に任せられることとなった。これらは損害に対する個人的な訴訟にすぎなかったが、1500年までには法廷は身分については陪審の評決を決定的なものと見なすようになった[56]。このことは何よりも、概念的には不動産についての訴訟に似ている比較的古い訴訟のやりかたを、廃れさせることとなった。すでに親族による証明や、昔の専門的手続きは必要なかった。ほとんど全ての評決は自由を支持するものであり、とくに裕福な被告(領主)に対してはかなりの額が原告(隷農)の損害賠償のために要求されたことを、記録は物語っている[57]。

　おそらく他のどんな単一の要因よりも、陪審員たちの姿勢こそが、非常に保守的な16世紀の領主たちが隷農制を維持しようとするのをはばんだのである。自分の権利を主張することを決意した領主たちは――その中でも顕著なのは自分たちの聖なる家という地上の富を保持することに執着していた大小の修道院長たちであったが――お金を支払わせて隷農を解放したり、固定資産を放棄したりすることで損失を少なくした。他の領主たちは単に自分たちの地位を、呪われた時代遅れのものとして放棄した。国王は1570年代に(相当な代償を支払わせて)彼自身の、残っている隷農の大部分を開放した。このことは、廷臣ヘンリー・リーにこの事業の利益を認可することで遂行された。したがってヘンリー・リーには、隷農を探し出して取引する経済的動機があったのである[58]。教会裁判所の裁判官を含め、かなりの非常に有能な人間が解放された[59]。議会の立法による「万人解放」が時折議論されたり要請されたりして、そうした内容の法案は1536年に第三読会を持つにいたったが[60]、決して立法化されなかった。したがって多くの隷農たち、特に貧しくて解放をとりつけるに至らなかった者たちは、形式的に不自由なままであったことは間違いない。しかし全体的な思潮のおかげで彼らの公式の解放は不必要でもあった。16世紀半ばにトーマス・スミスは、彼の時代において大量に隷農というものを見ることは決

してないと書き[61)]、領地に付随している隷農については「あまりに少ないので言及する必要もない[62)]」と述べた。修道院長が教会を貧しくさせたくないため、隷農らをおもに聖なる家に留め置いているのだと彼は考えた[63)]。にもかかわらずスミスは隷農制の最終的な消滅を、隷農制がキリスト教と矛盾すると考えられたことに帰していた[64)]。

　もちろんこれで話が終わったわけではない。隷農制を廃止するのに失敗したので、捕虜奴隷の問題はそのままにしておかれた。スミスの同時代人であるウィリアム・ハリソン師（1593没）は、イングランドには隷農は存在しないばかりでなく、「神の特別な恩寵と我々の君主の慈悲により、わが国には次のような恩恵がある。つまり誰かが他の領土からこの国へ来るやいなや、彼らはその主人と同様に自由になるのでありゆえに隷属的束縛を示す全てのしるしは彼から取り去られる。」と述べた[65)]。17世紀後半になるまでは法律文書のどこにも輸入奴隷についての事例はなかった。よって明らかに問題も生じようがなかった。というのもそれ以前にイングランドに連れてこられたごくわずかの黒人は他の召使と異なることのない扱いを受けていたからだ。

　この時代の終わり、コモン・ローは奴隷の可能性について白とも黒とも判断していなかったと言ってよいだろう。戦争捕虜の位置づけは奴隷と似たようなものだった[66)]。また実際彼らは16世紀には評議会（the Council）によって強制的にガレー船での労働に従事させられていた。そして、星室裁判所もまた囚人奴隷を承認した[67)]。つまり星室裁判所はロンドン市と市裁判官へのけしからぬ中傷のかどにより、1548年にエドマンド・グリムストンに対して王のガレー船での終身奴隷であることを宣告したのである。後の世代は、重労働の罰のことを、それほど感情的ではない「懲役刑」という言葉で呼んでいた。しかし明らかに、奴隷という語は16世紀においては抑止的な罰のために使うには、さほど感情的な言葉とはいえなかった。にもかかわらず罰は生まれによって負わされる身分とは全く違うものだと考えられていた。黒人奴隷は、最終的に議会によって廃止されたが、この場合に法廷で最も効果を発揮した論拠は、隷農制についてのコモン・ローの言及や、後の時代において隷農の血筋を論証する

ことの不可能性などであった。奴隷はたとえイングランドで認められていたとしても、隷農より悪いものではありえなかった[68]。

≪Ⅴ≫　恣意的な投獄

　隷農は、どれほど緩和されていたとしても恒久的に自由が欠如していた。しかし自由民ですら、誰か権力のある者が（正当な理由があるにせよないにせよ）彼を身体的拘束のもとに置いたら、一時的な自由の欠如という苦渋をなめなくてはならなかった。人身の自由という領域において、コモン・ローが達成した他の主要な点は、誰も合法的理由なくしては投獄されないという原則の確立であった。この原則の確立は単なる抽象レベルにおいてではなく、合法的理由なくして投獄された者のために、実際的な救済策を規定することによって実現されたものであった。

　投獄は、コモン・ローの言語では、人々を牢獄に入れることだけに限らなかった。どのような身体的な自由の拘束も——例えば誰かをさらし台に載せるとか、私人の家屋に監禁するとか[69]、道で捕まえるとか、（少くとも後期には[70]）令状によらず言葉のみによる逮捕など——全て法律上は投獄であり、これは正当化を必要とするのである。囚人を最初に捕らえた人間だけでなく、牢獄の鍵をあける人やそれを預かる番人までが、これらの行為を正当化することを要求された[71]。17世紀以来投獄を取り締まる一般的な原則は、「マグナ・カルタ」の29章にまでたどられてきた。「同輩の合法的な判断や国法による以外は、いかなる自由民も連行されたりしない」。では実際には、この原則は中世イングランドに何を持ち込んだのだろうか。

　「マグナ・カルタ」の29章が17世紀になって、その言葉の本来の意味よりもさらに重い意味を担わされるようになったことはよく知られている。1215年には、刑事告訴についての裁判は陪審よりも神判によって行われ、身柄提出令状（habes corpus）は人々を牢獄から助け出すよりも、牢獄に入れるために使われていた。「マグナ・カルタ」の大雑把な言い回しによる不確かさは後の時代

には強みとなったが、15世紀の法学院での解釈者たち（講師たち）はむしろ言葉を非常に狭くとった。たとえば重罪の場合「同輩」(peers) は議会に属する領主のこととされたし[72]、「連行する」(take) とは逮捕令状 (capias) によって逮捕することであり、(29章の最後にもある)「権利と正義 (right and justice)」は権利令状と裁判官 (justicies) を意味した[73]。そこには広範な原則らしきものはほとんどなかった。そのうえ、この章は虐待の事例を扱う際に、法令によるいかなる救済も定めていなかった。例えば適正手続きについての1368年の制定法は、「マグナ・カルタ」に関する注釈者の幾人かが述べるように、これらの法規に反してなされたことは何であれ無効であると規定したにすぎなかった。だがこれは負傷させられた者や現在自由を奪われているものにとっては、あまり意味のない救済策でしかなかった。解釈者が最もよく議論した救済策とは、不当な投獄に対するコモン・ローによる訴訟であるが、それについてはあとで取り扱うことにする。しかし特殊な訴訟が立法そのものに依拠していなくてよいかどうかというのはしばしば議論された[74]。特に個々の国王評議会議員や評議会委員の前への異例の嘆願に関して言えば、16世紀初頭までにはこのような訴訟は実際に嘆願目録に見いだされる[75]。記録されている実例がないため水面下にあった議論がどのようなものだったかは知るよしもないが、（大臣自身に対するよりも常に反対党派に対する）訴訟はしばしば成功し[76]、先例は後の世代にまで知られることとなった[77]。

　王の評議会の命令に基づく不当な幽閉など、手続きをふまない仕方での自由の侵害に異議申し立てをするためには、これらの手段に加えて以下のことが必要だった。投獄に関する正式な書式を不適切な仕方で用いることに対する救済策である。通常の法的手続きによる投獄は、封印をされた令状を介して人間を「連行せよ (capias)」という命令が、州のシェリフに告げられるのである。令状の「返還」のためにはコモン・ローの手続きによって以下のようなことが要請された。つまり囚人が簡単に忘れ去られないために、シェリフは受け取った全ての令状に基づいて、自分が何をしたかを定められた日（令状の返還日）までに報告しなくてはならなかった。13世紀の終わりまでには刑事と民事のい

ずれの訴訟も、保釈金制度が広範に利用された。法が被告人を「動産占有回復不可能」と認定するような事例を除いて（たとえば反逆や殺人など）、投獄された人が告訴に答弁するべく出廷するための保障金を充分に提供すれば、シェリフは彼を釈放しなくてはならなかった[78]。シェリフまたは代官が誰かを合法的に逮捕したけれども留置の仕方が不法であった場合、たとえば令状を返還するのが遅れたり、その誰かは発見できなかったと報告して令状を返還したり、保釈金を理由なく拒否した場合、そのシェリフや代官は不法侵害訴訟を起こされる可能性があった[79]。元来合法的に逮捕された囚人も、その後に虐待された場合、それについて、訴訟を起こすことができた[80]。投獄についての実質的な法はいま述べてきたような救済策とは簡単に分離することはできない。そしてその主要なものについては、次に概略を検討する。

≪Ⅵ≫ 不当な投獄についての訴訟

「マグナ・カルタ」の時代には、違法な投獄は刑事または民事の訴訟の対象となりえた[81]。不法な投獄についての訴えはすでに1200年代初期に見られたが、その世紀の終わりには不当な投獄についての民事訴訟が不法侵害訴訟のもっとも一般的な範疇を形成した[82]。我々が見てきたように、これらの訴訟は隷農の要求したものであった。不当な投獄についての訴訟に次いでよく見られたのは、シェリフ、代官や治安官などの官吏が、その権威を逸脱あるいは濫用したことに対する提訴であった[83]。しかしその提訴もまた実に様々であった。時として提訴権は裁判権に関する争議の中でも用いられた。たとえば提訴権は、1319年にアルンデル伯に対して、クランに投獄しようとする彼の権力に異議申し立てをするために用いられたり[84]、また1495年には（コークとダイアーの判例集で知られるように）異端に対する教会裁判権の様々な面に疑義を突きつけるために用いられた[85]。

不当な投獄の範囲を説明するためには、我々は世俗的権威への異議申し立ての数々を取り上げればよいだろう。15世紀から16世紀にかけては、不当な投

獄についての訴訟が、当該の地方的慣習が適切かどうか疑義をつきつける目的で行われたという多くの事例が、年報に記されている。首席裁判官ブライアン（1500年没）のもとでの民訴裁判所は、そのような地方の投獄の慣習に対してかなりの敵意を示した。ゆえに1481年、ブライアンは、その場をおさめる保証人を見つけ出して初めて、市長は騒ぎを起こす人間の投獄を指示することができるという判断を示した。すなわち民訴裁判所でさえそのようなことはできなかったし、いやしくも人間を投獄する権力は慣習法に依拠しえなかった86)。翌年、不当な投獄をなしたかどで訴えられているある被告が、次のような慣習を主張した。それは自治都市の市長が、重罪の容疑があればどんな人間をも、最も近い国王の牢獄に連行する前に、逮捕して町の牢獄に3日間投獄できるという慣習である。ブライアンは反論した。「あなたはその命令を出すことはできません。なぜならそれは一般的正義と理性とに完全に反するからです」と。というのもその市長の命令は3日の間のいかなる解放手段も保釈金も許さなかったからである。そしてもし誰かがこの件のように一度3日の投獄を命令することができれば、次に誰かが3週間や3年間の投獄を命じてしまうだろう。この事例はこれで終わりとされ、その結果はわかっていない87)。

また4年後、ある二人の被告がロンドンの慣習を主張した。それは、教区吏員が不義の現場を押さえられた人間を逮捕し、市の牢獄に連行し、監視員をつけて監禁するという慣習であった。彼らは原告をどれだけの期間市の牢獄に留置したかを言わなかったため、ブライアンはこの嘆願には反対した。しかしこの提案が原則としてよいものであるかどうかについて、裁判官たちは意見が分かれた。主な論点は、不義は「霊的な」問題であって世俗的な市当局の管轄外にあるのではないか、ということだった。結局いかなる判決も下されなかった88)。

年報事例の共通の特徴なのだが、判決が下されなかったにもかかわらず、これらの論点は年報の中に存在し続け、後の意見に影響を与えた。1世紀後にも世俗的権威に異議申し立てする同じような訴訟がいくつかあった。1579年に裁判官たちは、誰かを逮捕する際の令状は理由を明記しなければならないとして、ロンドンの地区裁判官が発給していた「一般令状（general warrant）」を

禁ずる判決を下した[89]。1587年に裁判官たちは、市長というものは治安判事の任についている時を除いては、ばか呼ばわりされたからといって人を投獄してはならないと結論づけた[90]。何年か後には、条令を作ることのできる市が、条令によって課税された料金を支払わないかどで住民を投獄することは、「マグナ・カルタ」に反するとされた。彼らは差し押さえや法における起訴によって支払いを強制することはできるが、投獄する権力は持ちえないのだった[91]。1600年以前にすでに「マグナ・カルタ」は新たな役割を担うべく、新しい形態へと形成されつつあったのである。

≪Ⅶ≫ 不法侵害訴訟の欠点

　不当な投獄に対する訴訟とその他の不法侵害訴訟が、強制からの完全な自由の保証であったと主張することはできない。一つには、訴訟とは遡及的なものだからである。つまり訴訟は事が起こってからのみ、そして訴えるべき相手への訴訟を行えるだけの自由を奪還した者によってのみ、なされうるものである。そして勝訴した原告に与えられたのは金銭による補償であって、自由ではなかった。国王自身は訴訟の対象になりえないという原則は、国王が直接その臣民を幽閉しない限りさしたる障害ではなかった。というのは常に逮捕を行ったり鍵を握っていたりする執行者がいて、そしてその彼を訴えることができたからである[92]。より下位の権威においては、この原則はとくに問題にはならなかった。しかしそうはいっても王の評議会によって、あるいは治安判事または政府権力に密接に関連した他の権威などによって逮捕が命令された場合、(他の全ての不法侵害訴訟がそうであるように)シェリフの協力を必要とするコモン・ローの訴訟の効力は限定されたものであった。

　最悪の場合というのは、ある人が厳しく監禁されそしてあまりに永く閉じ込められていたために、裁判への実行可能な頼みの綱がないということだった。しかし公的権威によって虐待されていたその他大勢の人々もおそらく、公的権威を訴えるということは成功する見込みがないと忠告されただろう。この落差

を埋めるべく身柄提出令状が発展するまでは、唯一の頼みの綱は、王の評議会自体に嘆願することであった。そして少なくともテューダー朝のころまでには[93]星室裁判所は、他人が犯した不正義への訴えに敏感に対応したようであった。法廷の元本記録は失われてしまったが、サー・トーマス・エジャトン（後のロード・エレズミア、1603-17までの大法官）は16世紀の終わりに初期の公式記録から次の三つの先例（1488、1520、1529）を集めていた。

（Decembr. anno 4H. 7）ピルキントンが、貧しい男を投獄したかどで10マークの罰金を払わされ、フリート監獄に入れられた。（13 Feb. 11H. 8.）サー・ジョン・タウンリー。自分に反抗を企てていた人間を逮捕したかどでフリート監獄に入れられた。（27 Mai. i22H. 8）ベネット・トレーシーがサー・ヒュー・ヴォーガンによってジャージーの城に1年の四分の三を不当に監禁されていたため、補償として10ポンドもらった[94]。

ほどなくして、我々はジョン・スペルマン（1546没）から、次のようなことを知るのである。それは王の上級法廷弁護士ハンフリー・ブラウンが1540年に、王の封建収入を損なうような忠告をしたという明らかな理由でロンドン塔に幽閉されたということである。ブラウンは釈放された後、星室裁判所に訴え、彼の幽閉の合法性が審議された。自由を支持する判決が下されたわけではなかったが、この件はその上級法廷弁護士が「マグナ・カルタ」の29章に信頼を寄せていたことを示す点で非常に興味深いものである[95]。ブラウンは彼自身、後に裁判官になった。そして我々が今まで語ってきたような司法の伝統は、高名な法律家でさえ横暴な処置から免れていなかったという事実によって影響されてきたといえよう。

とくに注目すべき事件が星室裁判所で1577年に起こった。治安判事であるシモン・ハーコートなる人物がある囚人を自分の家に連れて行き、「牢獄」に連行する前の3、4時間足かせをつけて仰向けに転がしておいたのである。この違反のため彼は星室裁判所によって200ポンド払わされ、投獄され、治安委

員会から追放された[96]。このことは、王の代理人といえども、不適切にかつ権限なくして職務を行った場合、いかに評議会に服従しなければならないかを示している。しかしこの時期までには、身柄提出令状は、評議会のメンバー自身に監禁されたときですら、監禁に対抗したり保釈を得たりするためのより日常的な手段を提供するようになっていた。

≪Ⅷ≫ Habeas Corpus（身柄提出令状）

　身柄提出令状はその名が示すように[97]、人々を国王裁判所に連れていくことを目的としていた[98]。その起源は13世紀初期にさかのぼり[99]、最初は主に行政目的のために使われていた。14世紀には、それは形を変えて法廷内の手続きの一部として通常用いられるようになった。つまり、いやがる裁判官の出席を確保するためのHabeas Corporaや、大法官府が地方裁判所（とくに都市の）を監察するためのCorpus cum Causaや、代理人ないし訴訟当事者として法廷に出席する人を守るためにコモン・ロー法廷で用いられる特権の令状等々である[100]。

　16世紀以前に発見されたどのような先例からも、一般的な令状が投獄からの釈放を確保すべくもちいられた明白な例を見いだすことはできない。とはいえ、コークとその他の著作家らはいくつかの先例に、釈放確保という原則が通底することを探りあてていた。たとえばエドワード1世はある修道士をダラムの司教による投獄から解放せよという令状を発行したわけであるし、さらに使者までも投獄されてしまったときには、法廷は法廷侮辱罪のかどでその司教の自由を奪い、彼を逮捕するよう命令したのだ。ヘイルによれば、この事件によって州においてすら、いかなる者であれ王の臣民が投獄される場合には、その根拠を示すよう要求できるという国王の権限が確立された[101]。1351年には、フランス語で書かれた令状が見られる。それは、王座裁判所の最高長官にあてられたもので、正義がなされるためにも、ロンドン塔にいるあわれな囚人たちを調べ、投獄の根拠を明らかにするように、としていた[102]。その後の訴訟手

続きを見ると、どうやらこの令状は囚人のうちの一人に依頼されたもののようであった。しかしこの令状は身柄が移送されることを要請していたわけではなく、そして、これは衡平の特徴を持った例外的な手続きだったようである。ダイアーもコークもともに 1465 年のケースを重要視していた。それはメイドストーンにあるカンタベリー大主教の牢獄から囚人を解放するために、Habeas Corpus cum Causa が用いられたことを示していたのである。しかしこれは特権の令状であり、王座裁判所で訴訟当事者だったのは囚人であって、そしてここには、カンタベリーの聴聞裁判所との管轄権の争いがあったのである[103]。

16 世紀以前は、特権がない場合、令状は、拘禁に反抗することを望む全ての人々に権利として手に入るというものでもなかった。次に述べるように 15 世紀にそのような令状が使われた形跡もあるが、しかしそれが一般的な救済策として確立されるにはテューダー朝時代まで待たねばならない。

ヘンリー 8 世の治世に、我々は後に Habeas Corpus ad Subjiciendum[104] となるところの救済策の発展を見ることができる。この改革はおそらく、ヘンリー 7 世の晩年において宗教会議が権限を乱用したことへの強い反動と関連していた[105]。1518 年には、トーマス・アプリスなる人物が、枢機卿ウルジーの命令によって監禁され、司法長官がその監禁に賛成しなかったために王座裁判所において身柄提出令状によって釈放された[106]。アプリスはウルジーとサー・ロバート・シェフィールドとの争いに巻き込まれたようである。というのも同じ記録書にあったその身柄提出令状は「王のみの命令によって」差し戻されてあるためである[107]。その判例は 40 年以上たって最高裁長官のダイアーによって集められた。当時彼は、救済策の観点から典拠を整理・統合していたのであり、そのシェフィールドの論争はクックにも知られていた[108]。ダイアーによるもう一つの判例は 1546 年のものである。ジョン・ホゲスとトーマス・ヒースが王の評議会の命令によってロンドン塔に監禁された後、身柄提出令状によって王座裁判所へ連れてこられ、そこの司法秘書官に引き渡されたのだった[109]。彼らは平民の犯罪者だったようだ。いずれにせよ彼らは死刑を宣告された。これは窃盗に対するのと同様の刑罰であった[110]。しかしそのことが報

告書で述べられた理由ではない。(ダイアーが記したように) これらの判例の法的重要性は、王座裁判所が王国の中のあらゆる囚人の監禁の理由について調査し、便宜的に拘禁したり保釈を許したり、放免したりする権限を確立したということである。ダイアーはまた次のことを思い出させた。つまり、彼が学生だったとき、あの権力者トーマス・クロムウェルが国王評議会のメンバーとして、塔への拘留を一般に復活させるのを、民訴裁判所の裁判官たちがどのようにして阻止したかということである [111]。囚人の釈放を確保するための身柄提出令状の他の用いられ方は、この時期から見られるのである [112]。

エリザベス朝になると、女王や枢密院議員による命令などの法律外の拘禁が、身柄提出令状によってどこまで法的に吟味されうるかが、法廷においてよく審議される問題になった。そしてこの救済策が最終的に認識されるようになるのもこの時期なのである [113]。新たな治世の最初に裁判官たちが直面したのは、アレクサンダー・スクロッジの事件であった。彼は人民間訴訟裁判所の弁護士で、法廷での、ある公職についての議論に巻き込まれていたのである。1558年に首席裁判官 (Chief Justice) の地位が空いている間、その公職は非合法的にある素人にまかせられていた。だが法廷はその素人を拒否し、スクロッジを受け入れたのである。ベッドフォード伯とロバート・ダドリー卿は、法廷における彼らの威信を利用してその公務を取り仕切る例外的な委任の権限、すなわち、もしスクロッジがそれに応じないならば、彼を拘留する権力を手に入れていた。スクロッジは訴状に異議を申し立てたので、侮辱罪でフリート監獄に拘留された。そこで彼は人民間訴訟裁判所に釈放を願い、首席裁判官のダイアーは、法廷の固有の司法権によって発行されると考えられた、一般的な身柄提出令状を使うことを思いたった [114]。しかし代わりに決定されたのは、弁護士としてのスクロッジの特権に基づき、特権の令状において彼を釈放することであった (それは、彼が依頼人に奉仕するために出席することを要求する、特別な形態の身柄提出令状であった)。

スクロッジはすぐに再び、受任者たちによって「狭い牢獄に押し込めるべく」監禁された。それは、ダイアーが言うところの、「法に対する牽制」であ

った。スクロッジは5週間以上もの間、フリート監獄に閉じ込められていた後、キーパー・ベーコン卿によって釈放された。というのもベーコン卿は論争を終結させるために調停に立っていたからである。スクロッジは彼の公職の座を守ったが、そのために和解金を払わねばならなかった。裁判官たちはそのような受任者の委任行為を大変侮辱的なものと見なしており、（財務府裁判所首席裁判官ソーンダースによれば）実際に法において無効なものと考えていた。それゆえ受任者たちが行う全てのことが「正義にかなっていない（coram non judice）」のであった。ソーンダースはこの件について幾分か感慨深げに書いているが、そこで「特権の令状を与え、執行することに学識をもって喜んで同意したあの人民間訴訟裁判所の裁判官たちはみな、名誉あるよき裁判官という不朽の栄誉に値する」と結論している[115]。しかしながら、この一件は適正な手続きなどものともしない権力ある廷臣に刃向かって法を実行することが、いかに大変なことか、彼らに痛感させたのである。おそらくこれが1562年にしてすでにダイアーが身柄提出令状の適切な前例を探していた理由の一つであった。そしてこれらの前例は大変興味深いものである。なぜならこれらは（似たような前例を1627年に集めている際に[116]）セルデンによっては見落とされてしまったし、近代の著作家たちも気づくことがなかったからなのである[117]。

　二つの重要な事件が1565年に起こった。第一に、ヨークにてノース評議会によって牢獄に投獄されたジョン・ランバーン（またはランバート）の事件である。ヨークのシェリフが、送ってきた身柄提出令状に対して女王座裁判所にあてて、次のように返答した。シェリフが身柄を得るために代理人をヨーク城へつかわしたところ、牢の番人に、評議会の長であるヨークの大主教と、その他の評議会のメンバーの許可なくして囚人を引き渡すことはできないと言われた、と。そこでシェリフは大主教のところへ出かけて行った。だが大主教は、その囚人は「当の大主教および女王の評議会の他のメンバーの命令によって投獄されたのであって、当のシェリフの囚人ではない。」と述べた。さらに大主教は続けて、彼は女王に手紙で許可を願い出、その後枢密院からその許可についての返事をもらうまでは囚人を釈放するつもりはない、と言うのだった。そ

第六章　1200年から1600年におけるイングランドのコモン・ローのもとでの個人の自由　273

して大主教は秘書を牢の番人に送り、王の令状を受け取ったからといって囚人を手放さないようにと指図した。女王座裁判所は他の身柄提出令状を発行しただけでなく、女王の上級法廷弁護士の動議により、番人ばかりでなく大主教に対しても収監令状を出したのである[118]。

　第二にダイアーは1565年に、高等宗務官裁判所（High Commission）の囚人に対する身柄提出令状の初めての報告例を提供した[119]。（教皇主義者の）囚人がいったん釈放された後、すかさず再逮捕されてしまったというものである。その根拠は、受任者は保釈保証人をつけることなく自らの裁量に従って投獄する権利を持つ、というものであった。この横暴な事例は「十分に議論され」たが、全く結論は出なかった。12年後には裁判官たちは高等宗務裁判官（the High Commissioner）の命令によってなされる全般的な（身柄提出令状の）差し戻しを大胆にも拒否するようになっていた。ダイアーがクロムウェルに関する事件を喚起したのも、こういう場合であった[120]。法廷は、枢密院全員による投獄命令のときにのみ全般的な差し戻しを認めようと言った。枢密院全員による投獄命令には公にしたら危機を招きかねない秘密の理由があるからである。しかし枢密院議員個人は、明白な理由なくして投獄する権力はなかった。高等宗務裁判官も然りであった。しかしながら、枢密院全員による投獄命令の場合ですら、王座裁判所は保釈を許可したのである[121]。

　さらに、1573年の巡回裁判官だったとき、ダイアーは1523年の前例に従ったと自ら記している。つまり休暇の間、田舎の家に滞在する首席裁判官（chief justice）の前まで重罪でとらえられた囚人の身柄を連れてこられるように、身柄提出令状を権威づけたのである。なぜそうしたのか、理由は語られていない。しかしこの前例は、令状は裁判期間外でもあるいは裁判官室でも有効であることを示していた点で、価値があった。職務規定文書が示すところによれば、休暇中の裁判官個人のところへ身柄提出令状を戻す習慣はこの時期に一般的になっていた。その多くの例はきまりきった刑事裁判であったが、その原則は憲法にかかわる重要性を持っていた。すなわち、自由はウェストミンスター・ホールの法廷日程によって制限されてはならない、ということであった。

我々が見てきたように、投獄は法的そして手続き的な論争の主題をなしてきたと言えるし、(おそくとも)1570年代までには身柄提出令状は、そのような論争において、不当な投獄に代わる一つの選択肢として用いられてきた。したがって身柄提出令状は、地方当局による、懲戒を目的とした投獄という慣習的な主張に抗し、それは「マグナ・カルタ」に反すると主張するために用いられたのである[122]。また身柄提出令状は王の保護令状にある、その期間の違反に基づく投獄を正当化した新しい条項にも挑戦し、成功を収めた[123]。1590年代には、治安判事による命令を検討するために用いられるようになった[124]。またそれは北部やマーチ地方の評議会[125]や請願裁判所(Court of Request)など、国王評議会裁判所(conciliar court)の管轄権をけん制するまでにいたった[126]。コークとセルデンにとって、とるべき道はすでに用意されていた。

≪Ⅸ≫ 結 論

これまで検討されてきた自由の二つの側面が、1600年以前における、コモン・ローによって認識されていた自由の範ちゅうの全てというわけではない。しかしこの二つの側面はおそらく、当時のイングランドの誰もが、自由とはいかなる状態かと問われて、まっさきに思い浮かぶものであった。そしてこの二側面は実際にこれらに意味を与えていた法的体系の性質と切り離すことのできないものであった。当然のことながら法律家は、抽象的であるが故に決して正確に定義することのできないような自由の概念については、責任を持つことはできない。しかし実際には法律家だけが自由を確保する手段を考察し、改善し、保護することができたのである。今まで見てきたように、自由とは細目やら念入りな分類やらが付いた法律家の本の標題ではなかった。そもそもそれは最初からコモン・ローに組み込まれていたのではない。むしろ部外者にはあまりよく知られておらず、念入りな調査なしには子孫に知られることもない、様々な決定が蓄積されてきたことの結果なのである。しかし一旦なされたら、一つひとつの決定は「自由を支持」するための覆し難い歩みをなしていたのである。

第六章 1200年から1600年におけるイングランドのコモン・ローのもとでの個人の自由　275

　コモン・ローはまさにこのように独特に発展してきた。ある天才的個人の洞察を通してではなく、むしろ学識ある専門家を介して発展してきたのである。そしてその専門家とは依頼人の望みを知り、またその望みをかなえることのできる裁判官たちの思考回路を理解している人々であった。確かに、一つひとつの歩みは同程度の能力を持つ法律家たちに反対されたこともあった。それゆえ発展の道程は長く苦しいものであっただろう。しかしあらゆる時代を通して裁判官が見失わなかった黄金の糸とは、あの偉大な憲章から発したもの、そしてその発展した結果だったのである。それは、いかなる人もこの国の法の外側、及ばぬ所あるいは超越した所にいるべきでない、という原則だった。1441年に財務府裁判所首席裁判官フレイはこう言った。「法は、国王が持つものの中で最も偉大な遺産である。なぜなら法によって彼自身も彼の臣民も統治されるからだ。もし法がなかったら、王もその遺産もなかったであろう[127]」。その同じ法が、「マグナ・カルタ」からテューダー朝の終わりまでの何世紀かにわたって発展するにつれて、臣民たちには個人の自由のための公正な手段を提供した。そして17世紀の国制論争のための教義的武器をも提供したのである。

注
1. 特権領（franchise）という語の主要な意味は、一般的な意味での自由であった。以下の例を見よ。*Anglo-Norman Dictionary*, ed. W. Rothwell and others, 6 fascicles (London, 1977-92), 316; J. H. Baker, *Manual of Law French*, 2.d ed.(London, 1990), 120. しかし特定の法的な意味がすぐにそれを凌駕したのである。
2. この憲章の最良の原典でかつ英訳の付されたものは以下である。J. Holt, *Magna Carta*, 2d ed. (Cambridge, 1992), 448-73. 39項は1225年の「マグナ・カルタ」の29章に組み込まれている。「マグナ・カルタ」は最初の議会制定法として扱われ、通常そのように引用される。
3. 2 Edw. 3, c. 8; 5 Edw. 3, c. 9; 14 Edw. 3, stat. ýc. 14; 25 Edw. 3, stat. 5, c. 4; 28 Edw. 3, c. 3; 42. Edw. 3, c. 3（「誰も古き国法にのっとった正式な起訴や法の適正手続き、あるいは最初の令状なくして応ずるように追い込まれない。」）これらの制定法のほとんどはもっぱら国王評議会の特別な裁判権に向けられたものであった。
4. *Bracton on the Laws and Customs of England*, ed. S. E. Thorne, 4 vols.(Cambridge, MA, 1968-77), 2: 33, 110, 306 (fols. 5b, 34, 107). この本は1220年代から1240年代の間に編集

された。これは裁判官だったブラクトンのヘンリー (d. 1268) のものとされているが、おそらく彼によって書かれたものではない。
5. W. S. Holdsworth, *History of English Law*, 16 vols. (London, 1922–66), 3: 464–66. ホールズワースは、これが 1483 年に初めて明確に定式化された時、これは「とても新しい原則であった」と考えている。(Y.B. Trin. 1 Edw. 5, pl. 13). これは 1457 年には、王は侵奪者ではありえない、という形で見いだされた。Y.B. Trin. 35 Hen.6, fol. 6x, pl. I, per Moyle J.; 以下を参照。Danvers J., contra, at fol. 69..
6. *Bracton* 2. :412. (fol. 146).
7. 我々が扱っている時期の終わり頃における、政府の決定に挑戦しようとする *mandamus* や *certiorari* の発展にも注意せよ。E.G. Henderson, *Foundations of English Administrative Law* (Cambridge, MA, 1963).
8. 続く出来事についてのより十全な説明としては、さらなる文献案内の付された以下を見よ。J. H. Baker, *An Introduction to English Legal History*, 3d ed. (London, 1990), pt.1.
9. 公道の場合、14 世紀の裁判官は、権利主張者が修繕の義務を負っているなどの特別な場合をのぞき、通行税を徴収する権利を合法的に持つことはできないとまで述べた。それが人民に重くのしかかるからである。*R. v. Chanceux* (1329), *Eyre of Northamptonshire*, ed.D. W. Sutherland, (Selden Soc. vol. 97 [1983]): 6t–67; *R. v. Walmersford* (1329), ibid., 122.–23; *R. v. Abbot of Peterborough* (1329), ibid., 135; *Anon.* (1346), Fitz. Abr., *Toll*, pl. 3; *Case of the Bailiffs of Richmond* (1348), Y.B.22. Edw. 3, *Liber Assisarum*, pl. 58. ここに通行の自由の観念のようなものを見いだしうるであろう。
10. 以下を見よ。P. Brand, *Origins of the English Legal Profession* (Oxford, 1992).
11. 大学制度の起源については、以下を見よ。J. H. Baker, *The Third University of England: the Inns of Court and the Common-Law Tradition* (Selden Soc. lecture, London, 1990).
12. テューダー朝における隷農に関する主な制定法は実際には領主に好意的だった。19 Hen.7, c. 15 (隷農を用いる封土公示譲渡に対するもの)。
13. 1547 年の制定法は決して執行されることがなく、1549 年に廃止されたことについては、以下を見よ。C. S. L. Davies, "Slavery and Protector Somerset: the Vagrancy Act of 1547"、*Economic History Review*, 9.d set., 19 (1966): 533–49. これはローマ法に感化された知識人の影響と考えられてきた。
14. 隷農の土地保有にはまた別の歴史がある。そして 13 世紀初期までは自由民は自分の地位に何ら影響を与えることなく、隷農の下にある土地を所有することができた。次注参照。
15. 続く出来事については以下の書と、そこでの解釈に負っている。Baker, *Introduction to English Legal History*, 3d ed., 539–37.
16. 同時代における法的混乱については、以下の無名の注釈者を見よ。*Britton*, ed. F. M. Nichols, 2. vols. (London, 1865), 1195 n.(q). この注釈者は農奴は隷農ほど拘束されていたわけではないと教えている。また以下も見よ。*The Mirror of Justices*, ed. W. J. Whittaker

(Selden Soc. vol.7 [1893]), 77, 79, 165.
17. 以下を見よ。F. Pollock and F. W. Maitland, *The History of English Law before the Reign of Edward I*, 2 vols. (Cambridge, 1895), ý412-13, 430-31; R. H. Hilton, "Freedom and Villeinage in England," *Past and Present* 31 (1965): 3-19; C. Dyer, *Lords and Peasants in a Changing Society* (Cambridge,1980), 103-5; J. Hatcher, "English Serfdom and Villeinage," *Past and Present* 90 (1981): I-39.
18. *Glanvill*, ed. G. D. G. Hall (London, 1965), 57-58. この論考は 1180 年代末頃に書かれた。
19. *Bracton* 2: 300 (fol. 105b); 3: 91, 109 (fols. 193, 200b). ローマ法や教会法から借用されたこの原理の歴史については以下を見よ。P. R. Hyams, *King, Lords and Peasants in Medieval England*（Oxford, 1980), chap. 12. この公理は 14 世紀にしばしば唱えられた。e.g., Y.B.19 Edw. 2. (1678 ed.), fol. 652.; Y.B.20 Edw. 3 (Rolls Ser.), pt.2., 468（「被告は自由民であるというように、判断は自由を支持する方向で下された。そしてその理由は自由に対して示された支持であった。）Y.B. Hil. 43 Edw. 3, fol. 4, pl. 8（「自由を支持する多くの議論がある。」）; Rot. Parl. 2: 193a（「ゆえに法は彼を隷属状態 [servage] にとどめおくよりは、人間の身体の自由を支持していた。」）（引用はフランス語からのものである。）
20. Hyams, *King, Lords and Peasants*, 206.
21. コークによって集められた以下に収められた後期中世の権威を見よ。Co. Inst. 2.: 45.
22. *Bracton* 3: 91, 102. (fols. 193, 197b).
23. *Britton* I: 199（「自由の単純な支持」）.
24. *Bracton* 2: 34, 397, 438 (fols. 86, 141, 155b). 不法侵害訴訟は第三者に対しても存在しえた。ibid., 438. もし領主が部下を通して行動を起こしたら、後者は不法侵害訴訟に訴えられることがありえたが、弁明を求めることができた。しかし、そこには特定の権威がなくてはならないことが 1359 年に述べられた。つまり、（不服従や反乱などの）大義名分がない限り、使用人は領主の命令によって、隷農をさらし枷をはめて投獄することを正当化できない、ということである。: Pas. 33 Edw. 3, Fitz. Abr., *Trespas*, pl. 253. 以下を参照。Y.B. Trin. 5 Edw.2. (Selden Soc. vol. 33), 230, pl. 32.; Mich. 6 Edw. 2.,151, pl. 40; Selden Soc. 100: xxxix-xl.
25. *Bracton* 3: 107 cites *Montacute v. Bestenovere* (1219), *Bracton's Note Book*, ed. F. W. Maitland (London, 1887), 2.: 62-63, no.70, CRR 8: 114; *Bestenovere v. Montacute* (1220), *Bracton's Note Book* 2: 79-80, no. 88. また以下も見よ。*Britton* I: 196; *Fleta*. eds. H. G. Richardson and G. O. Sayles, 3 vols. (Selden Soc. vols. 72, 89, and 99 [1955-84]), 3: 24. 実際に、この区別は 14 世紀に到ってすら十分に残っていたのであり、我々はその時期の「隷属状態における」土地保有について耳にするのである。14 世紀後半以降から、隷農による土地保有は「謄本保有権」としてますます知られていくようになり、その言葉はいささかも隷属状態を示唆するものではなかった。
26. *Bracton* 2: 30-31 (fol. 5); 3:92, 94 (fols. 193, 194b). 以下も併せて見よ。*Britton* 1: 197; *Fleta* 1: 13-14.

27. E.g., *Mareschal v. Prior of Ely* (1320), Y. B. Trin. 13 Edw. (1678 ed.), fol. 408; *FitzThomas v. Lechebere* (1326), Y.B. Hil. 19 Edw.2. (1678 ed.), fols.651, 652 *Anon.* (1364), Y.B. Mich. 38 Edw. 3, fol. 34.
28. 領主は隷農から生活手段（農耕道具や牛馬車）を奪ってはならないという規則は「マグナ・カルタ」に述べられている。c.14; *Bracton* 2: 34 (fol.6). 領主は隷農を足枷をはめて監禁してはならず、彼に水をかけてもならなかったことは、以下の弁明に含意されているようでもある。*Oldbury v. Abbot of Hales* (1292), Selden Soc. 30: 24, at 26, 不正な取り扱いについては以下を見よ。*Select Cases of Trespass* in the King's Courts, ed. M. S. Arnold, 2 vols. (Selden Soc. vols. 100, 103 [1984–87]), l: xxxix–xl. 以下も見よ。*Mareschal v. Prior of Ely*.（乱打に関して）
29. 14世紀の隷農の不安定な生活に関しては以下を見よ。E. B. Fryde and N. Fryde, "Lords, Serfs and Serfdom," in J. Thirsk, ed., *The Agrarian History of England and Wales* 3 (Cambridge, 1991): 760–68.
30. *Bracton* 2: 300(fol. l05b):「私はこの譲与の理由として、自由を支持したという以外のものは思いつかない。そしてそれはきわめて貴重なものである。」（明らかにユスティニアヌス法典を暗に指している。50.17. 106)。またこの規則は以下においても述べられている。*Glanvill*, ed. Hall, 54; *Britton* 1: 202. ("en favour de fraunchise"); *Fleta* 2: 173–74 ("propter favorem libertatis").
31. *Fitz Thomas' v. Lechebere* (1326), Y.B. Hil. 19 Edw.2. (1678 ed.), fol. 652 per Aidborough sjt. (translated from the French).
32. *Thorne v. Peche* (1310), Y.B. Pas. 3 Edw.2. (Selden Soc. vol. 20), 94,p1.15. 原告が訴訟を放棄した時も結果は同じであった。: *Novae Narrationes*, ed. S. F. C. Milsom (Selden Soc. vol. 80 [1963]), clxvii.
33. *Fleta* 1: 17 ("in odium servitutis"). 以下を参照。*Brevia Placitata*, ed. G. J.Turner (Selden Soc. vol. 66 [1947]), 91, 214; *Registrum Omnium Brevium* (1634), fol. 87.
34. 全盛期におけるこの訴訟については以下を見よ。*Novae Narrationes*, intro., cxliii-cxlvii; P. R. Hyams, "The Action of Naifty in the Early Common Law," *Law Quarterly Review* 90 (1974): 326–50; id., "The Proof of Villein Status in the Common Law," *EHR* 89 (1974): 721–49.
35. ジョン・ジェヌアの不動産占有回復典籍 (books of entries) は、当の隷農が自由とされた、1425年と1446年における生来所有確認訴訟の先例を提供している。LC, Phillipps MS. 26752, fol. 135rv.
36. *Bracton* 2: 85 (fol. 24b); 3:90, 91, 94 (fols. 192b, 193, 194b); *Britton* 1: 198, 200; *Fleta* 3: 24, 77. 後の権威に関しては以下を見よ。Holdsworth, *History of English Law* 3:492 n.7; *The Reports of Sir John Spelman*, ed. J. H. Baker, 2 vols. (Selden Soc. vols. 93, 94 [1977-78]), 2:188–89; S. E. Thorne and J. H.Baker, eds., *Readings and Moots at the Inns of Court in the Fifteenth Century* 2 (Selden Soc. vol. 105 [1990]): 152. 主たる事例は隷農への許可、彼との契約、彼への訴訟であった。

37. *Glanvill*, ed. Hall, 58; *Bracton* 3: 85, 103, 104 (fols. 190b, 198); *Britton* 1: 200, 209; *Fleta* 1: 173. グランヴィルは隷農はギルドのメンバーになるべきだと述べた。以下を見よ。*Paris v. Page* (1308), Y.B. Pas. 3 Edw.2. (Selden Soc. vol.17), 11, pl.1（そこではロンドンの長老参事会員が都市の特権を増そうとしたが失敗した。彼が都市を去っていたからである。）
38. *Bracton* 2: 31 (fol. 5); 3: 85, 103, 104 (fols. 190, 198); *Britton* 1: 200, 207; *Fleta* 1: 172. 後の権威については以下を見よ。*Spelman's Reports* 2 (Selden Soc.vol. 94): intro., 189; しかし以下も参照。*Glanvill*, ed. Hall, 58; *The Notebook of Sir John Port*, ed. J. H. Baker (Selden Soc. vol. 102 [1986]), xo3; *Readings and Moots in the Inns of Court*, lxiv, 134; *St German's Doctor and Student*, eds. T. F. T. Plucknett and J. L. Barton (Selden Soc. vol. 91 [1974]), 272–73. これらの事例は問題を含んでいた。なぜなら（i）そこには決闘や降格の可能性があったこと。そして、（ii）身体に対する領主の権利が消滅したとしても、隷農の地位は存続する余地があった、からである。
39. 結婚による解放の二つの事例は、（i）隷農の女性が自由民の男性と結婚する、（ii）隷農の男性が雇い主の令嬢と結婚する、の二つである。(以下で最初に記された事例である。*Britton* Ⅰ: 198.)
40. ジョン・ジェヌアの不動産占有回復典籍には、おそらくエドワード4世の治世からであろう、15世紀の匿名の先例が載っている。LC, Phillipps MS. 26752, fol. 54rv（原告が自由とされただけでなく、推定上の領主に対して土地を回復したという *quibus* にある不動産占有回復令状である。）. それ以外の15世紀の先例に関しては以下を見よ。Robert Maycote's book of entries, LC, Phillipps MS.9071, fols. 116–17; Anon. entries, BL, Add. MS. 37488, fols. 284v–285 (entry in *quibus*); BL, Harleian MS. 5157, fols. 226–27（不法侵害訴訟の二つの事例, temp. Edw. 4）; Robert Maycote's entries, LC, Phillipps MS 9071, fol. 116 (ca.1500); W. Rastell, *A Collection of Entries* (London, 1566), fols. 68 ⅳ–682r.
41. 以下を見よ。Richard Broke's reading in Gray's Inn (ca. 1505), Selden Soc.93: 225. これは一般的な原則であって隷農の事例にとどまらなかった。*Doctor and Student*, eds. Plucknett and Barton, 187–88. 教会裁判所だけが、生存している人間に関して庶子の認定をすることができた。しかし当の隷農は先祖が庶子であることを申し立てることによって、法的裁判において目的を達成することができた。Mich.14, Edw.4, BL, Harleian MS. 5 157, fol. 353v, margin (dictum of Bryan and Littleton).
42. 例えば以下を見よ。*Symonds v. Nichols* (1557), Dyer's unpublished reports (Selden Soc. 109: 19, forthcoming). 特に後者では、隷農が土地の保有者から、終身で解放を実行することを述べた不動産占有回復令状を持ち出すことを許されたことが記されている。つまり被告自身が（不動産占有回復令状への障壁として）庶子であることを嘆願し、それが認定された、など。(答えられなかった）問題は、領主が対抗措置をとることを証明書が禁止するかどうか、ということだった。
43. このような手続きについては以下を見よ。*Spelman's Reports* 2 (Selden Soc.vol. 94): intro., 191; D. MacCulloch, "Bondmen under the Tudors," in *Law and Government under the*

Tudors, eds. C. Cross et al. (Cambridge, 1988), 91–108, at 101–7.

44. 民訴裁判所での訴訟の前に隷農が 20 ポンド払った、1523 年における衝突の事例に関する文書については以下を見よ。MacCulloch, "Bondmen under the Tudors," 104. 保有者による、期限つきのないしは終身の解放が絶対的なものか否かについては、法的意見は様々だった。この点は以下を見よ。Holdsworth, *History of Englisl Law* 3: 504 n.3. 上記の注 38 もあわせて参照。

45. 以下を見よ。R. H. Hilton, *The Decline of Serfdom in Medieval England* (London, 1969). しかし、それは決して消え去ったわけではない。16 世紀における隷農の存続状況の推定に関しては、以下を見よ。MacCulloch, "Bondmen under the Tudors," 92–94.

46. 1440–41 年まで王座裁判所の首席裁判官だったジョン・ホディーは隷農の息子であった。H. Maxwell Lyte, "The Hody Family," *Notes and Queries for Somerset and Dorset* 18 (Sherborne, 1925): 127–28. 1308 年に隷農として捕らえられたロンドンの長老参事会員に関しては、以下を見よ。Selden Soc. 17: 11.

47. 以下を見よ。*Bracton* 3: 102 (fol. 197b). 1540 年以降、出訴期限法の結果、40 年間失効していたら、訴訟を請求できないことになった。(32. Hen.8, c.2): *Butler v. Crouch* (1567), Dyer 266b.

48. *De Laudibus Legum Angliae*, ed. S. B. Chrimes (Cambridge, 1942), 104 (translated above from the Latin). 自由民の子供は常に自由であり、ひとたび解放された者も常に自由であった点で、コモン・ローはローマ法より好ましかったと論じた。

49. *The boke of surveyeng* (London, ca. 1526), fol. 24v. 以下を参照。*Doctor and Student*, eds. Plucknett and Barton, 213–14, そこでは、博士が生徒に対し、隷農に関する法が良心と両立するか尋ねると、それはあまりに長い間受け入れられてきたので、それについて疑ってみるには遅すぎる、と生徒が答えている。

50. HLS, MS. 47, fol.59 (translated from French) この時期の別の解釈者は、「マグナ・カルタ」における「自由民」は、国王に属する者以外の隷農も含むとすら論じている。BL, Harleian MS. 4990, fol. 101.

51. これは隷農の主張の中でも長い歴史がある。以下を見よ。Selden Soc. 62: 311–12; Adam's Case (1304), Y.B. 32 & 33 Edw.1 (Rolls Ser.), 55; Y.B. 33–35 Edw.1 (Rolls Ser.), 297; *Paris v. Pope*（1308）, Y.B. Pas.1 & 2 Edw. 2 (Selden Soc. vol.17), 11, pl. 1; *Herneswell v. Prior of Ely* (1318), Selden Soc. 61: 292; *Okeover v. Okeover* (1318), Selden Soc. 100: 36（70 ポンドが回復された。）; *Marlingford v. Bery*（1329）, Selden Soc. 100: 32,（200 マルクが回復された）; Y.B. Trin. 39 Edw. 3, fol.16; Mich. 40 Edw. 3, fol. 36, pl. 6.

52. 初期テューダー朝の事例については、以下を見よ。Spelman's Reports 9. (Selden Soc. vol. 94): intro., 190.

53. ジョン・ルーカスの不動産占有回復典籍からの事例は以下のものである。*Shank v. Abbess of B [arking]* (1466). そこでは原告が 40 ポンドの損害を回復している。LC, Phillipps MS. 11910, fol. 51 v–53r, citing [KB 27/821], Trin. 6 Edw.4, m. 99.（この文脈にお

いては動産占有回復訴訟 replegiare とは、保証を受け取り次第、裁判の結果を待つための自由を回復することを意味した。）以下を参照。Anon. entries, BL, Harleian MS. 5157, fol. 266.
54. *Thomson v. Lee* (1498), PRO, plea rolls of the King's Bench, KB 27/949, m.33; *Port's Notebook*, 6; *Spelman's Reports* 2. (Selden Soc.vol.94), intro., 190 n.9. 民訴裁判所で以下のものが後続した。*Lordwyn v. Thymbylby* (1510), Jenour's book of entries, LC, Phillipps MS.26752., fols. 291v-292r, citing [CP 40/991], Pas. 1& 2. Hen.8, m.406 (不当な投獄において；当の隷農のための writ of *non molestando* は、二人のエスクワイヤを保証人としていた。). 反対の例としては、以下を参照。Y.B. Mich. 40 Edw. 3, fol. 36, pl. 6 (誤った投獄において。).
55. *Doctor and Student*, eds. Plucknett and Barton, 330; また以下にも事例あり。*Spelman's Reports* (Selden Soc. vol. 94): intro., 191.
56. *Salle v. Paston* (1498), KB 27/949, m. 95; Y.B. Mich. 14 Hen.7, fol. 5, pl. 12. これは共謀に基づく訴訟の可能性に道を開いた。確実な例としては以下のもの。*Annot v. Gryffyn* (1520), PRO, plea rolls of the Common Pleas, CP 4o/1030, m.647. そこでは不法侵害訴訟が（車輪製作者やヨーマンを含め）多くの村人たちに対して起こされている。この村人たちは領主の土地の保有権を嘆願したのであり、裁判官は原告を自由とみなした。
57. 1499 年にはある貴族に対抗して 120 ポンドが回復された。*Revet v. Earl of Suffolk* (1499), KB 27/951, m.66.: 1501 年には 200 ポンドが回復された。*Sheperd v. Worthe* (1501), KB 27/960 , m.52. また 1509 年には待機していたことのために 340 ポンドが回復された。*Smyth v. Prior of St Neot's* (1509), CP 40/989, m.419.
58. I. S. Leadam, "The Last Days of Bondage in England," *Law Quarterly Review* 9 (1893): 348-65; A. Savine, "Bondmen under the Tudors," Trans. Royal Hist. Soc., 2d ser., 17(1902): 235-89.
59. オールソール・カレッジの評議員で、アーチ裁判所首席裁判官でもあったダニエル・ダン博士は 1576 年に解放された。MacCulloch, "Bondmen under the Tudors," 99.
60. *Journals of the House of Lords* 1: 94a, 99a.
61. つまり、マナーに属していない人たちのこと。
62. 法廷における最後の隷農の主張は以下のものだったようである。*Pigg v. Caley* (1618), Noy 27.
63. これについては別の見解が述べられている。MacCulloch, "Bondmen under the Tudors," 93.
64. Sir Thomas Smith, *De Republica Anglorum* (1583), 107-15, reprinted in ed. by M. Dewar (Cambridge, 1982), 135-42. 徒弟制度は必要かつ受け入れられうる隷属の形態であり、それはエドワード 3 世の律法の下で、使用人の奉仕を強制することが可能だったことと同様だと、スミスはつけ加えている。
65. William Harrison, *A Description of England* [c.1577]. これは以下の書への序文である。

Holinshed's Chronicles I (London, 1809): 275; これは現代の正書法に基いて、以下の書に翻刻されている。*The Description of England by William Harrison*, ed. G. Edelen (Ithaca, NY, 1968), 118.

66. 16世紀の囚人売買については言及がある。以下を見よ。e.g., Mich. 36 Hen.8, Bro. Abr., *Propertie, pl. 38; Acts of the Privy Council*.

67. 星室裁判所の失われた記録からの、サー・トマス・エジャトンによる抜粋。Huntington Lib., MS. EL 2652, fol. 14r. 星室裁判所による、贋造に対するガレー船への宣告の別の例は1593年に起こった。*Acts of the Privy Council 1592-93*, J. R. Dasent ed. (London, 1901), 486. 有罪が確定した重罪人を絞首台のかわりにガレー船へ送るという慣例はこの世紀に始まった。: E. K. Adair, "English Galleys in the Sixteenth Century," *EHR* 35 (1920): 497-512, at 510-11. イギリスには隷従がないことを誇らしげに主張したハリソンは、窃盗への罰として奴隷制を導入することに賛成していた。*The Description of England*, ed. Edelen, 190.

68. 以下にあるフランシス・ハーグレーヴスの議論を見よ。*Ex parte Somerset* (1772), *A Complete Collection of State Trials*, ed. T. B. Howell, 20 (London, 1816): 1, at cols. 35-49.

69. Arnold, *Select Cases of Trespass*, intro., 1: xxxiii-xxxiv.

70. *Anon.* (1577), BL, Hargrave MS.4, fol. 15. ここにおいて民訴裁判所は、「投獄は、言葉によらない自由の制限であり、実際の行為なくばありえないものである。」と主張していた（フランス語からの翻訳）。

71. *Whele's Case* (1483), Y.B. Hil. 22 Edw.4, fol. 45, pl. 9, ここでは牢獄への鍵を持つ使用人は、もし彼がその中に誰かがいるのを知っていた場合、投獄されるべきであり、一時間の投獄にすら訴えることができた、と述べられている。以下も見よ。Co. Inst. 2: 52-55, 186-87, 482.

72. LC MS（次註）のみが、「商人やその他の人々は、貴族によってこの制定法に基づいて判決されるべきだ」と主張することにおいて伝統から逸脱していた。このような広い解釈を保証するものは以下にあった。Y.B.30 & 31 Edw. 1, 531（騎士に叙せられた裁判官）。しかしこの事例は1863年まで印刷されることはなく、おそらく何の影響も持たなかった。以下を参照。*R.v.Thomas* (1554), Dyer 99b. (この文書は、反対のことが通例だったのであり、エスクワイヤは商人によって裁判にかけられえたと述べている。)

73. 29章に関する解釈はそれほど多く残存していない。使用されてきたのは以下のものである。CUL, MS. Ii.5.43, fol.40v; Bod. L., MS. Rawlinson C.294, fols. 14v-15r; Derbyshire Record Office, MS. D3287, unfol.; LC, MS. 139, 34-35; HLS, MS. 13, 441-43. 依然として同じ伝統の中にあるのが、クレメントのインにおけるリチャード・ブラックウォールの解釈である。(Lent 1544), CUL, Add. MS. 8871, fols. 16v-17r. エドワード3世の適正手続きについての制定法に関する周知の解釈は存在しない。

74. CUL, MS. Ii.5.43, fol. 40v; Derbyshire Record Office, MS. D3287, un-fol. (どちらのテクストもこの問題に関する論争に言及している。)「マグナ・カルタ」の違反者に対する令状

第六章　1200年から1600年におけるイングランドのコモン・ローのもとでの個人の自由　283

の発行は、1267 年のマルバラの制定法の 5 章によって保証されていた。しかしこの規定は中世を通じほとんど実を結ばなかった。
75. 以下を見よ。Spelman's Reports 2 (Selden Soc. vol. 94): intro., 72-73. 今のところ最古の先例は 1501 年から発見されている。起訴が明示的に依拠していたのは、「マグナ・カルタ」ないしは適正手続きについての後の制定法の一つであった。
76. E.g. *Speccote v. Fry, Vyseke v. Fry* (1511), KB 27/1000, mm. 37, 38（国王の顧問官であるリチャード・エンプソンの前での訴訟から発生した。）.
77. クックは次のように引用している。「多くのものについての例を一つ、有力な例で後期のものを挙げるならば、ノーサンバランドのセント・オズウィンの小修道院長に対する、Pasch. 2 H.8. *coram rege* rot. 538 であろうか。」(Co. Inst. 2: 55.) この言及は間違っている。なぜならこれは人民間訴訟裁判所でのものだったからである。「マグナ・カルタ」に基づいての、（セント・オズウィンの）Tynemouth の小修道院長に対しては、二つ訴訟があった。CP 40/991, m.529 (by Younghusband) and m. 538 (by Brandelyng). 彼らは枢密院の封印を押された令状によって訴訟のために評議会の前に連れてこられた。それはボートを取って、原告を国王の教会の首席司祭であるアトウォーターと、国王の施し物分配係であるウルジーの前に現れさせるためであった。この事例は法廷外交渉によって幕を閉じた。
78. 保釈金制度の初期の歴史については、以下を見よ。E. de Haas, *Antiquities of Bail* (New York, 1940). この法は 1275 年のウェストミンスター第一法律で明らかにされた。c.15; 23 Hen.6, c. 9. テューダー朝時代には、犯罪の事例において保釈を許す権力は、シェリフから治安判事へと移行した。以下を見よ。Holdsworth, *History of English Law* 4: 525-28. (「動産占有回復不可能」とは、動産占有回復訴訟ができないことを意味した。これについては註 53 を見よ。)
79. HLS, MS. 13, 442, and LC, MS. 139, 35 における法曹学院の解釈は、不当とされた投獄は適切だったと述べている。BL, Harleian MS. 1336, fols.7v-9r（ウェストミンスター第一法律、c.15 についての解釈）は、もともとの逮捕は合法的だったので、これはその事例についての訴訟にちがいないと述べている。
80. *Oldbury v. Abbot of Hales* (1292), Selden Soc.30: 24, at 26（枷をはめられた隷農に水をかけた）; *Warwick v. Lorimer* (1321 年、ロンドンの巡察), Selden Soc.86:108（お金をだましとるために、原告を牢獄の最も低い部分に押し込めたことについて、ニューゲートの看守に対するもの。被告への評決。）ibid.176（シェリフに対する同様の訴訟）; *Anon.* (1333). これは以下に引用されている。E.Coke, *Twelfth Part of the Reports* (London, 1658), 127.
81. 以下を参照。*Bracton* 3: 410-12 (fols. 145b-46).
82. C.Flower, *Introduction to the Curia Regis Rolls, 1199-1230* (Selden Soc.vol.62〔1943〕) 309-12. Writs: Milsom, intro. to Novae Narrationes, ccxi. この訴えは、被告が闘争を起こすかもしれないという明白な不都合を蒙りやすかった。*Britton* 1：123（「闘争という危

険なリスクを避けるためには、不法侵害訴訟の令状によって事を進めたほうがよい。」）これは存続しなかった。
83. 以下にはたくさんの事例がある。Milsore, intro. to *Novae Narrationes*, ccxi; id., *Studies in the History of the Common Law* (London, 1985), 15-16. Arnold, *Select Cases of Trespass* 1: 35-61.1222 年には治安官への訴訟の事例もあった。CRR 10: 324.
84. *Handlo v. Earl of Arundel* (1319), Selden Soc.81: 130（判決はなかった）.
85. *Warner v. Hudson* (1495), CP 40/934, m. 327 (heresy); Y.B. Hil. 10 Hen.7, fol. 17, pl. 17; これらはダイアーの写本にある報告に引用されている。Co. Inst. 2:55;3:42.
86. Y.B. Mich. 21 Edw. 4, fol. 67, pl. 48.
87. Y.B. Hil. 22 Edw. 4, fol. 43, pl. 4: 以下を参照。27 Edw. 3, Lib. Ass. fol. 27. ここではウォーウィックの伯爵婦人が、王の牢獄に渡す前に、3日3晩自分の城に監禁する権利を主張している。この事例は未決のままであった。
88. *Gylys v. Walterkyn* (1486), Y.B. Hil. 1 Hen.7, fol. 6, pl. 3; CP 40/893,m. 244.
89. *Bradshawe v. Brooke* (1579), BL, Add. MS. 35941, fol. 56v.
90. *Simmons v. Sweete* (1587), Cro. Eliz.78（バーンステイプルの市長に対する不当な投獄）*Ex parte Marshall* (1572) の身柄提出令状の事例については、以下の註 122 を参照。*Ex parte Dean* (1599), Cro. Eliz.689.
91. *Clarke v. Gape* (1596), 5 Co. Rep. 64. ロード・エレズミア卿は 1616 年にこのことを報告したかどでコークを非難した。"Observations upon Cookes Reportes," printed in L. A. Knafla, *Law and Politics in Jacobean England* (Cambridge, 1977), 297-318, at 309. 以下を参照。*Kenrick v. Mayor of Northampton* (1573), Dalis. Rep. 103.
92. しかし、身体回復訴訟の令状は国王か彼の裁判官の命令による連行に関しては用いられることができなかった。この例外は令状自体に書かれており、ウェストミンスター制定法 1,c.15 に基づいていたようである。
93. テューダー以前の時期についてはほとんど記録がない。
94. Huntington Lib., MS. EL 2652, unfol.
95. *Spelman's Reports 1* (Selden Soc. vol. 93): 184; 2:351; Baker, *Introduction to English Legal History*, 3d ed., 293.
96. BL, Harleian MS. 2143, fol. 33 (citing lost Register, Pas.19 Eliz., fol.286). 以下を参照。Huntington Lib., MS. EL 2768, fol. 45（1580 年頃、「女王の臣下を間違って投獄したかどで」罰金を課された二人の治安判事）.治安官に関する年報の権威はこの決定を支持している。Y.B. Mich. 22 Edw.4, fol. 35, pl. 16. 血統については以下も見よ。Y.B. Mich. 49 Hen.6, fol. 18, pl.21）しかし治安官は囚人を動かすのが危険なとき、必要とあらば自身の家に監禁することを認められていた。Y.B. Hil. 35 Hen.6, fol. 44, pl. 6（ケードの反乱期間中の逮捕）. Pas. 8 Edw.4, fol. 8, pl. 20.
97. ある特定の日に指定された法廷の前まで、指定された人間の身柄を届けるのは受取人への命令であった。

第六章　1200年から1600年におけるイングランドのコモン・ローのもとでの個人の自由　285

98. その一般的な歴史については、以下を見よ。M. Cohen, "Habeas Corpus cum Causa–the Emergence of the Modern Writ," *Canadian Bar Review* 16 (1940): 10–42, 172–97; R. S. Walker, *The Constitutional and Legal History of Habeas Corpus* (Stillwater, OK, 1960); W. F. Duker, *A Constitutional History of Habeas Corpus* (Westport, CT, 1980).
99. 初期の事例に関しては、以下を見よ。Selden Soc. 1: 67 (1214).
100. Chancery: Y.B. 14 Edw. 3 (Rolls Ser.), 204 (1341). Common Pleas: Y.B.24 Edw. 3, fol. 25; 48 Edw. 3, fol. 22; Stat. 2 Hen. 5, stat. 1, c. 2.
101. King's Bench, Trin. 29 Edw. 1, m. 57; Mich. 33 & 34 Edw. 1, m. 101; *Placitorum Abbreviatio* (London, 1811), 243, 257; *Hale's Prerogatives of the King*, ed. D.E.C.Yale (Selden Soc. vol.92 [1976]), 207–8. ヘイルは、「それが身柄提出令状であったか身体回復訴訟であったかはわからない」と記している。
102. Selden Soc. 82: 72.
103. *Kayser's Case* (1465), KB 27/818, m.143d; ダイアーの未出版の報告 (Selden Soc. vol. 109: 108) ないしは以下に引用されている。Co. Inst. 2: 55; 3: 42. ダイアーの未出版の報告の 2: 55 に引用されているエリザベス期の事例もまた特権の事例である。
104. この令状の言い回しは、Nの身柄が「彼の拘禁の日時と理由とを添えて、何事であれ法廷が命令することに服し、それを受けるために (*ad subjiciendum et recipiendum*)」提示されることを要求している。以下を見よ。the form in Baker, *Introduction to English Legal History*, 3d ed., 626–27.
105. この反応については、以下を見よ。*Spelrnan's Reports* 2 (Selden Soc. vol. 94): intro., 70–74.
106. PRO, controlment rolls of the King's Bench, KB 29/150, m. 34 (Mich.1518); Selden Soc. 109: 77.
107. KB 29/150, m. 18 (Trin. 1518)「国王陛下のみの命令によって拘禁される、これだけが理由であって他にはない。」として塔に再び投獄された。以下を見よ。J.A.Guy, *The Cardinal's Court* (Hassocks, 1977), 76–78. シェフィールド卿はこの年にこの塔の中で死去した。
108. 以下の資料ではマグナ・カルタに反する投獄に対する起訴についての言及がある。しかしその言及の内容には間違いがある。Co. Inst. 2: 55.
109. KB 29/179, m. 13 (Pas. 1546).
110. KB 29/179, m. (サウスワークのウィリアム・ハインドの従犯者として有罪判決が下っていた。) *Letters and Papers of Henry VIII* 21: pt. 1, 571, no. 1166 (18) (pardon for Heyth, 7 June 1546).
111. *Ex parte John Hynde* (1576–77), in *The Fourth Part of the Reports... Collected by... William Leonard* (London, 1675), 21; BL, Hargrave MS. 373, fol. 226r, and other MS reports; Selden Soc. 109: lxxx; Spelman's Reports 2 (Selden Soc. vol. 94): intro., 74.
112. E.g., *R. v. Smyth* (1534), Spelman's Reports 1:52., 169（赦免の実施を認めさせるために、教会の牢獄から移された、有罪の決定していた教会書記。）.

113. 後に起こったことは以下のものの序文から引き出されたもの。*Cases from the Lost Notebooks of Sir James Dyer* (Selden Soc. vol.94), lxxvi–lxxxiii. 主な新しい資料は MS law reports および the controlment rolls of the King's Bench (KB 29) である。これらは1620年代にセルデンや他の者たちによって用いられたが、いまだに網羅的に研究されたとは言い難い。出版されている資料に関しては以下に記されている。Holdsworth, *History of English Law* 5: 495–97 ; 6: 33–34; 9: 112–14.

114. 彼はジョン・ジェヌアの不動産占有回復典籍に先例を見いだした。これは現在以下に収められている。LC, Phillipps MS. 26752. 先例があるのは以下の箇所であり、これはおそらくエドワード4世の時代に遡るものであろう。fol. 23v.

115. Saunders' reports, BL, Hargrave MS. 9, fol. 22.v.

116. 以下に印刷されている。State Tr. 3: col. 109–26.

117. これらは1518年のアプリスや、1546年のホゲスの事例を含んでおり、上記の註で言及した。

118. *Ex parte John Lamburne* (1565), KB 29/199, m.31; cited by Sir Edward Coke, *Twelfth Part of the Reports*, 54. 結果に関しては記録がない。

119. *Ex parte Edward Mytton* (1565), Selden Soc. 109: lxxix, 107. ミットンは続いてコモン・ローにおいて起訴されたが、裁判の前の1568年に死去した。コモン・ロー法廷と教会弁務官との後の争いについては、以下を見よ。R. G. Usher, *The Rise and Fall of the High Commission* (Oxford, 1913). 主要な問題の一つは職務に基いた (*ex officio*) 誓いによる強制的自己告発であった。

120. *Ex parte John Hynde* (1576–77), above, n.111. また1591年の裁判官による決定も参照のこと。Holdsworth, *History of English Law* 5: 495-97.

121. *Ex parte Edmunde Newport* (1557), KB 29/191, m.45d (「女王の評議員の命令によって」塔に拘禁された。そして、保釈された。); *Ex parte Thomas Lawrence* (1567), KB 29/202, m. 35d (「女王の評議員の命令によって」ロンドンのシェリフに拘禁された。そして、保釈された。) *Ex parte Robert Constable* (1567), KB 29/202., m.68 (「女王の枢密院の命令によって」塔に拘禁された。そして、保釈された。)

122. *Ex parte Marshall* (1572), BL, Hargrave MS. 8, fol. 163rv (エクセターの市長はよい行いに対する保証を見つけそこなったために、非自由民を投獄することを許されなかった。) この問題は、法廷によって調停へと強引に持ち込まれた。「それは人民の為政者への大いなる反抗を避け、そのことで判決がなされることを保証するためである」。同様の事例については以下を参照。*Ex parte Starkey* (1589), 4 Leo.61 *Ex parte Dean* (1599), Cro. Eliz.689.

123. *Searche's Case* (1587), printed in *Reports and Cases of Law... Collected by... William Leonard* (London,1658), 70.

124. 以下の資料はこの慣習を1589年まで追跡している。Henderson, *Foundations of English Administrative Law*, 95.

第六章　1200年から1600年におけるイングランドのコモン・ローのもとでの個人の自由　287

125. エドワード・コークによって集められた、以下にあるエリザベス朝の先例を見よ。*Twelfth Part of the Reports*, 54.
126. *Ex parte Humfreys* (1572), BL, Add. MS. 35941, fol. 30r; Dal. 81, pl.22. 以下を参照。*Stepneth v. Lloyd* (1598), Selden Soc. 12: xxxix; Cro. Eliz.647; Co. Inst. 4: 97; A. K. R. Kiralfy, *Source Book of English Law* (London, 1957), 301.
127. *Rector of Edington's Case* (1441), Y.B. Pas. 19 Hen.6, fol. 63, pl. 1 (フランス語からの翻訳)。

第七章　ルネサンスと宗教改革における自由

ウィリアム・J．ブースマ

　多くの論争を経て今日歴史家たちは以下のことを広く認めるに至っている。すなわちルネサンスと宗教改革は、それぞれが何を強調するかは異なっているものの、それ以前のいかなるものにもまして、近代的な世界観への著しい変化が西洋文化圏で生じたことをはっきり示しており、この点で両者は同時進行的かつ相互補完的であった。このことはとりわけ自由についての近代的な概念をルネサンスと宗教改革が形成するのに貢献した点に当てはまる。この時代の主な発展として挙げられるのは、個々の政体が自己決定を行う権利を主張すること（すなわち主権）であり、また、このような政体は、そこに属する市民たちを構成要因とする法的に形成された諸団体によって統治されるべきだとする要求（「共和制的自由」）であり、そして（他とくらべ明確な形を取らなかったが）諸個人が信仰の自由と表現の自由を持つ権利を主張することである。しかし、より一層本質的なことがこの時代には生じた。それは自由そのものを理解する点での変化であり、これが西洋文化を独特なものにしているのである。この変化によって、自由というものは社会秩序だけでなく宇宙の秩序をも破壊するというような、本質的に無秩序を志向するものとして見られることはなくなった。それどころか今や自由は積極的によいものとされ、完全なる人間存在のための必要条件にされているとも言える[1]。

≪Ⅰ≫ 都市と新文化の出現

いま述べた諸発展は決して一つの原因で説明できるものではない。明らかにこれらの発展の中には、多数の人口を有し、よく組織化され、自主性を誇る都市がヨーロッパのいくつかの場所で10世紀前後から出現したことが含まれている。そして、こうした都市が自律性を主張したことは、既存の封建的・階層制的秩序の枠組みにあっては問題をはらむものだった。既存の秩序では、そこに存在するもの全てが理論上なにがしかの優越者に従属していたからである。自由都市の興隆は、都市が富と力を増したことで可能になったのだが、しかしまた同時にそれは、封建的秩序を正当化してきたがゆえに原則的に自由と反目する伝統文化の解体によって促進されたのであり、そのことは14世紀以降徐々に明らかになっていた。

伝統的な考え方によれば、存在するもの全ては——キリスト教の用語で言えば、被造物全体は——秩序づけられた全体すなわちコスモスを構成しており、その変わることのない構造は統合された単一の体系の中にあらゆるものを包含しているのである。そしてこの体系は通常「自然」と表現され、神自身が定め、かつ人間理性にも認識できる「自然の法則」によって治められていると人々は信じた。その際、非人間的存在は必要に迫られてこの法則に従っていると考えられており、逆に人間はある程度自由を持つものと信じられた。しかしながらこの自由は絶対的ではなく、神法および自然法の両方にしたがって行使されるべきものだったのである。

その内部に眼を転じると、封建制度の構造と同様に、コスモスは徹頭徹尾階層的に組織化されているものと考えられていた。そして、コスモスの中で存在するものは全てそれぞれ上位のものに従属し、そして存在全体は神に従っていた。そこから、天体もそれ自身階層秩序の中に位置づけられており、人間意志の自由を若干認めつつ、地上の事柄に影響を与えていると人々は信じた。この考えが表現されたものの一つに占星術がある。これは単なる迷信ではなく、森羅万象に働く法則的な原理に基づいた正真正銘の科学であると思われていた。

自由はこのように、物質的見地からも形而上学的見地からも認められなかったのである。

　天体が人間の自由をどの程度まで制限するかは、大いに論じられた。というのも人間性はそれ自身「ミクロコスモス」、すなわち「マクロコスモス」たる宇宙で働いているのと同じ諸原理によって組織化される、小さな世界として把握されていたからである。かくして人間もまた、ほぼ魂と同一視されていた理性によって正しく統御される一つの階層秩序として理解されることになった。意志、情念、肉体は理性に従わなくてはならないと人々は信じた。この見地からすると、人間にとっての「真の自由」とは、全体的な体系の中で各々の占める場を理性によって認めることを意味していたのである。

　こういう視点から、社会や統治も同様に組織化されると考えられた。そして今までの考えに基づくならば、自己決定を下すことは反抗と見なされる。つまり自己決定は、被造物全体が織りなす現実の中に暗に含まれ、かつまた天体の規則正しい運動の中で明らかになる、神が定めた秩序に反することなのである。このことは何よりもまず、政治の領域が、それが正しく反映しているコスモスと同様に、理念的には一つの統一体であることを意味していた。そして政治的統一体はふつう「キリスト教共同体」respublica Christiana として語られ、そこでは単一の「頭（かしら）」、すなわち皇帝（他の解釈によれば教皇）が、下位の階層に位置づけられる世俗の支配者たち、つまり君侯や様々な位の封建貴族を統括していたのである。ここでの支配的な原則は、ウォルター・ウルマンが言うところの、「上から秩序づけられる」descending 政治的権威であり、ここにおいては全ての階層および人は上から支配されるのである。こうした体系の中では、〈市民〉の存在する余地はない。つまり人は〈臣民〉以外の存在ではありえないのである[2]。皇帝（もしくは教皇）も彼自身としては神に服従する。この思考様式がルネサンス期にまで続いていたことは、フィレンツェ人アンブロージョ・トラヴェルサーリが次のように喝破したことからも例証できる。「真の自由は真の服従の中にあり」[3]。

　以上のような思考様式全体を貫いているのは、あらゆることがらを治めてい

る秩序のパターンは把握可能だという、人間精神の能力に関する著しい楽観主義である。したがって自由が近代的な意味で出現するには、大幅な人間観の変更が必要であった。すなわち、本質的に合理的であり、神的に構成された存在の秩序を観想することで自己を最もよく了解するという人間観から、社会内行動に何よりも関心を向ける予測不可能な衝動・情念・そして欲望の塊、これらを内に含む複雑な人間像への変更である。政治の領域が人間にとって極めて重要であると見なされるためにも、古代の哲学の基礎となっていた人間精神に関する楽観主義は、非常に異なる人間理解に道をゆずる必要があった。つまり、「理性人（homo rationalis）」は「社会人（homo socialis）」にとって代わられなくてはならなかった。そしてこのことは自由を積極的に評価するにあたっての基礎であり、不可欠の前提条件だった。

　文化の大変動は歴史家にとって最も説明しにくい出来事に属する。にもかかわらず、私が今まで述べてきた「伝統的文化」の衰退は、14・15世紀にヨーロッパの諸国民を悩ませた一連の災難とおそらく密接に関係していよう。すなわち諸都市間の闘争、果てしなく破滅的な戦争、そして伝染病がそれである。また東地中海ではオスマン＝トルコが圧力をかけてキリスト教世界の版図を狭めていた。神聖ローマ帝国と教皇制という二つの普遍的権威の執行者の実効的な権力はドイツとイタリアにおいて崩壊した。加えて教皇は、真の本拠地ローマからアビニョンに移り、その結果理念上の普遍教会は対立教皇が輩出される事態の中で二つに分かれ、ある時期には三つに分断された。これらのおぞましい出来事は、世界の根本的な秩序とそこでの合理性に疑問を投げかけ、あるいはまた少なくとも人間がこのようなものを把握する能力に、疑問を投げかけた。現実の世界の状況は必ずしも理論的でないにしろ実際的に、あのように階層的に想定されていた存在の秩序が誤りであることを示したのである。

　それに加えて、13世紀が終わる前にキリスト教思想家の中にはすでに、この伝統的な世界観に内在していたかなりの自然主義的な決定論が、世界と人間の状況に関する聖書的理解に反することを、認めはじめる者もいた。長いこと多くのヨーロッパの知識人によって定冠詞付きの「哲学者」として認められ

ていたアリストテレスではあったが、彼の権威は教皇からだけでなくパリ大学からも異を唱えられた。そして 14 世紀までには、その双方とも宗教に誘発された二つの思想運動が、伝統的な合理主義と合理主義が導く人間の性質およびその能力とに直接的な挑戦を仕掛けていた。その一方はノミナリズムであり、これは後期中世哲学および神学の一発展形態である [4]。そして他方はルネサンスの人文主義であった [5]。これらの思想運動はいずれも、人間の知性には限界があるという意識が高まっていたことを、また、伝統的に認められているほど自然は包括的なのだろうかという疑いが増してきたことを表している。いまや人々の眼に映った自然は、人間行動や社会や政府の構造にとっての信頼に価する導きとしては、ますます頼りないものになりつつあった。その結果、人間は自ら、単純に自身の欲求に基づいて、自分に最も適した制度ならびに生活様式を作りだそうという挑戦に乗り出しつつあった。

≪Ⅱ≫ ルネサンス人文主義とイタリア共和主義

ノミナリズムと人文主義の双方の基礎となる懐疑主義は、北方および中央ヨーロッパにおける宗教改革に深く影響を与えた。しかしイタリアにおいてノミナリズムはほとんど影響力を持たなかった。自由に関するルネサンス的な理解にとっては、人文主義の方がより重要だったのである。この人文主義運動は、イタリアの諸大学における人文学系のカリキュラムに源を発しており、伝統文化の合理主義を根本で支えていた論理学の強調に対する異議申し立てであった。つまり、伝統文化では論理学が実在の隠された秩序を明らかにする鍵として考えられていたのである [6]。それに対し初期の人文主義者たち(この言葉は、人文学学徒を意味する名詞 "umanista" に由来する)は、社会生活でなされるコミュニケーションの中で説得の側面を重視した学問であり、それゆえ道徳的および信仰的向上の基本的な道具たりうる、修辞学を強調した。これを発展させるために、人文主義者たちは古典古代におけるラテン世界の(ついにはギリシア世界の)雄弁家・詩人・倫理思想家・歴史家を、観想的な哲学よりも重んじて研

究した。そしてこのことも、人間性の概念が変化したことを反映していたのである。

　人文主義の修辞学はイタリア諸都市において肥沃な土壌を見いだした。それらの住民たちは、ありとあらゆるものが社会の中で入り乱れているのを目撃しつつ、世界を以下のように経験した。すなわち論理学で接近できる類の、知覚可能で信頼に足る規則性を持った一貫した体系としてよりは、むしろ、新奇で予測不可能で、曖昧で矛盾に満ちてさえいる経験の連続としてである。このように混乱した社会にあっては、そこでの経験の意味はおそらく、直接的に想像力をもって、そして感情的に把握するのが最善であり、知的に把握するのは二義的なものになろう。諸都市において人々は通常、友人や隣人と語らい応答しあい、商人たちは顧客や様々な同業仲間を説得しようと努めていた。諸都市の政府は互いに交渉し、使節を派遣し、都市内外の世論に向けてアピールを行っていた。

　イタリア都市の政治的地位は自由の歴史の中でとりわけ重要だった。皇帝の支配は中世においてドイツ国内でも実際あまり効果的でなかったし、イタリアではほとんど例外なく不確かでさえあった。広く封建化されていたヨーロッパにおいて、北イタリアおよび中央イタリアは、自治を求める都市が集中している点で異彩を放っていた。早くも12世紀には、イタリア諸都市は「自由を希求すること甚だ強く」、「人民の自由」を維持するために都市の支配者として「コンスル」を選んだ、とフライジングのオットーによって記された[7]。1世紀ののち、自分の都市で起こったことに積極的にかかわった学者であるフィレンツェ人ブルーネット・ラティーニは、アリストテレスの『政治学』を注解する中で、政府は「三つの種類からなる。一つは王の政府、第二に貴族の政府そして三番目は人民の政府であるが、最後のものが三つの中で最もよい」と述べた[8]。そして明らかに修辞学はフィレンツェのような自治共和国の要請にとりわけ適っていた。そこでの市民たちは公共政策の諸問題に関して貴族たちとの合意を勝ち取らねばならなかったし、支配的地位にある諸団体は一般市民たちを説得し支持を取りつけなくてはならなかったからである。ラティーニはま

た修辞学の技術が持つ政治的価値を認めていた。14世紀の年代史家ジョヴァンニ・ヴィラーニが伝えるところによると、ラティーニ自身キケロの修辞法を学んだので、同時代人に「いかにして上手に語り、政策に従っていかにしてわが共和国を導き支配するか」を教えることができたのである[9]。

共和主義はまた人文主義の学問的側面、すなわち古代の共和主義を探求し理想化する側面とも結びついた。ローマ法が、少なくとも理論上、共同体を政治的権威の唯一の源泉として見ていたことはよく知られていた[10]。ルネサンス人文主義の「父」フランチェスコ・ペトラルカ（1304-74）にはすでに、共和主義を理想化する徴候があった。共和制ローマ賛美は、彼の叙事詩『アフリカ』の中心であり、そして彼は1347年コーラ・ディ・リエンツォが指導したローマの暴動に示唆を受けて、同時代にあって共和制ローマが再興されることに心躍らせていたのである[11]。人文主義者たちは共和制ローマを理想化しただけでなく、時として暴君殺害を称えさえした。

しかし人文主義者たちは「人民」による統治をおしなべて賞賛したが、このことはルネサンスにおいてはデモクラシーを意味せず、——全く違う形なのだが——公民（citizens）と正当に称せられている人々による統治を意味した。公民の資格はルネサンス期のイタリアにおいて多様に規定された[12]。しかし通常、公民は比較的狭い集団に限定されており、一般的に「ポプルス」populus ないし「ポポロ」popolo という語は、政治的能力を有すると考えられた少数者を指していたのである。それはアリストテレスが言うところの、現実の秩序における中間層であり、規模においては確定できないが、上から支配を行おうとする権力者たちの小集団と政治的に無能力な大衆との間に位置づけられる存在だった。それゆえ公民統治は、フィレンツェでも他のところでも、しばしばデモクラシーというよりは寡頭政により近いものを意味していた。この点で往々にしてルネサンス共和主義を理想化する政治議論は、国の秩序にとって危険だと見なされて市民権を剥奪された大衆を見落としている。マキアヴェリは自著『フィレンツェ史』の中で、とりわけ共和国の存続に際して危機的だった時代を述べるにあたり、三つの利益集団が存在したことに注目した。すな

わち「貴族」の集団、「人民」の集団、そして三番目に「職人たち」の集団である[13]。

しかし、より強い平等主義も、共和主義を奉じる著作のいくつかに示唆されている。フィレンツェのすぐれた人文主義者レオナルド・ブルーニ（1369-1444）は、自分が声を大にして賞賛している自由は平等の中に根を持つと示唆していたし、政治的人文主義者たちも一般に、「真の高貴さ」は生まれよりも、むしろ誰もが獲得しうる美徳の一機能であるという見解を共有していたのである。こういう考え方は新しいものではなく、また直ちに政治に適用されたわけでもなかった。しかしそれは後に政治的自由が進展するにあたって潜在的な重要性を持っていたのである。

イタリアの他の都市——有名なところではパドヴァとミラノが、また時としてローマとヴェネツィアもあげられるが——でも目にすることになるが、人文主義と共和主義の同盟はフィレンツェでもっとも顕著だった。14世紀末から15世紀にかけて、重要な人文主義者はフィレンツェの書記官として働き、この立場で自分たちのすぐれた修辞術を用い、政府の通信を監督し、政府を代表して述べたり書いたりした[14]。彼らの中でも筆頭に挙げられるコルッチョ・サルターティ（1331-1406）は強く確信していた。全市民からなる団体が究極的に政策を決定する共和国は、神に最も嘉せられる統治形態である、と。彼は古典を手本として公式文書のスタイルを作り上げた。また彼の雄弁は有名だった。サルターティはヨーロッパ史においてはじめて、ペンが剣よりも強いことを知らしめた人である。対フィレンツェ戦争に際し、ミラノ公は、サルターティの書き著すものが自分の有する千の騎兵にまさることを認めた。専制を敷くミラノに対し、サルターティはフィレンツェの自由と——彼によれば、その自由に付随すると考えられた——美徳を讃えた。これらは共和制ローマが示した賞賛すべき諸価値を引き継ぐものだったのである[15]。

15世紀のフィレンツェにおいて指導的な人文主義者兼書記官はブルーニだった。サルターティ以上にすぐれた古典学者であったブルーニは、ギリシア史やローマ史の事例を用いつつ、修辞をこらした雄弁の持つ有効性と共和主義的

自由に固有の道徳的諸価値の両方を明らかにした。ブルーニの信じるところでは、共和国は人間の活力を創造的に用い、人間の可能性を最高度に実現するのに、この上なく適した環境を提供するのである。ブルーニは記す。「ひとたび甘美なる自由が味わわれ、人民自身が主となり、そして名誉の授与者となると、彼らは貴族に対する敬意に自らが値するべく、全身全霊をこめて努力した」。これはブルーニの『フィレンツェ人民の歴史』における主題であり、この著作自体、修辞技術のすぐれた例となっている[16]。サルターティによって述べられた方向性を踏襲するこの作品は、フィレンツェ共和主義の歴史的正当化を果たした。ブルーニはフィレンツェの起源を（従来のように）帝政ローマにではなく、むしろ共和制ローマに求めた。彼は帝政の樹立をローマの衰退の始まりと見た。「なぜなら、そのときから自由は帝国の名の前に屈し、自由が消滅すると同時に美徳も消滅したのである」。しかしながら、ローマ帝国の崩壊は共和主義が新たに生まれる機会を提供した、とブルーニは論じた。彼は帝政後期に関して記す。「少しずつ、イタリアの諸都市は自由を欲し始め、帝国の権威が実質的なものというより、単に名目的なものに過ぎないことを知り始めた。ローマ市は現在の威厳というより、古代に持っていた権力のために敬意を払われた。その間にも、押し寄せる野蛮人たちに耐えたこれらイタリアの諸都市は、成長し繁栄をとげ、元来自分たちが持っていた独立をふたたび獲得したのである」[17]。

　様々な著作の中でブルーニはフィレンツェを称えたが、それはなんと言ってもフィレンツェが共和国だったからである。その顕著な例は、1428年に彼がフィレンツェの同時代人に向けた弔辞で、それはトゥキディデスが報告するペリクレスの有名な演説に範を求めていた。

　　平等な自由は万人のために存在する……公的な名誉を獲得し上昇したいという希望は万人にとって等しい……もし、万民が質実剛健で尊敬に値する生活を送っているならば、である。わが共和国は市民の中に美徳 (virtus) と善 (probitas) とを求めている。誰であれ、これらの資質を有する者は、

共和国政府に参加するに足る高貴な出自と見なされる。……したがって、以下のことこそ真の自由である。すなわち、法の前における市民間の平等、および公職参加における市民間の平等、これである。しかるに今日、この公職への就任がひとたび自由民に提供されると、それがいかに強力に、市民たちの諸能力を喚起するものであるか、その検討は実に心躍るものである。というのも、国家における最高の名誉に到達しうる希望があるところ、人々は勇気を奮い、より質の高い生活を送るからである。一方、かかる希望が取り去られると、人々は怠惰になり活力を失うものである。それゆえ、かかる希望と機会がわが共和国に存在する以上、能力と勤勉さがこの上なく世間の耳目を集めるにしても、何ら驚くにはあたらない[18]。

ヨーロッパにおける自由の歴史にとって、とりわけブルーニによって明確化されたフィレンツェ共和主義の重要さは、ここ数十年の間に歴史家たちによってひろく論じられてきた。議論は、ハンス・バロンの主著『初期イタリア・ルネサンスの危機』が1955年に出版されたことに端を発する[19]。今日、歴史家の大多数はバロンに同意して、ヨーロッパにおける政治言説および史料編纂に影響を与えた、フィレンツェにおける共和主義の自覚の発展を重視している。だがそこでバロンが行っている説明は、多くの議論を呼んでいる。バロンの見解では、共和主義の自覚は専制ミラノと共和制フィレンツェとの間の果てしない衝突に刺激されたものである。そしてバロンが言うには、この衝突はフィレンツェの自由にとって、とくに1400年から1402年にかけてフィレンツェが公爵ジャンガレアッツォ・ヴィスコンティ率いるミラノ軍によって征服されかかったときに、深刻な脅威となった。

この「危機」は、ブルーニや他の人文主義者たちによって明確化される、熱気を帯びた愛国心の大きなうねりを引き起こし、これがフィレンツェ市民に自分たちの共和主義的価値を十分に自覚化させた、そうバロンは確信した。フィレンツェへの愛が芽生えると、フィレンツェの人文主義者たちはまた、帝政ローマを理想化する初期の古典主義に見られる限定された歴史的視点から離れ、

そして自分たちと同じような独立国家および自治国家を新たに賞賛しうるようになった。政治的完全性のモデルとして彼らはもはや、世界に統一と平和という利益をもたらした帝政ローマを範とする普遍国家を、ダンテのように期待することはなかった。そうではなく、彼らは古代の自治共和国を期待した。つまりローマのみならず、ペリクレス時代のアテネをも含む自治共和国である。こうして、バロンにとってブルーニの著作は、この移行を示す最初の重要な成果となった。またブルーニには他の「政治的人文主義者」が後継者として続き、マキアヴェリやグッチャルディーニの偉大な政治学的・歴史学的作品によってクライマックスを迎える豊かな伝統が生まれた。かくしてフィレンツェの共和主義は、つまるところ近代政治思想にとって、とりわけ大西洋の両岸で生じた民主主義にとって、欠くことのできないものとなった。

　しかしながら、バロンの批判者たちから見ると、バロンが強調した14世紀と15世紀との差異はあまりに極端である。とりわけ、かくも根本的で重大な態度の変化が、かくも短時間のうちに生じえたというのは、およそ考えにくい。例えばおそらくバロンに対するもっともバランスのとれた批判者であろうジーン・ブロッカーはむしろ、フィレンツェ共和主義の重要性に関するバロンの議論を受け入れながらも、フィレンツェの社会および政治の一般的な特殊性から、説明を行おうとした。実際、この特殊性は長きにわたって「知識人や商人そして政治家たちのコミュニケーションを促進し、新しい思想や意見が流布するのにまたとない場を提供したのである」。その結果は、特殊フィレンツェ的な「思想の世界と行動の世界」との「共生的な結びつき」であり、それが徐々に明確な共和主義への意識を形成していったのである[20]。他方、クェンティン・スキナーは次のように指摘する。すなわち、フィレンツェの共和主義はルネサンス人文主義だけでなく、大抵はトマス・アクィナスの後継者たちからなるスコラ学派の思想家たちによっても育まれた、と。だから、この観点からしても、フィレンツェ共和主義は、バロンが確信したほど、過去との決定的な断絶を引き起こしたわけではないのである[21]。

　また大切なのは、サルターティやブルーニが抱いていた共和主義の限界を認

識することであり、彼らの思想は少なくともある重要な点で引き続き伝統的であった。著作が示しているように、サルターティもブルーニも理想主義者であり、彼らは政治を、J. G. A. ポーコックの言葉によれば、「公的活動において諸個人がなす、価値や美徳の主張」と考えていた。こういう考えの中では、国家というものは市民の美徳によって維持され、そして美徳を発揮する機会を提供するものである。この視点からすれば、国家は何よりもまず「道徳共同体」とされ、実際その成員たちの救済手段となる。また国家はおもに堕落や腐敗の可能性によって危険にさらされる。この国家観は根本的に静的である。そこでは変化を道徳的理想の衰退ないし更新としてしかとらえない[22]。この理想化された政治という観念によってブルーニはローマ帝国の衰退を説明した。たとえばブルーニは次のように記す。「自由は皇帝の登場とともに死んだ。そして自由の死とともに美徳も過ぎ去った。というのも、それまで名誉に至る道筋は美徳を経由していたからである」。しかし帝政下にあって美徳はもはや価値を持ちえなかった。かくして「統治は最悪の方向に進み」、このことが国家を徐々に破壊したのである[23]。15世紀における別のフィレンツェの人文主義者の言葉によると、「美徳とは、安定し持続する政治社会を維持するための資質である」[24]。ここでは道徳主義と無時間性とが、政治に関する伝統的な観念の一貫した影響を示唆している。しかしこういった留保条件にもかかわらず、修正を加えられながらもバロンの見解は引き続き、活発な議論を喚起しているのである[25]。

　だがフィレンツェ共和主義の存続は不安定なものであった。共和制形態は維持されていたが、15世紀も後半になるとフィレンツェは徐々にメディチ家に支配されるようになった。メディチ家は銀行を営みながら政治的にも活発に行動する名高い一族で、近代の大都市で幅を利かすボスのように、最終的にはフィレンツェを牛耳った。そしてメディチ家の専制的な姿勢は、公的問題に関する全市民団の積極的な参加を着々と切り崩していったのである。また15世紀末までにはイタリアは外国軍隊の戦場と化していた。1484年に北方からイタ

リアに攻め込んだフランス軍は、南方でスペイン軍と衝突した。そしてこれらの二大強国は1530年にいたるまで、イタリアの覇権をめぐって交戦した。この後、イタリアの大半はスペインに支配されたのである。このようなイタリアの不安定な状況によって、なるほどフィレンツェ共和主義は、1494年から1512年にかけて、またより短い期間ではあるが1527年から1530年の間、ふたたび復活しえた。しかし徐々に外国列強にイタリアが屈するのと並行して、フィレンツェももはや自国の進路を自身で統御することができなくなった。独立と市民自治としてとらえられる共和制的自由の運命は先が見えていた。事実、専制そのものであるメディチ家の支配は神聖ローマ皇帝（彼はスペイン王でもある）とメディチ家出身の教皇との共働を通じて強力に復活したのである。

しかしながら、共和制がフィレンンツェに一時的に復活した間に、フィレンツェ共和主義にとっての最も成熟し最も明快なスポークスマンが出現した。1494年から1498年にかけてドミニコ会の托鉢修道士ジロラーモ・サヴォナローラはカリスマ的な説教をし、熱狂的な共和主義と道徳的・霊的改革の必要とを結びつけた[26]。サヴォナローラを引き継いだのは、共和主義の主唱者ニッコロ・マキアヴェリ（1468-1527）である。彼は秘書官および外交官として1498年以降、復活した共和国のために働いた。マキアヴェリは1512年、共和国の崩壊と共にその職を解かれるが、意に添わない隠遁生活の間に彼は、フィレンツェならびにイタリア双方の自由を破壊した痛ましい事件について考察を深めた。その成果は多数の著作となり、とりわけ『君主論』『リヴィウス論』『フィレンツェ史』が重要である。これらの著作は、ルネサンス期における共和制的自由とその恩恵、そして自由が直面していた危険性に関する、最も十全で最も洗練された議論を構成している。

かくしてマキアヴェリによってフィレンツェ共和主義の伝統は、新しい段階に達した。彼はブルーニや他の政治的人文主義者を学んでおり、また彼らから影響を受けた。政治的人文主義者同様マキアヴェリが意を注いだことは、同時代人が共同体の諸価値を擁護し、そして共同体のために挺身するように説得することであった。ラテン語によるよりも世俗の言葉で著作をものしたマキアヴ

ェリではあったが、彼もまた第一級の修辞家であった[27]。彼も修辞の伝統の背後にある文化的前提を、とりわけ壮大な思弁的体系に対する無関心を共有し、そしてそれを強調した。だがマキアヴェリの政治に対する視座は、一つの重要な点で彼の先行者たちと異なっていた。先行者たちが理想主義者であったのに対し、マキアヴェリは現実主義者だったのである。

　彼の見解は徹頭徹尾世俗的である。天を見上げて抽象的な自然の諸原理なり理性なり聖書なりに指針を求める代わりに、マキアヴェリは自身をとりまく世界を研究した。そして彼は、彼自身の政治的経験と歴史に記録されている過去の経験の両方の中に、同時代に生起する錯綜した出来事を貫く指針を探求したのである。経験から引き出した結論は、古き理想主義と全く食い違っているようにマキアヴェリには思われた。経験が教えるところ、政治行動の主要な動機は単純に言って野心と貪欲である。聖アウグスティヌス同様、マキアヴェリにとっても人間は罪人である。人間は、アリストテレスが教えるように、本性上社会的だからそうするのではないし、またブルーニが考えたように、美徳を発揮するためにそうするのでもない。そうではなく、自分たちを他の利己的な人間からよりよく防御するために社会を構成するのである。同じ理由で、人間がかかわる事柄において秩序と平和を保つという理想は、マキアヴェリにとって幻想にすぎなかった。人間が不安定な存在で信頼できないことを前提とすれば、歴史はこれまでも、そしてこれからも変わることなく闘争と変遷の記録であり、また人間が闘争や変遷に対処しようとする努力の記録なのである。

　マキアヴェリはフィレンツェの先人たちに負けないほど政治的自由を高く尊重した。そして彼ら同様、政治的自由の保持はかなりの程度人間による慎重な選択にかかっていると確信していた。だがマキアヴェリが認めたのは、政治において懸命な選択を行う自由は絶対的なものではない、ということでもあった。こうした自由は常に当面の環境や歴史的諸条件そして不慮の出来事に制限されているのである。このように彼は運命が我々の行動の半分を支配していることを是認した。しかしこのことは同時に、我々が行動の他の半分を支配できることを意味している。そしてマキアヴェリは主張する。たとえ制限されているにしても、

自由のこの本質的な領域は、道徳と人間の尊厳の両方を実現可能にするのである[28]。このことを彼は『君主論』最終章で述べている。「我々から自由な選択を取り去ることのないように、また我々に属する栄光を取り去ることのないように、神は何から何まで果たされることをよしとしなかった」。このような選択を行うことは、マキアヴェリの見るところ、政治的リーダーシップに特有の義務だった。そのため彼は過去のフィレンツェの支配者たちの優柔不断さを咎め、同時代の君主たちの間に見られる消極性と無能ぶりにいつも嫌気がさしていた。しかもこれらをマキアヴェリはイタリアの悲劇だとして非難したのである[29]。

人間の自由に関するこれらの基底を強調することは、彼の非常に特殊な自由観の基礎をなしており、この特殊な自由観を彼はフィレンツェの先人たちと同様に記述した。マキアヴェリにとっても、政治的自由は何よりもまず外部の支配からの自由、すなわち国家が自己決定を果たす権利のうちに存在した。要するに主権ということである。彼はブルーニに従い、西洋におけるローマ帝国の崩壊を悲劇というより好機と見なし、以下のような考えを詳しく述べる。「帝国崩壊後に生じた新興の諸都市や諸政府には、きわめて大いなる勇気と知性とがあった。すなわち、たとえあるものが他のものを支配しなくとも、それにもかかわらずそこには調和があったし、互いに秩序を生み出すことができた。だから、これらの都市や政府はイタリアを自由にしたし野蛮人からイタリアを守ったのである」[30]。「政治権力の主体が多いところ、有能な人物が多数輩出する。政治権力の主体が少ないところ、有能な人物もまた少ない」[31]とマキアヴェリは一般的に確信していた。

しかしこの点でマキアヴェリの構想はブルーニを越えていた。ブルーニはおもにフィレンツェに関心を寄せていたのである。マキアヴェリは、ダンテやペトラルカに遡ることのできる伝統に従いつつも、近年に生じた出来事にとりわけ強く心動かされ、自己決定という考えを全イタリアに適用した。すなわち、過去何世紀にもわたって皇帝と教皇が、そしてマキアヴェリの時代には強盗さながらのフランスとスペインの両軍が、その覇権をめぐって争っているイタリアに、である。彼は外国列強によるイタリアの征服をエジプトにおけるイスラ

エルの隷属にたとえた。そして、後代の解放運動によってしばしば引き合いに出される類比を用いつつ、自身が切望するイタリアの解放を出エジプトにたとえた[32]。

諸国家の自律性を語ることの帰結は、マキアヴェリにとって勢力均衡を意味していた。そして、これによって諸国家間の関係は制御できるのである。この原則は、近代史においては無秩序を生じさせたゆえにしばしば不評を買うところではあるが、ルネサンス期においては、政治の世界全体を支配しうる包括的な単一権力を欠いていたこともあって、それは平和を維持する唯一の手段だったのである。事実、この考えは最初15世紀のヴェネツィアで明確化されていた[33]。1494年にフランス軍が進入したことによって始まった、フィレンツェの果てしない危機的状況の間に、若きフィレンツェ市民たちは、それがもたらした諸問題を分析し始めた。そしてマキアヴェリの友人の一人であるベルナルド・ルチェライはイタリアにおける相対的な平和を説明し、フランス軍の進入以前には、主要な列強間で維持される力の均衡という考えが存在したと説いた[34]。マキアヴェリは、自身が平和について記述するに際してこの考えを参考にし、平和はローマ帝国の崩壊後に生じたと信じた。

しかし、単純明快に主権として理解された自由は、後代ジャン・ボダンやトーマス・ホッブスが示すことになろうが、専制政治とも矛盾はしない。そして、マキアヴェリにとって自由と同様に重要な第二の点は、前世紀の人文主義者たちにとってそうであったように、共和国に住む市民たちの自治ということであった。前世紀の人文主義者たちと同様、マキアヴェリも共和政ローマを理想化し、それを帝政と対置させた。彼は記す。「昔の諸国民は自由を愛すること強く、そしてこの自由という言葉を高く掲げていたので、彼らは暴君を嫌い、暴君にやすらぐ時間を与えなかった」。マキアヴェリは自由な共和国を破壊したかどでローマ帝国を非難したが、同時にローマ帝国が自由な諸国民を征服するのに多大な困難を経験したことにも関心を払った[35]。

してみると、マキアヴェリの共和主義には道徳的要因といったものが存在していたことになる。彼の見解によれば、共和主義の政府は他のあらゆる政府形

態にもまさる。なぜなら共和主義の政府だけが共通善を満たす上で信頼に値しうるからである[36]。彼にとって、この目的に忠実であることが正義の本質であった。マキアヴェリはまた、共通善を個人的自由の基礎と見なした。それは彼にとってよき生活の根本をなしていた。そしてこの自由をマキアヴェリは人間の能力と規定する。そしてそれによって人間は「恐れることなく自由に自身の財産を享受し、自分の妻・娘・そして自己自身の名誉が失われることを恐れなくても済むのである」[37]。恐怖からの自由はマキアヴェリと彼の同時代人たちに大きな比重を占めていた。いかなる人も単独で権力を独占できない共和制の数ある利点の中で、個人の安全というものは少なからぬ意味を持っていたからである。

　マキアヴェリは共和国を他のあらゆる種類の統治に優越していると考えた。マキアヴェリの信じるところによれば、共和国でこそ人々はより豊かになり、人口はより一層増えるのである。共和国の市民たちは、自身を防御することにおいてより頑強だし、自分たちの指導者をより効果的に支持する。共和国との協定は、君主との協定より信頼に価する。君主は「人民より、いっそう信義にもとり、移り気で、また軽率な」傾向があるため、共和国は君主国よりより長く存続する。君主は秩序を強制するに際しては有利かもしれない——これはマキアヴェリの思想の中で『君主論』が占める位置を説明するのに役立つ見解である——しかし人民は、ひとたび確立された秩序を維持するにははるかに優れているのである。

　時にマキアヴェリは彼の先人たちがした以上にラディカルに平等主義を示唆したりもした。マキアヴェリの心情が彼らよりも民主的であるということは、ラテン語すなわち学者の言葉ではなくイタリア語で著作をものした点で示されている。『フィレンツェ史』においてマキアヴェリは、ある人物をフィレンツェ市民の中で「もっとも果断でかつ経験豊かな人の一人」として賞賛する理由を、彼が社会的に下位にいる人々を尊敬するよう、同位である上流階級の人々に勧めたことに求めた。「人を裸にしてみよ。そうすれば我々がみな同じであることがわかる。彼らの衣服を我々に、我々の衣服を彼らに纏わせよ。そうすれ

ば疑いなく、我々は上品に見えるだろうし、彼らは卑しく見えるだろう」[38]。要するに、社会的不平等はマキアヴェリにとって、着用する衣服のように恣意的なものだったのである。彼はまた、フィレンツェ統治体制の中でもっとも民主的な大評議会に全市民が参加できるよう拡張することを勧めた[39]。したがって、マキアヴェリにとって人々の声が神の声のように思われたにしても、驚くにはあたらない[40]。

　しかし共和国の安定が適切な制度的枠組みに立脚していることも彼は認めていた。マキアヴェリが信じるところでは、制度は長期的に見れば人よりも──前者は後者以上に長く存続するから──重要である[41]。もし法によって規定されないならば、政府は必ず恣意的なものとなり共通善を高めることができなくなるであろうことを、彼は認めていた[42]。共和国は立憲的な枠組みをとりわけ必要とすると彼は確信していたが、これはマキアヴェリが共和制ローマから学んだもう一つの教訓だった。ふたたびブルーニに学びつつ、彼の信じたところでは、もっともよく制度的枠組みを作り上げるのは混合政体である。そこでは、国家間関係をきわめて有効に規定する均衡という原則が、国家内でもまた作用するであろう。

　かくのごとく、マキアヴェリの立憲思想は、自身のために統治権力を操ろうとする特殊利益の側からの企てによって共通善は絶えず脅かされるものである、という独特の現実主義的な認識に基づいていた。だがこのような特殊利益も多元化されているならば、ある特定の利益が引き起こす危険も、他の利益との関係で常に均衡化されうるし中立化されうると、彼は考えた。したがって、利己的な特殊利益はそれ自体非難に値するものの、それらが完全に互いを排除することは許されるべきではない。特殊利益の完全な排除は一層危険でさえあるだろうからである[43]。

　後に合衆国憲法は権力分割条項において、このマキアヴェリ的な原則を採用するであろう。なるほど、近代立憲主義にはフィレンツェ共和主義と並んで、他の諸源泉が存在する。すなわち、ローマ法および教会法の伝統、トミズム、そして立憲君主政的に教会がとらえられた時代の知的運動である公会議主義で

ある[44]。しかしマキアヴェリはこれらの思潮のいかなる代表者よりも、後の世に広く読み継がれることになろう。

　競合するもろもろの特殊利益を相互にチェックし均衡化させることはまた、自由のもう一つ別の次元を示唆する。そしてそれはルネサンスの市民的伝統の中で少なくとも暗示されていた。すなわち思想と表現の自由である。集いの場における市民たちの熟考は、相反する見解が自由に表明される限りにおいて実り豊かなものとなろう。マキアヴェリはこのことも認識していた。彼は古代ローマを「人々がみな自身の意見を自由に主張し守ることのできた黄金時代」として記し、フィレンツェ史の中で市民が自由に語ることを禁じられた出来事を批判した[45]。そして、北方および中央ヨーロッパにおける宗教改革運動は、この次元の自由を緊急に必要とすることになる。

　フィレンツェはルネサンス共和主義の中のもっとも有名な例だが、しかしそこだけがルネサンス期イタリアを代表していたわけではない。ヴェネツィアは、文化的にはともかく、少なくとも政治的・商業的にはフィレンツェと同じくらい注目に値するものであった。そしてフィレンツェ共和国崩壊の後になると、イタリアの他の地域が外国軍隊に広く支配されたときにあっても、ヴェネツィア共和国はスペインの支配からも自由であり続けたし、市民たちが統治する国家としても自由であり続けた。その際、ヴェネツィアは憲法を敷いていたが、この憲法は多くのヨーロッパ諸国にとって羨望の的だった。そしてヴェネツィア周辺の大国からの脅威が、対抗宗教改革期の教皇庁の中央集権的な圧力とあいまって刺激となり、ヴェネツィアでは16世紀後半から17世紀初頭に、共和主義的な自由に関する考察が積極的になされた。それは我々がフィレンツェにおいて検討したものに匹敵する。その結果はヴェネツィアにおけるルネサンス共和主義の一種の遅咲きであり、これはヨーロッパ中の人々に強い印象をあたえた[46]。

　ヴェネツィア共和主義の重要な主導者は、教養あるヴェネツィアの政治家にして歴史家のパオロ・パルータ（1540-98）、および「聖母マリアの下僕会」に

属する托鉢修道士パオロ・サルピ (1552-1623) であった。パルータは対話編『政治生活の完成』(1579) という大作を著し、フィレンツェの政治的人文主義を偲ばせる方法でルネサンス共和主義と市民が責任主体となる活動的生活とを理想化した。彼の死後 1599 年に出版された『政治論』はマキアヴェリの現実主義を連想させる。また、この著作がローマ帝国の衰亡に関心を抱くこと、そして彼がその原因を領土の過度の拡張に求めたことは、フィレンツェ共和主義の関心事項の一つを連想させる。

サルピは、1606 年から翌年にかけて教皇がヴェネツィアにおける聖務を禁止していた間、市政府の法律顧問として活動した。この聖務禁止にヴェネツィアは抗議したが、その根拠は、教皇がヴェネツィアの社会的・宗教的生活の側面を監督しようとすることは、市の主権を侵すというものであった。ここに我々は再び、新しいコンテクストの中での政治的人文主義の根本的な関心に出会うのである。もっともサルピの問題に対する取り組みは、よりラディカルな立場に近づいており、それはジャン・ボダンや 17 世紀の王権神授説を連想させるものだった。サルピはヴェネツィアを擁護するため広範囲にわたる問題を考察した。彼の『トレント公会議史』(1619) は、17 世紀および 18 世紀ヨーロッパに向けて、イタリア共和主義の伝統を橋渡しする点で注目に値するものだった。教会に対する教皇の君主的支配をサルピはルネサンス共和主義の視座から実証的に批判し、それはヨーロッパで広く翻訳された。プリマス植民地の信仰的指導者ウィリアム・ブリュスターは、その英訳を新大陸に持参しさえした[47]。

ルネサンス共和主義を論じる一連の著作を通じ、共和制的自由の利点は西ヨーロッパに広く流布されていった[48]。君主政的支配と共和主義的支配の利点を比較することは、君主の宮廷においてすら修辞的妙技を披露する際に格好の論点となった。そのことはおそらく、イングランドに生じた一時期を除いて、絶対王制期下、共和主義がもはやヨーロッパの支配層にとってさほど脅威とならなくなったことの例証と思われる。この問題に関する議論は、バルダッサーレ・カスティリオーネが『宮廷人』(1528) で触れている。そこでは、一ヴェ

ネツィア市民が使い古された言葉で共和制的自由を賛美することを許された直後に、君主政的支配が勝者であると予想通り語られる[49]。そんな中、一層驚くべきは、ジョヴァンニ・ボテロ（1544-1617）による共和国の支持であった。ボテロは対抗宗教改革の理想を著すことに生涯の大部分を捧げ、その作品が広く読まれていた。ボテロは記す。

　　よき政府から、市民生活および道徳的生活に含まれる臣民のよき資質が全て導き出される。また、よきことを行うあらゆる手段、平和と戦争および獲得と保持にかかわる技術、洗練された慣習、上品なふるまい方、名声を博する上品さの全てが導き出される。このため、建物のすばらしさや通りと広場の美しさにおいて、人々の多さにおいて、芸術の多様さにおいて、ふるまいの洗練さにおいて、そして国家組織と人間味において、大いなる自由都市は君主に従う都市にまさる。ヴェネツィアとジェノヴァは今そのことを証ししているし、フィレンツェやシエナもかつてはそうだった[50]。

ルネサンス共和主義の自由に対する貢献は後代においても忘れ去られることはなかったのである。

≪Ⅲ≫　自由と宗教改革

プロテスタンティズムはきわめて多様性に富むため、プロテスタント宗教改革の近代的自由に対する貢献はルネサンスの貢献よりも複雑である。後者は本質的にフィレンツェが代表する都市共和主義の一作用だからである。これに対しプロテスタントの主要な指導者およびグループはそれぞれ、自由を異なった仕方で理解した。それゆえ我々は、マルティン・ルター（1483-1546）、ウルリヒ・ツヴィングリ（1484-1531）、ジャン・カルヴァン（1509-64）そしてハインリヒ・ブリンガー（1504-75）に指導された運動を順番に見ていかなければならない。ところで彼らはみな、しばしば「官憲宗教改革」と呼ばれる運動の

代表者である。というのは彼らが築いた教会は、君主制国家や都市によって公的に確立され、通常宗教生活に対する独占権を与えられたからである。だが、宗教改革のもう一つの要素は、世俗的な政府とのこのような協働を拒否するセクト運動だった。時には（正確ではないが）「再洗礼主義」と見なされ、また時には「急進宗教改革」と一括して記されるこの運動は、宗教的寛容の問題を提起した。

宗教改革とルネサンスとの主要な類似点は、両者ともに広い意味で自治（ないし「自由」）都市を基盤としていたことである。プロテスタンティズム、とりわけドイツとスイスのプロテスタンティズムは都市におこった現象であり、イタリア諸都市と同様そこには上位者が存在せず、都市民が自ら統治を行っていた[51]。マキアヴェリはドイツの自由都市のことを多く聞き及んでおり、そしてそれがまさに自分の考えていたとおりの共和国だと信じた。マキアヴェリの信じるところ、共和国はドイツにおいてのみ「自由を完全に享受しており、そこでは都市内外のいかなる者も何も言えないほどに、自分たちの法が遵守され続けているのである」。ドイツの自由都市は「自分たちが選んだ」限りにおいて皇帝に従うが、「皇帝や他のいかなる有力者も」恐れてはいない、とマキアヴェリは考えた。彼はこのことの理由を、何にもまして諸都市間に行き渡っている「完全な平等」と、ドイツ諸侯に対する自由都市の敵意に求めた[52]。

マキアヴェリは完全に間違っていたわけではなかった。ドイツ自由都市の市民はいくつかの点で、イタリアの諸共和国の市民と似ていた。ドイツの市民たちも愛国者で、自身の共同体を誇り、共通善を自覚的に定めそして促進させることに意を注いでいたからである。そしてイタリアと同様に、彼らの抱く価値観もしばしば地域に根ざす市井の人文主義者によって定式化された。ドイツの自由都市はまた、民主的というより寡頭制的だった点でイタリアの諸共和国に似ていた。ただし自由都市の間には相違もあった。民主的な傾向は、北ドイツよりも南ドイツおよびスイスで強かったのである。また、中世後期におこった一連のギルドの反乱は、わずかに政治参加の枠を広げた。そして宗教改革前夜には都市内の富裕層と貧困層との緊張が高まっており、それは社会の下層が

改革を要求する圧力の高まりと連動していた。改革要求の一部は人文主義者が定式化していた[53]。

　にもかかわらず、ドイツの自由都市は一つの重要な点でイタリア都市と、程度問題であるにしても異なっていた。すなわちドイツ諸都市は宗教的な次元を並外れて強調した点で、マキアヴェリが政治的共同体を究極的に世俗的なモデルでとらえたこととかけ離れている。そしてこの相違は、なぜプロテスタンティズムがイタリアでさしたるインパクトを持たなかったかを説明するのに役立つ。ドイツとスイスの諸都市は自身を、少なくとも理念的には福音が支配する聖なる共同体・集団的救済の道具としてとらえていたのである。都市の中では通常、兄弟愛を意味する言葉が住民間の関係を記すのに用いられた[54]。

　こういう理解の一つの表れが市参事会による教会に対しての周到な監督だった[55]。宗教改革の直前まで、（アルプス以北の）北方ヨーロッパでは市当局が、売春・姦淫・賭博――そしてもっとも重要だが――瀆神に対し、法を適用してキリスト教倫理を課そうと努めていた。ちょうど偉大な北方人文主義者ロッテルダムのエラスムス（1469？-1536）が、1518年の手紙で修辞をこらして尋ねているとおりである、「巨大修道院でないとしたら、都市とはいったい何でしょう？」[56]。個人的な自由に委ねられている道徳をこのように法的に規定したことの結果はあまりよいものではなかった。

　しかし、イタリアにおいて政治的自由の発展の背景をなした文化的変化は、よりゆっくりした速度ではあったが、北方ヨーロッパでも進行していた。そして北方の人文主義者たちは多くの場合、イタリアの人文主義者たちより、宗教の改革に一層直接的な関心を持ち、また教会の権威を無視すること急であった。学者であり宗教思想家でもあったエラスムスは、この関心を伝える偉大なスポークスマンである。多くの著作――明快でウィットに富んだ宗教書・古典および教父著作の校訂・聖書注解そしてギリシア語新約聖書――により、彼は国際的な文壇での名声を手にした。彼はまた全欧の学者たちと書簡を取り交わした。

　自由の歴史に対しエラスムスが果たした貢献の一つは、イタリア人文主義と同様、伝統的な文化を破壊し自由を愛する態度を広めたことにある。またもう

一つの貢献は、キリスト教信仰とは個々人が実践すること、そして個々人の内面の問題であることを主張したことであり、これは制度に基づく権威を究極的に破壊した。当時支配的だった合理化されたスコラ神学を疑ったエラスムスは、彼のもっとも有名な著作『痴愚神礼賛』(1509)において、キリスト教は現世での知恵として認められているものではなく、それとは正反対のものだと規定した。80％が道徳・15％が礼典の遵守・5％がドグマとして表されてきたキリスト教の代わりに[57)]、より個人的でより内面的な心の宗教がキリスト教であると、エラスムスは定義しようと努めた。この宗教は聖書を個人的に学びかつ実践することに基づいており、その表現は行動に現れた敬虔と愛のわざの中に見いだせるのである。エラスムスにとってキリスト教は個人にとっての生き方であり、また不完全な世界の改革手段であった。教会当局がエラスムスに疑念を抱いたことも驚くにはあたらない。当時は、エラスムスが「卵を生みルターが孵した」と広く語られていたのである。

　免罪符の問題をめぐり1517年ルターが教皇制に挑戦したことが宗教改革の始まりだと一般に受け取られている。しかし、自由の歴史に対する彼の貢献となると判断はむずかしい。なるほど、権威主義的な教皇制、すなわち伝統的な普遍主義を霊的に代表するものに対するルターの反抗は、他の勢力の反乱を鼓吹した。また彼の神学は——ところどころ誤解されたが——最終的に成功しなかったものの、政治的社会的不正に対する「民衆の反乱」を広い範囲で助長した。しかし、何にもまして重要な霊の領域と、霊とは無関係と考えられるこの世の諸制度とをルターは絶対的に区別しており、このことは彼にとって、キリスト者が権威を帯びた政府に従う義務のあることを意味した。それゆえ一般にルターの思想は政治的自由と敵対することになる。

　にもかかわらずルターが信仰義認論を最も重要だと考えたことは、自由の歴史の基礎となる個人および個人的経験の価値向上に大きく貢献した。またキリスト者の自由というルターの教理は、自由を人間存在の中心的価値として確立することに寄与した。この教理はもう一つの絶対的な区別に基づく。すなわち、律法への服従に起因し、恐れと利己から導かれる外的美徳にすぎないものと、

自由で喜びに満ちた自発的善との区別である。その自発的善はルターによれば信仰の果実である。そしてこの信仰とは、自己愛から人を解放する神を心底から信頼することにあるのである。彼は記す。「この自由は、律法によって強制されることなしに、ひたすら善を行うことで得られる楽しみからなり、正しく生きることにある。それゆえこの自由は、霊的自由である。つまりそれは律法を破棄せず、むしろ律法に欠けているもの、すなわち積極性と愛を我々に与え供えてくれる」[58]。また彼はさらに強く言う。「かくして、このような神への信頼に生きるキリスト者の生活は、あらゆることを知っており、あらゆることを可能にし、あらゆる義務を大胆に果たす。またキリスト者は、功績と善行を蓄えるためでなく、神を喜ばせることが喜びであるゆえに、自由に喜んであらゆることを果たす。またキリスト者はひたすら喜んで神に奉仕し、奉仕が神を喜ばせたことに満足を覚える」[59]。ルターによれば他のいかなる自由観も、人間を自身の不安の奴隷にするだけである。マキアヴェリと同じく、だが彼より広い視野に立って、ルターは同時代人を恐怖から解放しようと願った。彼の忠実な副官であるフィリップ・メランヒトンも、この教理と新しいルネサンス的な人間観との結びつきを示唆した。メランヒトンによれば、キリスト者の自由が意味するのは、律法の拒否ではなく、「我々が自発的に心の底から、律法の要求するものを望み求めることである。これは誰一人、キリスト者の自由を獲得するまでは果たしえないのである」[60]。

　ルター的自由のもう一つの表現は、おそらくルターの影響の下に発展したのだが[61]、エラスムスの後継者の中で最も有名だと目されるフランソワ・ラブレーが『ガルガンチュワとパンタグリュエル』で描く、理想化されたテレームの修道院に見られた。その名はギリシア語の自由意志から取られており、実際この修道院には一つしか規則がないのである。「汝の欲することを行え（Fay Ce Que Vouldras.）」。この修道院には男も女も住んでいるが、彼らの生活は「法や身分そして規則ではなく、彼らの自由意志と選択によって形成された。適当と思われる時間に彼らは起きだし、飲み食い、仕事をし、そして寝たくなったら寝るのであった」[62]。

キリスト者の自由は個人的自由であり全ての個人にとって到達可能だったので、それはまた、しばしば政治的支配を正当化するのに用いられてきた階層原理を転覆させた。ルターは断言する。「キリスト者たちの間には優越者はおらず、キリスト自身、キリストだけが優越者である」[63]。彼の思想の他の側面においても階層原理は無視された。ルターは、善行が他の何ものにも霊的に優るということを否定したのである。彼は記す。もし人間の心が「自分の行為が神を喜ばすことを確信するなら、たとえ麦の葉をつみとるほどの小さなことであっても、その行為は善なのである」[64]。ルターの万人祭司説もまた、人間の平等を原則として主張するものであった。天職についての彼の教理も平等を主張するものであり、これを基としてルターは政治的権威に敬意を払ったのである。ルターは確信していた。全ての職業・全ての地位は神によって割り当てられたものであり、地上での身分はどれも神の前では平等である。かくして皇帝も、きわめて卑しい職人、農民そして主婦より何ら偉大ではない[65]。ルター主義が権力や支配に脅威を与えるものでないことは明らかである。けれどもそれは権力や支配が敬意を抱かれる、その方法を大きく改変したのであった。

　ルターの初期の信奉者たちは、キリスト者の自由という彼の教理に魅力を感じた。しかし彼らはそれを単に消極的に理解しがちであった。すなわち、教会によって課された広範囲にわたる義務からの自由ととらえたのである。たとえば自由を、告解と改悛、断食や巡礼、聖職者の独身の誓約義務からのそれととらえる者もいた。その際、プロテスタントが聖職者の独身制を拒否したことは、女性の尊厳を認めることも意味していた。聖職者独身の規則は中世後期の教会において広く破られていたが、そのことは聖職者が非合法的だが確固たる家族関係を築きがちであった、農村の教会において顕著であった。しかるにルター自身も他の者も、キリスト者の自由という原理は聖職者の結婚を認めるものだと考えた。その結果、従来「聖職者の妾」と呼ばれていた女性は、いまやプロテスタンティズムにおいて牧師夫人という名誉ある地位にまで高められたのである。

　しかしキリスト者の自由というルターの教理が持つ積極的な意味が、メラン

ヒトンが回想して認めているように、「理解しがたい」ものだったことは明白である[66]。ルターにとってそれは確かに、自己愛からの自由であり、神と隣人に仕えるための自由であった[67]。ここに我々は政治的人文主義のもう一つのモチーフが新しい形で現れるのを認めるのである。つまり、宗教生活が共同体のための積極的な奉仕と見なされることである。ルターにとっても、人間存在は他者に奉仕することで、最もよく神に仕えるだけでなく、その霊的な性質が引き起こす深い欲求を十全に満たすのである。彼は記す。「人間というものは、この死すべき体において、肉体それだけのために働き、一人ぼっちで生きるのではない。……人間は他者のために生きるのであり自分のためではない。……人間は現世において怠惰であってはならないし、また隣人に対する働きなしで済ますことも許されない。なぜなら彼は必然的に、人々と語り、人々と関係を持ち、人々と意見を交換するからである。ちょうどキリストもそうだった。人の姿をとったキリストは、人間として、人々と語り合われたのである」[68]。

　スイスと南ドイツの都市共和国における宗教改革は、ルター主義以上に自由の歴史に直接かかわった。我々が先に確認したのは、これらの都市に見られる聖なる共同体という自己イメージが、徐々に増してきた社会的緊張と連動し、宗教的変革の必要性を通常受容しやすくさせたということである。だがこれらの都市は、ルターによる霊的領域と世俗的領域との峻別を拒否した。多くの都市民にとって宗教改革は、現世を愛・平等・兄弟関係というキリスト教的諸価値に一致させ、そして神の完全な支配に現世を置こうとする機会だと思われたのである。かくして彼らは、万人祭司というルターの教理の中にある霊的な平等主義を、社会的不公正に対する攻撃の要求として解釈した。その結果、1525年、不満を持ったきわめて多数の都市民は、広範囲におよぶ革命的な運動に際し、貧困にあえぐ農村共同体に合流したのであり、これは平民の革命として知られるようになった[69]。鎮圧に至るまでにそれは中央ヨーロッパの支配層をひどく恐れさせ、このたびの革命はドイツの全貴族階級の破壊をめざし、そしてヴェネツィアや古代ギリシアに範を求めた民衆の共和国の設立を意図してい

ると噂されることになった[70]。

　実際は、この運動の目的はむしろスイス連邦に範を求めつつ、南ドイツの地方自治を再組織化することにあった。つまりそれは、諸侯であれ皇帝であれ帝国議会であれ、上位の権威の監督権を諸都市から排除しようという運動であり、このような状態はスイスの諸都市ではかなり実現されていた[71]。またこの運動の結果の一つは、伝統的に保守的で旧い教会と結びついていた都市の支配層に、カトリシズムを想起させる一切のものを破棄させることでもあった。これは他の帰結とならんで、霊的にも現世的にも聖職者の特権を廃止することを意味した。しかし結果は不十分かつ一時的で、古くからの支配者たちは全般的に権力を維持し続けたのである。

　にもかかわらず、多くの都市でプロテスタンティズムは重要な政治的帰結を得るに至った。歴史家は次の三つの都市にとりわけ関心を払ってきた。すなわち、人文主義出身の宗教改革者ウルリヒ・ツヴィングリ（1484-1531）と後にハインリヒ・ブリンガーが指導したチューリヒ、ドミニコ会の修道士だったマルティン・ブーツァー（1491-1551）がプロテスタンティズムを指導したストラスブール、そしてジャン・カルヴァン（1509-1564）が指導したジュネーヴである。最終的にはカルヴァンがもっとも影響力を持つことになったが、上にあげた宗教改革者はみな当時国際的に重要な人物であり、その著作は広く読まれており、そういう彼らが聖なる共同体としての都市という観念をプロテスタンティズムの線にそって修正したのであった。また彼らは、いくぶん明瞭さに欠けるとはいえ、近代的な自由の観念のために貢献した。

　彼らの中でもっとも早く政治的リーダーとしての地位を獲得したのはチューリヒのツヴィングリであった。世界に対する神の支配を広めるために霊的権威と政治的権威が協働する義務を、ツヴィングリは強く確信していた。このことは神的な人間の支配を必要とした。彼は記す。「神とともに支配する者だけが、確固たる最上の帝国を手に入れるのである。しかるに、自身の気まぐれにまかせて支配する者は、この上なく悪く変転きわまりない帝国しか得られない」[72]。そして前者のような支配は、チューリヒにおいては、彼自身が解釈する聖書に

導かれなくてはならなかったのである。他方、この考えは同時に自治を要求した。ツヴィングリは伝統的な封建体制に徹底的に反対した。そこでは存在する全てが政治的になんらかの上位支配者に従属しなければならなかったからである。これに対し、ツヴィングリの理想はキリスト者、すなわち神の民たる市民たちによって支配される自由な共同体であり、それは当時の諸共同体と比較すると例外的に民主的な共同体でもあったのである[73]。

　ブーツァーはストラスブールで都市型の宗教改革を指導したため、都市共同体と教会とを区別する点でいくぶんルターに近かったが、ツヴィングリの見解を多く共有することになった。その結果、ブーツァーは世俗権力に多くの制限を課す[74]。しかし彼は、教会に範を求めるべき聖なる共同体という理想を支持していた。教会は「もっとも完全で、もっとも友愛に富み、もっとも敬虔な兄弟関係の共同体であり、そして統合体である」からである。そのブーツァーにしてみれば教会と同様、政治的共同体も愛によって統治されなくてはならなかった[75]。彼はまた次のことを確信していた。すなわち、共同体にあって奉仕することは、どんな地位に就くことよりもはるかに重要である。そこでブーツァーは牧師を会衆が選挙することを提唱した。チューリヒ同様ストラスブールでも牧師たちは、共同体に対する神の意志——それは聖書に示されているのだが——に従って為政者たちを指導することが期待されたのである。

　ブーツァーの影響は、彼が1549年の政変でストラスブールを追われ、イングランドに亡命した後に強まった。かの地で彼はケンブリッジの教授となり、『キリストの王国』を著して若きエドワード6世に捧げ、「あなたの領土内で、キリストの王国を完全に受け入れ、また再興する」ように勧めた[76]。この言葉が示しているように、彼はこの著作において、以前ストラスブールのために練り上げたのと同じ原則を国民国家レベルの君主政に適用しようとした。またこのことはきわめて伝統的な社会構造の改革を意味していた。そのことを要約するものとしては、ブーツァーが、政治的権威が世襲に基づくものであることを拒否した点があげられる。

　しかし、たとえブーツァーが、ある種の権威を攻撃することで君主制の制限

に結局のところ貢献したとしても、彼は君主政に代えて新しい権威主義を持ち出していた。彼は都市の行政官たちに関して主張したのと同じく、宗教改革陣営に属する王権が、真の宗教が執行されるのを監督すること、瀆神を制圧すること、共同体の内部で少なくとも行動面で宗教的な一致を課すこと、そして臣民全ての振る舞いを監督することを主張した。「なぜなら、敬虔と美徳に関し、見張り人・監視員・監督者を必要としない人はいないからである」。ブーツァーは明言する。「ごく幼い時から全ての者が、責任ある幸福な生活様式を築くよう育てられ導かれるために、」なしうることをみな実行するのは、全ての政府の義務である。このことが意味していることを彼はかなり細かく述べた。そして、どれだけ壮大でよく秩序づけられているキリスト教共同体であっても、宗教的寛容を認めることはできないと彼は強調した。

　他のいかなる宗教改革者よりもルネサンス人文主義の考えに深く浸っていたジャン・カルヴァンは以下のものを結びつけようと努めた。すなわち、フィレンツェの政治的人文主義者に匹敵する、古典古代の共和主義に関するこの上なく明確な理解と、ツヴィングリとブーツァーがそれぞれチューリヒとストラスブールで試みたのに匹敵する、都市ジュネーヴに対する神の支配の確立である[77]。だがそのプロテスタンティズムに対する影響がどこであれ巨大だったために、カルヴァンはツヴィングリやブーツァーよりも名が知られることになった。そしてカルヴィニズムがイングランドやスコットランド（その結果ニューイングランドでも）、ネーデルラント、そしてドイツや中央ヨーロッパのいくつかの地域でプロテスタンティズムの形成に多大の寄与があったため、およそ彼が意図しなかったことではあるが、自由の歴史におけるカルヴァンの重要性はより大きくなったのである。カルヴィニストはまた16世紀後期と17世紀の革命運動に関与し、カルヴァンの思想から、彼らの政治的プログラムを進展させるものを見つけだした[78]。なぜならカルヴァンは膨大な著作をものし、それらは多くの点で、全ヨーロッパにおける彼の後継者たちが関心を持ったことに言及していたからである。

　まだ自由がひろく疑われていたとき、カルヴァンは原罪を強く信じたのと同

時に、用心深くではあったが、自由を讃えた。彼は述べる。「私が積極的に承認したいのは、自由が適切に行使されるように秩序づけられ持続可能なように定着することであり、これらを実現した統治にまして幸福なものは何もないということである。私はまた、この状態を享受できるのが最も幸福な人民だと考える」79)。カルヴァンは奴隷制を嫌った。ある人々が他の人々に従属することは人間社会の秩序を維持するのに有効だと考えたが、彼は階層秩序に由来する権威が事物の本質に根ざすという伝統的な思想的前提を拒否した。原則としてルター同様に、カルヴァンは人類全てが平等だと信じていたのである。彼にはおえら方の悪徳を酷評する傾向があったし、時として社会の下層に位置する人々が美徳の面で優れているとも主張した。人間のなすことを華麗に弁ずる中で彼は、学芸だけでなく実践的な業をも極めて高く讃えた。カルヴァンは主張する。「人間の必要に仕える職人は仕事が何であれ神の僕であり、そして他の職種の人々と同じ目的を持つ。すなわち、人類の保持である」80)。

　他の共和主義者と同様、カルヴァンは世界帝国を、とりわけ権力が集中して巨大化することを全て嫌った。彼は、誰一人全世界を支配する能力を持っていないことを根拠に、普遍帝国という理念そのものを馬鹿げたものと考えた。彼はまた、フィレンツェ市民たちがローマ帝国を嫌悪した態度を共有した。それは、帝国が共和国を破壊したからである。また、マキアヴェリ同様、統治の形態に関しては柔軟な態度を示したが、カルヴァンは市民が治める共和国が原則として最善であると考えた。彼の考えはこうである。「互いに助けあい教えあい勧告しあうために、多くの者が統治を行うのが、より安全で不満も少ない」。同時に彼はマキアヴェリと同じく、混合政体を好んだ。彼は記す。「貴族政、ないし貴族政と民主政が混合した政治組織が他のものより遥かに優れていることを、私は否定するつもりがない」。いずれにせよカルヴァンは、「深い熟慮に基づいて自由（その擁護者は人々によって任命される）を、破壊されないまでも、いかなる意味でも減らされることのないよう専念すること」が、為政者の第一の義務だと考えた。「もし為政者が油断をし注意深くなかったならば、彼らは職務に対し不忠実だし、祖国の反逆者である」81)。

カルヴァンはしばしば専制君主を非難した。混合政体に関する彼自身の見解が、マキアヴェリのいう君主制的構成要素を捨象して組み立てられていることは、注目に値する。カルヴァンは私人の側から行う抵抗権をおしなべて拒否したが、支配者が「その職務を踏み越えた」とき、政治的なイニシアティヴをとる職務を権威づけられた次位の為政者が指導する場合には、抵抗を認めた。彼は明言する。「これらの為政者が職務上、王たちの狂暴な不道徳にあらがうのを、私は決して禁じない。私は断言するが、王たちがはばかることなく一般民衆を襲っているのを見て見ぬふりをするならば、彼らの虚偽は邪悪な裏切り行為となっている。なぜなら彼らは、神の定めによって人民の自由の擁護者として自分が立てられたことを知っていながら、これを誠実さのかけらも見せずに裏切るからである」[82]。

　しかしカルヴァンはまた、ツヴィングリやブーツァーと同じく、自分が責任を負う共同体に神の支配を確立することに関心を抱いてもいた。そして彼の意図のこのような側面は、自由に対する彼の寄与を弱めることになる。たとえばジュネーヴの場合、共同体の訓練は、亡命フランス人の牧師たちが地元住民に課す形でなされたが、地元住民はこの規則に頑固に抵抗した。またカルヴァンは、キリスト者の自由とその政治的含意を霊的に理解するルターに表面的には敬意を払ったが、世俗の支配者には多大の宗教的責務を負わせた。すなわちカルヴァンは世俗の為政者の職務の中でも「行動面での神礼拝を育み擁護」し、「敬虔に関する健全な教理と教会の地位を擁護する」ことを、とりわけ支配者に強く求めたのである。そしてこのことは、正統的信仰の強制にとどまらず、公共道徳の監視と強制をも意味していた。またこれは、重要な問題に関して国家が教会に、為政者が牧師に服従することを含意していた。

　外国の軍隊によって自由を脅かされていたジュネーヴが不安定な状態にあったため、カルヴァンは一定の制限の中で、以上の企てをジュネーヴに強制することができた。彼はこれを聖職者たちが構成する「長老会」consistory によって実行し、聖職者たちは定期的に会合して人々の行動と信仰を論じ、かつ訓練をそれに課したのである。というのもカルヴァンは、原理としては否定しなか

ったものの、万人祭司主義に関してルターと信念を共にはしなかったからである。牧師の権威、すなわち違反者を破門に付す力をもった権威を、カルヴァンは強く信じていた。彼にとっても共同体は神聖に保たれなくてはならなかったのである。

しかしながらある点で、正義に根ざしていることを理由にカルヴァンがジュネーヴ社会に課そうと努めた「秩序」は、同時代にあっては珍しい類に属する自由を志向するものだった。すなわち女性の解放である。彼は神の前で両性が平等だと主張し、この理由により男性と同じく女性の宗教教育を強調した。注目すべきことに男女の平等は、性的関係の場にも適用された。カルヴァンは述べる。夫も妻も「床の中では平等である」。実に含意のある言葉である。この同じ理由で彼は、姦通に際し女性だけを処罰し男性を不問に付す、古くからの二重基準を拒否した[83]。

他のプロテスタント宗教改革者と同様、近代的自由の発展においてカルヴァンが占める位置はかくのごとく両義的なものである。この両義性はとりわけ彼の神観念との関連において著しい。というのも、彼は共和主義を奉じていたが、同時に神を存在全体に対し絶対的かつ無制限の力を行使する君主としてとらえていた。このような君主論的観念は、彼の予定論の教理に表れた。この教理によれば、神は自由に（すなわち恣意的に）全ての人々を救済かもしくは滅びかに「選んだ」とされる。これを信じることにより明らかに、彼の共和主義と共同体にキリスト教的行動を強制する関心との間にある種の緊張が生じたが、それは、特殊ルネサンス的な自由意志論に由来していたように思われる。このほかの理由ともあいまって、カルヴァン自身は予定論を論じることに細心の注意を払った。予定論は彼にとって最大の奥義と考えられたからである。しかしカルヴァンの後継者たちは、後に続く絶対主義の時代において、予定論に潜む意味を徹底的に詳述しようとしていたのである。

さて、教理の点でプロテスタンティズムには多様性があったが、ツヴィングリの後継者でチューリヒの教会を指導したハインリヒ・ブリンガーになると、

自由の歴史に対する貢献の点で曖昧さは少なくなってきた。いろいろな点でカルヴァンと歩調をともにしたブリンガーではあったが、彼は、旧約聖書の中で契約の理念が、神とその民との関係において非常に独特な観念であることに着目した。この問題に関して彼に独自性があるわけではない。聖書が語る契約をブリンガーのように理解する仕方は、古代の教父にまで遡ることができる。しかし彼はそれをプロテスタントの思想世界に導入した。そしてそこでは、かの契約観が結果的に重大な政治的社会的帰結を持つに至った。その理由の一つとして考えられるのは、契約が交わされている神とその民との関係が、個人的ないし商業上の関係がますます契約によって規定されるような社会の中で、説得力を持ったことである。

　実際、神は一方的に自分の意志を人類に課したとするカルヴァンの考えは、ルネサンス文化が反抗した決定論という伝統思想をふたたび思い出させるものであった。だが神とその民との関係がある程度相互的だということを、ここでの契約理念は暗に意味している。教義上の思索よりも旧約史の読書に立脚していたブリンガーの考えでは、神とその民との様々な契約は、神が自由に提出し、神の助けなしにというわけではなかったが、民が自由に受け入れる協定だった。彼の見解では、究極の契約は新約聖書に記されており、その契約によれば、全人類の代表者キリストは全人類のために自発的に十字架の苦難を引き受けたのである。ブリンガーは、明確に人間に意志の自由を帰するのはためらったが、少なくとも契約という観念のうちに、それは暗示されている。最終的には彼は、意志の自由の支持者として後のプロテスタントから引用された。そしてここでのプロテスタントは、極端に推し進められた予定論を拒否する人々だったのである。

　契約という理念は政治学にとって重要なものとなるであろう。なぜならそれは神と諸個人との関係を規定するだけでなく、特に神と信者の共同体全体との関係を規定するからである。こうして契約思想は最終的に政体とその世俗の支配者との関係のモデルとなった。ひとたび政府に適用されると、契約という理念は支配者と被支配者との協定という観念を強調することになり、そこでは支

配者の側の権力が制限されると同時に両者の責任が想定されることになった。これは 17 世紀における政治的議論に広く見られる論題となり、結果として合衆国憲法の背景を構成する主要な要素となったのである 84)。

≪Ⅳ≫ 宗教的寛容と表現の自由

　いままで検討してきたもろもろのプロテスタント運動は、おのおのが属する共同体と同一の広がりを持つ、新たに確立された排他的な教会を主張する点ではみな同じだった。この点でプロテスタント運動は、ローマ教会や英国国教会とも軌を一にしていたのである。ある程度までこれらはみな、この現世とその制度を管理・救済しようとめざしたし、堕落し罪に汚れているにしてもそれらを受け入れ、またそれらに順応した。またこれらのプロテスタント運動においては市民であることと教会員であることとは等しい意味を持っていた。幼児がある特定の共同体を選んで生まれてくることができないように、幼児は洗礼を通じて既存の教会員にならざるをえなかった。こういう考えの下、教会も国家も、公的に認められ強制力を伴う数々の手段で、共同体の統一、特に共同体が奉じる信仰の統一を人々に押しつけた。逸脱ないし不服従を試みれば、権利能力を剥奪されることになった。人は、破門によりこれら既存の教会から追放される可能性と隣り合わせに生きていたのである（チューリヒを除く。この点でチューリヒは例外的だった）。そして破門はしばしば世俗の処罰をもともなっていた。

　しかし、プロテスタント宗教改革に関係しつつも、いままで見てきたのとは全く異なる一群の宗教運動があった。この運動は多岐にわたり、そのメンバーも様々であった。たとえばそれは、宗教改革の「急進派」ないし「左翼」と呼ばれたし、または彼らのうちのある者が他のキリスト者グループから回心する際、あらためて洗礼を受けたことから「再洗礼派」とも呼ばれた。本章では彼らを「セクト」と呼ぶ。というのは、彼らが共通に持っていた唯一の特徴は、既存の教会から彼らが距離を置いたことにあるからである。キリスト教会は当

初よりその統一を主張してきたが、しかしセクトは教会史のごく初期にすでに現れ、様々な論点をめぐりキリスト者の多数派と決別した。というのは、通常セクトに走る人々は、完全者の共同体でなくてはならないと彼らが信じている教会が不完全であることに我慢できなかったからである。社会的・政治的共同体と同一の広がりを持つ教会は、明らかに彼らの基準を満たしえなかったのである。

多くの種類のセクトは、宗教改革期の宗教問題が流動化したことに反応しつつ、宗教的権威に対する宗教改革の挑戦に活性化されて激増した。その際、セクトは既存の教会を脱し小さな聖なる共同体を作ることになり、この共同体に入るには、悔い改めと新しい汚れのない生活に対する成人の自発的な選択とが求められることになった。この点でセクトは、エラスムスやルターの教説にすでに見られた個人主義を徹底化したのである。

なるほど、いくつかのセクトは破門を実行した。そしてこのようなセクトは既存の教会に劣らぬほど教条的で不寛容であり、時として行動基準をより厳格に課したりもした。だが、こういうセクトが存在したことそれ自体が、霊的権威と政治的権威が密接に協働していた時には不可能だった、個人の選択というものをある程度可能にしたのである。最後にセクトの成員は既存の教会から脱会したが、彼らは引き続き自分が育った古い共同体に属する傾向があった。こうして彼らは宗教的自由という問題を、必ずしも個人のためではなかったが、意見を異にする集団のために提起した。そして同じ理由で、セクト主義は教会と国家の分離を志向し、このことが結局宗教的自由にとって非常に重要な意味を持つのである[85]。

しかし、宗教的信仰に対する国家の強制力を原理上、拒否したセクトの人々を除いては、本章が問題としている時代にあって、宗教的寛容はほとんど人々の頭に思い浮かばない事柄であった。ルネサンス人文主義の根底にあった、人間の認識能力に対する懐疑主義は寛容を志向するかもしれないが、キリスト教信仰の確実性は、カトリックにしてみれば教会の権威によって、プロテスタントにしてみれば聖書の権威によって保証されるものと思われていた。エラスム

スの後継者たちの間には、結果として生じるこの教条主義に対する疑念が存在していた。エラスムス自身はというと、彼はルターが出現して間もないころ、こう記している。「我々の宗教の本質は平和と一致である。我々はこの二つの価値を以下のような条件のもとで保持することができるであろう。すなわち、我々があえてためらいつつ教義を規定し、一人ひとりが自由に判断することに対する多くの疑念を放棄するという条件である」86)。だがこうした見解は例外的なものであった。

　信仰の統一を課すことの背景には、宗教的動機だけでなく政治的動機も存在した。エラスムスの旧友トーマス・モアはこの点で教訓を与えてくれる。ルターが旧教会に挑戦し始める2年前の1515年、モアはその著書『ユートピア』の中で「誰も自分が信じる宗教のゆえに迫害を被ることがあってはならない」という内容を「ユートピア国の最も古い規則の一つ」として定義した。モアは続けて言う。そこの王は次のことを定めていた。すなわち「もし静かに謙虚に合理的に、そして他人に対してひどいことを行うことなくなされるのなら、全ての者はみずからの選択で宗教心を培ってよいし改宗してもよい……というのも神は、おそらく様々な形態の礼拝を好むのであろうし、また異なる考えを持った多用な人々に深慮をもって霊感を与えるからである」87)。

　しかし、16世紀の宗教論争はあらゆる領域で不安定さを増大させ、その結果として流血沙汰の増大、反対意見の排除、そして宗教的迫害が盛んになった。1528年までにはモアその人が『異端についての対話』において、こう述べるに至った。「異端は無秩序を生む。無秩序の脅威こそ、君主と人々が恐ろしい死をもって異端を罰せざるをえない理由である」。要するに、宗教上の相違が引き起こした問題は、政治的統一と宗教的統一とが密接に絡み合っていた社会にあって、宗教的なものであると同時に政治的なものだったのである。それゆえ、モアの対話に登場する一人の人物はこう論じた。「君主は、人々が異端によって悪影響を受け、そして堕落させられるのを黙過してはならぬことを知るべきです。なぜなら危険はわずかの間に大きくなるものですし、祖国という鉢の中では、広範囲におよぶ暴動、謀反そして闘争によって人々の心が神から離

れ、財産は失われ、命を落とすからです」88)。同様にエラスムスも、プロテスタントを迫害することを（おもにプロテスタンティズムを抑えるのに有効ではないという理由で）非難していたが、宗教的理由ではなく政治的理由により、セクトの成員の迫害は是認した。なぜなら彼らは、社会秩序の維持にとって本質的な世俗の為政者の権威を認めようとしないと思われたからである。

だが、一つの出来事、すなわち1553年にカルヴァンの住むジュネーヴでスペイン人の自由思想家ミゲル・セルヴェトが火刑に処せられた出来事は、異端迫害に反対する多くの抗議を生むことになった。この出来事は異例のことでは決してなかった。これは一部には、フランスにおける改革派の信徒に対し同様の手段で臨んでいたカトリックの当局者たちに比して、真の信仰を守らんとする点において自分は劣るわけではないことを、カルヴァンが示そうとしたことの結果でもあった。セルヴェトの処刑は他の宗教指導者によって賞賛されたし、その中には穏健なメランヒトンさえ含まれていたのであった。

しかしこの事件は、以前ジュネーヴにおけるカルヴァンの同僚で、バーゼルの人となっていたセバスチャン・カステリヨンに、『異端について。彼らは迫害されるべきか』を著す動機を与えた。エラスムスに多くを負うこの著作は、セルヴェトの処刑を非難し寛容を訴えた。これはおもに、信仰に関する事項において寛容を支持する学問的な見解を寄せ集めた作品となっているが、カステリヨンは自身の見解を序文とあとがきで述べている。真の宗教とは信仰の厳密さではなく、むしろ神と共に生きることにある、というのが彼の議論の中心であった。カステリヨンは、信仰とはそれ自体個人的なものであり本質的に主観的である、と論じる。そして彼は結論する。「良心を強制することは、残酷に人を殺すことより悪い。なぜなら私は私自身の信仰によって救われるはずで、他人の信仰によってではないからである」89)。

良心の自由の訴えは、そのままで勝利を収めることはなかった。教会史家たちによって「正統的信仰告白の時代」として知られることになろう16世紀後半と17世紀は、ヨーロッパ史の中で、もっとも硬直化し不寛容な時代の一つだった。それは、スペインのユダヤ人にしても、イングランドのカトリックに

しても、フランスやイタリアのプロテスタントにしても、少数派の見解に与することが危険な時代であった。生き残ろうとするならば、人々は外面上の信従と宗教的演技をするしかなかった[90]。カステリヨンは一つの調べを奏でたが、それはずっと後の時代になって初めて広く歓迎される類の調べであり、しかもその時代でさえ、特定の地域と特定の状況の下で受け入れられるに留まったのである。

≪V≫ 結 論

ルネサンスと宗教改革の時代にいろいろな種類の自由が発展したことは誇張されてはならないし、ここで近代的自由に対する積極的な貢献がなされたと強調すれば、この時代の一般的な特徴に対し、いくぶん誤った印象を抱かせることになる。後代においてルネサンスと宗教改革はどんなに賞賛されていようとも、それらが達成した業績は長続きしなかった。ルネサンスと宗教改革はたいていの場合、イタリアとドイツの独立都市共和国が有していた条件と必要性を反映していたのであり、そのイタリアとドイツでは実効力を持つ中央集権的権威が欠けていたのである。しかしヨーロッパの未来はこの種の小さな政体に属していなかった。16世紀は、都市の時代が君主の時代に道を譲りつつあった時代であった。そのことはイタリアにおいて決定的となり、ただヴェネツィアだけが独立共和国として生き残るのである。またドイツでも、プロテスタントの自由都市は長年にわたるカトリック皇帝との衝突でひどく痛めつけられることになった。皇帝は以前、次位の諸侯と争う自由都市にとって盟友だったにもかかわらずである。しかも諸侯の地位は、領邦教会を支配することで強化されていた。未来は徐々にこうした君主たちに属するようになっていったが、とりわけフランス・イングランド・スペインという王国の君主たちに、であった。その際、こういった国々における自由の主張は、いずれにおいてもやや効力を欠くものだったのである[91]。ヨーロッパは「絶対主義の時代」に移行しつつあった。このことはルネサンスと宗教改革が生んだ政治的自由が大きく侵食されたことを意味するだけでなく、権威主義的な傾向が復活したことをも意味し

ていた。しかもここでの権威主義的な傾向は、自己主張するにあたり、ルネサンスの開かれた文化によって挑戦を受けた権威主義と同じくらい絶対的であった。またそれはルネサンス時代以上に効果的に力を発揮することができたのである。にもかかわらず、ルネサンスと宗教改革が解き放った自由に関するより強い推進力は、教会や国家の権威からすれば厄介な代物だったが、哲学・科学・そして国家の領域における絶対主義的な主張と容易ならざる緊張関係を保ちつつ生き残った。そして後に革命的変革の時代を迎えると、ふたたびそれは人々の心を引きつけることになるのである。

注

1. 以下を参照。Orlando Patterson, *Freedom in the Making of Western Culture* (New York, 1991), x.
2. Walter Ullmann, *Principles of Government and Politics in the Middle Ages* (London, 1961); *The Individual and Society in the Middle Ages* (Baltimore, 1966)〔ウルマン『中世における個人と社会』鈴木利章訳、ミネルヴァ書房、1970年〕。ウルマンが中世文化一般を、私が「伝統的文化」と呼ぶものと同一視することへの批判に関しては、以下を見よ。Francis Oakley,"Celestial Hierarchies Revisited: Walter Ullmann's Vision of Medieval Politics," *Past and Present* 60 (August, 1973): 3–48.
3. 引用は以下による。Charles Stinger, *Humanism and the Church Fathers: Ambrogio Traversari (1386–1439) and Christian Antiquity in the Italian Renaissance* (Albany, 1977), 295. この点でトラヴェルサーリは典型的なルネサンス人文主義者ではない。
4. 概説を知るには以下を見よ。Gordon Leff, *The Dissolution of the Medieval Outlook: An Essay on the Intellectual and Spiritual Change in the Fourteenth Century* (New York, 1976). ノミナリズム、および「近代性」と理性に対する確信の喪失との関係については以下も見よ。Hans Blumenberg, *The Legitimacy of the Modern Age*, Robert M. Wallace, trans. (Cambridge, MA, 1983), 137–38, 152–54, 532–33〔ブルーメンベルク『近代の正統性』1–3、斎藤義彦訳、法政大学出版局、1998–2002年〕。
5. この運動に関しては、より深い理解に資するであろう次の文献を見よ。William J. Bouwsma, *The Culture of Renaissance Humanism* (Washington, 1973); Albert J. Rabil, ed., *Renaissance Humanism: Foundations, Forms, and Legacy*, 3 vols. (Philadelphia, 1988).
6. ルネサンス人文主義に関する古典的な研究は以下のものである。Paul Oskar Kristeller, *Renaissance Thought: The Classic, Scholastic, and Humanistic Strains* (New York, 1955)〔クリステラー『ルネサンスの思想』渡辺守道訳、東京大学出版会、1977年〕。

7. 引用は以下による。Quentin Skinner, *The Foundations of Modern Political Thought* (Cambridge, 1978), 1: 3. この著作はこんにち、本章の主題にとって基本的なものである。
8. 引用は以下による。John H. Mundy, *Europe in the High Middle Ages, 1150-1309* (London, 1973), 449.
9. *Villani's Chronicle*, Rose E. Selfe, trans. (London, 1906), 312-13.
10. A. J.Carlyle, *Political Liberty: A History of the Conception in the Middle Ages and Modern Times* (London, 1963), 12-13.
11. Hans Baron, "The Evolution of Petrarch's Thought," *Bibliothèque d'Humanisme et Renaissance* 24 (1962): 28; David Thompson, ed., *Petrarch: An Anthology* (New York, 1971), 65-81. ここではペトラルカのコーラに対する奨励が英訳されている。
12. 概説を知るには以下を見よ。Peter Riesenberg, *Citizenship in the Western Tradition, Plato to Rousseau* (Chapel Hill, 1992), 87-199.
13. 引用は以下の英訳を用いた。Laura F. Banfield and Harvey C. Mansfield, Jr. (Princeton, NJ, 1988), 95 〔『フィレンツェ史』『マキァヴェッリ全集』3 米山・在里訳、筑摩書房、1999年〕。言うまでもなくマキアヴェリは、アリストテレス『政治学』のカテゴリーを採用していた。
14. ここでの展開は以下の文献によって描かれている。Eugenio Garin, "I cancellieri umanisti della Repubblica Fiorentina da Coluccio Salutati a Bartolomeo Scala," *Rivista Storica Italiana* 71(1959): 185-208.
15. サルターティに関する最も優れた研究は以下の文献である。Ronald G. Witt, *Hercules at the Crossroads: The Life, Works, and Thought of Coluccio Salutati* (Durham, NC, 1983). サルターティの人文主義に関しては以下も見よ。Charles Trinkaus, *"In our Image and Likeness": Humanity and Divinity in Italian Humanist Thought* (Chicago, 1970), I: 51-102.
16. ブルーニに関しては何と言っても以下を見よ。Hans Baron, *The Crisis of the Early Italian Renaissance: Civic Humanism and Republican Liberty in an Age of Classicism and Tyranny* (Princeton, NJ, 1955). 私の引用は 1966 年版の一巻物による。ブルーニにまつわる歴史については以下を見よ。Donald J. Wilcox, *The Development of Florentine Humanist Historiography in the Fifteenth Century* (Cambridge, MA, 1969), 32-129. ブルーニの主要著作については以下の英訳が入手可能である。Gordon Griffiths, James Hankins, and David Thompson, *The Humanism of Leonardo Bruni: Selected Texts* (Binghamton, NY, 1987).
17. 以下の文献からの英訳。Bruni, *Historiae Florentini Populi*, by Renée Neu Watkins, in *Humanism and Liberty: Writings on Freedom from Fifteenth Century Florence* (Columbia, SC, 1978), 46, 62.
18. 引用は以下による。Baron, *Crisis*, 419. バロンはこの演説を詳細に論じている。412-21 を見よ。
19. 注 14 を見よ。
20. 「バロン・テーゼ」とそれへの批判を最も包括的に論じているものとしては、以下の文献がある。Gene A. Brucker, *Renaissance Florence* (New York, 1962), 234-37. 大体にお

いてブロッカーと同じ見解に立つのは以下の文献である。Peter Burke, *Culture and Society in Renaissance Italy* (London, 1972), 268-70.
21. Skinner, *Foundations* I: 27-35.
22. J. G. A. Pocock, *The Machiavellian Moment: Florentine Political Thought and the Atlantic Republican Tradition* (Princeton, NJ, 1975), 74-75, 157, 320, 329. ポーコックは同時に政治的人文主義におけるアリストテレスの影響を強調している。
23. 引用は以下による。Bruni, *History of the Florentine People* by Wilcox, *Florentine Humanist Historiography*, 72-73.
24. フランチェスコ・パトリチの言葉である。引用は以下による。Skinner, *Foundations* I: 175.
25. ごく最近では1992年の11月、フィレンツェにあるハーヴァード・イタリア・ルネサンス研究センター内のヴィラ・イ・タッティにおいて「バロン・テーゼ」が活発な議論を引き起こした。バロンの見解はジェイムズ・ハンキンズの強烈な批判にさらされたが、これに対しては引けを取らないほど強烈な反論をウィリアム・J. コンネルが寄せた。
26. 共和主義者としてのサヴォナローラに関しては以下を見よ。Donald Weinstein, *Savonarola and Florence: Prophecy and Patriotism in the Renaissance* (Princeton, NJ, 1970).
27. Sebastian de Grazia, *Machiavelli in Hell* (Princeton, NJ, 1989), 31, 289.〔デ・グラツィア『地獄のマキアヴェッリ』1・2 田中治男訳、法政大学出版局、1996年〕おどろおどろしい書名にもかかわらず、これはおそらく今日もっとも優れたマキアヴェリの著作と思想に関する研究である。
28. de Grazia, *Machiavelli*, 76-79.
29. Machiavelli, *Discourses* 1.38. 私の引用は以下の英訳による。Leslie J. Walker, *Machiavelli: The Discourses* (London, 1970) 〔「ディスコルシ」『マキァヴェッリ全集』4 永井三明訳、筑摩書房、1999年〕。
30. Machiavelli, *Florentine Histories*, 186.
31. Machiavelli, *The Art of War, in Machiavelli, the Chief Works and Others,* trans. Allan Gilbert (Durham, NC, 1965), 2: 622 〔「戦争の技術」『マキァヴェッリ全集』1 服部・澤井訳、筑摩書房、1998年〕。
32. 『君主論』最終章は「イタリアを蛮族から解放せよとの勧告」という章題が付されている。私が用いたのは以下のものである。The edition of Peter Bondanella and Mark Musa in *The Portable Machiavelli* (New York, 1979) 〔「君主論」『マキァヴェッリ全集』1 池田廉訳、筑摩書房、1998年〕。
33. Carlo Morandi, "Il concetto della politica di equilibrio nell'Europa moderna," *Archivio di Storico Italiano* 98 (1940): 3-19.
34. Felix Gilbert, *Machiavelli and Guicciardini: Politics and History in Sixteenth-Century Florence* (Princeton, NJ, 1965), 113-14.
35. Machiavelli, *Discourses* 2, 2.

36. デ・グラツィアはこの点を強調する。*Machiavelli*, 176-93.
37. Machiavelli, *Discourses* 1.16.
38. Machiavelli, *Florentine Histories*, 122.
39. 以下を参照。de Grazia, *Machiavelli*, 180.
40. Machiavelli, *Discourses* 2.2, 3.12, 1.19, 1.59, 1.58.
41. Ibid. 1.11.
42. Ibid. 1.59.
43. 以下を参照。Ibid. 1.2.
44. 以下を参照。Skinner, *Foundations* 2: 114-34, 174-78.
45. Machiavelli, *Discourses* 1.10; id., *Florentine Histories*, 95.
46. ヴェネツィアにおける共和主義の概観に関しては以下を見よ。William J. Bouwsma, *Venice and the Defense of Republican Liberty: Renaissance Values in the Age of the Counter-Reformation* (Berkeley, 1968). 他のヨーロッパ諸国に対するヴェネツィア共和主義の影響についても次の文献を見よ。Bouwsma, "Venice and the Political Education of Europe," in J. R. Hale, ed., *Renaissance Venice* (London, 1973), 445-66.
47. Giorgio Spini, "Riforma italiana e mediazioni ginevrine nella Nuova Inghilterra puritana," in id., *Ginevra e l'Italia* (Florence, 1959), 454-55.
48. イングランドやアメリカに対するその重要性の足跡をたどっているのは Pocock, *Machiavellian Moment*.
49. Baldassare Castiglione, *The Book of the Courtier*, trans. Charles Singleton (New York, 1959), 303-6〔カスティリオーネ『宮廷人』清水純一ほか訳、東海大学出版会、1987年〕.
50. Giovanni Botero, *Relationi universali* (Venice, 1640), 764; この著作が最初に公刊されたのは 1591 年である。
51. 宗教改革にとっての都市の重要性を広く扱った最近の研究としては以下のものがある。Bernd Moeller, *Imperial Cities and the Reformation*, trans. H. C. Erik Midelfort and Mark U. Edwards, Jr. (Philadelphia,1972)〔メラー『帝国都市と宗教改革』森田安一ほか訳、教文館、1990年〕; Steven E. Ozment, *The Reformation in the Cities: The Appeal of Protestantism to Sixteenth-Century Germany and Switzerland* (New Haven, CT, 1975); Thomas A. Brady, Jr., *Turning Swiss: Cities and Empire,1450, 1550* (Cambridge, 1985); Peter Blickle, *Communal Reformation: The Quest for Salvation in Sixteenth-Century Germany,* trans. Thomas Dunlap (New York, 1999). 特定の都市における宗教改革の研究も数多く存在する。
52. Machiavelli, *Discourses* 1.55; id., The Prince, chap. 10.
53. Moeller, *Imperial Cities and the Reformation*, 53.
54. アルプス以北の共同体概念とより世俗的なイタリアのそれとの対比については以下を見よ。Thomas A. Brady, Jr., *Ruling Class, Regime and Reformation at Strasbourg* (Leiden, 1978), 17.
55. このことを解明しているのは以下の文献である。Robert C. Walton, *Zwingli's Theocracy*

(Toronto, 1967), 4-16.
56. 引用は以下による。Brady, *Turning Swiss*, 27.
57. J. Toussaert, *Le sentiment religieux en Flandre à la fin du Moyen Âge* (Paris, 1963), 67.
58. Martin Luther, "Preface to the Epistle of St. Paul to the Romans," in John Dillenberger, ed., *Martin Luther: Selections from His Writings* (New York, 1961), 30 〔ルター「聖パウロのローマの信徒への手紙序文」『宗教改革著作集』4 徳善義和訳、教文館、2003 年〕.
59. 引用は以下による。Gerhard Ebeling, *Luther: An Introduction to His Thought*, trans. R. A. Wilson (Philadelphia, 1970), 169.
60. Philip Melanchthon, *Loci communes theologici*, trans. Lowell J. Satre, in *Melanchthon and Bucer*, ed. Wilhelm Pauck [Library of Christian Classics, 19] (London, 1969), 123 〔メランヒトン「神学要綱」『宗教改革著作集』4 伊藤勝啓訳、教文館、2003 年〕.
61. この推論の根拠については以下を見よ。M. A. Screech, *Rabelais* (Ithaca, NY, 1979), 88-94.
62. François Rabelais, *Gargantua and Pantagruel*, bk. 1, chaps. 52-58. 私の引用は以下の英訳による。Donald Frame, *The Complete Works of François Rabelais* (Berkeley, 1991) 〔ラブレー『ガルガンチュワ物語 第一之書』渡辺一夫訳、岩波書店、1991 年〕.
63. Martin Luther, *Secular Authority: To What Extent It Should be Obeyed*, in Dillenberger, *Selections*, 392 〔「この世の権威について」『ルター著作選集』徳善義和訳、教文館、2005 年〕.
64. 引用は以下による。Ebeling, *Luther*, 170.
65. 以下を参照。George Forell, *Faith Active in Love: An Investigation of the Principles Underlying Luther's Social Ethics* (New York, 1954), 84-85, 123.
66. Melanchthon, *Loci communes*, 126.
67. Heiko Oberman, "Headwaters of the Reformation: Initia Lutheri-Initia Reformationis," in Heiko Oberman, ed., *Luther and the Dawn of the Modern Era: Papers for the Fourth International Congress for Luther Research* (Leiden, 1974), 46-47.
68. Martin Luther, *The Freedom of a Christian*, in Dillenberger, *Selections*, 73 〔「キリスト者の自由について」『ルター著作選集』徳善義和訳、教文館、2005 年〕.
69. Peter Blickle, *The Revolution of 1525: The German Peasants' War from a New Perspective*, Thomas A. Brady, Jr., and H. C. Erik Midelfort, trans. (Baltimore, 1981) 〔ブリックレ『1525 年の革命』前間・田中訳、刀水書房、1988 年〕.
70. Brady, *Turning Swiss*, 187.
71. Ibid., 30-42.
72. 引用は以下による。Moeller, *Imperial Cities*.
73. Walton, *Zwingli's Theocracy*; Moeller, *Imperial Cities*, 75-78.
74. ブーツァーの思想の中にあった政治的権威に対する敬意と共和主義との緊張関係を解明するのは以下の文献である。Brady, *Strasbourg*, 245, n. 36.
75. Moeller, *Imperial Cities*, 81; 以下も見よ。Miriam Usher Chrisman, *Strasbourg and the*

Reform: A Study in the Process of Change (New Haven, CT, 1967), Lorna Jane Abray, *The People's Reformation: Magistrates, Clergy, and Commons in Strasbourg, 1500–1598* (Ithaca, NY, 1985).
76. 私の引用は以下の英訳を用いた。Lowell J. Satre, in *Melanchthon and Bucer*.
77. カルヴァンに関して概観を得るには以下を見よ。William J. Bouwsma, *John Calvin: A Sixteenth-Century Portrait* (New York, 1988). 彼の自由に対する姿勢に関しては同書の以下を見よ。chaps. 12–13.
78. 以下を参照。Michael Walzer, *The Revolution of the Saints: A Study in the Origins of Radical Politics* (Cambridge, MA, 1965), 1–113.
79. John Calvin, *Institutes of the Christian Religion*, IV, xx, 8. 私の引用は以下の英訳による。Ford Lewis Battles (London, 1960)〔カルヴァン『キリスト教綱要』I-IV/2 渡辺信夫訳、新教出版社、1965年〕。
80. Comm. Is. 3: 4。引用は以下による。Bouwsma, *Calvin*, 195.
81. この点については、カルヴァンはブーツァーに依るところ大であった。以下を参照。Hans Baron, "Calvinist Republicanism and its Historical Roots," *Church History* 8 (1939): 30–41.
82. カルヴァンの政治に対する見解は『キリスト教綱要』最終章に集約して表明された。以下も見よ。Harro Höpfl, *The Christian Polity of John Calvin* (Cambridge, 1982).
83. 以下を参照。Bouwsma, *Calvin*, 136–38. 以下も見よ。Jane Dempsey Douglass, *Women, Freedom, and Calvin* (Philadelphia, 1985).
84. 概観のためには以下を見よ。J. Wayne Baker, *Heinrich Bullinger and the Covenant: The Other Reformed Tradition* (Athens, OH, 1980). また契約概念に関するブリンガーの主要著作の英訳を収めているのは以下の文献。Charles S. McCoy and J. Wayne Baker, *Fountainhead of Federalism: Heinrich Bullinger and the Covenantal Tradition* (Louisville, KY, 1991).
85. ここでのセクトと他の宗教改革者たちとの対照性に関して、私は以下の文献における古典的な議論に依拠している。Ernst Troeltsch, *The Social Teaching of the Christian Churches*, Olive Wyon, trans. (New York, 1960). 以下も見よ。George Huntston William, *The Radical Reformation* (London, 1957); Michael Mullett, *Radical Religious Movements in Early Modern Europe* (London, 1980).
86. この立場は以下の文献で、もっともはっきり展開されている。Erasmus, *De libero arbitrio* [*On the Freedom of the Will*], trans. E. Gordon Rupp, in *Luther and Erasmus* [Library of Christian Classics, 17] (London, 1969), 35–97.
87. 私の引用は以下による。George M. Logan and Robert M. Adams (Cambridge, 1989), 97〔モア『ユートピア』平井正穂訳、岩波文庫、1957年〕。
88. 私の引用は以下による。*The Essential Thomas More*, James J. Greene and John P. Dolan, eds. (New York, 1967), 208.

89. 英訳は以下のものが入手可能である。Roland Bainton, *Concerning Heretics by Castellio* (New York, 1935). 主題の概観については以下を見よ。Joseph Leclef, *Histoire de la tolérance au siècle de la Réforme* (Paris, 1955).
90. 以下を参照。Perez Zagorin, *Ways of Lying: Dissimulation, Persecution, and Conformity in Early Modern Europe* (Cambridge, MA, 1990).
91. この展開に関しては以下を見よ。Hugh R. Trevor-Roper, "The General Crisis of the Seventeenth Century," *Past and Present* 16 (1959): 31-64〔トレヴァ=ローパー他『十七世紀危機論争』今井宏編訳、創文社、1975年〕.

第八章　王権と抵抗

ドナルド・R. ケリー

　ヘーゲルは次のように書いた。「東洋は、一人の者が自由であることを知っていたにすぎないし、今日にいたるまでそうである。ギリシア世界とローマ世界は、少数の者が自由であることを知っていた。ゲルマン世界は全ての者が自由であることを知っている」[1]。奴隷と主人、服従と支配、市民と政府、抵抗と王権、これらは全て西洋の社会的経験と政治的言語の二重性を決定づけている。そしてそのおのおのは主として自由の概念にかかわっているのである。初期近代ヨーロッパの国民的(ナショナル)国家において、「自由」(liberty) は一般に、法の制約の範囲内で、干渉なしに各自の意志を行使する能力を意味した。こうした観点から見ると、西洋社会は制度的枠組みの中における「意志」の戦場であった。この枠組みは本質的には依然団体的・教会的、部分的には封建的であったが、少なくともアルプス以北では君主制支配が行われていたのである。この文脈では、自由はかなり両義的な概念であった——支配者の主権的自由 (sovereign liberty) は大部分被支配者の社会的・経済的・宗教的自由を犠牲にした上で、定義され実現されていたのである。

　実際、このように自由意志は神学的であると同様に政治的な概念でもあった。ヨーロッパ君主政を主唱した人々によってしばしば引用された古来の定式によれば、君主の意志は法である (「君主の意志することは、法の効力を持つ」(Quod principi placuit legis habet vigorem)) [2]。一方、臣民たちの意志は頻繁にこれとは逆の「自由」を表明し、君主の法を破壊することもあった。近代初期

の王たちは、臣民の伝統的な「古来の自由」(ancient liberties) を支持すると誓わされた。しかしその言葉の背後では、もろもろの意志が錯綜し、法が約束していた社会秩序をくり返し脅かしていたのである。ある16世紀フランスの歴史家が当時の歴史的経験に照らして記したように、「このもっともらしい言葉『自由』は世界中で最も美しく、甘く、人目を欺くものである。それは人の精神を毒する酒である」[3]。

これは王権を賞賛する者も、抵抗を擁護する者も賛同するような言明である。ただ一人の者だけが自由であるのならば、暴君以外の何者でありえようか。全ての者が自由であるのならば、無政府状態以外の何でありえようか。この政治的逆説は西洋史における最も根本的な議論を規定するものであった。

王権と抵抗というテーマは、緊張関係を保ちつつ近代初期を歩んできたが、政治的および社会的な相互作用、すなわち法という第三の言葉を抜きにしては理解されえない。法はあらゆる種類の自由のための枠組みであると同時に、一定の条件の下での抵抗を正当化し、王権を明確に特徴づけるものでもあった（古い語源によれば、「正しい支配のための王」(rex a recte regendo)）。そしてそれ自体もう一つの永続的な政治的矛盾を具体化するものであった。これは特にプロテスタントの場合に当てはまる。というのも聖パウロ同様、プロテスタントにとっても、法は束縛と同一視されたし、したがって真の自由と相反するものであったからである。この「キリスト者の自由」(Christian liberty) はもちろん霊的な性質を持つものであった。しかしルターの聖書的用法にならうなら、その言葉は教会的権威に対する敵意の世俗的表現としても用いられた。そして迫害や内乱といった条件のもと、ルターの霊的概念である「良心の自由」は徐々に政治化されたのである。自由理念と法理念の曖昧さはトーマス・クーパーによって正確に把握されている。彼は「jus」というラテン語に、「法、正しさ、権威、自由、権力」のような定義を与えた。社会的・政治的にだけでなく信仰告白上の分裂によって引き裂かれた社会において、「jus」という言葉についての、一連のこれほどまでに議論を惹起する定義（あるいは混乱）を想像することができるだろうか[4]。

第八章　王権と抵抗　337

　一般にイデオロギー上の衝突は語彙の正当性を独占するための闘争と見なされうる。王は、自分は法の範囲内で支配するだけでなく、「生ける法」(rex animata) として法を具現するものだと主張した。同様に王の支配に反対する者たちも正しく理解された法の下での正当性を主張した。そして双方が真の自由の原理への忠誠を主張したのである。王権と抵抗という双生児的問題を理解しようとするなら、曖昧さ、多義性、真意の隠蔽という、これらの意味論的な茂みに分け入り、道を切り開かなければならない。

≪Ⅰ≫　王権理念

　中世末期には王権は何層もの意味を持っていた。しかしそれはこれらの具体的な諸「自由」——国王大権、至高性、王の諸権利——によって非常に明確に定義されうるものであり、王権が数世紀にわたって様々なライバルや封建制度上および教会制度上の臣民と闘争する中で蓄積されたものであった。政治権力に悩まされたグレゴリウス (7世) の教皇庁が、中世の皇帝の抑圧に対して戦いの雄叫び、すなわち「教会の自由」(Libertas Ecclesiae) を叫んだのは、この意味においてであった。そしてローマ教皇の押しつけがましい介入に対して、フランス王の名でしばしば、「フランス教会の自由」が主張されたのもこの意味においてであった[5]。16世紀のローマ法学者 (Legiste——レジスト) によるならば、これら伝統的なフランス教会の自由の第一のものは以下のとおりである。フランスの「最もキリスト教的である王への服従と主権の範囲内にある、この国の世俗的な事柄に関して、ローマ教皇はいかなる命令をも下すことはできない」[6]。このように「自由」は王権が持つ第一原理の一つと見なされた。

　しかし王権はまた、政治的であると同時に宗教的でもある特徴を持ち、家父長的であると同時に秘蹟的でもある基礎を持つ先史的な制度であり、神的起源と家族的つながりの両方によって正当性を主張した。ラテン語の「王」(rex)（それは「支配する」(regere) に関連するものだが）は始めから宗教的な響きを持つ言葉であった[7]。ゲルマンの「王」は血縁関係と血の権利によって選ば

れた。そして（政治的・軍事的権力をより実践的に獲得することと合わせて）これら二つの伝統は、あらゆる近代初期キリスト教的君主政の根底で合流していた。これに「王の二つの身体」という「神秘的な」概念がつけ加えられた。それは（キリストの二つの本性というアナロジーに基づいて）王の自然的身体（the body natural of the king）と王国という超自然的政治体（the supernatural body politic of the kingdom）とを区別するものであった[8]。

家父長であり司祭である王のイメージは、ヨーロッパの王朝をヘブライの家父長やトロイアの英雄に結びつける物語的な系譜の蓄積によって高められた。これら「起源の物語」に被さっているのはもう一つの構造であった——すなわち「シャルルマーニュの伝説と記憶」、ノルマン人支配に対する抵抗の中で編み出されたアーサー王神話、スペインにおける西ゴート族に関するおぼろげな回想、ローマ人に対してゲルマン人の自由を勝ち取ったアルミニウスやその他の者たちの物語——それらは全て世襲的君主によって支配されたヨーロッパ国家の文化的アイデンティティを強調するものであった[9]。このような神話的構造物は重要であったし、王権に関する近代初期の理論にとっては根本的なものでさえあり、近代初期の詩人のみならず、法律家や歴史家によっても称えられた。

16世紀における王権はいまだ神話によって包まれ、民衆の考えにおいては依然として作り話や空想によって装飾されていた。王というものは、「過去の偉人の生まれ変わりである」（twice-born with greatness）聖人にして学者であり、敬虔と博識に満ち、人民のため自らを犠牲にし、瘰癧を治療するための奇跡的力を含む[10]、魔術的能力を授けられた者として描かれた。王は、つまるところ公式のプロパガンダ、そしておそらく民衆の想像力の中にも地上の神（deus terraneus）として現れた。これらのイメージは非常にセンセーショナルな出来事によって膨らんだ。例えば暗殺——未遂に終わろうが、成功しようが、実行犯が処罰されようが——によっても、そして王の戦死によっても膨らんだのである。王の戦死の例としては、1477年ブルゴーニュのシャルル豪胆公、1513年スコットランドのジェームズ4世、1526年ハンガリーのルードヴィヒ2世、

1578年ポルトガルのセバスチャンが挙げられる。民間信仰によれば、これら王の中の何人かは「決して死なず」、隠れて生き続け、あるいはうわさによれば姿を変えて再び現れた。イヴ・ベルセ（Yves Bercé）が示したように、「隠れた王」はしばしば民衆の想像力の中に君臨し続け、王権崇拝にさらなる輝きを添えたのである[11]。

王権の奇跡的・神話的な次元は、王的権威にかかわるこれらの粉飾と迷信を幸運にも維持した中世・近代の後継者に象徴、印、魔術的な力を帰すことによっても例証された。王に帰する秘蹟的力は数限りない光景——王子の揺りかごから王の墓場まで、そして間に戴冠、王としての入城、結婚をはさんで——の中に示され劇的に表現された[12]。ヘンリー7世は1486年、彼の最近の勝利、戴冠、結婚に花を添えるため、王国中をめぐる大巡幸（Progress）を開始した。中でも彼のヨーク入城は王権が涌き立たせるイメージを表すものであった。「王は洪水から帰還したノアであろうか」と歓迎の挨拶の中で市の衛兵は問うた。イアソンが金の羊毛を持ってきたのか、それともユリウス・カエサルが凱旋してきたのか。そのほかダビデ王、スキピオ、そしてもちろんアーサー王との対比が、新しいテューダー家の王の超越的地位をさらに持ち上げたのだった[13]。

フランスにおける、そのような儀式的プロパガンダはさらにいっそう壮観であった。1484年シャルル8世の戴冠とパリ入城の式典は、たとえるなら、フランス史三段階の表象を特徴づけるものであった。第一に伝説的なトロイア起源（ヘクトールの息子であるフランクス。彼は、ケルトの王でありランスの創設者であったレムスの娘と結婚した）。第二に君主国の法的伝統。それはフランク王国の初代の王ファラモンに始まり、古代「サリカ法典」つまりサリアン・フランクスの法（フランス近代において女性の王位継承を禁じている法としばしば混同されているが）の4人の一体となった編纂者たち、そしてノアの孫でゴール王国の初代の王のサモテスへと連なる。第三に「最もキリスト的である」王権の創設（クローヴィスの洗礼、鳩の形をとった聖霊により天から降臨した聖なるアンプラの伝説）[14]。フランスでは、イングランドと顕著な対照をなすが、こうし

た光景は人文主義の影響によってますます人心に浸透し色づけられた。たとえば1549年アンリ2世は、パリ入城を、クローヴィスの末裔としてではなく、勝利をおさめたローマ皇帝のように行った。ラルフ・ギーズィーはその意匠を凝らした光景を要約してこう言った、「中世後期的な王の入城（joyeuse entrée）の精神は古代皇帝の来臨（adventus）へと変容された」15)。

これらの伝説は、歴史家を含む様々なおかかえ君主政擁護論者によって取り上げられた。そのうちの何人かは不覚にもこの伝統を学者の批判にさらしてしまったが、しかし一方で彼らは神聖で不死なる王権という思想を抱きつづけた。シャルル・デュムランにとって、フランス君主国は世界で最上であるのみならず世界最古の君主国であった——実際イスラエルやインド帝国の二倍の歴史を有していたのである16)。1570年王室史料編纂者ベルナール・ド・エランは、フランスの「運命と徳」、および古代ローマのものも含むあらゆる国民的伝統に対する優位性を称える上で、儀式にかかわる比喩的表現を用いた17)。もちろん、国民的感情のそのような表現は、王権神授説に基づく王制擁護イデオロギー、王の聖職者としての職務、聖別された支配者の超自然的な力によって強められた。フランス・ユマニスト（humanist）の大物であるギヨーム・ビュデにおいてすら、フランス王は人間の形をしたまぎれもない神（quasi Deus; imago Dei）であり、皇帝に優るとも劣らないものであった18)。古い決まり文句である「王は決して死なない」は、かたやこの神秘的な概念を保持したと同様に、近代人には理解しやすい公職としての王権思想をも保持したのであった。

イギリスおよびスペインの君主国は、（ヘクトールのもう一人の息子であるブルータスと結びついた）トロイア神話を通したイメージと秘蹟的属性を構成し装飾することに同様の努力を払った。その全歴史を通じてイングランドは決して、「貴族政的な」統治体にも「民主主義的な」統治体にも支配されたことはなく、サー・トーマス・スミスが明らかにしたように、「王室権力および王権」のみによって支配された。これらは、「最終的にイングランドの国土が一つの君主国になるまでは」、何人かの王の中でまず分けられた19)。同様の主張は、スペイン（いわゆる1494年以来）の「最もカトリック的な王」のためにもなさ

れたのであり、ここでの支配も同様に、15世紀までは複数の王権力によったのである。それ以後アラゴンのフェルナンドとカスティリャのイサベルとの結婚による連合、特に彼らの孫カルロスが二国を相続したことで、一つの「スペイン」王権という中世的概念に幾分かの制度的な妥当性が与えられたのである。しかしもちろん最終的に多くの王権力を束ねたのは若きハプスブルク家の王子カルロスであった。加えて彼が皇帝位についたことで、すでに彼が表明していた王権(「神聖にして、皇帝であり、かつカトリックの、真なる王権」)(Sacra, Cesarea, Catolica, Real Magestad)[20]の主張がさらに強められたのであった。

　古典的な主権思想との結合を引き合いに出した王はカルロスだけではない。というのも専門的な言葉で言えば、これはまさに「王権」(majesty)と同じものだからである。中世の王権崇拝に対して、ローマ法の再発見と教育は、職務および立法的権威に関するより世俗的かつ「政治的」概念をもたらした。諸々の国々の王のおかかえ法学者(レジスト)によって引用される古典的な文句は、かのウルピアヌスの有名な二部からなる公式であった。それは元来人民の権限であったものが譲渡されて、君主の意志を絶対的な法律とするのである。「君主の意志することは法の効力を持つ」は、この前述の基本的主張(ユスティニアヌスの『学説彙纂』に明確に示される)をよりいっそう発展させたのである[21]。というのは、王の権威(imperium)を確立する王の法(lex regia)によって、人民が全ての権威と権力を王に与えるのだからである。ビザンティンにおいてユスティニアヌス帝に仕えた古代ローマ法の編纂者たちにとって、誇張されたものであり歴史的根拠を持たないこの公式は、6世紀の新しい情勢——そこではユスティニアヌスの立法に始まって、皇帝自らが独占的な法源であり、かくして元老院の法制定、裁判官の決定、人民の慣習法に取って代わったのである——を反映させるよう意図されていた。別の言葉で言うと、主権——ローマ人民の「大権」、これは「王の法(lex regia)」なる伝説を通して君主の手に渡されていたものであるが——は、その性質上本質的に立法的なものであり、かつ皇帝の意志と同一視されたのである。

　以上のようなものが後期中世のヨーロッパ諸王、および彼等に仕えるローマ

法に通じ近代的な考えを持つ法学者たちを喜んで従わせた政治的モデルであった。彼らはカノン法から導き出された有名な公式、すなわち「王は王国の中では皇帝である (rex imperator in regno suo)」ことを主張し、また「世俗的事柄において優越するものを他に何も持たず」、帝冠に値するものですらあることを主張した[22]。ローマ風の『七部法典』(Siete Partidas) によれば、スペイン王――「スペイン人の王」(Rex Hispaniorum) あるいは「スペイン全体の王」(totius Hispaniae Rex)――は世俗領域においてローマ皇帝と同様の権威を持っていた。「世俗の事柄においては、スペイン王は帝国の皇帝と同じである」(Quanto en lo temporale, bien asi como el emperador en su imperio)[23]。そしてこの王権という概念は文化的境界線を超越するものであった。チャールズ・マーベリーが述べたように、王は、「ギリシア人が"Akron exousian"と言い、古代ローマ人が"Maiestatem"と言い、イタリア人が"Signoria"と言い、フランス人が"soverainete"と言う権力を持っていた。すなわち、権力は一般には全臣民に対して、個別的には一人ひとりに対して完全で永久なのであった」[24]。

中世および人文主義の「君主の鑑」(Specula principis, lunettes des princes; Furstenspiegel etc.) のいずれもが王権の理想化を遂行した。しかしそれらは人間的な徳と支配者が法を体現していることをより強調する傾向があった。エラスムスが書いたように、多くの型の権威がある。「動物・家畜に対する人間の権威、子供に対する大人の権威、妻に対する夫の権威。しかしアリストテレスは、王の支配は全ての中で最も卓越していると信じているし、それは神によって嘉せられたものだと言っている。なぜならそれは死すべき人間以上の何物かを持っているようだからである」。しかし王権を持つだけでは十分ではない。「『支配権』、『皇帝の権威』、『王国』、『王権』、『権力』といったものは全て異教徒的なものであり、キリスト教的なものではないということを決して忘れてはならない」[25]。さらにエラスムスは続ける。王の権威は精神が肉体に対して持っている権威と同じものであり、このゆえに英知は王権の真なる王冠を表し、平和はその第一の目的であったと。

第八章　王権と抵抗　343

　このような考えは、ルネサンス君主政の折衷的混合に至るもう一つ別の王権の構成要素に赴くのである。これは、古代に由来しスコラ哲学を通じて伝えられてきた、次のような信仰であった。すなわち「王の支配」(potestas regia) は自然法に基づくのであり、ボニファティウス 8 世が『ウナム・サンクタム』(Unam Sanctam) で述べたように、あらゆる自然の身体は一つの頭——「怪物のように」二つの頭ではなく——を必要とするという信仰であった[26]。ギールケが記したように、統一 (unity) は「宇宙の構成原理」であった[27]。そのように神は自らの創造を構想したのであり、そして王権は、神の摂理による父権的支配と同様のモデルに従ったのである。言うまでもなく、このモデルは完全に男性的なものであった。というのも神、ローマ教皇、司祭、王、行政官、説教者、その他大抵の公的職務は男性的なものと見なされていたからである。
　女王の地位に関してはどうであろう。自由な思考の持主であったエラスムスにおいてさえも、王権が持つ父性という様式は不変であった。スペインのイサベルやイングランドのエリザベスのような女王が、王権の全ての属性や権威を引き受けることは可能であったし、もちろんまたアリストテレスからイスラエルの王に至る、キリスト教的であるだけでなく古典古代的でもある、西洋政治思想の中で引き継がれてきた男性的な偏見を乗り越えることも可能であった。もちろん女王は王朝の国家形成戦略においても摂政統治においても決定的に重要であった。しかし初期近代における支配権は、女性の支配に大きく敵対するものとして前提されていたし、16 世紀の政治的文献は女性支配——カトリーヌ・ド・メディシスとメアリ・テューダーがこの不幸な状況の中で最も暗い象徴となったこともあって——に対する悪罵で満ちている。この男性独占の最も教条的な表現は（ローマ教会の階層制は別にして）フランス君主国の有名な「サリカ法」であった。それは、百年戦争の初期段階に法学者によって様式化され、クロード・ド・セセルやその他多くの者が論じたように、王冠は「女の手に落ちることはない」ことを保証した[28]。一般に、聖なる世襲の王権という概念は、絶対的なものであれ限定されたものであれ、同様に神秘的なパターナリズムの概念に結びつけられていた。またそれは同様に、王の第二の身体が持つ永

遠の力を譲渡する「長子相続権（suitas）」により、サラ・ハンリーが「精子的王権論」と呼んだものにも結びつけられていた[29]。

≪II≫　王権の諸制度

　ヨーロッパ王権観の古典的な表現がユスティニアヌス法典に依拠した王権（majesty）の公式であったとするならば、近代的な表現は、王座裁判所（King's Bench）の裁判長であった有名なサー・ジョン・フォーテスキューの公式に依っていたし、今でもそうであろう。その中では、絶対君主政と制限君主政――「王的支配」（dominium regale）と「政治的かつ王的支配」（dominium politicum et regale）とが区別されていた[30]。前者は「君主の意志するところのものは……」（Quod principi placuit）という公式の文字どおりの構造に基づくもので、フランス君主政、というよりむしろフォーテスキューが戯画化したフランス君主政によって最もよく例証されている。後者はフォーテスキューのようなコモン・ロー学者によって、また100年以上後のサー・エドワード・コークによって採られた、イギリス君主政に関する見解であった。それは、同意による統治とイングランド人の伝説的「自由」の重視を内容とする政治的伝統を表明したものであり、その伝説的「自由」は、戴冠式の宣誓に従って王が尊重し堅持することを約束したものである。マーベリーは、王は法の上にあると主張した人々に対して、「我々の君主は神の法に叶うものである限りは、習慣、特権、契約、そしてあらゆる種類の約束に関して、国法にもコモン・ローにも従う」と応じた[31]。テューダー王朝の専制政治、いわんや（J. R. グリーンの有名な一節にある）「新君主制」を論じることはもはや流行らない。しかしヘンリー8世治下のイギリス王権思想がしばしば、フォーテスキューやマーベリーの温和な見解を超えて、「帝国」に関するローマ的概念に向かったことは否定できない。この概念は、トーマス・クロムウェルによって起草された『上告禁止法』の冒頭で援用されたものである。ローマ教皇制との断絶は、主権に関するこの帝国主義的概念を明快に打ち出すことを意味したのである。

しかし、フランスを、王が私人の自由あるいは財産に敬意を払わない国家と見なすような、フォーテスキューの紋切り型の見解は、たとえ表面上はありそうに見えても、フランス王権の現実あるいは理想と合致するものではなかった。実際、フランスの政治的伝統も王権は制限されるものと見なしたし、少なくとも事実そうであった。フォーテスキューの後の世代に属するクロード・ド・セセルは、フランス君主政を混合体制と見なしていた。というのも彼が主張するには、「フランス君主国は政治的統治の三つの形態を共に備えているからである」[32]。理論的には、王は「望むことは何でも命令し実行するだけの権力と権威とを」持っていたが、実際には王はいくつかの「基本法」によって制約されていたのである。『フランス王国論』の中でセセルは、王の権力に対する三つの本質的「制約」、すなわち宗教、正義、ポリスの諸原理によって生み出されたフランス統治体の持つ特殊な徳を称えた。この世俗的三位一体説は、自然的・道徳的抑制のみならず王権の制度的次元——すなわちフランス教会の階層制、高等法院と他の「主権者の法廷」の管轄権、王室による行政機構の構造——を表すものであった。セセルの原・立憲主義的見解においては、「王制の維持・増強に必要な事柄」は、王権力のみならず、次のような制度的構造を含んでいた。そして、王をその領土内のあらゆる身分に拘束させるものであり、また「大フランス王制」の「偉大さ」(grandeur)を誇張するものでもあった。セセルの主な目的は、「このように王の絶対的権力を抑制することが、いかに王自身の偉大なる名誉と利益にかなうものであるか」を示すことだけではなかった。彼は、王の絶対的権力を抑制することが、イングランド国制のように、下層庶民（le peuple gras）を含むあらゆる身分の自由にいかに寄与したかを示そうとしたのであり、またどのようにして互いに（身分間の）移動ができるようになったかということすら示そうとしたのであった。

　これは王の統治の一般的様式であり、この点では、中世の政治的伝統から完全に解放されたものでは決してなかった。スペイン王国もまた、王権力に対抗できるだけの自由の伝統を持っていた。有名な、王に対するアラゴン人の宣誓（「あなたと同様の価値を持つ我々」）はおそらく16世紀の作り事であったけれど

も、貴族政的「自由」の真の伝統を反映するものであった[33]。そしてカスティリャの貴族の同盟 (hermandades) もまたそうであった。同盟は君主制の行き過ぎに対する防衛を目的としてつくられたものであり、R. B. メリーマンが「魔法の言葉である『自由』と『特権 (fueros)』」と呼んだものに訴えることで、このような防衛を行った点が特徴的である[34]。アラゴンでは戴冠の宣誓は、コルテス（議会）の開催時に繰り返されたが、互恵的なものであり、諸身分に対して王に従うことを要請するだけでなく、王に対して諸身分の『特権』を是認することをも要請していた。16世紀のフェリペ2世ですら（「不名誉な伝説」にもかかわらず）、臣下の特権および自由の尊重を、王の義務と見なした――もっとそこには、ネーデルラントで抑圧的なスペイン政府による「自由」の侵害に抗議した、オランダ人の「乞食たち（ゴイセン）」は含まれていない。「暴君に対する自由の擁護」が積極的抵抗の観念へと発展したのはこの関連においてである[35]。

　近代初期の国家形成過程において王権は、完全な「主権」行使のための本質的構成要素であった。二人の非常に成功した大公――ミラノのジャンガレアッツォ・ヴィスコンティとブルゴーニュのシャルル豪胆公――の目的は、少なくとも部分的には王の称号を得ることに失敗したため、結局打ち破られた。対照的にホーエンツォレルン家は、まずは教会の、それから貴族の特権 (liberty) に対抗して長年労苦を積み重ねてきたが、大選定侯フリードリヒ・ヴィルヘルムが散在していた彼の領地を一つの近代国家に統合し、その後継者フリードリヒ3世が（神聖ローマ帝国）皇帝からプロシア王の称号を帯びることを許されたとき、ついに成功と十分な正当性を得て戴冠がなされたのである。

　15世紀最後の四半世紀、近代の政治的経験にはなじみ深い「国民国家的君主政」が現れた――もっとも国民意識 (nationality) の力は主たるものではなく、実際、王朝的・地方的利益の方がたいていの政治的活動領域において優勢であったけれども[36]。シャルル8世、ルイ12世、フランソワ1世、アンリ2世治下のフランス。「カトリックの王」であった、フェルナンドとイサベル、カルロス1世、フェリペ2世治下のスペイン。テューダー家、特にヘンリー7世、

第八章　王権と抵抗　347

ヘンリー8世、エリザベス1世治下のイングランド。それらの国々はみな、マキアヴェリだけでなくルターをも生んだ議論喧しい時代に出現した新しい「政治のヴィジョン」に従った、国際的権力外交政治ゲームの中で軍を配備し、戦略をこらし、権力を駆使した[37]。「平和と正義」は——再びローマの先例にならい——これらの国家により宣言された目的であった。しかし実際ヨーロッパの王たちの主たる仕事は、戦争であり、そのための領土の拡大、制度の整理統合、打算的な資源の搾取であった。王の行政は、以下の事項により増大した。国家教会、統一された法体系、御しやすい議会、十分な財源、常備軍、拡張する官僚制（法律顧問、書記、形式的手続き、専門化を含む）。決して十分に達成されたわけではないが、これらは始めから終わりまで君主政の恒常的な目的であった。

　王権は一般に単なる秘蹟、職務、「身分」としては理解されえないし、「徳と運命」の単なる産物としても理解されえない。それはまた、様々な中世的制度と、理論上の主権に実践的効果を与えるよう意図された近代的代替物と近代的考案物を含む、複雑な行政的ネットワークの核でもあった。このように王権を説明する際に法的用語を用いることになったので、人間的な観点から見れば、王権は制度的に遠い存在となった。フランスの王たちは、ルイ9世のように、ヴァンセンヌの森の樫の木の下で裁判を行うことはもうなかったし、ルイ12世のように、パリ高等法院の「主権者の法廷」へ頻繁に参加することももうなかった。あったとしても稀である。スペインでは、フェリペ2世がじきじきに統治する様式に逆戻りしようとしたが、実際には彼の権威は、行政顧問会議の非常に大規模なシステムを通して、行使されなければならなかったのである。そしてこのシステムはしばしば彼と臣民とを乖離させてしまった。

　ここで我々は王権の理論的側面から実践的側面に移る。それは中世君主国が数世紀間にたどった全ての経過を含み、王の領土と国庫の問題に集中する。その国庫——それは王権自体と同様、神話的解釈と聖別に従うものである——は（エルンスト・カントロヴィッチの言葉では）「主権の印」となった[38]。1372年、王の特殊な権力と「自由」に関する概要が作成され、パリ高等法院に登録され

法的効力を有するに至った。27 の「主権的権利と法的源泉」(「我々の領主である王の至高権、管轄権、およびその他の王の権利について (les droits de souverainetez et de ressort, et autres droits royaulx, au roi notre seigneur)」) に関するこの一覧によれば、王は個々の教会に対する監督権 (garde)――それは「フランス教会の自由」の一つの表現である――を享受するだけでなく、増大する多くの公的領域における独占的権威をも享受した。このような公的領域の中には反逆罪 (lèse-majesté)、王権にかかわる職務への任命権、鋳造権、授爵と嫡出を認める証書、恩赦、新しい税の賦課、定期市や市場の認可、その他「王以外のいかなる者にも」属さない特殊な権利が含まれる[39]。16 世紀までにこれら「王的なるもの」(regalia)――世俗的および教会的両面にわたる――は大きく膨れ上り、フランス王を理論的にも、またある程度は実践的にも「彼の王国における皇帝」にした。

　16 世紀には、そうした「王的なるもの」の集成はただちにより一般的・体系的なものになり、もちろんより「公的な」ものになった。その際特徴的であるのは、王的なるものが権限委任され公表される形で、フランス王権イデオロギーに寄与したことである。ジャン・フェローや、バーテルミー・シャスニュー、シャルル・ド・グラセイユ、彼らは皆フランス君主政の自律性、唯一性、優越性、そしてグラセイユの言う、「フランスの最も高貴な王冠の自由」(libertas serenissime coronae Franciae) という主題のバリエーションを生んだ。グラセイユのこの言葉は、様々な国王大権を、神政政治的王権の栄誉ある神聖な印と結びつけるものだと言える[40]。この王権主義的典礼によれば、王は「キリストの代理」であり「最もキリスト教的」であった。王は「世俗の事柄においていかなる優越者をも認めなかった」し、数多くの教会的特権を持っており、王が法の唯一の源だったのである (「フランス王国においては唯一王だけが国制あるいは法をつくる」(Solus Rex facit constitutiones seu leges in regno Franciae))。これらのそして他の多くの歴史的・自然的・超自然的理由によって、王は「他のあらゆる王の上に」あった。さらに王の神聖な力は、臣民を利するために用いられることもあった。というのも王は、瘰癧を治す奇跡的な力

を持っていただけでなく、王的諸権利の一つによれば、「王のために祈ることが天の門を開く」ことでもあったからである。

　その立憲的伝統にもかかわらず、イギリス人は王権制度を賞賛する点ではどの国民にも劣らなかった。ジョージ・ウェットストーンは1586年に次のように書いた。「王の威厳はたいへん偉大であり神聖なものであるので、人間社会の保護者であり防衛者である王としては、神の職務と行動とが万物を治めるべきものとされる、神の摂理に擬するものである」41)。クロード・ド・セセルが70年前に「大フランス王国」を記述するために用いた同様の三位一体説を引き合いに出しながら、ウェットストーンは、これら神のような王は「神を模倣すべきである。王は宗教、正義、統治において神の代理なのだから」と主張し続けた。フランセス・イエーツが示したように、イングランドもまたますます「帝国的な」イメージと装いを示すようになった42)。様々な古典的・キリスト教的主題を利用しながら王制擁護論者たちは、エリザベス女王は処女「アステリア」だと述べた。アステリアは、オヴィディウスが描く神々の中で死を経験することのない者の最後の一人であり、処女であるキリストの母と結びつけられて預言されており、また「世界の女帝、宗教の擁護者、平和の支援者、徳の回復者」でもあった。イングランドの女王は大陸のライバル同様、政治的にも、儀式的にも、図像的にも、正史編纂的にも、そして詩的にも賞賛され、太陽のようなイメージ、古典との親和性、神の属性で飾られた。エドマンド・スペンサーにとって、エリザベスは「王位についた帝国の処女」であったし、決して大陸の男の王たちに劣らなかった。

　スペイン君主政の歴史はずっと複雑なものであり、事実、王の称号自体は15世紀になって初めて現れる。というのもあらゆる観察者や年代記作者が主張したように、イベリア半島は「いくつかの王国」によって——慣習的には「五つの王国」によって支配されたからである。しかし特にイスラムに対する「聖戦」すなわち「レコンキスタ（再征服）」を理由に、15世紀以来博識の歴史家たちはカスティリャの歴史の中に「イスパニア」(Hispania)の中心的遺産を見いだした43)。フランスの法学者（レジスト）たちが自らの君主政のカロリ

ング朝起源説を主張したように、当時の「新ゴート」論者はカスティリャ君主政を西ゴート王国の正当な後継者と見なし、その支配者をイスパニア王（「全イスパニアの王」rex totius Hispaniae）と見なした。帝国的主題、すなわちそれに従うならイスパニア君主制が「彼らの王国における皇帝」であったという主題は、新旧両世界で政治的主張が事実上拡大したことだけでなく、スペイン・ハプスブルク家のカルロス1世が神聖ローマ皇帝として選ばれたことでも強められた。カール5世（カルロス1世）のある弁証家は彼に宛てて次のように書いた。「陛下、大きな恩寵の中において神が、あなたの王権、とりわけキリスト教世界の王と君主の王権を、あなたの強大な祖先シャルルマーニュを除いて誰も持ったことのない権力の頂点にまで高めたのですから、あなたは世界的君主政に向かう途上にあり、そしてまさに、唯一の牧者の下でのキリスト教世界の統一をしようとしているのです」44)。かくしてカールは「彼の王国における皇帝」であるだけでなく、帝国の王として振る舞ったのである。

≪Ⅲ≫ 王と顧問 (counsel)

あらゆるヨーロッパ君主政における王の（そして皇帝の）政府で中心的なものは王室顧問会議であった。それは王権自体とともに古く、より専門化された行政的・司法的・議会的部門の根幹であり、王の意志を強めると同時に制限する制度であった。それと異なる伝統を持つのは王家そのものの運営であった。これら個人的な家臣が大きな公的重要性と官僚的組織を獲得したのは、特にトーマス・クロムウェルが活躍していた、テューダー朝治下のイングランドのみであったけれども 45)。官僚制の成長は16世紀における一般的パターンであった——それは大学で訓練された書記官（スペインでは「教養人」(letrados) と呼ばれた）と、古い行政的・会議的組織体に所属し、制度的記憶を提供する公証人の存在とを随伴していた。

フランスでは王の意志の最も直接的な表現は王令の中に表れる。王令は一般に、あるものを「王が望み命令する」(le roi veut et ordonne) と述べることに

よって始まった。「かくのごとく王は望み、かくのごとく法は望む」(si veut le roi, si veut la loi) はもう一つの格言である。しかし実際そのような立法は、王権を構成するもう一つ別の本質的構成要素に依存するものであった。それは王が顧問団から受け取る支持と指示であった。16世紀の政治思想において、「顧問についての問題」は王的権威を意義づけることと同じくらい重要なものであった。セセルの『フランス王国論』、エラスムスの『キリスト教君主教育論』、ギヨーム・ビュデの『君主教育論』、トーマス・モアの『ユートピア』、バルダサッレ・カスティリオーネの『調停者』、トーマス・エリオットの『統治者の鼻』、マキアヴェリの『君主論』——全ては16世紀最初の四半世紀に出版された——は顧問の問題および王権の目的と価値とを中心に論じている。エリオットは助言とは「全ての教理と研究の終極目的」であると述べた。セセルは新しく即位した王・フランソワ1世に彼自身の忠告を述べた。「よいと思われるものを採り、あなたの聡明な判断と思慮によって、そして優れた人々の助言によってその残りを補充しなさい。［そうすれば］あなたは、あなたの王国を、例のないほど最も幸福で最も名高いものにすることができるでしょう」[46]。顧問はまた判断の基準を与え、支配者の心構えを理解する方法を教えた——すなわち「陛下」を個人的な過失から擁護する一つの方法としての、「よい顧問」にきわめて大きく依存する統治と、一般に「悪い顧問」に非難が向けられる誤った統治という主題である。

　助言補佐の過程で重要なものは、王家の主たちに代わって活動し、しばしば演説する家臣・大臣の存在であり、16世紀にはこの過程は大法官や書記官といった高位高官の称号を持つ多くの堂々たる人々が含まれていた。イングランドには、いずれも大法官であった枢機卿ウルジーとトーマス・モアがいたし、トーマス・クロムウェル、そして書記官長であったウィリアム・セシルがいた。スペインには大法官であった枢機卿キシメネス、フランシスコ・デ・ロス・コボス、メルクリオ・ガッティナーラがいた。フランスにはアントワーヌ・ド・プラと、これもまた大法官であったミシェル・ド・ロピタルがいた。これらの人々は今日言うところの首相であり、王権の実際的職務を委ねられていたので

あるが、彼ら自身、リシュリューやオリヴァールのような大政治家、そして他の絶対王政創建者たちが歩むべき道を用意したのである。

あらゆる国民国家的君主制において、王室顧問会議は様々な形態をとったが、それは王の意志を最も直接的に表現する伝達機関であった。1526年の王令によって、イングランド王は、「多数の誉れ高い、有徳な、まじめで、賢明な、老練な、思慮深い顧問会議の面々は、王その人に奉仕するよう」要求した[47]。顧問会議は、一連の王の命令の源泉であり、当代の王の治世の間だけ有効であった。この命令は、ある種の議会外立法を構成していたが、顧問会議は審議機能と同様司法的機能をも持っており、1494年から星室裁判所は独立した制度になった。ヘンリー8世の治下、顧問会議の機能は多くの点で、特に枢機卿ウルジーやトーマス・クロムウェルといった、一人の大臣に取って代わられた。彼らは、書記官長の機能の下に多くの役職を集中させたのである。しかしいかなる手続きであろうとも、これらの顧問によって行使された権威そのものは国王大権に由来するものであった。

フランスでは顧問会議というものは、親王と大法官のような高い職務につく者から構成されるが、重要な問題にあたる「秘密顧問会議」（conseil secret）あるいは「国事顧問会議」（des affaires）と、重要度の低い問題にあたる「内顧問会議」（conseil priveé）に分割された。1497年に「大顧問会議」（grand conseil）と呼ばれる別の法的部門がつくられた[48]。アンリ2世の治下では、顧問会議の4人の書記官長は、半独立地方および、いくつかの外国に対する王家との関係について責任を持った。これらのそしてその他の職務を通して、王の政策は、政治的・社会的・経済的行動のあらゆる領域において、立法と命令という形をとって正式の「制定法」および命令に変えられた。理論的には王の権威は私法の領域には拡大されなかったが、しかしこの領域ですら、半独立地方の習慣を改革しようとする16世紀の運動において最も明らかなように、王は彼の「意志」を感じさせることができたのである。

スペインでは、王の統治は個々の王家の分立によって妨げられた。しかしフェルナンドとイサベルの時代や彼らの曾孫であるフェリペ2世の時代との間に、

政治的統合、宗教的統一、行政の効率化に向けて重要な一歩を踏み出した。鍵となるのはここでもまた顧問会議の組織化であった。カスティリャの顧問会議(「王室顧問会議」(Consejo real) としても知られるが) はイサベルによって再組織化された。そしてアラゴンの顧問会議は1494年フェルナンドによって創設された。いずれもカトリックの王に近しく奉仕すべきものであった。カルロス1世の治下、この組織は、国家と戦争に関する顧問会議、および異端審問、昔からの軍事組織、聖戦、財政問題 (Hacienda)、領土問題——西インド諸島、イタリア、ネーデルラント、ポルトガルを含む、広範囲にわたるスペイン帝国のあらゆる領土——のための別の顧問会議とを内包することになる、並外れて包括的な会議組織へと拡張された [49]。

ドイツ国民の神聖ローマ帝国 (15世紀以来そう呼ばれていたが) ですら、皇帝と独立公国君主の間の長期にわたる衝突にもかかわらず、王権に関してはフランス的モデルを見習おうとするいくらかの努力がなされた [50]。1495年のウォルムス帝国議会において試みられた体制改革は、一般的公的な平和、共通の通貨 (ペニヒ)、および統一的法体系を提示した。そしてこの法体系は帝室裁判所 (Reichskammergericht) において用いられるべきものであり、ローマ法の「継受」に基づくものであった。後に帝国は新たな帝国統治 (Reichsregiment) のもと10の行政区画に分割され、帝国行政のこれらの努力を強化した。しかしながら再組織化をめざすこのような努力は失敗した。もしフランス、スペイン、イングランドの王が「王国における皇帝」をもっともらしく主張したならば、選定された皇帝は結局彼の帝国の中で王になることはできなかったであろう。というのは、一つには称号の選挙的性格 (そして選挙委員団を構成する諸侯に対して公式の「選挙協定」をつくる必要) のためであり、もう一つには1519年のカール5世の選挙前でさえ起こっていた、ルター騒動が巻き起こした信仰的抵抗のゆえであった。

　王制の統一された構造は、国家的基礎よりむしろ王家・家産的基礎に基づくものであるが、以上見てきたようにこの統一こそは16世紀西欧の大国を支配する者たちに共通の目的なのであった。フランスではこの目的は、古いガリカ

ニスムのモットーである「一人の王、一つの信仰、一つの法」(un roi, une foi, une loi) によって表現された。この表現は王側近の法学者(レジスト)があらゆる内的外的脅威に抗して希求されたのである。スペインではフェリペ2世もまた次のように言われた。彼の遺産は「一人の君主、一つの帝国、一本の剣」に基づいていると[51]。イングランドではエリザベスは女アウグストゥスとして表現され、平和に祝福された国土を統治し、そして刷新されたキリスト教的敬虔に恵まれた黄金時代をまさに享受しようとしていた国土を統括する。カール5世は彼の政治的夢を追求し続けたが、結局、国家建設を企図する中で、帝国的大君主に取って代わったのはドイツの諸侯であった——国内的国際的戦争と宗教的大分裂という最も破壊的状況の下ではあったけれども。

≪Ⅳ≫ 抵抗の理論

抵抗は西洋の法的伝統において王権と分かちがたく結びついていた[52]。というのも、抵抗は国王主権というコインの裏側を表すものだからである。国王主権とは王権(majesty)のことであり、「大逆罪」(lese majesty)によって挑戦されるものなのである。古代ローマの「人民」(populus)に由来し君主に移された王権は、ヨーロッパの諸王によって自分のものと主張された。王権はまた王の職位に神聖な性格を直接的に付与し、大逆罪という法的刑罰のもと王を文字通り「触れることのできないもの」にした。大逆罪自体がまさに古代ローマに源泉を持つと同時にキリスト教の瀆神罪に近いものでもあったように。『七部法典』(*Siete Partidas*)によれば、「王を殺し、打ち、その身柄を拘束する目的で、王に触れてはならない。なぜならば王の死を求めることで、人は神の行為に逆らうことになり、王国自体に逆らうことになるからである」[53]。

フリッツ・ケルンが行ったゲルマン的抵抗権と教会的抵抗権との区別に対応する形で、抵抗は王権同様、世俗的側面と宗教的側面の根本的二重性を示していた[54]。第一に想定されるのは、『ザクセン法鑑』(*Sachsenspiegel*)で言われるように、「王が悪を行うならば、人は王と裁判官に抵抗しなければならない」

ということである。第二は、人よりも神に従うべしという命令である。近代の抵抗理論はこれらの伝統の収斂を意味した。不正でありかつ神意に背くか、もしくはそのいずれかであるような支配に抵抗することは、究極的には暴君殺害を伴ったであろう。ブルータスによるカエサルの暗殺は最も名高い例であるが、ソールズベリのジョンが行った、真の支配と暴君という有名な区別に示されるように、キリスト教的伝統もまた暴君殺害に訴える可能性を認めていたのである。ジョンは『政治家の書』(Policraticus) の中で、「神にも似た君主は愛され、崇拝され、そして大切にされるべきものである。悪の権化である暴君は一般に殺害されるべきものである」と書いた[55]。

　15世紀初頭ジャン・ド・テール＝ヴェルメイユは同様に王権と暴君の対照を描いた。その際彼が描いたのは（1410-20年の内戦という文脈で書いていた）、ブルゴーニュ公であり「王国の破壊者」(destructor regni) であった恐れ知らずのジャン無畏公の煽動的行動であった。ジャンの3本の論文は「統一への聖歌」であり、教会的慣習から引き出されたある種の「神秘的―有機体的」アナロジーを用い、近代初期を通して王党派イデオロギーに一般的なものとなった、「王国の神秘体」(corpus mysticum regni) の賞賛であった[56]。この政治的神秘体の中で、定義上、王は頭であり、忠誠はその生命力であった。またいかなる構成員による抵抗あるいは反乱も、最も重い反逆罪または大逆罪とされたのであり、それはまさに「暴君」の制度化に他ならなかった。当然のことながら反逆者の立場は、同様の政治的言語を用いてはいても、まさにこの逆であった。王国そして政治的言語も再び対立者双方によって議論の対象となったのである。

　スペインでは王制の神聖な性格も、古くからの家系に対する固執も、さほど明白ではなかった。というのも、スペインには過去にシャルルマーニュやアーサー王はいなかったし、せいぜい一人の中世のカスティリャ王が王冠を自らの頭に載せたにすぎなかったからである。その上スペインは王権に反対を表明する思想およびその慣習の長い伝統を持っていた。たとえばアラゴン貴族の「自由」伝説は、フランソワ・オトマンによって、彼の抵抗論にさらなる実質を与えるために想起された（そして潤色された）[57]。スペイン王国においても政治

的抗議は、フェルナンドとイサベルの孫カルロスにより創始されるハプスブルク家の支配下で、特に顕著なものとなった。カルロスは強いシャルルマーニュの子孫であると主張したようだが、多くの臣民にしてみれば外国から来た迷惑な存在にすぎなかったのである。抗議と抵抗の思想は全ての階級に広まった。特に1518年自治都市（Communidades）の反乱、1519年ヴァレンシアのキリスト教兄弟団（Germania）の反乱がその例である。庶民（comuneros）は、すでに「不平で沸き返る」地域に無政府状態をもたらしたと言えるが、メリーマンが記したように、彼らは「自由という甘美な名の下に」そうしたのである[58]。

　このように中世的抵抗の思想と先例の豊富な遺産が存在したのであり、これらは王制伸張の主張に対抗して、教会と封建貴族だけでなく都市共同体によってもまた主張された、「自由」に由来しているのである。封建契約の観点から見れば、王権は、教会・封建貴族・都市共同体に忠誠を要求する、存在感の薄い制度であり、同時にしばしば不安定な制度であった。家臣はその義務を果たさなければ重罪人とされたし、王はその義務を果たさなかったならば、ジャン・メシノが1460年代に書いたところによれば、「王座から追われた」[59]。これは「公共の福利同盟」によってとられた立場であった。この同盟は「公共の福利」という主張を根拠として——あるいはフィリップ・ド・コミネが主張したようにそれを「口実にして」——王ルイ11世を制御しようとしたフランス貴族の秘密結社であった。トマ・バサンによって主張された、「暴君」に力で抵抗する貴族の権利は、1世紀後ユグノーの主唱者であったフランソワ・オトマンによって引き合いに出された。彼はこれらの主張を繰り返すとともに、これら高位の貴族（ブルボン、ベリー、その他の公爵）も、国家の福祉を求める運動の一部として「義務と税の免除を宣言した」ということをつけ加えた。封建思想は、戴冠の宣誓と結びついた契約という概念によって強化された[60]。ジャン・ジェルソンはこれに基づいて、説教集『王よ、生きられんことを』（Vivat Rex）（1405）の中で、暴君に対する抵抗権と、一定の条件の下での暴君殺害を擁護した。「神に捧げる犠牲の中で暴君の死以上に神にとって喜ばしいものはない」[61]。ジェルソンはまた、力に対しては力による抵抗を正当化

するローマ法の有名な公式も引き合いに出した（「力によって力を排斥してもよい」vi vim repellere licet）。

　抵抗の問題は王権威の理論とは分かちがたいものであった。そしてここに別の形の二重性、この場合神授権と人民主権という対立する思想が現れる。「神が選び人民が王を王位につかせる」（Eligit Deus, et constituit Regem populus）と 16 世紀王党派は書いた [62]。そのような公式は近代的な権威概念とは一致しがたいけれども、実際に地上生活と超越的価値との根本的対応関係を想定する社会にあって、これは本質的なことである。この対応関係は、地上を見守り続ける神が人間の制度を与え、確立し、維持し、必要とあらば覆すというものであった。ここで重要な点は、抵抗もそれ自体の正当性を持つ人間的制度と見なされうるということである。事実法学者は抵抗をそのようにとらえていたし、その結果、抵抗の実行は権利としてだけでなく義務として理解されたのであった。結果として「人民」は神に代わって暴君を罷免する際——実際暴君の廃位は、聖書重視の記録の中、古代・中世・近代の歴史的記憶の中に、一度ならず生じたが——行為者と考えられた。

　しかし抵抗思想は、教会と国家の間の衝突、封建的反乱、他の社会集団の反乱という文脈において様々な形で花開いたが、それは 16 世紀以前には一般的・体系的な表現を与えられてはいなかった。ヨーロッパで政治的抵抗が激しく行われた時代は、プロテスタント宗教改革の結果として、宗教的熱心さが古い不満の源泉、特に封建的国家的・都市的不満の源泉を煽り、社会的・政治的な力となったときに現れた。最初に現れたのは、カール 5 世に対抗してルター派諸侯がとった立憲的立場だった——「プロテスタント」はここに由来する。ルター派諸侯による 1530 年のシュマルカルデン同盟（Schmalkaldic League）の形成、それはアウグスブルク信仰告白の定式化と同時に起こったものだった。そして 1648 年まで断続的に続いた神聖ローマ帝国の内戦があった。次に現れたのは 1550 年代におけるイングランド人亡命者たちの、女王メアリ・テューダーの統治に対する抗議であった。それから 10 年後、フランスでは、1560 年代に「ユグノー」と呼ばれ始めたカルヴァン派とカトリック派との宗教戦争、スペ

イン王家による支配に対するオランダ属州の反乱、すなわち彼らが名づけた八十年戦争が並行して起きた。ルター派問題で始まり三十年戦争で終わった、相関関係のあるこれら断続的紛争の過程においてこそ、近代抵抗理論が形成されたのである[63]。

　16世紀における政治的抵抗はドイツ帝国のこれらの領土内において最も顕著になった。そこでは、皇帝カール5世による教会の権利の侵害に反対した諸侯が、皇帝が反対していたルター派と力を合わせたのである。立憲的「自由」と特権を擁護する政治的党派が、福音的「自由」を表明する信仰運動と融合した結果、最初の近代的形態をとった抵抗理論となったのである。ルターが彼の基本的な確信を基礎づけたこと、そして正当な権威に抵抗することは神に対する攻撃であるとしたのは、また「もし教皇に抵抗してよいなら、その人はまた教皇を護ろうとしている皇帝および諸侯の全てに抵抗することも可能である」と帰結したのは、聖書に基づく抗議というよりも世俗的法的主張の上に基礎を置くものであった[64]。この議論はかくして君主にも適用され、力に対しては力で正当に抵抗することができるとするローマ法の古い原理によって強化されたのであるが、ストラスブールや特にマグデブルクのような都市にまで拡大した。そしてそのような都市は、抵抗に関するこの観念の傘のもとに、都市における古来の都市的自由を花開かせたのである。

　しかし対立の根拠が、中世自治都市の闘争の過程で蓄積された古くからの自由・特権であったとするならば、積極的抵抗を、実力行使を伴うように促進したのは福音解釈の分裂であった。マグデブルクの牧師たちは1550年次のように主張した。「我々は約束する。キリスト教的統治体は、神の言葉を否定し偶像崇拝を実践するように人々に強要する高位の権威に反対して、臣民を防御しうるし、またそうすべきなのだということを示そう」[65]。聖書は宗教的「暴君」に対する多くの「正当な戦い」の例、および「悪魔」から命令を受ける支配者の例を提示し、自然法がそのような積極的抵抗の思想にさらなる正当性を与えた。この「マグデブルクの信仰告白」は、1574年ジュネーヴ教会におけるカルヴァンの後継者であったテオドール・ド・ベーズが『臣民に対する為政

者の権利』を出版したとき、さらなる評判を得たのである[66]。それは以下のような副題を持つものであった。「［聖バーソロミューの大虐殺の直後の］まさに今、1550年マグデブルクの人々によって出版され、多くの議論と譬えとをもって修正され増刷されてもいる、臣民のみならず為政者に対しても忠告を与えるための本質的論文」である。

　一般に福音的な抵抗は、いかに偶然であろうとも、ルターによって示された手本をまねたものであった。そしてまさにカルヴァンこそが、彼自身最も過激な結論を引き出そうとしなかったにせよ、基本的な議論を整理し組み立てたのであった。私的個人が危険を冒してなしうるのはせいぜい受動的抵抗であった。しかし「人民の為政者」は（古代においてそれに該当する人々と同様）、暴君に対してより積極的な手段をとることができた。さらにカルヴァンには、神の力で作られた権威に従うという規則にすら、常に一つの例外があった。——それは、イデオロギー的主張が最終的に通過することになる狭き門である。すなわち神への服従はあらゆる他の世俗的義務に先行するということである——「我々は人間に従うよりは神に従うべきである」（使徒行伝第5章29）[67]。カルヴァンはこの正当化された抵抗を主張するというところにまでは至らなかったが、彼は信徒たちに、カトリックの国家が堕してしまった「バビロン」を離れ、彼とともに亡命するよう促した。フランスにおいてそれは、そのような移住を禁じる1556年の王の勅令を犯すことを意味した——さもなくば消極的抵抗と、宗教的偽善を避ける必要性から殉教に至ることになろう。

　イングランドでは、抵抗思想の最高潮はメアリ治下の亡命時代（1553-58）に訪れた。実際亡命者たちは大陸プロテスタンティズムと直接結びつき、その急進的政治的意味合いを採り入れたのであった。しかしその亡命自体の苦境と「流血のメアリ」の迫害に対する彼らの憎悪は、少なくとも抵抗概念を燃え上がらせる上で重大な意味があった。このような抵抗概念は、ジョン・ノックス『ラッパの最初の高鳴り』、ジョン・ポネット『政治権力に関する小論』、クリストファー・グッドマン『至高権力はいかにして従われるべきか』において表現され、よく知られるところとなった[68]。ここでもまた抵抗思想は二種類の

思想原理の融合物であった——つまり、第一はキリスト者の自由を抑圧する教皇の専制への反対であり、第二はローマ教皇という反キリストを支持する世俗政府への反対である。「イングランドの諸侯と庶民」に向けて語る中で、ポネットは両方の意味で「人民の自由」を擁護し、暴君殺害の可能性を提示した。グッドマンは「人よりも神に従え」というカルヴァンの主張を繰り返したが、それにとどまらず不服従の主導権は「次位の為政者」にあるだけでなく、「いかなる立場と状況にあろうとも」あらゆる人間にあると示唆することで一歩先へ進んだのである。

　メアリに対する抗議はメアリの死と1558年のエリザベス即位で急遽終止符が打たれた。しかしフランスでは抵抗思想はまさに離陸期に入ろうとしていた。そのとき「カルヴァン的なものの考え方」は、目に見える形でより高位の貴族へと浸透した。この高位貴族たちは主権を分かち持ち、専制に抵抗する上で率先者となりうる、かの「次位の為政者」を構成したのである。フランスで宗教紛争が顕在化しはじめたこの時代——それはプロテスタンティズムの「政治化」の時代であった——では、カルヴァンは信徒たちにしばしば次のように尋ねられた。すなわち「教皇派の」支配者——イングランドのメアリ・テューダー、ネーデルラントのカール5世とフェリペ2世、フランスのカトリーヌ・ド・メディシスの影響下にあるアンリ2世とその息子を特に意味するが——による専制と迫害にどのように対処したらよいか[69]。カルヴァン自身の答は20年前『キリスト教綱要』において示されたあの有名なものと同じだった。しかし次世代の信奉者たち、特にベーズとオトマンはさらに先へ進んだ。少なくとも個人的に、彼らは積極的抵抗のための正当な国制的根拠を探し、ユグノー派の政治的プログラムを確立し始めていた。実際ついに、ウィリアム・バークリーが後に「モナルコマキ」（manarchomachs）と呼ぶ絶対主義批判によって、20年後に近代的抵抗理論の古典的労作へと発展するようなプロパガンダを形式化し始めたのである。

≪Ⅴ≫　抵抗から反乱へ

　政治的抵抗は王権の対極にあるものであった。それはまた、ある種の社会的正当性を主張するものでもあった。その正当性は、議会（parliaments、diets）や等族会議によってのみ得られるものではないが、これらを通してあらゆる階層が理論的に享受した請願と抗議の権利から派生したものである。王に直接あるいは間接に提出された公式の陳情と「税金に対する不平」は、王の行為の合法性、道徳性、妥当性を問題にし、これらはしばしば、暴力的抗議に結びつく謀反寸前の請願と区別しがたいものであった[70]。無論これは社会の最下層にも拡大した。1525年のドイツ農民戦争、1549年の囲い込みに対するノーフォークの反乱、17世紀初頭のフランスの「農民反乱」は、法や記憶にないくらい古い慣習、あるいは他のより高次の原理の中に正当性根拠を求めた数少ない民衆暴動である。

　宗教的感情が社会的不満に加わったことにより、より高次のイデオロギー上の異端と政治的衝撃の素地が用意された。この状況はドイツ農民戦争の場合に顕著である。これは草の根的抵抗の最も衝撃的な挿話を提供した。これらが入り組んだ暴動の中で、「キリスト者の自由」、「万人祭司の聖職」、聖書の卓越性といったルターの命題は、最も大げさでそして曖昧な形ではあったが広まっていった[71]。トーマス・ミュンツァーやアンドレアス・カールシュタットのような説教者は人民が牧者・指導者を必要としていることを強調したが、少なくとも間接的には、教皇のみならず貴族の専制に対する共同体的行動をも鼓吹した。特権という意味での「自由（Freedoms）」は、ミヒャエル・ガイスメアー[72]のような農民指導者には反対されたが、その彼はスコラ神学とローマ法を含む人間的「法」の専制にも反対したのである。いずれにせよ宗教的指導者の中にも世俗的指導者の中にも、次のような同意が存在した。すなわち人間的権威から真のキリスト教信仰が独立すること、そして「普通の人」が重要であること、最後に——ルターの穏健な勧告に反対して——即座に急進的な行動を起こす必要があること。

この文脈における最も急進的な抵抗思想の表現は「1525年5月の農民集会への」訴えであった[73]。匿名の著者はユリウス・カエサルの暗殺とスイス連合の反乱根拠を想起させながら、「偽りの無制限の権力」と世襲規則という非キリスト教的制度とに対する積極的抵抗を擁護した。事実共同体は「有害な諸侯を退位させる権力」を持つのみならず、「神もそれを欲している！」、そしてまさに「キリスト御自身反逆者にちがいない」とこの著者は宣言した[74]。それゆえ、人民は主の名において武装し——もちろん防衛的な目的でであるが——せまりつつあった正当な戦争に備えて統一を維持しなくてはならなかった。この種の抵抗の崩壊と農民反乱の悲劇的結果により、1520年半ばの説教および小冊子文献にあった理想は人々の関心を惹かなくなってしまったが、それは19世紀エンゲルスによって発見され賞賛されて初めて、ヨーロッパ的革命行動の正典を構成する重要な一部となったのである[75]。

積極的抵抗の思想は、1550年から75年までの25年間における宗教戦争の間、フランスとオランダのカルヴァン派によって、より世俗的な様式で最も明確に形成された。フランスでは抵抗の問題は、まず1559年アンリ2世の死去によって生じた国制上の危機と、それに続く、政府とまだ幼少であった王フランソワ2世に対する、ギーズ家の支配が確立される中で現れた。ギーズ家はアンリ公とその弟であるロレーヌ枢機卿によって率いられ、皇太后カトリーヌ・ド・メディシスもこれに加担したのである。不平の根拠は、政治的影響力を発揮したのが不幸にも「外国人」であったことである——カトリーヌはフィレンツェ出身であり、亡命者が彼女に未だ仕えていたという事実、そしてギーズ家がロレーヌ地方に興ったという事実。それに加えて、政府が言う「いわゆる改革された宗教」の「根絶」を要求する立法が、ずっと続いてきたことにあった。対立はまずこれら簒奪者に対する個人的な攻撃という形をとったが、やがて「専制」への抵抗の正当化という形になっていった。

ベーズは（彼自身とカルヴァンに言及しながら）こう書いた、「我々はよく、宗教上のみならず現実政治の敵に反抗して立ち上がることは許されるかどうかと聞かれる」[76]。これは1559年9月、ちょうどアンリ2世の死から2カ月後、

まさに積極的抵抗がこれらの敵に対して組織されていたときのことであった。批判者が後にそう呼んだ、アンボワーズの「陰謀」の指導者たちは、カルヴァンと血族の君主（アントワーヌ・ド・ナヴァールやコンデ公）にも賛同と正当性を求めていた。しかし彼らはこの企てには失敗した。そしてこの失敗に終わった挿話——事実内乱の始まりを告げる最初の一撃であったのだが——は、少数のプロテスタントの殉教と小冊子が乱れとんだこと以外何も生み出さなかった。しかしこうした小冊子はカルヴァン派（その頃一般にユグノーと呼ばれていたが）の、『ギーズ家の専制に抑圧されたフランス諸身分』と題される暴力的抗議を含むような、立憲的そして最終的に革命的なプログラムを開始するものであった。フランソワ・オトマンは、悪名高い1560年の『フランスの虎』においてロレーヌ枢機卿を主たる標的と見なした。その中で彼は、立憲的簒奪だけでなく宗教的不寛容のゆえに、枢機卿は、カエサルがそうだったように少なくとも、暗殺に値する、とはばかることなく示唆したのである[77]。

これらあらゆるユグノーの小冊子もまた、政治的緊急事態のこの時に等族会議の召集を要求した。このことは、フランスのユグノーが自分たちの政治的—宗教的プログラムを必要とするにつれて、「大義」の下で永続的要求となった。それは、相争う党派を和解させようとするもろもろの努力が2年間にわたって続けられた等族会議の開催（20数年以上続く中で最初のもの）と、カルヴァン派とガリカン主義者との間で（ベーズとロレーヌ枢機卿との間の劇的な対面をもって）開催されたポワシーにおける宗教的対話という形をとった。しかしそれらの努力も空しく、特にギーズ公の軍隊によるヴァシーでのユグノー「大虐殺」の後にあっては、ほとんど全ての者が不可避だと考えていた戦争そのものを防ぐことはできなかった。

ついに時代を画する時が来た。コンデ公は1562年4月オルレアンに他のユグノーの指導者たちを集め、またオトマンやベーズを含むコンデ公を擁護する法的闘士たちは、政治的抵抗を公的に弁護し正当化する議論をまとめ始めた。道徳的・財政的支持を求める手紙はドイツ諸侯、エリザベス女王、ジュネーヴ議会に送られた。コンデ公自身と彼の追従者たちによって調印された「連合

条約」において彼は次のように誓った。自分は利己的な感情によって動かされているのではなく、フランスの真の政府に対しては全き忠誠心を抱いており、幼王と「正当な顧問」の完全な「自由」を達成したいと思う。ギーズ家によって課せられた「税と債務の重荷から貧しい人々を救い出す」ことを希望し、そして敵が武器を棄てるなら自分もそうしようと誓った[78]。かくして「良心の自由」という原理に基づく宗教運動は、新しい封建的派閥と結びついて、軍事力と国際的連携によって支持された政治的党派を形成した。そして「抵抗」の問題は理論の領域から実践の領域へと移り、事実、次の世代には、フランスにおけるナショナルな生活全体へと移行したのであった。

　次の数年にわたって、ユグノー問題は国際化され、コンデ公と彼の後継者コリニーは、スペイン支配に対するオランダの反乱指導者であったオラニィエ公ウィレムとの結びつきを確かなものにした。ネーデルラントの諸州は内乱というより解放闘争の渦中にあったが、彼らはフランスの同志であるユグノーと、全く同じ根拠に基づいて自らの立場を固守した。1565年12月、コンデ公の「連合」の3年後、オランダ貴族のあるグループはスペインが「異端審問」を導入するのに反対して、彼ら自身の「神聖で合法的な連合かつ同盟」を形成した。1568年にウィレムはスペイン人の専制に対して公的に強硬な立場をとった。「スペイン人による専制の確たる目的は、契約、同盟、特権によって守られているにもかかわらず、（ネーデルラントに）耐え難い奴隷制度をもたらすことに尽きる。それらをスペイン人たちは日々侵害しているのだ」――それに加えてスペイン専制は「純粋な神の言葉を根絶する勅令」を発布したのである[79]。ウィレムが4年後（1572年4月）に書いたように、「我々が専制的抑圧者を追放すれば、共にネーデルラントは古来からの自由のもと、王に対するふさわしい服従とあなた方の良心の保障がなされ、議会の勧告に従いながら、再び暴力なしで統治されるだろう」[80]。このようにオランダの指導層もまた抵抗を擁護する際に、宗教的抗議と立憲的理想とを結びつけたのであった。

　抵抗思想は、その世紀の出来事の中で最も衝撃的な合流点の一つによってさらに激化した。それらは1572年の聖バーソロミューの大虐殺で最高潮に達し

第八章　王権と抵抗　365

たのである。かくして大虐殺は、コリニー殺害によってユグノーの指導力に一撃を与え、彼の多くの追従者を死あるいは追放に至らせ、今や「ネーデルラントの自由の回復者」と呼ばれていた、オラニェ公ウィレムのネーデルラント進出計画をぶちこわして、その結果ユグノー抵抗思想は単なる受動的なレベルを超えて積極的なレベルへと向かった。ベーズはかくして信仰上の父であり先駆者であるカルヴァンを超えて、1573年の『為政者の権利』において、「我々は、真理を迫害した専制君主を、暴力的に抵抗することなく忍耐のみによって克服してきた人々だけでなく、法と権威によって正当化されつつ真の宗教の擁護に実力をもって献身した人々をも、殉教者として尊敬しなければならない」と結論づけたのである81)。

　聖バーソロミューの大虐殺は抵抗理論におけるもう一つの転換点を画すものであった。というのもそれは、初めてプロテスタントの抵抗を、外国の簒奪者や「悪い顧問」ではなく直接王自身に向かわせたからである。シャルル9世は「かの宗教家たち」に対してとった行動に全責任を負っていたし、そのため彼の王的人格を批判の的にしてしまった。1572年8月24日のあの出来事は、抵抗を引き起こしただけでなく、王室の自信を復活させた。そのことはその行為を祝したメダルの中にきわめて乱暴な形で示されている。そこではシャルル9世が王位にあり、燃え立つ剣と笏を持つ姿が描かれ、「反乱に屈しない」(invictus in rebelles) という言葉を体現している。裏面には「1572年8月24日」と日付が刻まれ、二つの円柱の間に王冠とフランス王家の紋章である百合の花があった82)。

　ベーズの古くからの同志であったオトマン——彼自身はすんでのところで大虐殺の犠牲になるところであったが——は、国王陛下がユグノーの抗議によって辱められたという話を耳にしたと報告した。「しかしこうした怪物の中にいかなる「王権」(majesty) が存在しうるのか」、オトマンはスイスのプロテスタントに宛てた私的な手紙の中で問うている。「そしてどうすれば、8日で3万人の血を流した人物を王として受け入れられようか」83)。「王権」すなわち主権的権力それ自体を問うことは、人が戦時においてこそとりうる最も反逆

的・革命的立場なのであり、つまり文字通り「大逆罪」(フランスでは1540年代から異端の犯罪であったように) であった。この方法はオランイェ公ウィレムによって数年後採られ、フェリペ2世はこのとき彼の首に賞金をつけたのである。1580年の『弁明』においてウィレムは、自分が「良心の自由」を望んだというこの科(とが)を認めて以下のことを主張した。すなわちフェリペ王自身が王の言葉を破り、かつネーデルラントの慣習と自由とを侵害したと主張したのである。数カ月後にネーデルラント連邦の等族会議は公式にスペインの主権を破棄した。「君主は臣民のために創造されている」とこの文書は記す。もし王が彼の義務を履行しないなら、「権利と理性とによって、臣民はもはや彼を君主とは認めないし、彼を拒絶すべきである」、そして他の王を選挙すべきである[84]。これは反乱の教義であるのみならず、少なくとも暗に人民主権の教理であった。この文書は実際1648年のウェストファリア条約において認められるであろう。

　16世紀抵抗思想の発展における最後の段階は、怒涛のような政治的論争の中で、16世紀後半における、まずはプロテスタントの、それからカトリックの著者のより理論的・哲学的な労作に示された。立憲主義と抵抗の思想は大虐殺勃発の結果として出版されたモナルコマキの君主政に関する三つの古典的論文の中に十分に表現されていた。ベーズの『為政者の権利』、オトマンの『フランコガリア』、ユベール・ランゲおよび／またはフィリップ・ド・モルネイが著者とされる『専制君主に対する反抗の権利』(後の『専制君主に対する自由の擁護』)、この3冊は西欧におけるポスト・ルター派世代の経験、苦悩、省察、結論を要約したものであった。

　モナルコマキの論法は複雑で、その議論の論拠を、聖書、古代哲学、ローマ法、中世および近代の歴史、法格言、自然法をふくむ諸権威の折衷的な混合の中に見いだす。しかし主要な点は、宗教的および政治的な議論の非常に単純な二つの流れにそって要約されうる。第一は、神は、人に先立って従われねばならないということである。支配者が臣民に無理やり神の意志に反することをさせようとするなら、彼はその正当性を失い、専制君主になるだろう。そして抵抗することは人民の抵抗の権利であると同時に義務となるのである。第二は、

支配者は人民のために創造されているのであり、人民が支配者のために創造されているのではないということである。もし君主が父権的義務を果たせなかったら、ふたたび彼は専制君主となり、廃位、暴君殺害、あるいは別の選ばれた支配者による交代にさえも甘んじなければならない。そのような抵抗を正当化するのは、そしてそのような人民の発議権は、政治的に資格を与えられた指導者によって保証されなければならないのである。それはすなわち、「次位の為政者」あるいは三部会という古くからの神聖なる会議――つまり、その最大限の拡張である「大顧問会議」(Great Council) ――のようなものであった（「混合主権」を示唆するこの概念は、このときそれ自体が法的には問題にされなかったものの、大逆罪の一形態と見なされていたということは記憶に値する）。

　ベーズの著作は、服従の問題と服従が廃棄されうる諸条件に関して問答するスコラ学的形態をとった。ベーズによれば主権とは、王が、彼の幹部（「次位の為政者」）および諸身分と共有するものであった。その諸身分は自由と立法的権威の源であり、伝統的に王を選び退位させる権力を持っていた。これらの見解を補強すべく、ベーズは契約という形態をとる有名なアラゴンの宣誓を含む、古代および中世の歴史から例を提示した。「あなたと同じ価値を持ち、あなた以上のことをなしうる我々は、これこれの条件下であなたを王に選ぶ」85)。ベーズはまた古代ローマの王の法 (lex regia) を引き合いに出した。これによると、君主はローマ人民から主権 (maiestas) を受け取ったとされる。さらに彼は、教会によって拒絶された、公会議が教皇の上に立つという公会議的命題を引き合いに出した。為政者が義務を怠ったならば、「そのときおのおのの市民は私的に国の正当な制度を擁護するために全ての力を行使すべきである」とベーズは主張したのである。

　長い歴史的見方からこれらの問題を設定することは、ベーズの戦友であったオトマンの目的であった。彼は博識をもって、フォーテスキューやセセルに言及しつつ、古来の国制の中で維持されたフランス人民の自由をたどることによって、この目的を達成したのである。当初よりフランス人はローマの「専制」――最初はローマ帝国の専制で、次はローマ教皇の専制――に脅威を感じてき

た。そしてカトリーヌ・ド・メディシスのイタリア流支配はまさにこの悪い外国の影響の最後の表れであった。オトマンは王の権力を制限する「基本法」を賞賛し、「専制の印」（王付法学者・レジストによって賞賛された主権の印に対するその悪しき対応物）を列挙した。それは、強制された服従、「外国人の護衛」の存在、「大顧問会議」、つまり三つの身分の会議の同意を得ずに行われる恣意的な支配を含むものであった。オトマンはベーズと同様に、前述の主張を強化するために古代および中世の歴史を利用した。そこにはアラゴンの宣誓の中のものと全く同じテクストが含まれていた[86]。『フランコガリア』の初版において、オトマンは選挙王制の原理を引き合いに出した。とはいえ、彼は後にナヴァール公アンリが王位継承者と想定され始めると、これを取り消したのであるが。しかしオトマンの主眼は「公的で」「至聖の」会議の権威であった。この権威はあらゆる「主権の印」、特に法学者が伝統的に王権に認めてきた立法権力を含むものであった[87]。

　『暴君に対する反抗の権利』がいくつかの点でベーズやオトマンの論文よりラディカルに見えるとしたら、その理由は、本書が外国の侵略者にたいして解放戦争を戦ってきたオランダ人の経験をより直接に反映するものだからである。この『反抗の権利』もまた抵抗権に関する問答形式に従うものであるが、それは支配の契約的性格をよりいっそう堅持するものである。「およそあらゆる正当な統治の中には、常に契約というものが見いだされるのである」。『反抗の権利』によれば、王の戴冠には二つの契約が伴う。「第一は、神と、王ならびに人民との間の契約であり、その内容は、人民は神の民であるということ。第二は王と人民との間の契約であり、その内容は、王が適正なる支配者であるならば、それに応じて服従されるであろうということ」[88]。しかし「もしそうでないならば」——再びほのめかされる、アラゴンの宣誓の中心となる一節であるが——そのとき抵抗は権利であるのみならず義務である。王は人民によって擁立される。それゆえ「王より偉大」である人民によって退位させられる。さらに『反抗の権利』を特徴づけるのは、隣国の君主が、神の意に反する専制君主の犠牲者たちを救うことを求められるという議論である——事実それはオラ

ンダの場合に起こったのである。

　一般に宗教改革の結果としての抵抗理論の主意は、殉教という消極的姿勢から、彼らの「大義」を擁護し、制度として確立化された権威に挑戦する際に、武器をとって立ち上がった人々の積極的見解へと変化した。このことの極端な形が暴君殺害という行為であった——この関係において、16世紀は殉教の時代のみならず政治的暗殺の時代であったということが記憶されるべきである。フランス人は（決闘という洗練された習慣と対照的な）この新しいやり口を、「マキアヴェリ的」外国人のせいにする傾向があった。しかし事実それは内戦の産物であったし、フランスの政治的伝統においては決して珍しいものではなく、宗教的熱狂の雰囲気において復活したのである。プロテスタントの側においてはコリニーとオランィエ公ウィレム、カトリックの側では父と子の二人のギーズ公、アンリ3世、そしてついにはもともとプロテスタントであったアンリ4世——これらは喧伝された「政治的殺害」（フランクリン・フォードはこの時期35の「主要な政治的殺害」を列挙した[89]）のほんのごく一部であった。こうした政治的殺害は、カトリックおよびプロテスタントによって理論的に正当化されたが、宗教対立の時代における抵抗理論の強い影響を示すものであった。これは特定の党派に限るものではなく、またきわめて過激なものであった。

　この政治的遺産は直接17世紀にまで引き継がれた。その中でも、イングランド人が革命的経験の中で自ら行ったその遺産の受容はよく知られるところである。この革命的経験は世俗的関心のみならず宗教的関心をも同じように示すものであった。その際フランスやオランダの抵抗文献に見られた文言のみならず、その精神継承者を見いだしたのである。「1世紀以上の間、フランス宗教戦争で生まれた思想はイギリス政治の土壌を肥沃にした」とジョン・サルモンは結論づけた[90]。この後、議論の様式は主として徐々に抽象的・哲学的と変わっていった。つまり、合理的・道徳的考察が法的・歴史的・聖書的主張に置き換わったのである。この相違を踏まえなければ、抵抗を支持するロックの古典的主張は、次世紀の革命思想を予測するものであるのだが、ある観点から見ればモナルコマキの議論の繰り返しとして理解されてしまうだろう。

≪Ⅵ≫ 自由をめぐる両極端

　王権崇拝は、主権のあらゆる側面を疑問に付す対抗イデオロギーによって様々な形で脅威を受けてきた。そしてその結果が、「神授説に基づく」王権という近代的思想と、暴力的抵抗という急進的理論との対立によって特徴づけられる、政治思想の急進的な分極化であった[91]。この急進的理論は、その主唱者たちが大量の印刷物によってヨーロッパ社会中に広めたものであった。フランスではこの両極端の立場は、モナルコマキの革命的見解と絶対君主制という再活性化された近代的理論とによって代表された。後者の見解は、少なくとも部分的にはユグノー・プロパガンダの破壊的思想に対する回答の形で1576年に書かれた、ジャン・ボダンの『国家に関する六つの論文』の中に最も有名な形で表現されている。ボダンは主権の分割不可能性と譲渡不可能性、王室顧問会議の純粋に補足的な性格、「混合体制」の有害性を主張した。彼は事実、王的権威の伝統的限界を認めたが、彼の著作は多かれ少なかれ「絶対的」な王の権威を無条件に表現したものとして後の世代からも読まれ続けた。アンリ4世の治世——そこではフランス教会の自由の回復および夥しい数の王による立法を見たのだが——には、プロテスタントおよびカトリック双方の急進派の脅威に対して、王の権威を重ねて主張する努力の跡が見られる。しかしこの急進派の脅威は1614年のアンリ暗殺の後ですら王制につきまとったのである。

　イングランドではこのイデオロギー対立が、スチュアート王制と立憲主義を信奉する反対派との闘争において繰り返された。後者は、コモン・ローおよび議会的統治に関する新しい封建的伝統に基づくものであった。この王朝の創設者であるスコットランド人ジェームズ1世はローマ法の伝統の中で育ってきた。彼は『自由な君主政の真の法』の中で、神聖で有機的で家父長的な中世的・帝国的王制の主題だけでなく、ローマ風の政治学が導く帰結を全て利用した。一方彼の敵対者たちは制限王権と基本権に関する同じく伝統的議論をもって応酬した[92]。結果としてイングランド自体の内乱になってしまった国制 (Constitution) 論争の過程で、前の世代に属するフランスのイデオローグたち

第八章　王権と抵抗　371

の議論が繰り返され、頻繁に利用された。そして宗教改革とそれに続いた戦争の時と同様に、この紛争はしばしば根本的な言語にかかわる闘争という形をとった。つまり、魔法の言葉「自由」の選有にかかわるのみならず、その概念の用語法とその概念を正当化する力をどちらがコントロールするかにかかわるものであった。君主国側、立憲主義を信奉する反対派いずれもが（「真の宗教」と同様）「真の法」と「真の自由」とをそれぞれの立場で欲したのである。

　ヨーロッパの他の地域ではどうであったか。ドイツ帝国は分裂しつづけ、プファルツ（Palatinate）に最初に導入されたカルヴィニズムは個々に分散的に影響を与え、実際 1618 年には内乱再開の主要因となった。フランスとイングランドのように、スペイン王制は政治的社会的回復のために精力的に力を尽くしたが、やがてネーデルラントとの紛争を続けながら、同時に自国の反乱とも直面することになった。混乱は組み合わされて、「同時代の六革命」という注釈のもとメリーマンが大雑把に分類した周辺的紛争と並行して、三十年戦争という大動乱になった[93]。「自由」は今まで以上に、政治的に活動的な人々の口に上るようになり、出版物の中に見られるようになった。しかし「自由」はまた今まで以上に、プロテスタント宗教改革と宗教戦争の結果として現れた対立の犠牲になったのである。

　ヨーロッパが先の世紀を通じて経験してきた災厄には（そして次世代、さらにその先へと直面し続けるであろう）、政治的、社会的、経済的に説明を要する多くの要因があったが、それは宗教的要因以上のものではなかった。これは確かに同時代人によってとられた見解であった。例として『新世界から振り返った、ヨーロッパの問題に関する、カルヴァンとルターの対話』と題された 1622 年の魅力的な小冊子を引用しよう。対話は著者がルターとカルヴァンから聞いた夢として展開され、宗教改革のちょうど 1 世紀後に、二人が仲間・友人として話し、宗教の状況について議論している[94]。

　ルターが口火を切った。「ドイツの使いからちょうど聞いたところだ。我々の憐れな教会が強奪された。そして我々は、自由を享受することを禁じられ、自由な意志が我々に与えるよき法と戒律に従って生きることを禁じられてい

る」95)。

　カルヴァンが答えた。「仲間であり友である人よ、なるほどあなたは、あなた方の状況について不平をこぼしていますが、しかしフランス王によって毎日加えられる抑圧のもと、私の憐れな子供たちがどのくらい苦しんできたことか、私には説明できません……。空の星、太洋の砂、カレーの港に浮かぶ船を数えることの方が、過去2年半に憐れなフランス教会を襲った不幸と災難のごく一部を数えることよりも簡単なのです」——1620年から21年にかけてルイ13世とリューン公の対ユグノー軍事行動に言及しながら、彼はそう答えた。

　ルターは、全ドイツを崩壊させているすさまじい破壊を指摘することで答えた。そしてカルヴァンは続けた、いずれの教会が最も大きな打撃を受けようとも、災難——ラ・ロシェルや他のユグノー避難所に対する攻撃だけでなく、敵意を持つ高位聖職者や行政官の赴任といった災難——は「憐れな子供たち」が「我々の古代の自由の中に生きること」を妨げただけでなく、彼らがプファルツや他の帝国内の地域で抵抗する兄弟たちに援助を与えることをも妨げた。

　とうとう二人のプロテスタント創設の父の霊は、どちらが政治的指導者によってより大きく犠牲を強いられてきたかについては、意見の一致を見ることはできなかった。そして彼らは、互いの運命、「原始教会の古代的輝きを回復する」という夢の失敗、そして自分たちが引き起こすのに与った悲劇を悲しんだ後に、再び墓へと向かったのである。

　ついに——「近代初期ヨーロッパの危機」を最後に持ってくれば——王権と抵抗との対立関係は解決されなかった。王権は現実に根を張っていたし、実際徐々に抑圧を強めていった。一方、抵抗は自由の名のもとに、そのような権威に挑戦し続けた。しかし政治的理想のレベルでは、17世紀を通じて、一つの顕著な発展が明らかになりつつあった。すなわち合理的に形成された正当な抵抗理論の発生である。——それは後の世代が宗教戦争の経験と知的創造から導き出す、いわば革命理念の先取りであった。

　この章の冒頭で引用したヘーゲルの公式に戻ろう——王権の主唱者たちは、少なくとも一人は自由であることを知っていた。抵抗により成功を勝ち得た者

は、少数の人々が自由でありうることを知っていた。ラディカルな理想を持つ理論家は、全ての人が自由であるべきだと考えることを知っていた。これが政治的経験のパターンではないにしろ、少なくとも政治的思弁および政治的大望のパターンであった。一方、現実の領域では、もろもろの意志の相克と自由についての相矛盾する概念の探求が、政治史の実質、未解決の政治思想のテーマ、人間の社会的苦境の本質そのものを形成し続けたのである。

注
1. G. W. F. Hegel, *The Philosophy of History*, trans. J. Sibree (New York, 1944), 104〔ヘーゲル『歴史哲学講義 上・下』長谷川宏訳、岩波文庫、1994年〕.
2. *Digest* 1.4.1.
3. Bernard du Haillan, *De l'Estat et succez des affaires de France* (Paris, 1619 [1580]), f. 135v: "Ce nom specieux de liberté, qui est un breuvage qui empoisonne les entendemens des hommes"; and f. 142r: "la plus belle, le plus douce et la plus trompereuse chose du monde."
4. Thomas Cooper, *Thesaurus linguae Romanae et Brittanicae* (London, 1565).
5. 特に以下を見よ。Gerd Tellenbach, *Church, State, and Christian Society at the Time of the Investiture Contest*, trans. R. Bennett (Oxford, 1940); and Victor Martin, *Les Origines du gallicanisme* (Paris, 1939).
6. "Les libertez de l'eglise gallican," in(among other places) Jean du Tillet, *Recueil des roys de France* (Paris, 1607), 283–95 (3d pagination); English trans. by Henry C. Vedder in Crozier Theological Seminary, Historical Leaflet no. 7 (1911).
7. Emile Benveniste, *Le Vocabulaire des institutions indo-européennes* (Paris, 1969), 2:9–17; Fritz Kern, *Kingship and Law in the Middle Ages*, trans. S. B. Chrimes (Oxford, 1956), 12〔ケルン『中世の法と国制』世良晃志郎訳、創文社、1968年〕; より概説的なものとしてはWalter Ullmann, *Principles of Government and Politics in the Middle Ages* (London, 1961), and Bernard Guenée, *States and Rulers in Later Medieval Europe*, trans. J. Vale (Oxford, 1985).
8. とりわけ以下を見よ。Ernst H. Kantorowicz, *The King's Two Bodies* (Princeton, NJ, 1957).
9. 以下を見よ。Denys Hay, *Europe: The Emergence of an Idea* (Edinburgh, 1968), and Marie Tanner, *The Last Descendant of Aeneas: The Hapsburgs and the Mythic Image of the Emperor* (New Haven, CT, 1993); また Robert Folz, *Le Souvenir et la légende de Charlemagne dans*

l'empire germanique mediéval (Paris, 1950); Robert W. Hanning, *The Vision of History in Early Britain* (New York, 1966); Jose Antonio Maravall, *El Concepto de España en la edad media* (Madrid, 1964); and Emil Hölzle, *Die Idee einer altgermanischen Freiheit vor Montesquieu* (Berlin, 1925). また以下も見よ。Teofilo F. Ruiz, "Unsacred Monarchy: the Kings of Castile in the Middle Ages," in Sean Wilentz,ed., *Rites of Power* (Philadelphia, 1985), 109–44.

10. Marc Bloch, *The Royal Touch: Sacred Monarchy and Scrofula in England and France*, trans. J. E. Anderson (London, 1973).
11. Yves Bercé, *Le Roi caché* (Paris, 1990).
12. 特に以下を見よ。Ralph E. Giesey, *The Royal Funeral Ceremony in Renaissance France* (Geneva, 1960); Lawrence M. Bryant, *The King and the City in the Parisian Royal Entry Ceremony* (Geneva, 1986); Richard A. Jackson, *Vive le Roi: A History of the French Coronation from Charles V to Charles X* (Chapel Hill, NC, 1984); Percy Ernst Schramm, *A History of the English Coronation*, trans. L. Legg (Oxford, 1937); Jacques Krynen, *Idéal du prince et pouvoir royal à la fin du moyen âge* (Paris, 1981); and Jean Céard, "Les Visages de la royaute en France, à la Renaissance," *Les Monarchies,* ed. E. Le Roi Ladurie (Paris, 1986), 73–89.
13. Sidney Anglo, *Spectacle, Pageantry, and Early Tudor Policy* (Oxford, 1969), 30.
14. Jackson, *Vive le Roi,* 178. 概観については以下を見よ。Colette Beaune, *The Birth of Ideology: Myths and Symbols in Late-Medieval France*, trans. S. Huston (Berkeley, 1991).
15. "Models of Rulership in French Royal Ceremonial," in Wilentz, *Rites of Power*, 53.
16. Charles Dumoulin, *La premiere partie du Traicté de l'origine, progrez, et excellence du royaume et monarchie des françois, et couronne de France,* in id., *Opera omnia* (Paris, 1681), 2: 1034.
17. Bernard du Haillan, *De la fortune et virtue de la France* (Paris, 1570); and cf. *Histoire generale des roys de France* (Paris, 1615).
18. Guillaume Budé, *Annotationes in . . . quatuor et viginti pandectarurn libros* (Paris, 1535), 67–68, commenting on Digest 1.3.31 ("princes legibus solutus est").
19. Sir Thomas Smith, *De Republica Anglorum*, ed. Mary Dewar (Cambridge, 1982), 56 (bk. 2, chap. 9).
20. J. H. Elliott, *Imperial Spain*, 1469–1716 (New York, 1963), 144.
21. 前掲注2を見よ。しかるに、lex regia は抵抗理論にも用いられた。後述する注76と以下を見よ。Joseph Canning, *The Political Thought of Baldus de Ubaldis* (Cambridge, 1987), 91.
22. 特に以下を見よ。Percy Ernst Schramm, *Der König von Frankreich* (Weimar, 1939); Maravall, *El Concepto de España*, 432ff; and Sergio Mochi Onory, *Fonti canonistiche dell'idea moderna del stato* (Milan, 1951).

23. *Siete Partidas* 2.1.5. この点については以下を見よ。Gaines Post, *Studies in Medieval Legal Thought* (Princeton, NJ, 1964), 483.
24. Charles Merbury, *A briefe discourse of Royall Monarchie* (London, 1581), 40; and cf. Claude d'Albon, *De la maieste royall* (Lyon, 1575).
25. Erasmus, *The Education of a Christian Prince*, trans. Lester K. Born (New York, 1936), 174, 175〔エラスムス「キリスト者の君主の教育」『宗教改革著作集 2　エラスムス』片山英男訳、教文館、1989 年〕.
26. たとえば以下を見よ。John of Paris, *On Royal and Papal Power*, trans. Arthur P. Monahan (New York, 1974), 7; and J. Beneyto Perez, *Textos políticos de la baja edad media* (Madrid, 1945).
27. Otto Gierke, *Political Theories of the Middle Ages*, trans. F. W. Maitland (Cambridge, 1900), 9.
28. Claude de Seyssel, *The Monarchy of France*, trans. J. H. Hexter and ed. D. R. Kelley (New Haven, CT, 1981), 48.
29. Sarah Hanley, "Engendering the State: Family Formation and State Building in Early Modern France," *French Historical Studies* 16 (1989):4–27, and "Toward a Reassessment of Political Culture through Gender Concerns in Early Modern France" (unpubl. MS); and see R. E. Giesey, *Juristic Basis of Dynastic Right to the French Throne* (Philadelphia, 1961). これは新版が近刊予定である。
30. Sir John Fortescue, *The Governance of England*, ed. Christopher Plummer (Oxford, 1885), 111, and *De laudibus legum Anglie*, ed. and trans.S. B. Chrimes (Cambridge, 1949), 24–29; cf. John of Paris, in Fortescue, *Laudibus*, 88, and Aristotle, *Politics* 1252a15. ここでは王的支配者 *(basilikon)* と市民的支配者 *(politicon)* とが区別されている。
31. Merbury, *Briefe discourse*, 44.
32. Seyssel, *The Monarchy of France*, 49-57. 概観については以下を見よ。Jean Barbey, *Le Roi et son gouvernement en France de Clovis à Louis XIV* (Paris, 1992).
33. R. E. Giesey, *If Not, Not: The Oath of the Aragonese and the Legendary Laws of Sobrarbe* (Princeton, NJ, 1968).
34. R. B. Merriman, *The Rise of the Spanish Empire* 3 (New York, 1918): 441.
35. 第 5 節を見よ。
36. 以下を見よ。J. H. Elliott, "A Europe of Composite Monarchies," *Past and Present* 137 (1992): 48–71.
37. Garrett Mattingly, *Renaissance Diplomacy* (Boston, 1955), and J. H. Hexter, *The Vision of Politics on the Eve of the Reformation* (New York, 1973).
38. Kantorowicz, *The King's Two Bodies*, 189.
39. Ferdinand Lot and Robert Fawtier, *Histoire des institutions françaises au moyen age* 2 (Paris, 1958): 40–42.

40. Charles de Grassaille, *Regalium Franciae libri duo*, followed by Jean Ferrault, *Tractatus... iura seu privilegia* (Paris, 1545), and Barthelmy de Chasseneux, *Catalogue gloriae mundi* (Geneva), 417ff. また以下も見よ。Julian Franklin, *Jean Bodin and the Rise of Absolutist Theory* (Cambridge, 1973), 6–7.
41. George Whetstone, *The English Mirror* (London, 1586), 201.
42. Francis Yates, Astraea: *The Imperial Theme in the Sixteenth Century* (London, 1975).
43. Maravail, *El Concepto de España, and Carlos V y la pensamiento político del rinascimiento* (Madrid, 1960). より新しいところでは J. N. Hillgarth, *The Spanish Kingdoms* (Oxford, 1978) の特に 97 を見よ.
44. Fernand Braudel, *The Mediterranean and the Mediterranean World in the Age of Philip II*, trans. Sian Reynolds (New York, 1972) 〔ブローデル『地中海』浜名優美訳、藤原書店、2004 年〕, 2 : 674 からの引用。
45. 賛否両論を引き起こした G. R. Elton の *Tudor Revolution in Government* (Cambridge, 1953) はこの問題圏を切り開いた。
46. Seyssel, *Monarchy of France*, 37.
47. *The Tudor Constitution*, ed. G. R. Elton (Cambridge, 1982), 84.
48. 図表を付した有益な要約は以下を見よ。J. H. M. Salmon, *Society in Crisis: France in the Sixteenth Century* (London, 1975), 66–70. また、権威ある以下の研究書も見よ。Roger Doucet and Gaston Zeller, *Les Institutions de la France au XVIe siècle* (Paris, 1948).
49. 図表を付したすぐれた要約は Elliott, *Spanish Empire*, 167–78.
50. Fritz Hartung, *Deutsche Verfassungsgeschichte* (Stuttgart, 1950), 13ff.
51. Elliott, *Spanish Empire*, 245.
52. *Digest* 48.4.1.1 ("Lex Iulia maiestatis").
53. J. H. Mariéjol, *The Spain of Ferdinand and Isabella*, trans. B. Keen (New Brunswick, NJ, 1961), 116–17 からの引用。また以下も見よ。Jean Du Belloy, *De l'autorité du roi et crimes de lèse-majesté qui se commettent par ligues, désignations de successeur et libelles escrites contre la persaonne et dignité des prince* (s.l., 1587).
54. Kern, *Kingship and Law*, 81ff.
55. *The Statesman's Book of John of Salisbury*, trans. John Dickinson (New York, 1927), 335 (*Policraticus* 8: 17).
56. Jean Barbey, *La Fonction royale: Essence et legitimité d'après les Tractatus de Jean de Vermeille* (Paris, 1983), 185.
57. Giesey, *If Not, Not*, 220ff.
58. Merriman, *Rise of the Spanish Empire* 3:76; and see John Lynch, *Spain under the Habsburgs* (Oxford, 1965), 1: 39ff.
59. P. S. Lewis, *Late Medieval France* (London, 1968), 91.
60. *Francogallia*, ed. R. E. Giesey and trans. J. H. M. Salmon (Cambridge, 1972), 442/43.

第八章 王権と抵抗　377

61. Lewis, *Late Medieval France*, 89.
62. Claude Gouste, *Traicte de la puissance et authorité des roys* (s.l., 1561).
63. 文献目録を付したより詳細な議論については以下を見よ。D. R. Kelley, *The Beginning of Ideology: Consciousness and Society in the French Reformation* (Cambridge, 1981); Martin Van Gelderen, *The Political Thought of the Dutch Revolt* (Cambridge, 1999.); Perez Zagorin, *Rebels and Rulers* (Cambridge, 1982); *The Cambridge History of Political Thought 1450–1700*, ed. J. H. Burns (Cambridge, 1991), 193–253, Robert M. Kingdon and J. H. M. Salmon によるカルヴァン派とカトリックの抵抗理論についての章.
64. Martin Luther, "Disputation Concerning the Right to Resist the Emperor" (8–9 May 1539), in *Christianity and Revolution*, ed. Lowell H. Zuck (Philadelphia, 1975), 134. また概観については以下を見よ。Quentin Skinner, *The Foundations of Modern Political Thought* 2 (Cambridge, 1978), 194.
65. Confession of Magdeburg, in Zuck, *Christianity*, 137.
66. *Du Droit des magistrats*, ed. Robert M. Kingdon (Geneva, 1971) 〔ベーズ「為政者の臣下に対する権利」『宗教改革著作集　10 カルヴァンとその周辺 II』丸山忠孝訳、教文館、1993年〕, trans. in part in Julian H. Franklin, *Constitutionalism and Resistance in the Sixteenth Century* (New York, 1969).
67. John Calvin, *Institutes of the Christian Religion*, bk. 4, chap. 20 〔カルヴァン『キリスト教綱要　IV/2』渡辺信夫訳、新教出版社、1965 年〕.
68. 以下を見よ。D. R. Kelley, "Ideas of Resistance before Elizabeth," in *The Historical Renaissance*, ed. Heather Dubrow and Richard Strier (Chicago, 1988), 48–76.
69. Kelley, *The Beginning of Ideology*, 253ff.
70. 以下を見よ。Yves-Marie Berce, *Revolt and Revolution in Early Modern Europe*, trans. Joseph Bergin (New York, 1987); and Gerald Strauss, *Law, Resistance, and the State: The Opposition to Roman Law in Reformation Germany* (Princeton, NJ, 1986), 104.
71. 参照テクストは Michael G. Baylot, ed., *The Radical Reformation* (Cambridge, 1991) に収められている。これには文献目録も付されている。また以下も見よ。Gerald Strauss, *Law, Resistance, and the State: The Opposition to Roman Law in Reformation Germany* (Princeton, NJ, 1986); Peter Blickle, *The Revolution of 1525* (Baltimore, 1981) 〔ブリックレ『1525 年の革命―ドイツ農民戦争の社会構造史的研究』前間・田中訳、刀水書房、1988年〕; R. Scribner and G. Benecke, eds., *The German Peasant War of 1525–New Viewpoints* (London, 1979); and G. H. Williams, *The Radical Reformation* (Kirksville, MO, 1992,; 3d ed.).
72. Michael Gaismair, "Territorial Constitution for Tyrol," 1526 in Baylor, *The Radical Reformation*, 255.
73. Baylor, *The Radical Reformation*, 101–29.
74. Ibid., 118, 123.

75. F. Engels, *The Peasant War in Germany* [1850] (Moscow, 1956) 〔エンゲルス『ドイツ農民戦争』伊藤新一訳、大月書店、1953 年〕.
76. Letter to Bullinger (12, Sept. 1559), in Beza, *Correspondance* 3, ed. H. Aubert, H. Meylan, and A. Dufour (Geneva, 1963): 20.
77. 以下を見よ。D. R. Kelley, *François Hotman: A Revolutionary's Ordeal* (Princeton, NJ, 1973), 105–25.
78. *Remonstrance de monseigneur le prince de Condé... sur le jugement de rebellion* (s.l., 1562). また以下を見よ。Robert M. Kingdon, *Geneva and the Coming of the Wars of Religion 1555–1563* (Geneva, 1956), 107–8.
79. Herbert H. Rowen, ed., *The Low Countries in Early Modern Times* (New York, 1972), 38.
80. Ibid., 42.
81. Franklin, *Constitutionalism and Resistance*, 135.
82. *Figure des medailles de la conspiration des Rebelles... le 24 jour d'aoust 1572* (Paris, 1572), copy in Bibliothèque de l'Arsenal.
83. Letter to Gualter, 10 Jan. 1573, in Zurich, Zentralbibliothek, F. 39, f.49r. 概観については以下を見よ。Robert M. Kingdon, *Myths about the St. Bartholomew's Day Massacres, 1572–1576* (Cambridge, MA, 1988).
84. Zuck, *Christianity*, 180, 183.
85. Beza, *Droit des magistrats*, 38 (Franklin, Constitutionalism, 119).
86. Hotman, *Francogallia*, 306–7 (Franklin, ibid. 70).
87. Ibid., 332–33 (Franklin, ibid. 73); and cf. Bodin, *Les Six livres de la Republique* (Paris, 1583), 211 ("Des vrayes marques de souveraineté").
88. *Vindiciae contra tyrannos*, Traduction francaise de 1581, ed. A. Jouanna et al. (Geneva, 1979), 25 (Franklin, ibid. 143).
89. Franklin Ford, *Political Murder: From Tyrannicide to Terrorism* (Cambridge, MA, 1985). 以下を見よ。Roland Mousnier, *The Assassination of Henry IV*, trans. Joan Spencer (New York, 1973).
90. *The French Religious Wars in English Political Thought* (Oxford,1959), 163.
91. 古典的な研究は次のとおり。John Neville Figgis, *The Divine Right of Kings* (Cambridge, 1896), and *Political Thought from Gerson to Grotius: 1414–1625* (Cambridge, 1907).
92. *The Political Works of James I*, ed. C. H. McIlwain (Cambridge, MA, 1918).
93. 以下を見よ。Roger Merriman, *Six Contemporaneous Revolutions* (Oxford, 1938).
94. *Le Dialogue de Calvin et de Luther revenus du nouveau monde* (s.l., 1622), a pamphlet of 15 PP. (Protestant Library in Paris).
95. このことが、自由意志の問題にかかわるルターの教説を完全に破壊していることに注意せよ。

第九章　16世紀とそれ以降の議会

H. G. ケーニヒスベルガー

　1500年時点で多くのヨーロッパの諸国は「政治的王的支配（dominium politicum et regale）」の体制、すなわち制限君主制、あるいは混合君主制のもとにあった。その体制においては、支配者が、議会あるいは身分制議会と権力を共有していた。これは中世末期に発展したものであり、それについては第五章で論じられている。「政治的王的支配」は、他の二つの体制である、共和制、および「王的支配（dominium regale）」すなわち歴史家たちが後にそう称したような絶対君主制とは対照をなす。イタリアではこの三つの体制が共存していた。イタリア以外では、スイス・カントン制が共和制であったし、ドイツのより大きな諸都市の多くが、神聖ローマ帝国の宗主権を正式に認定していたとはいえ、やはり共和制であった[1]。王的支配はアルプス以北では稀であったが、しかしそれにもかかわらず一般によく知られた例であり、実際その模範であるのは、ヨーロッパの大国であるフランスであった。

　それゆえ、大部分のヨーロッパ諸国において、政治的自由が比較的スムーズに発展してはならなかった固有の理由はなかったのである。フランスにおいてすら、明らかに政治的自由に反対するような雰囲気があったわけではなかった。しかし、1500年までには、当時の識者の多くが認識していたように、時代の思潮はすでに自由に対抗するものとなっていた。そして、1700年までには政治体制の地図は大幅に変化していた。「王的支配」は、スペイン、ポルトガル、デンマーク、ロシアで勝利し、そしてオーストリアの諸公領国とボヘミア王国

を支配するハプスブルク領を含むほとんどのイタリアとドイツ諸公国でも勝利した。このことは、個人にとっては個人的自由の喪失をほとんど意味していなかった。なぜなら、商業取引、相続権、あるいは財産をめぐる論争のような私的領域において、法の支配は機能しつづけていたからである。貴族は、いくつかの特別な法的特権を有していた。しかし、以上のことは、共和制以外の全ての体制下で、様々な程度において見られたのである。しかし、王的支配の下では、政治的自由は事実上失われていた。つまり君主政は合意なしに法律を制定したり、臣民に税を賦課したりすることができた。そして、その頃顕著になった国家理性という原理によって、つまり王朝の権力政治にしたがって、君主は勝手に戦争を起こしたり、講和条約を締結したりすることができたのである。

　対照的に、1700年の時点で「政治的王的支配」は、ドイツのいくつかの小公国、例えばヴュルテンベルクとメクレンブルク、およびいくつかの複合君主国所属の遠隔領地に残存していた。その領地とは、スペイン君主制下のシチリアとベルギー、オーストリアのハプスブルク家支配下のハンガリー、そして、北アメリカのイギリス植民地である。しかしこの主要な三国は、当時それに該当する名はなかったが、現在ならば議会制と表現するのが最適であるような体制を獲得していた。この体制においては、最高権力は、議会あるいは身分制議会にあり、その体制が形式的に君主制であるかどうか、あるいは形式的に共和制であるかどうか、という問題とは無関係であった。——前者はグレート・ブリテンおよびポーランド・リトアニアの場合であり（そしてそこでは君主国が、いかなる事態においても実際の権力あるいは影響力をどの程度行使していたのかという問題とも無関係であった）、後者はネーデルラント連邦共和国の場合である。今まで列挙されていない大君主国であるスウェーデンは、17世紀に「政治的王的支配」と「王的支配」との間を揺れ動いていたが、18世紀になっても、「王的支配」（1700年頃の実際の状態）と議会制との間で揺れ続けていた。

　これらの体制の三形態は、堅固なものでも厳密なものでもなかった。これらの体制の範囲でなされる政治的権力の分配と行使にはかなりの差異があった。そしてその差異は、諸個人および様々な階級によって享受されていた自由のう

ちにも、その性質においても程度においてもみられたのである。しかし、それぞれの体制の本質は極めて明瞭であり、大抵の人々は、自分たちがどの型の体制下で生活しているのかを十分認識していた。

≪Ⅰ≫ 「政治的王的支配」の衰退

　1500年から1700年までの間に起こった変化を説明しうる簡潔な解答はない。議会の起源は、支配者が自国の有力者、有力な集団および団体からの助言と支持を必要としたことにあり（第五章参照）、そしてこれらの議会がとった形態は、自国の社会構造を反映していた。それにもかかわらず、純粋に社会構造的モデルだけでは、この200年間に起こった変化を説明することはできない。イングランドは、政治的に中央集権化され大首都を擁していたが、それ以外の点ではおおむね、貴族的であり、田園的でもあった。したがって、イングランドは構造的には、高度に都市化され連邦化されたネーデルラントよりは、フランスにはるかに似ていた。しかしながらその政治史は、フランスよりネーデルラントに似ていた。ヨーロッパの東部と北部においては、これと同じような政治・社会構造上の非対称が見られる。デンマークとポーランドの社会構造、そして農奴制がなかったとはいえ、スウェーデンの社会構造の三者は多くの共通点を持っていた。つまり、その経済は主に農業に基づいており、そして程度の差はあれ、広い領地を保有するものの、比較的わずかの小さな町しか持たないような貴族によって支配されていた。そして農産物、林産物あるいは鉱物の輸出貿易が、主として外国商人の手で行われていた。しかしここでもまた、これらの国の政治史はそれぞれたいへん異なっていたのである。

　しかし、東西ヨーロッパの全ての国々に共通していたことは、国制の危機、つまりその政治的構造の地質学的断層線に沿った大変動が、君主政にまつわる諸活動によって、引き起こされたということである。心理的に見れば、このようなことは常に起こりえた。王たる者は、統治すべく生まれながらに選ばれた者と自らを見なすように育てられた。つまり、王は神から授かった使命を果た

すように聖職者によって説かれ、——王は皆、"dei gratia"すなわち神の恩寵によって、という句を王の称号の前につけた——そして王たちのローマ法学者によって、ローマ皇帝の、したがって当時の君主の絶対権力を保証されたのである。多くのヨーロッパの王は、自分の王国は帝国であると宣言したり、あるいはおかかえ法学者にそのように宣言させたりした。このことは、ローマ皇帝と同様に王がこの世には自分より優越する者はいないと表明したことを意味した。

1570年代以降、ジャン・ボダンの主権理論は急速に広まったので、これによってローマ帝政に依拠した立論は必要なくなった。空間と時間において無制限であるとしたボダンの主権理論は、皇帝の宗主権を容認していたドイツの君侯たちによってもまた利用されえたのである。全ての支配者は、自国の法律を守るという戴冠式の宣誓を行った。しかしこれは、前述の法律の解釈に多くの余地を残した。そして、カトリックの君主たちは時折、ローマ教皇にその"至高権"(pleana potestas)に基づいて、戴冠式の宣誓の中の面倒な点からの特免状を発布してくれるよう迫った。

君主および家臣団に対しては、個人的な志向と野心にかかわりなく、自らの権力を増強するよう非人格的な圧力がかかった。なぜならば統治は、より複雑な職務となり、戦争は、これまで以上に費用がかかるものとなり、国の資源が増加しても同じ分だけそれを消費する傾向があったからである。「政治的王的支配」の限界内でも多くのことが達成可能であった。ブルストロード・ホワイトロックは、1654年に、駐スウェーデンのイングランド共和国大使であったが、それぞれの国の体制に関して行った議論の中で、スウェーデンの大法官であったアクセル・ウクセンシェルナに以下のことを述べた。

> 我々は、イングランド政府を、その基本的構成要素に関する限り、王が存在していたときと全く同じ形で保持している。つまり、我々は、同じ法、同じ最高権力、同じ行政官を保持しているのである。外国との交渉、平和と戦争に関する事柄、徴税、法の制定は、我々の王の時代には、議会に固

有の職務であり、そしてそれらの事柄は、賢明にしてよき政治を行った王によって承認されたのである。中には権力を強めて他の王以上に議会を侵害した王もいたが、しかし先述の事柄に関しては全ての人が議会の権力を容認したし、いまだにそうである[2]。

　ここに、ある特別な意見表明があったことは、疑いない。なぜならば、イングランドは内乱と政治的動乱から脱したところだったからである。そしてそこでは自由と権力の諸問題がまさに議論の的であった。しかし、ホワイトロックが強調したかったことは、クロムウェル統治下のイングランドが安定した信頼できる外交上貿易上のパートナーであるということをスウェーデン人に保証しようとすること以上のものであった。それは、「政治的王的支配」の体制が強い君主政と協調することもできたし、臣民の自由を保護することもできたということであった。そしてまた、イングランドは、先の12年間の動乱中に、君主政、貴族院、そして英国国教会を廃止したのであるが、それにもかかわらず、いまだに「政治的王的支配」体制を享受しているということでもあった。

　大抵の場合、明らかに統治者の政治的技術によって事態は左右されたようである。もし状況と時機がうまく合致すれば、一挙に政治的王的支配を王的支配に変えることさえ可能であった。これは、サヴォア・ピエモンテ公国のエマニュエル・フィリベール公が何とかやりとげたことであった。1536年から1559年までの23年間、彼の公国は、フランスとスペインの帝国軍隊によって分割され、占領されてきた。そして両軍隊は、法規命令によってそれぞれの担当区域を統治していたのである。エマニュエル・フィリベールは、1559年にフランスとスペインの間で結ばれたカトー・カンブレジの和約の規定により、勝利した軍の先頭に立って、自分の領地に戻ることができた。彼はかつて、フェリペ2世に任命されたネーデルラントの総督であった。そして彼は、ネーデルラント全国会議が扱いにくいということを経験したために、代議制に対して好意的になることはなかった。しかし彼はずる賢い政治屋だったので、ピエモンテの議会を召集したのである。この議会は、占領軍から解放され、そして自分た

ちの公爵が帰還したということで国に安心がもたらされたことを反映して、これまでの議会が拒否し続けてきたことを実行した。つまり、巨額の塩税を可決したのである。こうして増やした歳入によって、公爵は、彼の軍隊に報酬を支払うことができた。その後彼は国（country）の特権を承認することを拒否し、再び議会を召集することはなかった。そして彼の後継者たちも議会を召集しなかった。これら一連のことは、支配者が絶対主義を君主主導で確立するために常備軍を利用したごく稀な事例の一つであった。そして彼がすることができたのはそれだけだった。なぜならば、議会は当初、この軍隊に報酬を支払うよう平和裏に説得されていたからである。

　ヨーロッパの他の国々が、エマニュエル・フィリベールのクーデターの手腕を高く評価したかどうかはさておき、それ以来、軍の支配をめぐる論争は、君主政と議会との関係の中で対立の火種の一つとなった。これは、数年後のネーデルラントで、そして17世紀中葉イングランドにおいてもそうであった。しかしどちらの場合も君主政はすでに勝利を手にすることはできなかった。エマニュエル・フィリベールには、長期間にわたり外国軍の占領によって意気阻喪していた小国でクーデターを行おうとしたという利点があった。彼は、フランス語圏のサヴォア公国でその策略を何とかやりおおせたのである。しかし、フィリベールは遠隔の領地には干渉すべからずという複合君主政の黄金律を注意深く遵守した。そして、彼は、ヴァル・ダオスタ議会を無視敬遠した。ピエモンテとサヴォアという二つの公国において、フィリベールは、貴族たちにその所領内で農民と自由に搾取することを容認することで、彼らを自分に従わせたのである。そのクーデターのために一般市民が払った代償は高かった。1536年のフランス侵略以前、ピエモンテ・サヴォア公国の公爵の平均年収は、7万ダカットから9万ダカットの間であった。エマニュエル・フィリベールの収入は約50万ダカットであり、しばしばそれを上回ることはあったが、下回ることは稀であった[3]。まるでジョン・フォーテスキュー卿が、1世期前に次のように述べた、「見よ！　ほら、これが王の法（ius regale）の果実だ。」という言葉のようである。

しかし、君主の側からの突然のクーデターに対する反対勢力は[4] いまだに根強かった。君主政は、17世紀後半以前には、広大な大国、あるいは、複合国家を統治するための信頼のおける、そして十分効率的な官僚制度を確立することができなかった。君主は依然として地方の権威を保有している者に頼る必要性があったし、その地方権力者こそ自分自身の特権および自由に価値を置く人々であった。君主権力は、強力な支配者がつづいて女性あるいは子供によって継承された時には、なおさら大いに脆弱であった。そのような場合には、ある程度その地位の継承が円滑だったとしても、摂政は、独立した有力者および有力な諸団体の支持に大いに頼らなければならなかったであろう。16世紀においては複合君主政が優勢であったために、摂政政治によって露呈された問題が一層頻繁に起こった。なぜならば、男子の支配者は成人になっても、依然として摂政政治によって属国を統治しなければならないことがあったからである。

スペインは、これらの諸問題を以下のような両方の形で経験するという興味深い特徴を持っていたのである。つまり、王が本国を不在の時には摂政制がおかれ、王が諸属国を摂政政治によって統治した場合は、特別都市としてそうしたという両方の経験を持つのである。また、ハプスブルク家があまり男児に恵まれなかったために、女性主導の摂政政治も行われたのである。

アラゴン王国のフェルナンド王と彼の妻であるカスティリャ王国のイサベル女王は、多くの都市の援助を得て、異論の噴出するなかカスティリャ王国の王位継承をなしとげた。それらの都市は、極めて中世的なあり方の兄弟団 (hermandad) という連帯組織を形成した。そして、それが国の多くの重要な諸機能を遂行したのである。ところがフェルナンドとイサベルは、王位継承に成功すると、貴族を優遇するようになった。というのも、貴族は、フェルナンドとイサベルが南スペインおよび北アフリカのムーア人、そしてイタリアに進駐していたフランス人に対する軍事行動を行う上で、都市より即戦力を持っていたからである。フェルナンドとイサベルは、貴族が都市の所有権を侵害することを容認した。そして、自分たちが、稀にではあったが、議会（コルテス）を召集した際には、都市の代表者が全権力を保有すべきだと主張したのだ。つ

まり、これは、代表者が国王の要求に賛成するように、いとも容易に買収あるいは、脅迫されることを意味した。例えば、1480年の議会において、国王は、代表者への賄賂に400万マラヴェディス（maravedis）を費やした。そしてその金額は、議会が可決した税により埋め合わせられたのである。1504年にイサベルが死ぬと、フェルナンドは人望を失った。この結果、カスティリャ王国は、皇帝マクシミリアン1世の息子であり、イサベルの娘狂女ファナの夫であるブルゴーニュ公国のフィリップ（フェリペ）の手中に陥ってしまったのである。1506年フィリップが早逝するとフェルナンドは、やや困難を伴いつつも、フィリップとファナの幼い息子カルロスの摂政としてのカスティリャの統治を行ったのである。

　フェルナンドが1516年に亡くなると、カスティリャ王国の大司教であるヒメネス・デ・シスネロス枢機卿によってさらなる摂政政治が行われた。王位は、かなり急速に、そしてますますその力を弱めた。有力貴族と都市は、互いに相手に対して策略を弄したが、政府の命令に反対するためには互いに協力した。複合君主政が抱えている古典的な諸問題が今や重大な危機を産みだしたのである。1517年に若きカルロスは、その頃はまだスペイン語を話さなかったが、ブルゴーニュ人の廷臣および家臣団、そして誰が見ても渡り者とわかるようなごくわずかなスペイン人を引き連れてスペインに到着した。不平不満で沸きかえる国にあって、最初の議会とカルロスとの関係は、正常ではあったが、よそよそしいものであった。1519年にカルロスは神聖ローマ皇帝に選ばれ、ドイツへの旅費を調達する必要があった。カルロスの家臣たちは、彼の帝位継承を確固たるものにするため、権力の模範的なあり方を都市評議会に示した。つまり、都市評議会が新しく召集されたコルテスに派遣する代理人に附与すべき権力である。都市評議会は、代理者が決定した全ての事柄を「現在も、またこれから先もずっと、我々自身（つまり都市評議会）がその場にいたならば、その決定を行いそれを承認したかのように、遵守・維持・遂行し・支払うべきものは支払い、それらの事柄を厳粛に承認すると同時に受けいれられるものであり、安定的で有効性を持つ」ものとしなければならなかった[5]。代理者たちは、彼

第九章　16世紀とそれ以降の議会　387

ら自身もまた彼らが可決した税収の一部で買収されたのである——このことは、国王が貴族を買収していたフランスの地方議会でもしばしば生じたことだった。これらの戦術を用いたにもかかわらず、カルロスは議会においてかろうじて過半数の票を獲得することしかできなかった。

　サヴォア公国のエマニュエル・フィリベールとはかなり異なって、カール 5 世（スペイン王カルロス 1 世）の統治は、本腰を入れた改革を試みたのではなかった。つまりそれは、原理的に君主政と議会との間の勢力の均衡を変化させようとするものではなく、主として支配者の複合君主政を拡大するための資金を獲得しようとするものであった。そしてその政策はすぐさま裏目にでた。トレドとヴァヤドリードに率いられた諸都市は、議会によって承認された課税を拒否した。セゴビアでは暴徒が代理者の一人を暴行し殺害した。次いで諸都市は 15 世紀の連帯組織を復活させたが、今度のそれはより一層強力な行政機関（junta）をともなうものであった。それらの諸都市は、貴族が行ったように私的利益を追求しているのではなく、王国全体の利益を追求しているのだと主張し、そして実際自分たちこそが王国を体現していると主張したのである。この主張は、少なくとも暗黙には他の二つの階級、すなわち聖職者および貴族層の存在そのものを否認するものであった。もちろんそれらの諸都市はまた、他のヨーロッパの議会が危機に直面した際行ったように、次のようにも主張した。つまり、自分たちには自発的に議会に参集する権利と、王冠と王国の利益に関係する全ての事柄について議論する権利があると主張したのである。それに続く内乱において、コムネーロ（comunero）運動、つまり諸都市民に先導された運動は、諸都市民の権力がますます民衆的・急進的構成要素へと移行するにつれて、急速に意見の偏りを引き起こした。貴族は当初諸都市に対し理解がなくもなかったが、次第に社会変革に対して脅威を感じるようになり、再び国王の側に味方した。1521 年 4 月 23 日、貴族軍はビリャラールの戦いで都市民をせん滅させたのである[6]。

　貴族が軍事的勝利を収めたとはいえ、政治的利益を得たのは国王であった。国王は貴族との同盟を継続しなければならなかった。そしてそれはカール 5 世

のもとで拡大する帝国における彼らの相互利益によって固められ、そしてこの帝国が国王に遂行させた庇護権によって固められたのである。この帝国に対する義務を果たすために、カール5世はスペインには比較的短時間しかいることができなかった。したがってスペインは、摂政政治を継続することによって統治されなければならなかった。このような状況において有効な「王的支配」(dominium regale) を確立するのはほとんど不可能であった。議会は引き続き召集された。その際議会は再び国王の最高権威に挑戦することはなかったが、苦情の申し立てが扱われた場合だけは課税の可決をめぐって政府との反目が続いた。そして、議会は、代理者に十分な権力が与えられているべきだという国王の要求をなんとか妨げるということもしばしばあった。

　国王の要求の多くは行政処理上の観点によるものであった。というのもスペイン側の代理者は、フランドルあるいはホラントの代理者とは違ってカスティリャ高原の遠距離を、容易には往復できなかったのである。実際フランドルとホラントの代理者は、常に近くの仲間と連絡をとることができたし、そして何不自由なくネーデルラントの至る所にある河川や運河をボートや運搬船で往来していた。カスティリャの議会では、代理者は時折、国王と諸都市間の、両立しない財政上の利害を調停する一種の第三勢力として行動していた。これは、イングランドにおける議員の役割とほとんど相違はなかった。スペイン君主政は、アルカバラ (alcabala)、つまり中世における売り上げ税をエンカベザミエント (encabezamiento) に転換した。つまり後者の税の総額は、議会によって同意され、個々の都市が好きなように税率を決めることのできたものであった。このようにして諸都市は、議会の課税政策に対する重要な制御手段を維持し、そして時折増税を阻止することができた。そして諸都市はすくなくとも一度、フェリペ2世の治世末期に彼の治世の残りの期間は続いたであろう過酷な重税の更新を阻止したのである[7]。

　17世紀において議会の会期期間は延び、王室の財源に占める議会の税の割合も増えた。そしてその割合は、1573年においては約25％であったが、1650年代にはおそらく60％にまで増加した。当然のことながら税が増えるにつれ

てそれに対する承認を得ることも難しくなっていった。君主政は増税承認の手段を得ようとして、議会に代表を送っている 26 都市の代理者として貴族や王の役人たちが選ばれるように仕組んだ。しかしたとえそうしても、代理者のみならず、都市評議会にも巨額の賄賂を送る必要があった。1630 年代以降、次のような影響力のある強硬な発言が国王評議会においてますます多く聞かれるようになった。つまり、議会を介さず直接都市評議会と交渉するほうが、容易で安上がりであろうという議論である。

　それは新しい考えではなかった。ネーデルラントにおけるカール 5 世の政府は、1530 年代および 1540 年代に都市評議会との直接交渉を時折は試みた。ネーデルラントの諸都市もまた贈物を受け取る習慣があった。しかしこれらの贈物は通常個々の代表者あるいは都市評議員の元へは届かず、個々の都市に対する課税割り当ての削減という形態をとった。個々人への賄賂は逆に、州の身分制議会から王室顧問官に贈られるという形態をとった[8]。結局いくつかの紆余曲折を経たが、ネーデルラントの諸都市は自分たちを分裂させることも、彼らの代表制議会を無視して課税することも、政府に対して常に許さなかった。この断固たる態度こそが、スペイン君主政に対するオランダ身分制議会のきたるべき勝利をもたらした、唯一ではないまでも理由の一つであることは疑いない。スペイン王フェリペ 4 世自身（1621-65）は、代表制議会の支持者ではなかった。スペイン領ネーデルラント（ベルギー）においてフェリペ 4 世は、1632 年以降、全国身分制議会を再び召集することはなかった。事実彼は、「全国身分制議会は、あらゆる時代においてそしてあらゆる君主政において例外なく有害である」と主張したのである[9]。アメリカにおけるスペイン植民地には身分制議会はなかった。ヴァレンシア王国の議会（コルテス）は、1645 年以降召集されなかったし、アラゴン王国の議会（コルテス）も 1646 年以降召集されなかった。ナポリ王国のスペイン総督は 1643 年に、ナポリ議会が人民の平和および王の施政に損害を与えるだけであると断言した。そして議会は二度と召集されなかった[10]。

　カスティリャにおけるフェリペ 4 世の政府は、いつ果てるとも知れぬ対外戦

争に悩まされていたので、諸都市を敵にまわすような明確な行動は避けた。1665年以後、幼いカルロス2世のオーストリア人の母による摂政政府は、弱体かつ不人気であったために、議会を召集しないほうが無難であろうとの決断が下された。たしかに最後のカスティリャ幼王の時期の1391年に起こったように、議会が摂政評議会を支配したがるであろうという恐れはあった。しかし政府がこれを最終決定としたかどうかは明白ではない。実際フェリペ4世の最後の議会で承諾された税が底をついたとき、個々の都市評議会によってその補充を行うことが比較的容易であったことがわかっていた。さらに、個々の都市および地方にかかわる請願は、承諾されることもあった。スペインの議会（コルテス）は、王国全体の立法をする上でイングランドの議会（パーラメント）ほどには重要な役割を果たさなかったのである。

したがって、カスティリャの議会は不平一つこぼさぬままに消えていったのである。少なくとも最初は、何事もなかったかのように思われたこの議会の消滅に対していかなる反応もなかった。というのも、貴族身分は、自分たちの免税をめぐる争いの後、1538年以来議会から自発的に身を引いてしまっていたからである。また聖職者は全く代表者を送っていなかった。都市の代理者および評議員の中では公共の税によって自分の私腹を肥やすという慣例が公然とまかり通っていたために、彼らの人望は完全に失われてしまっていた。人々は、議会がその失敗にもかかわらず全体的な公益を保護するために努力してきたということを忘れたのである。議会は、穀物税を拒否し、塩税を半分にし、そして庶民同様に貴族に対しても課税した。しかし税金自体が非常に高かったのである。

議会権力の神話は摂政の顧問たちを恐れさせた。その恐怖はおそらく誇張されたものであったろう。国中全ての悪を正すことができる全知の制度としての議会に関する神話が、広範な支持を得たのは、議会はもはや成立しえないことが、カルロス2世治下の終わり頃に明白になった時であった。だが時はすでに遅すぎた。18世紀になるとスペインの新たな支配者となったブルボン王朝は、大規模官僚制によって真の王権的支配を確立できるであろう。そしてその官

僚制は、代表制議会が権威を持つとする権利主張によっても制限されなかった [11]。18世紀スペインにおいて自由をめぐる闘争が再燃したとき、それは再び一から始めなければならなかったのである。

カタルーニャ議会の歴史はそれとは大変異なっていた。なぜならここでの政治的自由は、伝統的な形で維持されていたからである。カタルーニャは、かつて地中海地域において中世アラゴン帝国の中心地域であった。しかしアラゴンおよびカスティリャ両王国の王位結合とハプスブルク家によるその継承は、カタルーニャを比較的小さな、カスティリャをその中心とする世界帝国の辺境の領地へと変えてしまった。1世紀半のあいだ君主政は、そのような状況を支えるあらゆる法および慣習を遵守した。それはカタルーニャに関して土地所有貴族の小作農に対する裁治権をそのまま認めていたし、当地の行政をカタルーニャの官吏の手に委ねていたのである。議会は三身分からなるが、それらは伝統的に互いに非協力的であった。しかし、それもまた伝統的なのだが、議会はごく稀にしか召集されなかった。そしてその地方の特権を擁護し、自らが承認した租税を管理するという議会の諸機能は、小委員会、つまり常設代表部（diputacio）に委ねられた。

14世紀以来、同様の委員会がヨーロッパの様々な地域で組織されてきた。もともと、その機能は、通常、議会が政府に課した諸条件を会期と会期の間において監視するということであった。こうした委員会は、非常に強力で有効なものとなりえた。ちょうど、1420年にヴェネチア人によって征服される以前のフリウリの教皇領のように [12]。しかし通常、政府はその方法で全議会を操作することはできなかったものの、これらの委員会の委員任命を支配し、その委員を操作する術を身につけたのである。

1640年マドリード政府は、フランスとの戦争のため財政的支援を委員会から得ることは断念したものの、カタルーニャを参戦させるためにピレネー東部に出兵することを決めた。この時カタルーニャの小作農の専制的領主に対する積もり積もった憎悪が、マドリード政府の命により彼らのもとに宿泊していたスペインの兵士たちに向けられることになった。カタルーニャの名門一族の内

紛もまた政府に対する敵意へと変えられた。そして政府は、地方の諸特権を踏みにじったとして非難された。バルセロナでは都市を荒らしていた暴徒が、多数の武装小作農によって膨れ上がり、総督を殺害した。思いがけないことに、常設代表部（diputacio）が今やあらゆる地方特権の擁護者として活気づくことになった。このことは、政府がそのメンバーの一人を誤って逮捕したことを契機として生じたのである。そして常設代表部の議長であり、精力的な司教座聖堂参事会員パウ・クラリス（Pau Claris）は、暴動を改革へと変えたのである。彼は、カタルーニャで共和政を公に宣言した。共和政は、近代初期ヨーロッパにおける自由の究極的象徴であった。しかし一週間以内にカスティリャ軍隊が進撃したことで、カタルーニャには共和政の未来が存在しないことが明白になった。16世紀のオランダとは異なり、カタルーニャはスペイン権力の中心部にあまりにも近すぎたのである。したがって1641年1月カタルーニャ人は、「シャルルマーニュの時代のように」、忠誠の相手を極めつけの絶対主義者であるフランス王に乗り換えた。

　革命は、農民一揆勢力（jacquerie）と不承不承かつ疑心暗鬼に同盟を結んだ、常設代表部（diputacio）とカタルーニャの支配的エリート層によって主導されていたが、その成否は今や外国の介入に左右されることとなった。フランスは自国が内乱に突入したため、撤退した。このためスペイン君主政が再びカタルーニャを征服することには、何の困難もなかった。抜け目ないフェリペ4世は、カタルーニャ人に彼らが持っていた古くからの自由を返し、「王権的政治的支配」の状態を回復したのである。小作農は得るものはほとんどなかったが、少なくとも憎らしい兵士を排除することはできた。カタルーニャは、その後50年間スペイン王に忠誠を誓い、そしてスペイン継承戦争の間は、オーストリア・ハプスブルク家に忠誠を誓った。しかしその時、皮肉にもスペイン内のカタルーニャ以外の国々はフランス・ブルボン家との同盟を選んだのであった[13]。

≪Ⅱ≫ 宗教の影響——中央ヨーロッパ

　効果的にコムネーロ運動を終結させたビリャラールの戦いの5日前に、マルティン・ルターは、カスティリャ王でもある皇帝カール5世の面前でウォルムス帝国議会（1521年4月18日）において有名な異議申立を表明した。スペインとイタリア以外の国では、新しいダイナミックな影響力が今や君主と議会の関係の中に現れた。それは宗教である。宗教は、人々のものの考え方を圧倒的に支配していたが、それは他の何ものにも増して、貴族政治的な社会の調和をめざす企てを、根本から打ち破ることができたのであった。不可避的に、宗教は政治的な諸目的および必要性と深くかかわりあうことになった。君主政にとって、政治的な目的とはフランスの法学者のスローガンである「一人の王、一つの法、一つの信仰（un roi, une loi, une foi）」の中に要約された。諸身分にとって彼らの権利や特権は、今や「真」の宗教を選ぶ権利をも含めるようになった。
　すでに、1419年から37年にかけてボヘミアにおいて行われたフス派の革命という重要な前例が存在した。神学者ヤン・フスは、1415年にコンスタンツの公会議によって異端者として火あぶりの刑に処せられた。しかしカトリック教会の改革をめざす彼の教えは、チェコ人の気持ちをつかんだのであった。聖職者階級に対する強い反感によって彩られていたために、フス派の運動は、驚くほど広範囲な連帯組織を形成した。つまり大貴族は王国の統治と修道院の土地に着目し、中小貴族と自由農民は世俗と教会のいずれの有力者の支配からも解放されようとして同盟を結んだのである。そして弱小都市民、渡り職人および都市労働者は彼らの都市を支配する裕福なドイツの貿易商人を嫌っていた。そして貧しい小作農は地代を絞りとられることに反抗し、財産が共有されるキリスト教的コミューンを夢見ていた。これらの身分が国の統治において優勢となり、世俗の問題と同様に宗教問題に関して自らの立場を表明した。そして彼らは彼らの王である皇帝ジギスムントに率いられたたび重なる「十字軍」に対抗するボヘミア防衛軍を首尾よく組織したのである。また彼らの軍隊は中央ヨーロッパ全土で攻撃を続けた。しかしそのため、いたる所に恐怖や破壊をまき

散らし、政治的自由を浸透させることはほとんどなかった[14]。

　結局、この内部矛盾に満ちた同盟は決裂した。貴族は、フス派の教義の解釈においては保守的であり、そして彼らの物質的利益を強固なものとすることに熱心だったので、社会的宗教的急進派を破ってジギスムントと取引きした（1436年）。翌年にジギスムントが死んだ後、諸身分は国王を選出する権利を主張し続けた[15]。そして1546-47年と1618-20年に二つのさらなる対決を経た後に、国王は最終的になんとか諸身分を打破し、（ハプスブルク家による）ボヘミア君主政の世襲制を確固たるものとし、そして有効な王的支配（dominium regale）を確立した。いずれの対決においても宗教は、諸身分がその諸特権を擁護する上で強い原動力となった。そしていずれの場合においても国内の対決は、国外の出来事と諸勢力と密接に関連し、その結果も大部分それらによって決着がつけられた。例えば、1546-47年のシュマルカルデン戦争、およびカール5世によるルター派の軍事的敗北によって国内の対立は収まった。また1618-20年の三十年戦争初期における宗教的および権力政治的緊張、そして国王の同盟国であるバイエルン公の軍隊がボヘミア諸身分を軍事的に打破したことによって国内の対立は決着した[16]。

　ドイツにおいて宗教改革は、少なくとも最初のうちは国制の根幹をほとんどゆるがさなかった。この時代に開かれたドイツ帝国議会（Reichstage）はせいぜい次のような議論が繰り広げられる舞台として存続したにすぎなかった。つまりその舞台上では、一方においては皇帝およびカトリック諸侯が、他方においてはプロテスタント諸侯および帝国の諸都市が、各々の立場を主張し、遵守されない、そして遵守できない解決策および妥協案を可決した。そしてますます強まってきたトルコ軍の脅威に対する帝国防衛のための資金の調達を議論したのである。カール5世にとってトルコおよびフランスとの関係、そして戦争は、いわゆる宗教上・国制上の問題に優先していた。かくしてカール5世は、1546-47年にルター派諸侯および諸都市のシュマルカルデン同盟に対する軍事行動を遂行することによって初めて、神聖ローマ帝国の行き詰まった政治的経過と宗教的対立という難問題を一気に解決することができたのである。

カール 5 世の勝利は、彼に前例のないほどの強力な地位を与えたかのように
みえたが、皇帝と諸身分の基本的関係を変えることには失敗した。ドイツのカ
トリック諸侯は、プロテスタント諸侯と同様に、強力な君主政体のために神聖
ローマ帝国を根本的に再構築することを黙認する気はさらさらなかった。1555
年、カール 5 世の弟であるフェルディナント 1 世は、アウグスブルクの国会で
「支配者の宗教が、その土地の宗教である（cuius regio eius religio）」という原
理を容認した。その原理とは、自らの侯国の宗教をルター派にするかカトリッ
クにするかという選択は、臣民ではなく諸侯が行うということを認めるもので
あった。その原理はドイツに 60 年間の平和をもたらした妥協案であったが、
しかしその妥協案は、帝国の国制上の問題、および対抗宗教改革時代において
激しさを増す宗教的対立を未解決のままに放置した。
　自分たちの侯国に宗教改革を導入したこれらのドイツ諸侯は、通常、諸身分
による支持、とりわけ貴族身分の支持に依存していた。ドイツ諸侯は、修道院
および女子修道院を世俗権力の手に収め、そしてその所有権を貴族身分と共有
し、あるいはまさにヘンリー 8 世がイングランドの修道院の所有権を売却した
ように、有利な条件でその所有権を貴族身分に売却した。したがってこれらの
領邦においては、諸侯と領邦議会（Landtage）の間に深刻な問題はなかった。
諸侯による税の要求に関する通常の議論は、深刻な危機にまで拡大することは
なかった。それは特に、16 世紀前半が物価上昇および経済拡大の時代であっ
たからであり、それが原因で有産階級は増税を容認しえたからである。このよ
うな税の重荷は、例によって「庶民（the common man）」、つまり小作農と都
市労働者によって負担された。諸侯は徐々に領邦の政治的・行政的支配を確立
することができた。それは、たとえ諸侯が諸身分に議会の課税に関する行政を
任せる方が、便利で安上がりだといまだに理解していたとしても、である。
1654 年にドイツ帝国議会（Reichstag）は、ある法を制定した。その法は、諸
身分の同意を得ることなしに、防衛目的のために全ての臣民に課税する権利を
諸侯に与えるものであった。かくして神聖ローマ帝国のこの時の身分制議会は、
皇帝の権力を制限しようという長い伝統をもちつつ、近代史家が適切にも「絶

対主義のマグナカルタ」と呼んできたものを制定したのである[17]。

　カトリック諸侯はより大きな問題をかかえていた。諸侯配下の上級貴族たち、下級貴族、ジェントリーおよびいくつかの都市の貴族階級がルター派になることはかなり頻繁にあった。また彼らは個人的信念からか、あるいは経済的社会的言語によって新しい宗教の教えを解釈する傾向のあった「庶民」への恐れからか、少なくとも宗教改革に共感していたのである。これらプロテスタントのエリートたちが、「良心の自由 (liberty of conscience)」を守るために彼らの代表制議会に頼るということは極めて自然なことではあるまいか。良心の自由は16世紀に多くの人々が口にした言葉であった。しかしそれは口にする人が違えば含まれる意味も違ったのであり、それが本当に選択の自由を意味することはまれであった[18]。

　トリエント公会議がカトリックの教義に関して明確に定義を与え、そして教義上の議論に関しあいまいな立場をとることが16世紀前半以上に一層困難になった後で、カトリック諸侯は、頻繁にイエズス会およびカプチン会の聴罪司祭から助言を受けながら攻勢に転じた。バイエルン公アルプレヒト5世（1550－79年）は、典型的な二股作戦を始めた。巧みな策略により、つまり穏健なプロテスタントに対して初めは譲歩し、そして徐々に強硬な政策を完遂することで、アルプレヒト公は配下の諸身分からなんとか交付金の増加を引き出すことができた。そして遂に、ミュンヘンの領邦議会が1577年、これ以上会議を召集しないことによって国庫を節約するようアルプレヒト公に懇願するまでに至った。それは「王的支配 (dominium regale)」に対する事実上の降伏であった。アルプレヒトの次なる攻撃目標は、プロテスタントの役人たちを組織的にカトリック教徒に入れ替えること、そしてカトリックである彼自身の支持者たちに公爵の庇護を与えることであった。かくしてプロテスタントの貴族は、かつて自分たちが属していた教会へと舞い戻ったのである。一方庶民はカトリックの聖職者によって再教育され、今や競合するプロテスタント全てから大事に守られたのであった[19]。

　バイエルンの例のあとに、他のカトリック諸侯、特にオーストリア・ハプス

ブルク家がつづいた。しかしこの戦略は、以下のごとき地域では失敗した。すなわちプロテスタントの抵抗がバイエルンよりも決定的であった地域、そして複合君主政の中で、宗教上の争点あるいは国制上の争点が単独の独立した候国の中で解決されえないような地域、そしてさらに外部勢力が容易に干渉しうる地域である。1604 年にハプスブルク領ハンガリーのハンガリー人は、彼らの王（皇帝ルドルフ 2 世）の対抗宗教改革政策に対して、反乱を起こした——彼らは王国の西部および北部の三分の一を占めており、王国の中央部および南部はオスマントルコにより占領され、北東部のトランシルヴァニアは独立したプロテスタント候国になっていた——ハンガリー人諸身分の指導者であるイシュトバーン・ボチカイは「ハンガリーの君主」に選ばれ、そしてルドルフ 2 世に対して戦争を仕掛けた。高地および低地オーストリアつまりボヘミアおよびモラヴィアの諸身分は、その全てがプロテスタント貴族によって支配されており、そして彼らはハンガリー人と同盟を結び、オーストリア公国の支配者・大公マティアスから、広範囲にわたる国制上そして宗教上の譲歩を得たのであった。

　すでにもつれあった政治的状況は、皇帝を廃位するというマティアスの野望によってさらに複雑になった。ところで 20 数年前にマティアスは、ネーデルラント総督としての振る舞いにあいまいなところがあった。つまり理屈の上では彼の従兄弟であるスペインのフェリペ 2 世の代理をマティアスはつとめたが、しかし実際にはネーデルラントの反抗的な全国身分制議会の助力を得て行動していたのである。ルドルフ 2 世——彼は長期にわたる統治のほとんどの間プラハに居住していた——は、少なくとも自分に対するボヘミアの忠誠を保持し続けようとした。そして彼はボヘミアの身分制議会に対して一種の証書である「陛下の書簡」に同意した。その証書によって、プロテスタントに宗教的自由が認められたのである（1609 年 6 月 6 日）。しかしマティアスは 1611 年ルドルフをむりやり退位させ、自ら皇帝に選出されたのである。

　しかしながら君主政と身分制議会との間、およびカトリックとプロテスタントとの間の基本的な紛争は解決されなかった。1618 年に再び紛争が勃発した。1 年後にボヘミアの身分制議会は、新しい王である皇帝フェルディナント 2 世

を退位させた。次に議会はボヘミアの王位を、イングランド王ジェームズ1世の娘婿である、カルヴァン派のプファルツ選帝侯のフリードリヒ5世に授与した。そして議会はボヘミア王配下の諸身分、いくつかのオーストリア諸侯の諸身分、そしてハプスブルク領ハンガリーの諸身分からなる全国身分制議会を召集した。

ハプスブルク家は、通常トルコ人に対する防衛を整えるために、いくつかの地方議会を時おり召集した。しかしハプスブルク家はそのような政策については常に両義的な態度を示してきた。なぜならば、様々な地方の諸身分が支配者に対抗して相互に助け合うことを恐れたからである。地方の身分制議会は、全国身分制議会 (General landtage) に関して独自の両義的な意見を持っていた。支配者が遵守することを誓った諸特権は、常に特定の地方に限定された諸特権であった。そしてそれらは、通常その地方の範囲内だけで身分制議会を召集する特権を含んでいた。そのような諸特権、そしてそれを支持する地方共同体の強い感情と外国人嫌いを軽率に無視することはできなかった。したがって1619年のボヘミアの出来事は、中東部ヨーロッパにおける政治的王的支配 (dominium politicum et regale) の危機の深刻さを最初に示すものであった。ボヘミア人 (チェコ人) とオーストリアの貴族の指導者たちは、出来事に内在している原理的問題に確かに気づいていた。そして周知の通り、彼らの中にフランスのモナルコマキの小冊子を読んだ者がいたのである。しかし彼らは、フランスおよびオランダの貴族のカルヴァン派とは異なり、彼らの貴族的偏見を変えようとはしなかったので、都市民および彼らの領地内の小作農を彼らの運動に動員できなかったのである。運動が貴族に限られていたことは疑いなく大きな弱点であった。この一連の出来事の結果は、完全に君主政にとって好都合なものであったのだが、両陣営に対する外部からの軍事的介入という間接的な影響によって決定された。そして正にこの軍事的介入こそが、ヨーロッパを三十年戦争に巻き込んだのである[20]。

ドイツ諸侯と議会との関係に対する三十年戦争の影響はまたもや両義的であった。諸侯は兵士に支払う資金が必要であり、身分制議会に課税を頼まなけれ

ばならなかった。そこで彼らは時々譲歩しなければならなかった。しかしドイツは軍隊で充ち溢れ、諸侯によって支払いを受け、まさにその諸侯に対して忠誠義務を負っていたのである。したがって諸侯の権力への効果的な抵抗を組織する機会はほとんどなかったのである。王的支配は17世紀中葉までには、ボダンの主権理論と「社会的規律化 (social disciplining)」という政策の導入によって強化されたために、ほとんどあらゆる地域で優勢であった[21]。身分制議会が機能し続けるところでは、それらの議会は、「国家建設 (state building)」の過程で効果的に利用された。その際その「国家建設」は君主主導の絶対主義の着実な発展を意味したのである。北部ドイツでは、都市は小さかったので、諸侯は議会の貴族に彼らの領地と村を意のままにすることを容認することで、彼らを首尾よく味方にひきいれた。それはちょうど君主政がピエモンテで行ったのと同様である。ただし北東ドイツではこの過程はさらに進み、大部分の小作農にとっては「第二の農奴制 (second serfdom)」の導入、あるいは強化を意味していた。(第一の農奴制は、中世のそれであり、さほど過酷なものではなかった。) それは自由の恐ろしいまでの衰退であり、中世後期のそれに逆行さえするものであった。

　しかし絶対主義的ドイツ領邦の議会が非常に弱められた権力しか持たなかったとはいえ、まだ君主の臣民にとっては有用であった。というのもその議会の権力は、これら諸侯の多くがしばしば行う無制限な濫費に対するブレーキとして機能したからである。諸侯は、ルイ16世のような政治的識見を、ルイ15世のような勤勉さおよびルイ14世のような野望と結合させようとした。諸侯は、ヴェルサイユに匹敵する宮殿建設計画とプロイセン軍に匹敵する常備軍を備えることを同時に実行しようとした。当然ながら、融資をした者は、着々と増えていく借金に関して身分制議会が出したより安全な提案の方を好んだ。ドイツの諸侯のある者は、例えばヴュルテンベルクおよびザクセンの支配者のように、ルター派からカルヴァン派あるいはカトリックへ改宗したときに、ルター派の議会が自分に従って改宗するのを頑固に拒否していることを思い知らされた。対立は起こりえたし、実際また起こったのである[22]。しかし、17世紀後半の

王的支配の支配者たちは、16世紀の王権的政治的支配体制において先人にとって比較的容易だったこと、つまり臣民の宗教上の所属を変えることを、もはや容易に行うことはできないと悟った。真の専制政治を確立し強化するためには、ブランデンブルク・プロイセン王国のホーエンツォレルン王家が経験したような、君主の側での職務精励と何人かの連続した男系の継承者に恵まれるということが必要であった[23]。18世紀は、啓蒙専制君主の時代であったが、ほとんどのドイツ諸侯は啓蒙されてもいなかったし、専制的でもなかったのである。

≪Ⅲ≫　宗教の衝撃──西ヨーロッパ

　西ヨーロッパにおいて宗教改革および対抗宗教改革の影響は、中央ヨーロッパよりはるかに劇的な結果を生じた。フランスでは、ヴァロア朝の王が、「王的支配」の君主政の模範的政体となるような、大変強力なそして明らかに安定した地位を築き上げた。しかし、1559年フランソワ2世が予期せぬ形で幼王となったときに、摂政政治は前の半世紀間のハプスブルク家との戦争において、巨額の負債を抱えたのであり、そして歳入は、多くの王領地および王の宝器を売却するか、あるいは抵当に入れることでまかなわれたのである。しかし、皇太后カトリーヌ・ド・メディシスおよび上級貴族の様々な派閥が摂政政府の支配をめぐって争ったために直接的な政治的危機が起こった。同時に、フランスにおけるカルヴァン派すなわちユグノーは、貴族の派閥の一つと同盟した有力な軍事機構として組織された。その目的は、国家の支配権を獲得すること、あるいは少なくとも自らの教義に対するある程度の宗教的寛容を達成することであった。この教理、すなわちカルヴィニズムは、ルター主義よりはるかに力を持っていたので王族諸侯から都市の小売商人および熟練工まで広範囲にわたる社会的階級を同盟で結ぶことができた[24]。

　摂政政府は、平和を維持し、そして何らかの財政的援助を得ようとして、1560年と1561年に継続的に2回の三部会をオルレアンとポントワーズで召集

した。これらの議会は 1484 年以来最初の三部会であった。そしてそこで初めて政治的党派なるものがその会議を支配しようと試みたのである。つまりユグノーはバイイ裁判区会議およびセネシャル裁判区会議を支配し、彼らに自分たちの代表者を三部会に選出させようと試みた。しかし、多くの代表者はローマ教会改革の必要性に同意していたが、大多数はこの改革がユグノーによって行われることを欲しなかった。そして彼らは、カルヴァン派の説教者が寛容に扱われるべきか、あるいは力ずくで抑圧されるべきかに関して意見が割れた。しかし全ての代表者が賛同した唯一の点は、新しい税を、たとえそれが自分たちの地方議会への勧告を経由したものであっても是認しないことであった。摂政制はそれゆえ三部会から財政的に得るものは何もなく、宗教的政治的な事柄に関する緊張はむしろ増加したのである[25]。1562 年内戦は全国規模で勃発した。

　内戦につぐ内戦で様々な賭けが生じた。破綻した条約、裏切り、大虐殺は、「政治的王的支配」が機能する上で必要な最小限の信頼を侵食していった。君主政は、両極端の立場の間で綱渡りを余儀なくされ、ドイツで傭兵を募った。フランスの隣国——カトリック側のスペインおよびサヴォア、およびプロテスタント側のイングランド、プファルツおよびオランダの海乞食（the Dutch Sea Beggars）——は不安定な宗教的状況において相手方の宗派が勝利することを恐れていた。しかし不可避的に隣国からの介入には、多分に権力政治的な野望が加味されていたので、隣国は自分たちが助けようとしているフランスの同教信者を完全に信頼することもなければ、彼らから完全に信頼されることもなかった。

　多くのフランス人は、三部会が国の諸問題を解決できる唯一の制度であると考えていた。そして国家の中における代表制議会の役割に関する最も興味深い小冊子や、代表制議会が自由のために果たす役割に関する論文のいくつかは、この時代にフランスで書かれたものである。しかし政治理論に関する議論は十分ではなかった。新しく王位を継承したアンリ 3 世が 1575 年に再び三部会を召集した際、三部会はただ国内の混乱を反映していただけだった。都市と地方は、いかなる明確な政策方針を約束することも恐れており、王と個別に交渉す

る方を選んだ[26]。翌年、ユグノーは、全員で三部会をボイコットし、自分たち自身の代表制議会を組織し始めた。

　内戦に関して言えば、それはネーデルラントにおける内戦、およびイングランドとスペイン間の戦争と今や複雑に絡み合いつつ、残忍性を増していた。1588年にアンリ3世はもう一度三部会を召集した。しかしその間に彼は一方的に人頭税（taille）を2倍にし、塩税（gabelle）を3倍にした。この時、三部会を支配したのは、「リーグ」つまり強硬路線のカトリックの全国的組織であった。議会は、たとえ一方に偏したものではあっても、明確な政治的宗教的施策を初めて遂行した。またその決定は法の力を持つことができたし、そしてその法の力は、王がそうしようとしていたよりもはるかに強力な勢いで、ユグノーに対する戦争を遂行することを要求した。アンリ3世は、リーグの首領であるギーズ公爵・枢機卿を殺害することによって応答したのである。

　リーグは王自身を攻撃することで反抗し、そして1589年に王を暗殺した後は、リーグは王の後継者でありユグノーの指導者であるナバール公国のアンリ（アンリ4世）と戦った。リーグは、彼らが支配していた諸都市において革命的な人民主義的体制を組織し、そしてフランスにおいてリーグ主導による諸都市の自律的なネットワークを確立した。リーグの唱導者は、ユグノーの多くの反王党派イデオロギーを借用し、それをさらに人民主義へと拡張したため、人民主義はその宗教的原動力によって、カルヴィニズムからカトリシズムへとひっくり返されることになった。ギーズ公爵家出身である運動の指導者たちは、代表制議会に有利な形で王の権威を制限することには関心がなく、自らを王党派と確信していた。しかしプロテスタントのブルボン家の人々と同じように、リーグ指導者たちは自分たちが率いた革命運動によって逆に自分たちが導かれていることを悟り、自らの目的のために議会を大いに利用した。しかしその結果生じた緊迫した状態を完全に解決することはできなかった。リーグは貴族派と人民派に分裂し、そして国は次のごとき二者の間で分裂した。つまりアンリ4世が再びカトリック教会へ改宗するならば彼の正当な王位継承を支持したいという人々と、三部会によってまがうことなきカトリックの王に王位が授与され

ることを欲する人々との間で分裂したのである。

　リーグは、国の秩序を回復させたいという大きな希望をもって1593年にパリで三部会を召集した。しかしあの和解しがたい両派、そしてスペイン、教皇権、他のカトリック勢力の自己利益を追求する者たちの策略の間にあって、三部会は間もなく二進も三進もいかなくなった。そして重大な諸決定は三部会の外部でなされた。それは、まずアンリ4世がプロテスタンティズムを放棄したこと（1593年）により、次にリーグおよびスペイン軍に対するアンリ4世の軍事的勝利により、そして最後に国を分裂から守るために正当な王位継承権を有し、生粋のフランス人で今や再びカトリックとなった王を支持しようとするいっそう多くのフランスエリート層の決定によってなされたのである。三部会、そして君主の権威を制限しようとする主張は、リーグの敗北とともに衰退した[27]。アンリ4世は宗教的熱狂を蔑視したが、彼の気質はフェリペ2世と同様に権威主義的であったので、彼は三部会を復活させようとはしなかった。アンリ4世がユグノーの指導者だったとき、彼はユグノーの議会に対してはさほど好意的ではなかったのだが、彼は今や領土的に制限された形で存在する限られた領域しか持たない「国家の中の国家」の一部としてのみ、議会に対して寛容な態度をとった。このユグノー議会は、自分たちがあたかも複合国家の辺境領地における議会であるかのようにアンリ4世に無理やり認めさせたのである。

　フランスでは「王的支配」が存続した。というよりはむしろその近代的な形態としての絶対君主政が2世紀あまりにわたって存続したのである。

　三部会の神話はほとんど、消え去った。しかし完全に消え去ったわけではない。1789年に絶望的な君主政が藁をもすがる想いで頼ったのは三部会であった。しかし三部会の神話はもはや歴史的な衣装をまとって復活したミイラにすぎないことはすぐに明らかになった。三部会の神話が18世紀後半および19世紀の社会の諸目的にかなうものとなるためには、その前にそれが完全に再構成され新しい民主主義的精神が吹き込まれていなければならなかったのである。

　ネーデルラントは、マクシミリアンの摂政制の下での内戦から抜け出た。そしてこの摂政制は12以上の事実上の自治州からなる複合国家における典型的

な「政治的王的支配」であった。ネーデルラントの支配者がスペイン王、そして後に神聖ローマ皇帝になるとネーデルラント自体もまた巨大な複合君主政の一部となった。ネーデルラントはこの君主政の極めて重要な一部をなしていたが、もはやその中心ではなかった。ネーデルラントでは約50年間二人の女性に率いられて摂政政治が行われた。カール5世の叔母であるオーストリアのマルガレーテであり、もう一人は1531年から摂政の座に就いたカール5世の妹でハンガリー王未亡人である女王マリアである。その評議会は、彼女たち自身によってではなく皇帝によって任命された人々からなり、法律家にして行政官たる人々と、ネーデルラント上級貴族の混合であった。ある時点までこの仕組みは、ネーデルラントのエリート層を満足させた。しかし最終的な政策決定を行いそしてネーデルラントにおける君主の庇護権の大部分を支配したのは、皇帝と多くのスペイン人およびスペイン系イタリア人からなる側近の顧問たちであった。政策決定、特に戦争および平和に関する政策決定は、帝国全体の必要性に関するカール5世の評価に依存していた。それらは必ずしもネーデルラントにとっての必要性ではなかった。したがって君主政は、二つのレベルで機能しなければならなかった。つまり一方において君主政は、純粋にネーデルラントにかかわる諸政策に協力し、そのために資金を提供する必要性を州議会に説得しなければならなかった。その場合の政策とは、例えばフランスに支持されたヘルダーラント公との戦争に関するものであった。そして他方で君主政はその同じ州議会の代理者に、身分制議会として自分たちと和解し、自分たちにとってはいつも疎遠でしばしば不可解なものであるかもしれないが帝国の政策を支持してくれるよう説得しなければならなかった。

　そのシステムはそれぞれの人々が互いに信頼関係を持っている限りではうまくはたらいていた。そして拡大する経済のおかげで帝国の重税は耐えうるものとなった。しかしそれは厄介なシステムでもあり、まさに迅速な決定が必要とされているときにはいらいらするほど手間のかかるものであった。全国身分制議会への代表はあらゆる提案を彼らの州の諸身分へ、そして州議会は都市評議会へと順に付託しなければならなかった。もし同意が得られなかったら、この

第九章 16世紀とそれ以降の議会

手続きが幾度も繰り返されなければならなかったであろうし、あるいは、摂政評議会に議席を持つ大貴族であった特定の州の統治者が、反抗的な都市評議会と個別に交渉しなければならなかった。支配者当人が不在のときには、危険な反対勢力を刺激することなくこのシステムを根本的に変えることは不可能であった。かくしてカール5世は、次のようなオーストリアのマルガレーテの緊急提案に基づいて行動するのに失敗した。その提案とは、全国身分制議会は政府によって提案された税に同意する前に要請を出すことは許されないというものであった。また1530年代、防衛資金調達のために諸州を説いて密な連合をつくろうとする試みも失敗におわった。というのは、諸州は彼らが持つ自治権の重要な一部を手放すまいとしたからであった。政府が行うことができたのはせいぜい扱いにくい諸都市に対してマキアヴェリ風に権謀術数をめぐらせることであった。1525年カール5世は、頑固なガンの代表を「大いなる優しさ」をもって扱うようにとマルガレーテに助言した。このようにして、ガンが税に関してフランドルの他の州と共に同意するようになってくると、マルガレーテは反対派の首謀者たちに関する情報を内密に入手し、彼らを逮捕し処罰したのである。「これは、他の人々にとって見本となるであろう。そして人はこのようにして人民を統制し、彼らに道理を悟らせることができたのである[28]」。それは、強力な政府のための助言とは到底いえなかったし、君主政に諸身分に対して計画的に攻撃をしかけようと示唆しているものでもない。1537年ガンが「御用金」（aide）の負担に加わることを再度拒否し、例の「優しさ」によっても動かされなかったとき、摂政政府はその件に関して何もできなかった。神聖ローマ皇帝は3年後に自ら軍隊を率いて、ガンを屈服させなければならなかったのである。

　しかし全体として見れば、君主政と身分制議会との協力関係は1555年にカール5世が退位するまで続いた。政府は州議会の年金受給権（rentes）売却からの徴税にますます依存するようになった。その債務を買い手に信用させるためには、政府は諸身分に、独自の非常に精巧な徴税機関を確立することを許可しなければならなかった。このように諸身分が自分たちの税を管理するという

経験をしたことで、諸都市もまた、州行政において州議会を通して協力することを学んだ。その経験によって諸都市は、ブリュッセルの全国身分制議会に代理者を送ることの重要性をも学んだのである。というのもそのことで自分たちの特権を守り、他の州と協力し、摂政評議会の議員たちを首尾よく味方につけることができるからである。そしてこの最後のことは賄賂を公然と送ることによってうまく遂行されたのである。自由の擁護は政治の現実世界を考慮しなければならなかったのである[29]。

　したがってネーデルラントにおける全国身分制議会および州議会は、フランスにおいてはありえなかったような形の、政治過程および政治的意識の正規の重要部分であった[30]。しかしそれは安定した状態ではなかった。まちがいなく16世紀のハプスブルク家の中で最も聡明だった二人の女性摂政は、いつも体制の脆さを認識していた。そして彼女たちはしばしば皇帝に崩壊の危機が目前に迫っていることを警告した。1550年代にその緊張は急速に高まった。半世紀前の経済の拡張は終焉を迎えた。しかし対フランス戦争への出費は急勾配に上昇した。1557年にネーデルラントおよびスペインの政府は、支払い猶予と、循環的に上昇する負債の返済計画の見直しを宣言せざるをえなくなった。凶作は飢饉のときのような価格を生みだし、諸都市では大量の失業者がでた。1557－59年の全国身分制議会において、フェリペ2世の総督であるサヴォア公エマニュエル・フィリベールは、税に関して寛大な措置をとることによりなんとか同意を取りつけた。全国身分制議会の代表たちは初めて公式に合同討議のため一同に会した。――この合同討議は以前は非公式にしばしば行われていた――そして代表たちは政府から、税を管理する独自の機関を設立する権利を獲得した。換言すれば、代表たちは州の仕組みを全国身分制議会そしてネーデルラント全体へと及ぼしたのである。それは王の権威を制限するための意図的処置ではなかった。つまり代表たちは、政府はすでに是認されてきた目的のためにのみ税金を使うべきだということを単に確認したかっただけであった。なぜなら彼らが苦い経験をしてきたのはまさにその点だったからである。だが結局、彼らが設立した機関はうまく機能しなかった。

しかしながら、政府の中にはこの税に関する同意を不吉なものと見る者もいた。したがって王は、全国身分制議会は今後一切召集しないこと、あるいは少なくとも各州代表が一同に会する議会は召集しないことを決定した。それは意図的な国制上の攻勢であり、王党派からの動きであった。しかし実際問題こうした決定は逆効果であった。なぜならそれはよき「政治的王的支配」の様式において、真の国益に関して議論する賢明な代表者としての全国身分制議会という神話を、大いに高めたからであった。フェリペ2世は、再び侵攻してきたフランス軍に対抗して、歩兵連隊（tercio）つまり国内のスペイン退役軍人からなる連隊を駐屯したかった。王がこれらの軍隊を、国内のもろもろの自由を奪うために利用しようとしたという証拠はない。しかしその時代の緊張みなぎる雰囲気の中で、歩兵連隊の駐屯はまさしく人々が恐れていたことだった。王は譲歩し、今や少なくともブラバント州の身分制議会が防衛のために多くの資金を承諾するであろうと期待して歩兵連隊（tercio）を撤退させた。しかしブラバント州の身分制議会が防衛のために多大の資金を使うことはなかった。そしてその理由は主に、第三の最もやっかいな原因にある。つまり、それは、懸案だったネーデルラントの教会再編成の問題であり、その問題に関して王はローマ教皇には同意していたが身分制議会には相談していなかったのである。

　14の新しい司教区が、主にプロテスタントという異端に対する戦いを推進するために創設されねばならなかった。その計画はほとんど支持を得られないことがわかった。ブラバント州の大きな修道院の院長たちは、新しい司教区のために資金を調達することを要請されたので、それによって収入が失われることに憤慨した。貴族は、自分の息子たちにあてがわれる役職や職位が失われることに憤慨した。というのは新しい司教区は、十分な資格を与えられた聖職者のために確保されることとなったからである。諸都市は、自分たちの裁判権が宗教裁判所に移ることに憤り、そしてこのことが外国商人を駆逐することになりはしないかと恐れた。それらの外国商人のおかげで諸都市は繁栄していたからである。そしてこれら全ての集団は、伝統的に州の身分制議会および全国身分制議会に代表者を送っていたので、国王の、教会に関するこの諸計画は、君

主政とこれら諸議会との関係に影響を及ぼさずにはおかなかった。

国王が偶像破壊の暴動を処罰するため、そして1566年に起きた少々無計画な武装反乱を処罰するため、アルバ公を外国人からなる大軍とともに派遣した時、とうとう信頼関係は崩れた。そしてこの反乱は、摂政であったパルマ公マルガレータによって、上級貴族の援助を得て1567年に鎮圧された。もしフェリペ2世が当初の計画通りに、アルバ公と共にネーデルラントに行くことができていたならば状況はうまく切り抜けられていたであろう。しかし、ドン・カルロス事件──フェリペ2世の狂った一人息子の投獄──そして少し後のグラナダのモリスコ（名目上キリスト教化されたムーア人）の暴動のために、フェリペ2世はスペインを離れることができなかったのである。

アルバ公はネーデルラントの全ての公法を無効にした。新しい裁判所である紛争処理評議会は、1万2千以上の人々に死刑あるいは財産没収を宣告した。しかし1572年、ホラント州およびゼーラント州はスペイン人を追い出すことに成功した。その理由は主に、アルバ公がフランスからのプロテスタント軍侵入の阻止に専念しなければならなかったことによる。ホラント州およびゼーラント州の州議会は、その州議会の委員会によって機能する代替政府を設立した。州議会はオランィェ公ウィレムをこの政府の長として任命した。彼は、ネーデルラントの有力者の中で最も裕福であり、アルバ公の着任により亡命することになったホラント州の前総督であった。そしてウィレムは、彼の権威が州議会に由来することを率直に認めたのである。

これはもはや「政治的王的支配」ではなかった。オランィェ公は議会的政府を率いたのである。その政府は、例外的状況を処理するための純粋に実務上の仕組みとして出発した。そしてその政府は、理論上は少なくともまだ王の主権に対する反抗とは見なされなかったし、まして君主政に代わる体制とは見なされなかった。しかしこれはまさに君主政に代わる体制となった。王と議会的政府が1575年に交渉を行った際、両者は本当に心からカール5世の古き良き時代へと戻りたいと主張した。しかし王は、「政治的王的支配」の範囲の中では極端に王党派的な目標に立った解決を提示した。王は大赦を与え、プロテスタ

ントの国外移住を許した。しかし王は、平和が回復された後にだけ全国身分制議会を召集し、伝統的に議会の助言を求めていたような問題に関してだけその助言を受け入れた。これは宗教と主権の問題を除外していた。ホラント州およびゼーラント州の州議会は、たとえカール5世治下で状況がどんなものであったとしても、このような条件をもはや受け入れることはできなかった。フェリペ2世とアルバ公は、「政治的王的支配」体制が機能するに必要な最低限の信頼を壊したのである。

ホラント州およびゼーラント州の州議会は、主権的権力を知ってしまったので、それを手放す気は毛頭なかったことは間違いない。両議会は交渉を通じて、全国身分制議会はいかなるものであれ、あらゆる問題を処理する権利があると主張し、そして王令を廃止するか修正することができると主張した。両議会は後にオラニィエ公がネーデルラントの新しい支配者として招いた、フランスのアンリ3世の弟であるアンジュー公との交渉においても同様の主張を行った。予測されたことだが、フランスの絶対主義的伝統とネーデルラントの身分制議会の新しい原則との結合はうまくいかなかった。さらに1587年にはレスター伯との関係もうまくいかなかった。主権に関する同様の論争においてオランダのスポークスマンであるフランソワ・フランクは、主権は、全共同体の中の名士達によって構成されている「都市評議会」（vroedschappen）にあると表明した。そしてこれらの都市評議会こそが、非常に制限された権力しか持たない代理者をホラント州の身分制議会および全国身分制議会へと派遣したのである。

1576年に、給与の支払いを受けていないネーデルラント駐屯のスペイン軍が反乱を起こし、王の権威は失墜した。ブラバント州およびホラント州の州議会は、かつてホラント州議会が1463年に行ったように全国身分制議会の召集を呼びかけた。そして追放されていた国家評議会は、全国身分制議会と密接に協力しながら、1576年11月8日ホラント州およびゼーラント州とガン講和条約を結んだ。

これらは、王の権威を必要としなかった革命的行為であった。ネーデルラントに新しく派遣された摂政であり王の異母兄弟にあたるオーストリアのドン・

ファンは、全国身分制議会とは折合が悪いこと、「政治的王的支配」体制の中では事がうまく運ばないことを悟り今や明白に強力な攻撃の矛先を全国身分制議会へと向けたのであった。ホラント州およびゼーラント州はドン・ファンを全く容認しなかった。1577年にドン・ファンは軍事行動を再開した。全国身分制議会は対抗手段として、ホラント州議会がかつて統治者としてオランィェ公を任命したように、マティアス大公を総督に任命したのである。全国身分制議会はマティアス大公を補佐すべき国家評議会議員を任命し、大公はその評議会の助言に基づいて行動するよう課せられた。戦争および和平、課税、全ての重要な立法および人事に関する決定は、評議会の同意を必要とし、そして評議会もまた、いつそしてどのくらいの期間評議会が召集されるのかを自由に決める権利を主張した。

　ここにおいて十分に組織された議会制的体制が成立した。「政治的・王的支配」が「王的支配」と異なると同様に、議会制的体制は「政治的王的支配」とも異なるものであった。ホラント州の場合と同様に、その背景で指導的役割を果たしたのはオラニィェ公ウィレムの精神であった。ウィレムは、必ずしも自分の行動の含意を理解していたわけではないが、自分が行っていることについてはおそらくかなり熟知していた。以前ホラント州においてまさにそうであったように、ウィレムを議会による解決へ向かわせたのは、実利的な考慮であった。この成功は今や二つの条件に依存していたようである。第一の条件は、王および全国身分制議会がそれぞれネーデルラントにおいて動員できる軍隊のうち、どちらが強いかであった。第二の条件は、王および全国身分制議会の両者が、近隣の強国から直接的間接的に受ける援助の、どちらが有効であったか、であった。

　結局、フランドル州において革命的カルヴァン派の運動が盛んになったので、かつてのカトリックの多くの反スペイン派聖職者、貴族、都市の有力者は王の傘下へと逆戻りした。1579年彼らはある和解（アラス同盟）に至った。その和解は、ワロン州における州議会にかなりの諸権利を残すものであった。このことは「政治的王的支配」への回帰であった。とはいえ絶え間ない戦争、そして

フェリペ2世および彼の後継者たちの個人的意向からの圧力のために、権威のバランスはますます君主政へと傾いたのであった。

全国身分制議会は、フランドル州および大部分のブラバント州を強力な王党派スペイン・カトリックの逆襲から守り、とどめおくことはできなかった。しかし全国身分制議会は、ホラント州およびゼーラント州を核とする北部7州をおさえてネーデルラント連邦共和国という新しい国家を形成した。このことでさえも、戦争が続く危機的な時代、スペインがイングランドおよびアンリ4世率いるフランスとの戦争によって混乱していたために、かろうじて成し遂げられたのである。しかしまた、逆説的ではあるが、革命に陥りやすい大都市をかかえていたフランドル州およびブラバント州を失ったことで、ネーデルラント連邦共和国は南部諸州をはるかに上まわる社会的安定を享受しえたことも、このことが可能となった一因であった。この社会的安定は、ホラント州が連合の中でとりわけ経済的財政的に優位であったことによるものだった。そしてその優位は皮肉にも、フランドル州およびブラバント州がそのとき競争の中にいなかったことにもよったのである[31]。

全ての政治的かつ宗教的諸問題が解決されていたわけではなかった。スペインとの戦争の最前線にあったカルヴァン派は、徐々に、人口の大半を自分たちの信仰へと首尾よく引き入れることに何とか成功した。しかし他方でカルヴァン派は、内部の争いにかかずらうことになった。そして17世紀初期には、これらの争いは不可避的に政治の争いと深く関係していった。オランィエ家の代理的君主政という形での身分制議会と行政府の争いは再浮上し、そして宗教的感情によってあおられ、さらに流血を伴う危機へとなだれ込んだ[32]。ヨーロッパの貴族的宮廷社会はこの「ブルジョア」共和国を蔑んでいた。というのは、この共和国はぎこちない連邦という国制そして新式の議会制を持っていて、その機能は、ネーデルラント連邦共和国の外ではほとんど理解されなかったからである。「その共和国は、煙草の冠をつけた黄金の悪魔が、チーズの王座に座っている」とフランスの諷刺では言われた。しかし巧みな外交および陸海軍組織によって、このブルジョア共和国は、17世紀をとおして有力な強国として

振舞った。そしてこのブルジョア共和国においてはその政治的体制ゆえに、市民とこの国に逃げ場を見いだした多くの著名な外国人に、約200年間ヨーロッパの他のいかなる国よりも多くの政治的宗教的自由が与えられたのであった。

　イングランドは、ネーデルラントと同様に、典型的な「政治的王的支配」の形で、15世紀内戦期から現れた。しかしネーデルラントとは異なり、1500年のイングランドは一つのまとまりのある国家であった。少なくとも他のヨーロッパの大君主国よりはそうであった。同時にイングランド人の支配的エリート層は、大部分の大陸の君主政における支配的エリート層よりも同質的であった。ここイングランドには、中央政府から事実上の自治権を獲得したという誇らしい歴史を持つ大都市は見られなかったし、また革命的行動を起こしたという同様の誇らしい歴史のある、強力に組織化され政治化されたギルドを持つ大都市も見られなかった。1381年の大農民一揆は、地方と同様に都市でも激しく展開されていたが、フランドル州で起きた一揆のように、議会の伝統の一部となることは決してなかった。イングランドの特権都市（borough）は、若干の例外はあるが、西ヨーロッパの議会において通常第三身分を構成する都市よりもさらに小さかった。そしてそのような小都市が多く存在していたのである。確かに15世紀までには、そしておそらくかなり前から、議会で特権都市を代表している議員の多くは、カントリ・ジェントルマンであった[33]。そしてこれらジェントルマンの多くは、貴族院に議席を持つ大土地所有の貴族の血縁か、あるいは彼らの配下の者たちであった。もっとも、バラ戦争の後は、ジェントルマンはもはや軍事的奉仕者ではなくなっていた。

　君主政が、議会に代表を送っている、この広い基盤を持つ社会的エリート層を怒らせない限りは、伝統的な「政治的王的支配」が機能し続けるのは当然であった。それはテューダー朝の最初の二人の国王ヘンリー7世およびヘンリー8世のように、国王が非常に権威主義的気質を持っていた時でさえもそうであった。これゆえ、イングランドにおいて宗教改革は比較的容易に導入されたと考えられよう。

　ドイツのいくつかの領邦国家（principalities）においてそうであったように、

ローマ教会との断絶の第一歩は君主政の側から生じた。この断絶の理由は、ドイツよりもスウェーデンにおいて顕著だったように、宗教的というよりも第一に政治的なものだった。スウェーデンにおいてグスタヴ・ヴァーサは、その正当な国王であったデンマークのクリスティアン2世から自分の王国を奪いとらなければならなかった。特にスウェーデン内部における彼の主な敵対者はウップサーラの大司教であったので、ヴァーサの対デンマーク軍事行動は、またローマ教会に対する反抗運動ともなった。ヴァーサは、自分の地位と王の称号とを、1523年のヴェステロースにおける最初の完全な「身分制議会（riksdag）」すなわち、スウェーデン議会に承認させていた。ヴァーサは以下の三つの策略によって、混乱している人々を首尾よく自分の味方につけた。第一に彼は、自分がひき続き宗教的正統性を持つことを宣言したが、一方で「真の福音」の説教を支持していた。第二に彼は、スウェーデンの君主政は選挙制なのだから、自分が退位すると国が無秩序になるか、あるいは執念深くて有名なクリスティアン王が国を治めることになると言って脅かした。第三にヴァーサは、15世紀中葉以来貴族によって教会へと寄贈された全ての所有地を還俗させることを、スウェーデン「身分制議会（riksdag）」に法制化させた。そして修道院および女子修道院は「忠良騎士（good knights）」の管理下に置かれることとなった。忠良騎士たちは、最小限度の運営費用を控除した上でこれらの修道院の収入を国王と共有した[34]。

イングランドのヘンリー8世は、グスタヴ・ヴァーサと同様に、無秩序から自国を守ろうとした。つまり、正当な後継ぎである男の嫡子がいないときに起こりうる無秩序を恐れていたのである。したがってローマ教皇がヘンリー8世にアラゴン公国のキャサリン（彼らの子供は、一人の娘を除いて全て幼少で亡くなった）との離婚を認めない、または認めることができなかったとき、ヘンリー8世もまたローマ教会と断絶しなければならなかった。ヘンリー8世は世襲君主のため、退位すると脅かすことはできなかった。そのような戦術はいずれにしても彼の思いつくところではなかったであろうが。しかしヘンリー8世は、グスタヴ同様に少なくとも最初のうちは宗教的正統性を継承すると宣言し、司

教職を彼の息のかかった者で独占した。しかし最終的にローマ教会と断絶してしまうと、イングランドにおいてもスウェーデンにおいても、宗教改革の導入は、不可避的とは言わないまでも、十分ありうることであった。なぜならば、君主政がつくりあげたこの宗教的空洞は、非カトリック説教者たちが最も活発に活動できる場になりえたからであった。この時代にこれらの説教者といえばそれぞれカルヴァン派およびルター派だった。

グスタヴ同様にヘンリー8世も、必要な法律を制定するために議会が必要であった。そして1532年から1534年までの、これらの法律を制定した「宗教改革議会」の4回の会期において彼は、グスタヴがスウェーデンの「身分制議会」で経験したのに比べると、それほど反対にはあわなかった。ローマ教皇は、イングランドの教会に対し、聖職者叙任権、立法、財政、教義の決定の領域における全ての権威を失った。一方イングランドの聖職者は、ローマ教皇に訴えることはもはや認められなかった。この件に関する全てのことは新しい反逆罪に関する法律によって裏打ちされた。ヘンリー8世は、イングランド国教会の「最高の首長」となった。かくしてヘンリー8世は彼の王国を、あらゆる外的権威から解放するという意味で帝国にした。ヘンリー8世はまた、教会と国家の最高権威をそれぞれ区別するという1500年にわたるカトリック・キリスト教的ヨーロッパの伝統をも完全に破壊したのである。ヘンリー8世は、グスタヴ・ヴァーサおよびドイツのルター派諸侯がヘンリー以前にまさに行ったように、修道院および女子修道院を解散させ、それらの所有地を安価で売却することによって、この革命を確かなものとした。かくしてヘンリー8世は膨大な数の土地所有者を国教制度の新秩序と結びつけたのである[35]。

王党派家臣および法律家が、議会は国王の立法を通過させたり課税に同意したりする上で有用な政府の片腕でしかなく、それ以外に必要な機能はほとんどない——つまりイングランドは今や飼いならされた議会という付属物を伴う「王的支配」である——というふうに、この一連の出来事を解釈したとしても驚くにはあたらない。これら王党派の曲解がすぐに劇的な結果を生じたわけではなかった。しかし君主政は、次の世紀になるとそれらの曲解のために高い代

償を払うことになった。

　宗教的情熱が今やヨーロッパ大陸においてと同様にイングランドにおいても政治に介入し、政治ゲームは危険なものとなり、慎重な対応を要求するようになった。なぜならば、宗教の違いが今や人々の政治的立場を規定するようになったからである。ヘンリー8世の政略結婚および外交政策は、彼自身の神学上の探求と、そしてますます身を切るような形で宗教的に国が分裂することに結びついていった。しかもこれらの政治が、流血を伴うという事実は隠しようがなかった。なるほど、その時点ではまだ、議会はこれらの闘争には巻き込まれておらず、君主の意向に従う姿勢を示していた。また議会および国のエリート支配層は、エドワード6世（1547-53）の摂政政府の期間、カルヴァン派プロテスタンティズムへ急旋回することにも異議を唱えなかった。しかし、ヘンリー8世は自ら国内の教会の「最高の頭」として宗教の変革を始め、一般的承認をとりつけ彼の行為の合法性を確かにするためだけに議会を利用したのであったが、今や摂政議会は宗教の変更に関する全ての事柄において、国王とともに直接的に責任を持つようになったのである。これは全く新しい事態であった。「政治的王的支配」の中で国王の権威は、議会によって制限されてはいたが、議会に由来するとは決して考えられていなかったし、従って国王の「至高性」はなおさらそのようには考えられなかった。議会は今や国王の行為にかかわっていただけではなく、国王大権の行使に参加していたのである[36]。ヘンリー8世の皇帝教皇主義は皇帝—議会—教皇主義となったのである。この立場はどの程度理解されていたのか、そしてその含意は何であったのかという問題は依然残っていた。

　メアリ1世（1553-58）が国をローマ教会へ帰順させようとした際、このことは議会による制定法を通じてのみ可能であることがただちに明白となった。最後になって議会は君主の指図におとなしく従った。神学者がたとえ何と言っていようと、イングランドだけに限らず大多数の人々にとって、教派間の境界線はまだ十分に厳密なものではなかった。そしてその境界線はトレント公会議の決定およびその後に続くカトリック対抗宗教改革まで、確定することはなか

ったのである。しかし、メアリは、父の宗教改革で行われた教会財産の取り決めの破棄に関して議会に同意させることに失敗した。宗教がらみの政治は流血を伴うということが、今や異端者を火刑に処する際の燃える薪の中にまさに表れていた。スペインのフェリペ2世とメアリ女王の結婚は非常に評判が悪かった。そしてスペインの同盟国として参加したフランスとの戦争は悲惨なものだった。これら全てのことに鑑み、歴史家がイングランドがスコットランド、フランス、ネーデルラントのような宗教的内戦へと向かわなかったことをいぶかるのはもっともだった。その際、ネーデルラントで全国身分制議会がそうしたように、宗教的内戦においては、議会が顕著な役割を果たす傾向があった。

　おそらくは幸いなことに、1558年11月にメアリ女王が早世したことで、イングランドは典型的な王位継承の危機に直面した。ヘンリー8世とアン・ブーリンの娘であったエリザベスは、カトリックによって正当な継承者と見なされなかった。彼らの見方からすれば、正当な継承者は、当時フランス王位の継承者（フランソワ2世、1559-60）と結婚していた、スコットランドのメアリ女王であった。このような場合に議会が重要な役割を担うことはヨーロッパの慣例においては通常のことであった。とはいえイングランドにおける1339年、1460年、1483年、1485年の諸先例は、全て軍事力によって王位が簒奪されたことを示していた。これらの先例のためにイングランドは、大陸の人々から悪評を買っていた。ヘンリー8世が1534年に議会の法令によって王位継承を定めたのは、この有害な伝統をまさに打破するためであった。エリザベスは、その時点で完全なイングランド人の候補者であり、したがって議会の支持を得ることには困難は全くなかった。とはいえスコットランドのメアリ女王の存在は、1587年にメアリが処刑されるまで、エリザベスにとって現実の脅威であった。そしてメアリが処刑された後でさえも、フェリペ2世がアルマダ（無敵艦隊）の軍事行動を正当化すべくメアリの権利を主張したので、その脅威は依然存在したのである。

　宗教的問題はより困難であった。しかし実際には、エリザベスはプロテスタンティズムへ戻る以外選択肢はなかった。というのも、彼女自身がプロテスタ

ントだったからであり、そして国も明らかにそれを切望していたからであった。もちろんこのプロテスタントへの復帰に反対する者がいた。例えばメアリに任命された司教および多くの貴族たちであった。エリザベスは彼らのうちの幾人かを逮捕し、それ以外の者たちも議会に出席できないようにした。その後、広範囲なプロテスタントの意見に訴えかけるよう念入りに起草された国王至上法そして礼拝統一法は、比較的簡単に通過した。女王は自らをイングランド国教会の「最高の長」ではなく、むしろ「統治者」と称した[37]。

　それは議会運営のための非常に巧みな術策の一つであり、このような巧みな術策はエリザベスの治世における顕著な特徴であった。しかしそれはトントン拍子にうまくいったのである。イングランド人は、対抗宗教改革の新たな勢いを、絶対主義と結びつけて考えた。のみならずフランスでの大虐殺、ネーデルラントでスペイン軍によってなされた残虐行為、女王の生命を狙う策略、そして最後にはフェリペ2世のアルマダ（無敵艦隊）による侵略という威嚇とも結びつけられたのである。一般的に議会および世論が、熱心に女王を支持していたのはおどろくにはあたらない。エリザベスの治世（1558-1603）の間の7回にわたる、比較的短い会期中に、議会は433もの法律を制定した。それはヘンリー8世のたったの7年間の宗教改革議会によって、222の法律が可決されたことほどには顕著ではないが、イングランドにおいて「政治的王的支配」が有効に機能していたことを物語っていよう[38]。いつもというわけではないが、しばしば庶民院における討議の主導権は、女王の評議会あるいは評議会のうちの一派が握っていた[39]。女王に結婚および国に跡継ぎをもたらすことを急がせようとする討議の場合は常にこのようであった。しかし長い目でみればこのことは、家臣にとって危険なゲームであった。以上のことは、議会は単に政府の道具であるという考えを家臣に確信させた。と同時に、最も重要な事柄は議会で討議されるべきであるという国の見解をも確信させたのである。家臣たちは、自発的な協力を完全な支配と誤解し、「政治的王的支配」体制の中で権威を分配しなければならないという現実性を無視したのである。これは17世紀にまだなお解決されなければならない問題であった。

≪Ⅳ≫ 解　決

　スウェーデンでは「政治的王的支配」(dominium politicum et regale) が、1523年のヴェステロースの「全国身分制議会」(riksdag) で華々しく承認されたが、その後70年間は何とかうまく機能した。他のヨーロッパの君主政と同様、スウェーデンの君主政は、議会の地位を低下させることに全力を尽くした。しかし1568年から69年にかけて精神異常であるエーリック14世を退位させ、そして彼の弟であるユーハン3世を継承させたことは、上級貴族および「身分制議会」の会議からの援助によってのみ達成することができたのであった。このことは皇帝ルドルフ2世が、彼の弟およびボヘミアの身分制議会によって40年後に退位させられたことにむしろ似ている。ユーハン3世はローマとの和解を果たすために、国内に今やしっかりと定着したルター主義を修正しようと試みたが、ごく表面的な成功を得たのみであり、たとえ成功した部分があったとしてもルター派信徒の信仰をますます強化する結果となった。

　浮上してきたこの対決は、二つの相反する宗教的信条間の闘争そして外国からの干渉を伴った、典型的な継承の危機という形となって表れた。ユーハンの息子は1587年にジギスムント3世としてポーランド王に選ばれていて、カトリック主義に改宗していた。彼の父の死後、1593年に彼はスウェーデンに戴冠式のためにやってきて、ルター主義の宗教のみがスウェーデンで実践されることを「全国身分制議会」に約束した。しかし彼はひそかに、この約束を反古にしていた。いまや状況は完全に混乱していた。ユーハン3世の弟であるカール大公はスウェーデン政府の支配のために色々と手をつくした。「国王評議会」(riksrad) の大貴族は、「全国身分制議会」における第一身分をも形成しており、特別な権力を保持し、政府内の諸身分の中でより重要な役割を担っていた。そのうちの大貴族の中には、オーストリアの貴族のように、フランスのモナルコマキ文献に精通している人々もいた[40]。ルター派説教者はカトリック王に反対する民衆を鼓舞した。

　1597年および1598年に内戦が勃発した。ジギスムントはポーランドの軍隊

でスウェーデンを侵略したが、カール大公によって打ち負かされた。そして「全国身分制議会」はカールを摂政および法的に有効な君主として正式に認め、1604年にカール9世として王の位を受諾するように促した。そして議会は法廷としての役割をも担った。ジギスムントに忠誠を維持することを結局選んだ「国王評議会」の議員への裁判のためである。そしてその議員たちは処刑されたのである[41]。

　カール9世および彼の息子であるグスタヴ・アードルフは性格的にも独裁的であり、当時の大陸の君主たちと似たようなものであった。しかしこの二人はより巧みな策略家でもあった。彼らは、ポーランド、デンマークそして皇帝とのほとんど絶え間ない戦争に巻き込まれていたため、「全国身分制議会」を通じてスウェーデン国の世論をなだめることに気を遣い、また大貴族を懐柔しようとした。この懐柔は、政府内で優勢な位置を占める「国王評議会」を継続することによって、また大陸での目もくらむ軍事的および政治的出世を貴族に提供することによってなされた。これはスウェーデンに譲渡された広範囲の国王領土によって補完された。1654年にスウェーデンの大法官であるアクセル・ウクセンシェルナはスウェーデン版「政治的王的支配」を表明した。

　　我々の法律によって国王の権力および人民の権利の範囲は十分に知られ確立されている。国王は、全国身分制議会（riksdag）の同意なく法律を作ることはできないし、どんな法律を変えることも、廃止することも、そして人民を国外に無理やり追放することもできない。そして国家の最高機関であるその会議には、聖職者、特権都市、農民からそれぞれ選ばれた代表者によって、また貴族の領主によって、全ての人民の投票および同意が含まれている。したがってあらゆる階級の人々は、自らあるいは代表者によって国の最高会議を共有している。この国の最高会議によってのみこれらの大切な諸件が処理されるのである[42]。

　やがて明らかになったように、ウクセンシェルナは楽観的に過ぎた。彼が発

言していた時点ですら、自己利益を追求している「国王評議会」の有力者はすっかり不人気となっていた。そして幼少のカール 11 世の摂政政府の期間に、これら有力者たちがかなり悲惨な財政上および外交上の政策を統括した際、彼らの人気はどん底に落ちたのである。1680 年カールは今や成人し、「全国身分制議会」の残りの人々は黙認するまま、「国王評議会」に対抗してクーデターを遂行した。そして彼は穏便にこの組織すなわち国王評議会を不要にした[43]。デンマーク王は、1660 年から 1665 年までまさにこれと同様なクーデターを遂行した。

いまや双方のスカンジナビア王国は、「王的支配」の近代版である絶対君主によって統治されていた。しかしスウェーデンでは権力の配分はまだはっきりと確立されてはいなかった。カール 12 世の死後、彼の妹であるウルリーカ・エレオノーラは、彼女自身の継承に関して明白な権利もなく、他の継承候補者たちが控えているなか、全国身分制議会を再び召集しなくてはならなかった。議会はスウェーデンに一種の成文憲法をもたらした。しかし問題点は残っていたのである。「政治的王的支配」体制に戻ることはもはや不可能のようであった。ネーデルラント連邦共和国と同じようにスウェーデンは議会体制を獲得したのである。形態は君主政のままではいたものの、その政府は今や代表制会議の意見に依拠することとなったのである。グスタヴ 3 世は 1772 年に再び絶対主義を確立しようと試みたが、この政体は 1792 年に彼が暗殺され終焉を迎えたのだった[44]。

イングランドではもろもろの対立が頂点に達するまでにさらに時間がかかった。しかしここで特徴的なことはテューダー朝のシステムにあった亀裂が、外国人の王であるジェームズ 1 世が即位するとたちまち顕在化したことである。ジェームズはもちろんエリザベス 1 世から受け継いだ「政治的王的支配」体系を機能させる気ではいたが、あくまで彼のやり方に従って、であった。1604 年彼の最初の議会において、彼は全ての議会的特権は王の権威に由来すると述べた。これは特に目新しい驚くべき主張というわけではなかった。ネーデルラントでは 15 世紀にフィリップ美麗王が、そして 16 世紀にはカール 5 世と彼の

家臣団が同様な主張をしていた。ネーデルラントの議員たちは、目前の実質的諸問題の議論へと戻りたがり、このような主張についての議論を常に避けていた。そして家臣団の方では政治的理論づけなしでも十分やっていけていた。しかしイングランド議会では、議員の半分はエリザベス治世下の議会に参加していたので、新しい国王に対し議会の諸権利を熱心にたたきこもうとし、王に対抗する主張をした。国王の政府と庶民院との双方の知的リーダーシップはますます法学者によって占められ、国王大権と議会およびイングランド人の権限・特権とに関してはさらに表立って議論されるようになり、より一層明確に定義されるようになった。同時に社会契約論、ボダンの主権論、そして国家理性の理論の普及は、政治に対する見方をとぎ澄まさせ、利害の衝突を知的に説明させるようになり、そして友敵関係をはっきりさせた[45]。

その結果このシステムにおける緊張は、王と議会の一派との口論が昂じ、王が癇癪をおこすに至って明白になった。その癇癪は、皇太子とスペイン王女との結婚の提案についての議論を王が禁じたにもかかわらず、庶民院が公然と無視してしまったとき、ジェームズ1世が庶民院議事録（1621年12月）の一ページをやぶるという事態に表れた。それはオーストラリアのマルガレーテが1528年にした行動を思い出させるものであった。マルガレーテは、大法官が歓呼入市（joyeuse entrée）に違反するゆえ無効だと表明していたにもかかわらず、ブラバント州の大法官から証印をとりあげ、身分制議会の条例に自分で調印したのである[46]。ジェームズ1世と議会との間の緊迫した関係は、議会による立法を目にみえて衰退させることになった。ジェームズ治下の最初の議会は、1604年から1610年までの会期に228の法律を制定した。それはヘンリー8世の宗教改革議会の時の条例の数に近いといえる。しかし、1610年の最後の会期では条例は一つも制定されなかったし、1614年の「混乱議会」においても同様であった。その後ジェームズは、1621年まで議会を召集しなかった。そしてその第二会期においても、さらにはチャールズ治下では1626年および1629年の議会においても条例は全く制定されなかった[47]。

チャールズ1世治世の初期には、イングランドはフランスおよびスペインと

再度交戦中であった。これらの戦争の遂行方法はまちがっていた。しかしフランスとスペイン両国も他国との戦争に従事していたので、イングランドにとっての危険は、スペインの無敵艦隊のときほど明白な差し迫ったものではなかった。ラ・ロシェルの遠征途中の1628年に、チャールズは、臨時の増税と、兵士のための宿舎の獲得を試みている際、破壊活動の疑いのある人を通常の法的手続きなしに投獄することを合法化した。彼は貴族院に以下の所見を送った。このような投獄に関する理由が公にされなければならなくなったら、「王の職務は、なり立たなくなり打ち負かされてしまうだろう。だからそのような例外的性質の事例を裁判する場合、裁判官たちは法の支配に服さない」、さもないと「余の君主政の真なる基盤および枠組み」は危機に瀕してしまうだろう。「余の主権を剥奪しない限り、余は主権に対する批判と反対を許さない」[48]。ここでは、ボダンの名前は言及されなかったものの、意識的にかそうでないかはともかく、国王の念頭にあった主権の定義は明らかにボダンのものだった。さらに王は国家理性の教義の古典的定式を与えた。確かに庶民院は、王の言動をそのように見ていた。必要な変更を加えると (Mutatis mutanndis)、それはまた近代的政府が機密機関の任務の絶対的秘密厳守および法的不問性を正当化するために利用する議論と同じであった。この教義への反対もまたこの時と現在とではよく似ている。1628年4月28日にベンジャミン・ラディヤード卿は、「現にみられる『国家理性』は法を食い尽くしただけではなく、ほとんど全てのキリスト教世界の宗教をも食い尽くした」と庶民院で述べた[49]。

　1628年春、あいつぐ演説において庶民院議員は、国王に対する信頼、国王大権を支持する意向、王国防衛のための財政的手段を提供することへの意欲を表明した。しかし本当のところは、彼らの同意なく課税したり、正当な法の手続きもなく恣意的に人を投獄したりする王を十分に信頼していなかったし、することもできなかったのである。「私が恐れるのは外国軍よりも自国における公的権利の侵害である」と3月22日にロバート・フェルプス卿は述べた。彼は演説を有名な熱弁でしめくくった。

ああ、先見の明のない先祖たちよ！　ああ、あさはかな先祖たちよ！
汝らは土地の平穏な所有や議会の特権保持に熱心でありながら、我々の人身を無視して牢獄にいるままにしておくとは、なんと救いのないことよ。なぜ我々は法律・諸特権・所有財産に関する論争で自分たち自身を悩ませているのか……人間は自由でなくて何を「自分のもの」と呼べるのだろうか[50]？

しかし国王が、軍隊の強制宿泊、議会の同意なき課税、恣意的逮捕を禁止する権利の請願（1628年6月7日）を法律としてではなく宣言として受容したとき、王は緊急の際にはこれら全てのことを行う彼自身の権利を暗黙のうちに保有し続けたのである。

権利の請願の受容とともに「政治的王的支配」は、少なくとも表面上は維持された。誰もまだ、14年後に内乱が起こるとは予測していなかった。しかしながら歴史家に特有のあと知恵から言えば、自由と主権のディレンマが解決されなければならなかったのは、明白である。1629年、今後議会なしに統治するというチャールズ1世による決定は、全国身分制議会なしにネーデルラントを統治するという1559年のフェリペ2世による決定と同様の帰結をもたらした。それは国の困難、特に宗教的困難を救済できる一つの機関としての議会、全国身分制議会の神話を非常に強めることになった。今やイングランドの議員たちの中では、国王および大主教ロードのアルミニウス主義は、嫌悪されて恐れられている大陸のローマカトリック同然であるという強い感情があったのである。イングランドの急進的カルヴァン派であるピューリタンは、ネーデルラントの急進的カルヴァンがスペインに反抗する暴動の最初の数年間においてちょうどそうであったように、少数派であった。しかし、ネーデルラントの場合のように、イングランド国教会によって行われている宗教的強制を非常に嫌う人々はもっとたくさんいた。そしてイングランド、ネーデルラント両方の場合においても、人民が究極的に責任を負わせたのは、王であり、そして実際、王自身も自らの教義によれば責任があったのである。教皇による妨害から国の教会を守ることは、スペインでは相当な程度そしてイングランドでは完璧に達成

され、それぞれの君主政にとって力強さを加える源であった。それは昂揚した宗教的情熱の時代には、攻撃されやすい急所にもなったのである。

　これは複合君主政において特に深刻な問題であった。それはフェリペ2世と同様チャールズ1世の君主政のおかれていた条件でもあったからである。そしてネーデルラントのフェリペ2世およびカタルーニャのフェリペ4世とちょうど同じように、チャールズは自分自身が居住していない領地内での問題をかきたてないという、このような状況における基本原則を遵守しなかった。チャールズ1世はスコットランドの自律権を持つ教会と政府に干渉し、武装蜂起を引き起こし、スコットランド軍によるイングランドへの侵入（1638-40）を招いてしまった。国王軍の資金を調達するために、議会を再び召集する必要があった。しかし、1620年代の摩擦によって生じた不信感、および議会召集を長い間休止していたことは、いまとなっては公然たる対決という結果を生んだ。しかもそのことはまさにイングランド議会が、スコットランド軍との武装同盟を水面下に支持していたときのことだったのである。議会は、チャールズ1世に彼の側近であるストラフォード伯の私権剥奪、つまりは死刑令状に署名させようとしたが、それは、ブルゴーニュのマリーが1477年に彼女の大法官ユゴネーに対する死刑令状に無理やり署名させられたときと同様であった。君主と代表制議会の急進派との断絶に心理的に橋をかけることは不可能となったのである。

　そうであっても、イングランドにおける内戦の回避は可能性としてはありえた。しかしそうならなかったのは、主にチャールズ1世の3番目の王国であるアイルランドの複雑な諸問題のためであった。アイルランドのカトリック信者（土着のアイルランド人および宗教革命以前にアイルランドに定住していた「オールド・イングリッシュ」の家族）にとっては、長老派からなるスコットランド「盟約派」（Covenanters）とイングランド議会のピューリタン急進派との間の同盟は、とてつもない威嚇であった。アイルランドで暴動が起こり、イングランドでは国王と議会は、その暴動が鎮圧されるべきことに同意した。しかし、どちらの側も軍の支配については、もはや相手方を信じることはできなかったであ

ろう。緊張が増すにつれて、率先して武装行動にうったえるための主導権を握ったのは国王であった。それは、ちょうどフェリペ２世がネーデルラントで、そしてフェリペ４世がカタロニアでしたことと同様であった[51]。

　内戦では、上院貴族の大多数および下院議員のごく少数が国王に加担した。多くは、真の「騎士党員」（cavaliers）としてではなくむしろ伝統的イングランドの「政治的王的支配」の支持者として加担した。内戦を通じて、議会は以下のことを実証した。すなわち議会は独立した権威を持っていたが、その権威は国内からの支持へと変えられていった。そしてこの点こそテューダーおよびステュアート王党派が認めるのを拒否したものであった。しかしながら、軍事的勝利によってそれはまた議会内の王党派が正しいことを明らかにした。つまり「政治的王的支配」の基盤は破壊されたのである。このこともまさにネーデルラントの暴動が経験したことである。議会側の軍事指導者であるクロムウェルはこの政体を再び確立しようと試みたが失敗した。

　王政復古は成功した。しかしその体制はもろいままであった。なぜなら、体制内の諸力の均衡は国家権力が急激に強まる時代に大いに不安定になってきたからである。その体制は引き続き脆く、専制的な君主であるカトリック教徒のジェームズ２世につけこまれやすかった。再び、「王的支配」とカトリシズムは、自由の敵として広く人々の心に刻まれた。イングランドの支配階層は、王的支配とカトリシズムの邪悪な同盟を妨げ、プロテスタントの政治的王的支配を確立するためにこそ、1688-89年に名誉革命を遂行してのけたのである。特徴的なことに、この革命の成功そしてその主導権は、外国からの多大な干渉、つまりオランイェ公ウィレム（ウィリアム３世）がネーデルラントから率いてきた巨大な艦隊や強力な軍隊などによるものだった。この革命が英国を構成する全ての地域にとって等しく受け入れられるものではなかったことも、複合君主政の性質に特徴的なことでもあった。例えばアイルランドはフランスの援助をともないジェームズ２世のために戦ったのである。

　ウィリアム３世はネーデルラントにおいて、彼の権威が身分制議会に由来するということを疑ったことはなかった。ここブリテンでは、ウィリアム３世と

チャールズ2世の娘でプロテスタントである彼の妻は申し分のない世襲権利を保有していたが、ウィリアムの目には、自分の権威が議会に依存するものであることは明白であった。しかも、とくに名誉革命の後に引き続いておこったフランスとの長い戦争に関して協力が必要であるためそのことはなおさらだった。議会を打ち負かすのに失敗したイングランド君主政は議会と連携したのである。その結果、時には君主制は特別な事柄に関して思いどおりにすることができたし、他方で、議会によってすでに勝ちとられていた自由は、同時に確固としてゆらぐことはなかった。

この政治的経験ゆえに、多くのイングランド人にとっては体制の本質的変化が隠されていた。しかしアイルランドではこの変化は極めて明白だった。アイルランド議会は今や決定的にイングランド議会に従属していた。――それは、1707年スコットランドとの合邦においてスコットランド議会とも合同して後、ブリティッシュ議会になった。そして主権を有するウェストミンスターに宗教的・経済的立法に従属することになった。この点をはっきりさせるためにウェストミンスター議会は1720年にその権威がアイルランド議会に及ぶことを主張する声明条例を可決した。

アメリカの植民地において、この政体の変化の意味するところが明らかになったのは、ようやく1760年代になってからであった。つまり植民地の「政治的王的支配」がウェストミンスター議会体制によって要求されているボダンのいう主権と共存しえないということが、徐々に認識されていったのである。解決は、いつものように外国の勢力を巻きこむ、軍事的衝突を通してなされた。もちろんその紛争には多くの複雑な諸要因があった。しかしその原因の中には、二つの政体間での衝突というものは全くなかった。この形態での衝突は前例がなく、その結果誰も、おそらくエドモンド・バークでさえもそのための平和的解決策を打ち出していなかったのである[52]。

アメリカ合衆国の創始者たちはこの問題を自分たちで、すなわち必然的にブリテンから独立して、解決した。つまり議会的政府とボダン的な議会主権を断固として拒否し、それよりも連邦連合および行政、（広く人民の有権者に委ねら

第九章 16世紀とそれ以降の議会 427

れた）立法、司法の権力分立をよしとすることによって、解決したのである。それは「政治的王的支配」の近代化された、まさに効果的な体制となったのである。

注
1. 共和国については以下を見よ。*Republiken und Republikanismus in Europa der Fruhen Neuzeit*, ed. H. G. Koenigsberger and B. Oestreich (Munich, 1988); H. G. Koenigsberger, "Republicanism, Monarchism and Liberty," in *Royal and Republican Sovereignty in Early Modern Europe*, eds. G. Gibbs, R. Oresko, and H. M. Scott (Cambridge, 1995); H. G. Koenigsberger, *Early Modern Europe 1500–1789* (London, 1987), chaps. 1 and 2.
2. B. Whitelock, *A Journal of the Swedish Embassy*, ed. C. Morton, 1 (London, 1772): 320.
3. H. G. Koenigsberger, *Estates and Revolutions* (Ithaca, NY, 1971), 73–79.
4. J. Fortescue, The *Governance of England*, ed. C. Plummer (Oxford, 1885), 115.
5. *Cortes de los Antiguos Reinos de Leon y Castilla* 4 (Madrid, 1882): 285ff.
6. A. Maravall, *Las Comunidades de Castilla* (Madrid, 1963); S. Haliczer, *The Comuneros of Castile* (Madison, 1981); Koenigsberger, *Estates and Revolutions*, 181–90.
7. J. I. Fortea Perez, "The Cortes of Castile and Philip II's Fiscal Policy," *Parliaments, Estates and Representation* II. pt. 2 (Dec. 1991): 117–38; C. Jago, "Philip II and the Cortes of Castile: The Case of the Cortes of 1576," *Past and Present* 109 (Nov. 1985): 24–43.
8. J. D. Tracy, *Holland under Habsburg Rule 1506–1566* (Berkeley, 1990), 53–54; Koenigsberger, *Estates and Revolutions*, 166–75.
9. J. Gilissen, *Le régime représentatif avant 1790 en Belgique* (Brussels, 1952), 117.
10. H. G. Koenigsberger, *Politicians and Virtuosi* (London, 1986), 46.
11. I. A. A. Thompson, "Crown and Cortes in Castile 1590–1655," *Parliaments, Estates and Representation* 2.1 (June 1982): 29–45; id., "The End of the Cortes of Castile," ibid. 4.2 (Dec. 1984): 125–33.
12. Koenigsberger, *Politicians and Virtuosi*, 46.
13. J. H. Elliott, *The Revolt of the Catalans: A Study in the Decline of Spain* (Cambridge, 1963); id., *Spain and its World* (New Haven, CT, 1989), 71–91.
14. 民衆レベルでは、フス派の襲撃にまつわる記憶が20世紀まで存続した。私の名付け親はシレジア地方の寒村出身だったが、彼女はフス派の恐怖について、あたかもそれを経験してきたかのように語るのを常としていた。
15. H. Kaminsky, *A History of the Hussite Revolution* (Berkeley, 1967), especially 296–309; D. Hay, *Europe in the Fourteenth and Fifteenth Centuries* (London, 1966), chap. 9.

16. W. Eberhard, "The Political System and the Intellectual Traditions of the Bohemian Standestaat from the Thirteenth to the Sixteenth Centuries," in *Crown, Church and Estates: Central European Politics in the Sixteenth and Seventeenth Centuries*, eds. R. J. W. Evans and T. V. Thomas (London, 1991), 23–47; K. J. Dillon, *King and Estates in the Bohemian Lands, 1526–1564* (Brussels, 1976), 110–40.
17. V. Press, "Vom 'Standestaat' zum Absolutismus: 50 Thesen zur Entwicklung des Standewesens in Deutschland," in *Standetum und Staatsbildung in Brandenburg-Preussen*, ed. P. Baumgart (Berlin, New York, 1983), 324; Cf. Koenigsberger, *Early Modern Europe*, chaps. 2 and 3.
18. 第八章を見よ。
19. K. Bosl, *Die Geschichte Reprasentation in Bayern* (Munich, 1974), chap. 4, especially 141–57.
20. 三十年戦争の概説史の他に Evans and Thomas, *Crown, Church and Estates* に収められている以下のものを見よ。G. Heiss, "Princes, Jesuits and the Origins of the Counter-reformation in the Habsburg Lands," 92–109; K. Benda, "Habsburg Absolutism and the Resistance of the Hungarian Estates in the Sixteenth and Seventeenth Centuries," 123–28; J. Panek, "The Religious Question and the Political System of Bohemia before and after the Battle of the White Mountain," 129–48; W. Schulze, "Estates and the Problem of Resistance in Theory and Practice in the Sixteenth and Seventeenth Centuries," 158–75; G. Schramm, "Armed Conflict in East and Central Europe: Protestant Noble Opposition and Catholic Royalist Factions, 1604–20," 176–95; I. Auerbach, "The Bohemian Opposition, Poland-Lithuania and the Outbreak of the Thirty Years War," 196–225.
21. G. Oestreich, *Neostoicism and the early modern state*, eds. B. Oestreich and H. G. Koenigsberger, trans. D. McLintock (Cambridge, 1982).
22. H. Schilling, *Konfessionskonfiikt und Staatsbildung: Eine Fallstudie... am Beispiel der Grafschaft Lippe* (Guersloh, 1981).
23. F. L. Carsten, *The Origins of Prussia* (Oxford, 1954), 165–277.
24. Koenigsberger, *Estates and Revolutions*, 226–33; D. R. Kelley, *The Beginnings of Ideology: Consciousness and Society in the French Reformation* (Cambridge, 1981), 253–97.
25. J. Russell Major, *The Estates General of 1560* (Princeton, NJ, 1951); id., *The Monarchy, the Estates and the Aristocracy in Renaissance France* (London, 1988), 460–76.
26. J. Russell Major, *Monarchy, Estates and Aristocracy*, 701–15.
27. J. H. Mariejol, *La Réforme et la Ligue* (Paris, 1904), 365–82.
28. Koenigsberger, *Politicians and Virtuosi*, 64–65.
29. Tracy, *Holland under Habsburg Rule*; Koenigsberger, *Estates and Revolutions*, 166–75.
30. Koenigsberger, *Estates and Revolutions*, 125–43.
31. Ibid., 190–210; id., *Politicians and Virtuosi*, 97–119, 63–76; id., *Early Modern Europe*, chap. 3.

32. H. H. Rowen, *The Princes of Orange: The Stadtholders in the Dutch Republic* (Cambridge, 1988).
33. J. S. Roskell, *The Commons in the Parliament of 1422* (Manchester, 1954), chap. 7.
34. M. Roberts, *The Early Vasas: A History of Sweden, 1523–1611* (Cambridge, 1968), 75–82; H. Schuck, "Sweden's Early Parliamentary Institutions from the Thirteenth Century to 1611," in *The Riksdag: A History of the Swedish Parliament*, ed. M. F. Metcalf (Stockholm, 1987), 39–42.
35. M. A. R. Graves, *The Tudor Parliament; Crown, Lords and Commons, 1485–1603* (London, 1985); G. R. Elton, "The Reformation in England," in *New Cambridge Modern History 2*, 2d ed. (Cambridge, 1990): 269–72.
36. Elton, "The Reformation in England," 283.
37. N. Jones, *Faith by Statute: Parliament and the Settlement of Religion* (London, 1982); G. R. Elton, *The Parliament of England 1559–1581* (Cambridge, 1986), 350–79.
38. S. E. Lehmberg, "The Role of Parliament in Early Modern England," in *The Swedish Riksdag in an International Perspective*, ed. W. Stjernquist (Stockholm, 1989), 77.
39. P. Collinson, "The Monarchical Republic of Queen Elizabeth I," *Bulletin of the John Rylands Library of Manchester* 69.2 (1987): 394–424; G. Q. Bowler, "An Axe or an Acte: The Parliament of 1572, and Resistance Theory in Early Elizabethan England," *Canadian Journal of History 19* (1984): 349–59; H. G. Koenigsberger et al., *Europe in the Sixteenth Century*, 2d ed. (London, 1989), 289–99, 354–56.
40. K. Stromberg-Back, *Lagen, Ratten, Laren: Politisk och kyrklig ideblatt: Sverige under Johan III's tid* (Lund, 1963).
41. H. Schuck, "Sweden's Early Parliamentary Institutions," in Metcalf, *The Riksdag*, 52–58; Roberts, *The Early Vasas*, 295–393.
42. Whitelock, *Journal*, 224–26.
43. G. Rystad, "The Estates of the Realm, the Monarchy and Empire, 1611–1718," in Metcalf, *The Riksdag*, 73–83; A. Upton, "Absolutism and the Rule of Law: The Case of Karl XI of Sweden," *Parliaments, Estates and Representation* 8. 1 (June 1988): 31–46.
44. M. F. Metcalf, "Parliamentary Sovereignty and Royal Reaction, 1719–1809," in id., *The Riksdag*, 112–64.
45. Cf. *Parliament and Liberty: From the Reign of Elizabeth to the English Civil War*, ed. J. H. Hexter (Stanford, 1992).
46. Koenigsberger, *Politicians and Virtuosi*, 65.
47. S. E. Lehmberg, "The Role of Parliament," in Stjernquist, *The Swedish Riksdag*, 77.
48. *Commons Debates 1628*, eds. R. C. Johnson et al., 3 (New Haven, CT, and London, 1977): 372.
49. Ibid., 134.

50. Ibid. 2:61–63.
51. Cf. C. Russell, *The Fall of the British Monarchies, 1637–1642* (Oxford, 1991).
52. "Composite States, Representative Institutions and the American Revolution," *Historical Research* no. 148 (June 1989): 145–53において私はここでの議論をより深く展開してみた。

エピローグ

R. W. デイヴィス

　最終章において H. S. ケーニヒスベルガーは、戦争、複合国家の性質、宗教といった要素が、どのようにして近代初頭のヨーロッパで議会制度の運命を決したか、ということを論述している。1700 年の段階でイングランド諸島およびネーデルラントとともにそうした諸制度を取り入れていたのはポーランドのみで、ほどなくしてスウェーデンがその後を追うことになった。しかしポーランドにおいてもスウェーデンにおいてもこのような制度は長続きしなかった。ネーデルラントでさえ、17 世紀中葉には議会制度は危機にさらされるようになった。イングランドでは 1688 年から 89 年の革命以降、議会制度が再び危機に陥ることはなかったが、それ以前のほとんど 1 世紀間にわたって、多かれ少なかれ危機にさらされていた。17 世紀中盤の間、少なくとも三つの宗教を抱えた複合国家とは実は何なのかという問題が、対立の最も基本的なところにあった。そして他国の干渉が決して真の脅威とならなかったのは、単にヨーロッパ大陸諸国が自国の問題に忙殺されていたという幸運によるものだった。

　1688 年に事態は多面的な様相を呈してきた。宗教問題は、イングランドを統合したカトリックの王（ジェームズ 2 世・訳者補）に反旗を翻させた。他国からの干渉は、プロテスタントの王位継承者・オラニィエ公ウィレムの指揮下に行われたが、彼はイングランド国民を結集して大陸におけるフランスの脅威に対抗することに熱心だったのである。議会は、ウィレムと彼の従姉にして妻たるメアリとの共同統治を受け入れることに賛成だった。彼女は、もしカトリッ

ク教徒の異母弟が除外されるなら、王位継承の第一順位にいたが、このことを議会のほとんどのメンバーは望んだのであった。イングランドのプロテスタント諸派間の宗教的分裂は1689年のいわゆる寛容令によって緩和された。その勢いで複合国家の問題点に対しては、次のような形で強行に解決がはかられた。まずもって第一に1690年に起きたアイルランドの抵抗の鎮圧であり、次いで1707年のスコットランド合併法である。議会が、革命の成果の保全者として役割を果たしている限り、革命後に議会が消滅の危機に瀕するなどということは、全くもってありえないことである。実際のところ、フランスとの戦争とそのための莫大な戦費の提供は、議会のみが提供しうるものであり、それによって議会の地位は確固不動のものとなった。

しかし、議会の存続は全くもって幸運の賜物であったとしても、この件については疑問を呈することもありうるが、しかしそうだとしても何人たりとも次のことは疑いえないだろう。いかなる理由であれ、議会が生き残ったということは重要なことなのである——イギリスそのものにとって、植民地にとって、そして大なり小なりその影響を受けた人たちにとって。これと同様な点が、17世紀のネーデルラント全国議会の重要性についても言えるし、そしてネーデルラントの繁栄のより一層の重要性についても言えるのである。この二つの偉大な代表制度がなかったら、西洋の自由の歴史は全く違うものとなっていただろう。

実際、ダグラス・ノースは本書において次のように論じている。彼いうところの西洋のパラドックスは、東洋と西洋の政治システムの相違から説明されるというのである。東洋の帝国は文明的・文化的に高度に発達したにもかかわらず、その中央集権的政治システムは経済的実験を阻害し、そして新たな経済的挑戦を満たすべく採られたであろう一連の選択肢を考案することも阻害したのであった。反対に西洋においては、中世初頭には大規模な政治システムも、したがって経済システムも存在しなかったのだが、そのおかげで様々なシステムを試すことができたばかりでなく、実際に導入することも促されたのだった。というのも、西ヨーロッパを構成するもろもろの政治体が分裂したままで相互

に競い合っていたからである。幅広い選択肢を創造することによって、そうしたシステムは経済成長を促進した。それは同時に独立の気概を促進した。そしてそれは、後に現れてきた諸自由、例えば都市における自治の拡大や代表制度の出現、プロテスタントの宗教改革につながる自由を補完したとも言えよう。少なくとも次のことが言える。すなわち、近代的自由の形成に際して強力な経済的構成要素は、自由の初期の要素の中でも、自由と財産保護との強力な結びつきを確実にしたのである。

　ノースが言及している、一般的でより抑制的な態度は、このシリーズの別の本の中での、オランダの有産市民のネーデルラント全国議会での活動と、イングランドの議員の活動において明らかである。この両者は類似した商業的利益をしばしば擁護した。そのとりわけよい例が、『エリザベス治世時代からイングランド内戦までの議会と自由』において、デヴィッド・ハリス・サックスが独占に関する論争について論じた章で示されている。この中で企業活動の自由が、イングランド人の自由と特に関連づけられている。自由と財産との関係もまた、同書においてクライヴ・ホームズがより広いコンテクストの中で考察している。また同様のことは、自由・法・財産に関するハワード・ネナーとヘンリー・ホロヴィッツの『自由は守られたか？　1688年前後のイギリス』における小論においても論じられている。オランダ人についてはアウグストゥス・J.ヴェーネンダールが『財政危機・自由・代議政体　1450－1789』の中で、1450年から1795年にかけてのネーデルラントにおける財政危機と立憲的自由について取り扱っている。さらにハーバート・H.ローウェンが『共和主義と商業社会──イングランド内戦からアメリカ独立革命まで』の中で、オランダ共和国と自由の観念について考察している。

　デモクラシーと言論の自由の含意を、マーティン・オストヴァルトはすでに紀元前5世紀の「eleutheria」という言葉に見いだしている。この含意は、古代ギリシア自体の消滅と共に影響力のある概念としては消滅し、ルネサンス期の人文主義者の研究によって近代初頭のヨーロッパに再導入されて、ようやく甦ることになる。その後、現実に定着するまでには長い時間を要したけれども、

デモクラシーと言論の自由の含意は政治的論議の重要な部分を占めるようになった。『共和主義と商業社会』では、中でもとりわけ自由の近代的理念に与えた古代の影響が論じられている。

ブライアン・ティアニーは、近代的自由に対して中世の教会が与えた数々の重要な影響を指摘してきた。その強調するところは、非西洋において広範に見られたテオクラシー的専制主義が西洋には見られなかったということである。なぜなら教会も国家も、一方を決定的に打ち負かすことがどうしてもできなかったのだ。いかなる支配者も絶対的権力者の地位を一元化することは不可能であった。そして未統一の権力は、その真空地帯で自由が成長することを許した。一方でローマ教会は、世俗の君主との闘争によって、そうした世俗の当局者に対する抵抗の論理を発展させていった。そしてまた、教会はことのほか、宗教問題において政府に対する立憲的制限を促した。そしてこの制限は、宗教改革後に信教の自由の理論的発展に寄与した。

司教座聖堂参事会と教会会議が示した例によってローマ教会は、世俗の役職の選挙と、代表制度の成長を促進した。もちろんこのとき、ローマ教会は政治システムの諸形態を教会自身が取り込んだことを示している。この政治システムの諸形態の下で、教会はつつましい出発点からローマ帝国のような偉大さと権力へと成長した。そしてローマの政治形態のみならず、ローマ法(皇帝選挙の規程と、皇帝権力が人民に由来するという理論を持つ法)を永続化させたことによって、ローマ教会は自己の行為と、教会の向こうを張った世俗権力の行為双方に知的な正当性を与えた。さらにローマ教会は、ローマ文明を近代世界に橋渡しする大きな役割を果たした。宗教改革が首尾よく進展し、キリスト教世界の一体性が打ち壊された1600年までには、ティアニーが論じるように、教会の役割は終わっていた。しかしながら、そのときまでには人間の生活のあらゆる側面に教会は関与してきたのであった。

イタリアの諸都市についてはジョン・ハイン・マンディーが扱っているが、それらが栄華を誇ったのはずっと以前のことであった。フランドル地方の諸都市は、大規模な国家への統合を徐々に進めることによって、その政治的独立が

必然的に縮小されたにもかかわらず、なおかなりの豊かさを保持していた。しかし中世では、幾人かの論者が強調するように、諸都市は変化へ向かう重要な原動力であった。イタリアでは、都市は教会の支配からも外部の世俗の支配からも独立していた。選挙によって役人を選び、選挙権の取得条件も往々にして民主的であった都市は、小規模な自治国家の格好の例を示していた。アルプス以北の都市は、イタリアにおけるほど外部の勢力から自由ではなかったが、似たような統治の特徴を示していた。アルプス以南と以北の両方においても、都市は商人世界の中で当然のことながら高い価値を持っていた私有財産の不可侵性の原則を確立するのに貢献したのであり、そして同様に民衆の選挙民によって強く要望された人身保護に関する配慮を示すことに貢献した。ウィリアム・ブースマが論じているように、イタリア諸都市が他の西ヨーロッパ地域に対して与えた影響と近代的自由に対して与えた影響は、都市の衰退の後で絶大なものがあった。この逆境は市民たちを、自分たちの世界と遥かな過去の世界に対する政治的考察へと促した。最も著名な例はニッコロ・マキアヴェリの著作である。『共和主義と商業社会』の数章では、近代的自由に対するイタリア思想の影響について論じている。

　H. G. ケーニヒスベルガーが論じた中世と近代初頭における議会制度についての章は、3冊の本を紹介する上で特に有用である。まず初めの1冊は『議会と自由』で、17世紀前半におけるイングランド議会とその自由の進展に焦点を当てている。2冊目の『自由は守られたか？』はより広範な時代を扱っており、1688年の名誉革命の因果関係について1660年から18世紀末にわたって研究している。この本は『議会と自由』ほど包括的に議会に焦点を当ててはいないが、しかし立法府の役割は当然のことだが顕著に描かれている。3冊目は『財政危機・自由・代議政体 1450-1789』で、イングランド、ネーデルラント、スペイン、フランスの各国政府が喉から手が出るほど金を欲したことと、議会制度の発展との関係に注目している。

　J. H. ベイカーの章はイングランド／ブリテンに関する2冊の本を理解するためにも不可欠である。16世紀末までに完全に隷農身分が消滅したことを

検討することで、彼は17世紀に制定された法律の多くが及ぼした影響を評価するための道筋をつけている。というのは、いまやイングランド人は全て「自由な者として生まれた」、すなわち「自由人」であった。したがって全てのイギリス人は、古くからの自由特権もしくは新たに見いだされた（すなわち制定された法律による）自由特権の全てを与えられていると見なされ、そしてその自由特権は何かに限定されたものではなかった。そうした制定法は17世紀を通じてその数を増していった。その顕著な例として、身柄提出令状（Habeas Corpus）の権利を確立すべく奮闘したことが挙げられる。そうした努力についてベイカーは1600年までさかのぼって記述しているのだが、それはついに1679年の同名の法律に結実した。17世紀の「人身保護法」（Habeas Corpus Act）のような法律の可決だけをもって自由が進展したわけではない。自由は男女を問わず全てのイギリス人の共通の相続財産と理解されるようになってきていたのである。『議会と自由』におけるデヴィッド・ハリス・サックスの章では、自由の特定の適用と同様に、自由に対する一般的態度について論じている。同書のチャールズ・グレイの章では、制定法による法の「発見」理論を含めた、17世紀における法と法制度について論じられている。『自由は守られたか？』においても、ハワード・ネナーとヘンリー・ホロヴィッツが、ベイカーの指摘した点について敷衍している。

　ウィリアム・ブースマはルネサンスを14世紀イタリアの混沌から生成してきたものと見ている。古い理論と方法への信頼が失われ、イタリア人は新しい真理を求め始めていた。彼らが答えを探し求めた場所の一つは、自分たちの世界、すなわちイタリアの都市国家の世界であった。こうした探究から国家主権および共和制的自由、あるいは市民自治といった理念が生まれた。彼らはまたさらなる過去へと遡って共和政ローマの歴史に至り、そこにおける市民権の理想を研究して、自らの依って立つところとした。こうした研究から、忠誠心、愛国心、国家に対する無私の奉仕といった政治的人文主義の徳目が明らかにされていった。自己の経験に加えて、過去の探究を基礎に、マキアヴェリたちは政治理論を発展させていった。古代および中世後期の近代的自由に対する影響、

さらにイタリア・ルネサンス思想の近代的自由に対する影響は、重ねて『共和主義と商業社会』で論じられている。

　ブースマによれば宗教改革は、ルネサンスを生み出したのと同様の探究方法が異なる問題に適用されたことによって生じたものである。つまり、北方ヨーロッパの敬虔な学者たちは宗教問題に対処するために人文主義的態度と手法を素直に導入した。彼らは、古代の宗教的原典に取り組み、徹頭徹尾文字通りの意味を理解しようとつとめて、後代の註釈には眼もくれなかった。このような理解のあり方は、いまやヘブライ語も含めるにいたった古典語のさらなる習得に大いに助けられたのである。世俗の学者たちが過去に対し、新しい洞察、新しい知識、新しい緻密さといった研究姿勢をとることによって新しい理解を得たように、敬虔な学者たちも同様に新しい方法で新しい理解を得たのであった。後者の場合、ローマ・カトリック教会についての最も基礎的な教説は、体制を揺るがすような、広範囲にわたった論争の主題となり、そしてそれは宗教を越えるところにまで達した。

　ルターの万人祭司説は社会階層に関する伝統的諸概念に大きな打撃を与え、そして個人理念を確立し高めた。彼のキリスト者の自由という観念も同様であった。その観念は、自分だけが救済に与るという身勝手で品格のない目的のためではなく、神のために善をなす自由なのであった。そしてこの教理は、これまでのローマ・カトリック教会がないがしろにしてきたものであった。神の主権というカルヴァンの教理は君主でさえも神意に反することを許さず、抵抗の理論を強力に推し進めた。

　ドナルド・ケリーは抵抗権についても論じており、とりわけネーデルラントにおける反乱の当事者双方と、フランスの宗教戦争における当事者双方で抵抗理論が発展したことに焦点を当てている。これらの理論は今や、プロテスタントのみならずカトリックの思想的弾薬庫の一部となった。

　『自由のフランス的観念―旧体制と1789年の人権宣言』、およびアメリカについての本である『自由の企て―新しいアメリカ共和国における自由の保持と創出』は、19世紀前夜までの思想のつながりを導き出す。アメリカ革命およ

びフランス革命にまで至ると、我々は以下のような地点に到達している。すなわち、本書で論じられてきた諸々の影響が、その直接性を急速に喪失したように見えるが、二つの革命を説明する際の関連性は保持していた地点である。このことはおおむね妥当する。なぜならそうした影響はその時までに、アメリカ文化もその一部であるヨーロッパ文化の中に、完全に吸収されていたからである。しかし過去のどの時代も確かな指針を示すことができないような新しい現象がすでに現れ始めていた。大西洋の両岸にいる教養ある18世紀のイングランド人には、アメリカ大陸でのいわゆる大覚醒運動の福音主義的熱狂を準備するような背景は何もなかった。同様に彼らは、アメリカの南部諸州における奴隷制度を理解する上で古代の事例が有用だとは思わなかった。彼らは経済学において自分たちの時代より以前を振り返ることはなく、政治学においては前世紀以前には遡らなかった。いまや人々が知識と知的刺激を求め始めたのは、せいぜい1600年に始まる極めて近い過去でしかなかった。この過去こそ、そして殊に近代的自由の形成にとって顕著な特徴こそが、本書に引き続き以下の六冊の本の中で考察されていることなのである。

Parliament and Liberty from the Reign of Elizabeth to the English Civil War, ed. J.H.Hexter (Stanford, 1992)

Liberty Secured?; Britain Before and After 1688, ed. J. R. Jones (Stanford, 1992)

Fiscal Crisis, Liberty, and Representative Government: 1450–1789, eds. Philip Hoffman and Kathryn Norberg (Stanford, 1994)

Republicanism and Commercial Society: from the English Civil War to the American Revolution, ed. David Wootton (Stanford, 1994)

The French Idea of Freedom: The Old Regime and the Declaration of Rights of 1789, ed. Dale Van Kley (Stanford, 1994)

Devising Liberty: Preserving and Creating Freedom in the New American Republic, ed. David Thomas Konig (Stanford, 1995)

翻訳後記

　本書は、The Origins of Modern Freedom in the West. Edited by R. W. Davis (Stanford University Press, California, 1995) の翻訳である。

　私は本書の題名に魅かれて購入し、一読して「これだ！」と思った。「これ」とは何であったか？
　ヨーロッパ政治思想史の基礎知識とパースペクティヴを学ぶ一環として、丸山真男と大塚久雄の著作を読んでいる時、両先生が軌を一にして述べていることは、「ヨーロッパ史の中では、『自由』は哲学者・知識人の書斎の産物であるのみならず、民衆が人間の尊厳をかけて自分たちの生命・財産・名誉を守るために圧政に抵抗する時の思想原理であった」ということである。そして「自由」は、当然のことながら歴史的展開過程で有効に作用して所期の目的を達成するためには政治制度として定着させなければならない。この展開過程を日本人が日本で研究し、著作をものすのは至難の業といえよう。それが為されているのが本書である。このことが、前記の「これ」であった。
　本書は「自由」の源泉とその定着過程を、様々な視点から、その分野では碩学と称される学者が記述しているものである。その各章の内容は、編者デイヴィスが「序言」でそのエッセンスを述べているので、ここで繰り返す必要はないであろう。
　訳者としては、ヨーロッパとは文化的背景の異なる日本人読者の理解のために以下のことをつけ加えておきたい。
　政治思想・制度としてのデモクラシーの定着以前のヨーロッパにおいて、支配者は自己の統治権力そして統治政策の正当性を確保するために被支配者から

の同意を必要とし、被支配者側も自分たちの自由・Libertas（むしろ特権と訳す方が適切であろう）を護るために同意を強調した。その同意形成の場が、身会制議会・等族会議であり、後に国全体の代表が参集する議会である。

　この議会制を支え、促進させたのが憲法（constitutional law）である。憲法は政治社会の基本構造（constitution）を規定する法律であるが、そもそも支配者にとって「政治社会の基本構造を規定する」ということは何を意味するのであろうか。それは、政治を支配者の勝手気まま・恣意に委ねないという固い意志の現れである。換言すれば、憲法は支配者に対する制約・規制原理として成立し（マグナ・カルタ）、現在に至っている。このことは「支配者」が王一人から政府全体に歴史的変貌を遂げていたとしても、不変である。従って、議会制と憲法は車の両輪となって、政治社会全体の名誉と利益のために機能してきたのである。

　ところでこの憲法という法・政治制度を歴史的に成立せしめ、今日もなお、構成原理として憲法を基礎づけている原理・原則に「法の支配」（Rule of Law）がある。これを、支配者が自らの支配意思を法律の形に制定して、法律で統括するという「法治国家」理念と同一視している人々がいるが、これは誤りである。「法の支配」とは、一つの全体社会内の支配者と被支配者の上に「法」が超越的に存在し、その法に基づいて支配が行われることをいうのである。その「法」（Law）の精神を現実社会に適応させるための「法律」（laws）を適正手続きに則して制定する場が本書で詳述されている議会であるといえよう。

　21世紀初頭の現在、デモクラシーが古代ギリシアと近代欧米のそれに反省・省察が加えられて、閉塞状況を突破しようと試みられている。そのような時点に立つからこそ、我々は本書のごとき「源泉」（origins）に立ち帰ることが課せられているのではあるまいか。ルネサンス期のモットー「源泉に帰れ」（ad fontem）は、思想的混迷の中にまどう今の我々にこそ命ぜられているといえよう。

　なお、自由についての理解を深く・広くするために、本書と共に半澤孝麿著

『ヨーロッパ思想史のなかの自由』（創文社、2006 年）を是非お読みいただきたい。著者の学問的能力と人格的誠実が融合した名著である。

　本書は、三章を除き、私が主宰する大学院教育の中で読まれ・翻訳された。担当者はその分担部分を一語一行厳密に時間をかけて翻訳していった。この修練が大学院生諸君の読解力向上に役立っていることを観ることができたのは、教育する者としては嬉しい経験であった。翻訳者集団の代表として出版に向けて統括実務をされた田上雅徳准教授は、教育と研究以外の校務に携わる状況が永く続き、お気の毒ではあったが、忍耐強く処理して下さった。このような形で本書が陽の目を見ることができたのは全くもって彼のお陰といえよう。
　そして迷訳・珍訳個所を指摘してくださった慶應義塾大学出版会編集部の乗(よつや)みどり氏の能力と集中力に敬意を表しつつ感謝申し上げたい。本書が日本語として読みやすくなっているとすれば、ひとえに彼女の御努力の賜物である。
　終わりにあたり、本書を法学研究会叢書として刊行することを決断された法学研究編集委員会に感謝申し上げたい。

　　2007 年 6 月

　　　　　　　　　　　　　　　訳者を代表して　　鷲見　誠一

人名索引

ア行

アイスキュロス　63-65, 76
アウグスティヌス　302
アウグストゥス　354
アクィナス、トマス　103, 106, 119-123, 129, 299
アクルジウス　155
アゾ　105, 172, 173
アードルフ、グスタヴ　419
アリストテレス　44, 49, 67, 71-74, 88, 90, 109, 120, 121, 146, 179, 191, 293-295, 302, 342, 343
アルテフェルデ、ヤーコプ・ファン　153
アルバ公　408, 409
アルベリック（ロザーテの）　167, 172, 173, 175-177, 180, 182
アルベルト（ガンディーノの）　167, 169, 176
アレクサンドロス（ケルンのローズの）　158
アレクサンドロス大王　44, 75
アンジュー公　409
アンリ2世　340, 346, 352, 362
アンリ3世　369, 401, 402, 409
アンリ4世　369, 370, 402, 403, 411
アンリ公（ギーズ家の）　362
イエーツ、フランセス　349
イサベル　19, 37, 214, 227, 234, 341, 343, 346, 352, 353, 385, 386
イソクラテス　74
イルネリウス　157
インノケンティウス3世（教皇）　116, 117
インノケンティウス4世（教皇）　107
ヴァーサ、グスタヴ→グスタヴ1世
ヴィスコンティ、ジャンガレアッツォ　298, 346
ウィットフォーゲル、カール　25
ヴィラーニ、ジョヴァンニ　295
ウィリアム（プステルラの）　176
ヴィリー、ミシェル　123, 124
ウィリアム（征服王）　198
ヴィルヘルム、フリードリヒ　346

ウィレム（オランイェ公）　364-366, 369, 408, 410, 431
ヴェーネンダール、アウグストゥス・J.　433
ウェーバー、マックス　20, 21, 23
ヴェゲティウス　171
ウェットストーン、ジョージ　349
ウクセンシェルナ、アクセル　419
ウルジー　351, 352
ウルピアヌス　165, 341
エーリック14世　418
エウゲニウス4世（教皇）　132
エドガー　197
エドワード1世　37, 113, 217
エドワード2世　214, 217
エドワード3世　37, 216, 247
エドワード6世　318, 415
エラスムス　311-313, 324-326, 342, 343, 351
エリオット、トマス　351
エリザベス1世　343, 347, 349, 354, 360, 363, 416, 420
エンゲルベルト（アドモントの）　154
オッカム、ウィリアム　123-128
オットー（フライジングの）　294
オドフレード　157, 181
オトマン、フランソワ　355-356, 360, 363, 365-368
オリヴァール　352
オレーム、ニコル　122

カ行

カールシュタット、アンドレアス　361
ガイスメアー、ミヒャエル　361
カエサル、ユリウス　339, 355, 362, 363
カスティリオーネ、バルダッサッレ　308, 351
カステリヨン、セバスチャン　326, 327
ガッティナーラ、メルクリオ　351
カリストゥス2世（教皇）　112

カール5世（スペイン王カルロス1世） 19, 36, 151, 153, 350, 354, 357, 358, 360, 387, 389, 394, 395, 404, 405, 409, 421
カール11世 420
カール9世 419
カルヴァン，ジャン 6, 7, 309, 316, 318-322, 326, 358-360, 362, 363, 365, 371, 372, 437
カルロス，ドン 408
カルロス1世（カール5世） 341, 346, 350, 353, 356, 386
カントロヴィッチ，エルンスト 347
キケロ 155, 295
キシメネス 351
ギーズィー，ラルフ 340
ギーズ公爵 402
キヌス（ピストイアの） 172
キャサリン（アラゴン公国の） 413
キュロス 54-56, 59
ギールケ 343
グイド（スッツァリアの） 182
グスタヴ1世（＝ヴァーサ） 225, 413, 414
グスタヴ3世 420
クセルクセス 56, 57, 59
グッチャルディーニ 299
グッドマン，クリストファー 359, 360
クーパー，トーマス 336
クラーク，M. V. 112
グラティアヌス 88, 91, 99, 106, 124
グリーフ，アヴナー 22
グリーン，J. R. 344
クリスティアン2世 413
グレイ，チャールズ 436
クレイステネス 65, 74
グレゴリウス1世（大教皇） 100, 129, 165
グレゴリウス7世 92-94, 97, 139, 160, 337
グレゴリウス9世（教皇） 163
クローヴィス 339, 340
クロムウェル，トーマス 271, 273, 344, 350-352, 383
ケインズ，ジョン・メイナード 28
ゲラシウス1世（教皇） 91

ケルン，フリッツ 354
コーク，サー・エドワード 37, 265, 269, 270, 274, 344
ゴドフロワ（フォンテーニュの） 108
コリニー 364, 365, 369
コンスタンティヌス大帝 91
コンデ公 363

サ行

サヴォナローラ，ジロラーモ 301
サックス，ディビッド・ハリス 37, 433
サリンベーネ 147, 179, 180, 299, 300
サルターティ，コルッチョ 296, 297
サルピ，パオロ 308
サルモン，ジョン 369
ジェファーソン 155
ジェームズ1世 370, 398, 420, 421
ジェームズ2世 425
ジェームズ4世 338
ジェルソン，ジャン 106, 126, 127, 130, 132, 356
ジギスムント 393, 394
ジギスムント3世 418
シモニデス 60
シモン（シナーノの） 181
シャスニュー，バーテルミー 348
シャルル5世 219
シャルル6世 230
シャルル7世 16, 231
シャルル8世 231, 339, 346
シャルル9世 365
シャルルマーニュ 91, 338, 350, 355, 356
シャルル豪胆公 236-238, 346
ジャン（ジョワンヴィルの） 163
ジャン・ド・パリ 94, 107-109, 122
ジャン2世 218
ジャン無畏公 355
シュミット，カール 114
ジョン（ソールズベリの） 98
ジョン王 204, 205
ジョーンズ，エリック 25
シリマーニ，マルティン 180

人名索引 445

ジルソン, エティエンヌ 121
スタッブズ, ウィリアム 37, 118
ストラッフォード伯 238
スペンサー, エドマンド 349
スミス, サー・トーマス 261, 262, 340
セシル, ウィリアム 351
セバスチャン (ポルトガルの) 339
セルヴェト, ミゲル 326
セルデン 272, 274
ソクラテス 7, 72
ソロン 44, 46-51, 54, 67, 74, 76

夕行
ダイアー 265, 270, 271, 273
タキトゥス 155
タリアンディ 239
タリアンディ, ルイージ 234, 239
ダルザス, ティエリー 203
ダレイオス 55, 56, 59
ダンテ, アリギエーリ 150, 299, 303
チャールズ1世 421-424
ツヴィングリ, ウルリヒ 309, 316-318, 320, 321
デ・ウバルディス, バルドゥス 169
デ・ロス・コボス, フランシスコ 351
ディ・リエンツォ, コーラ 295
テオグニス 47, 48, 54
テオドシウス2世 178
デッラ・ベッラ, ジアーノ 147
デマラトス 56-59
テューダー, メアリ 343, 357
デュボワ, ピエール 148
デュムラン, シャルル 340
ドゥランドゥス (サン・プルサンの) 108
ド・エラン, ベルナール 340
ド・グラセイユ, シャルル 348
ド・コミネ, フィリップ 158, 189, 356
ド・セセル, クロード 343, 345, 349, 351, 367
ド・テール=ヴェルメイユ, ジャン 355
ド・ナヴァール, アントワーヌ 363
ド・プラ, アントワーヌ 351
ド・ベーズ, テオドール 358

ド・ボーマノワール, フィリップ 144
ド・メディシス, カトリーヌ 343, 360, 362, 368, 400
ド・モルネイ, フィリップ 366
ド・モンフォール, シモン 207, 208
ド・ラ・マルシュ, オリヴィエ 239
ド・ラギャルド, ジョルジュ 114
ド・ロピタル, ミシェル 351
トゥキディデス 68-71, 297
トラヴェルサーリ, アンブロージョ 291

ナ行
ナターリス, ヘルヴェウス 110
ニーダム, ジョゼフ 24
ネナー, ハワード 433, 436
ノックス, ジョン 359

ハ行
ハインリヒ4世 92-94
聖パウロ 336
バーカー, アーネスト 114
パーカー, ヘンリー 133
バークリー, ウィリアム 360
バサン, トマ 356
バッシアーヌス, ヨハネス 174
ハートウェル, R. M. 24
パルータ, パオロ 307, 308
バルトゥス 172
バルトルス (サクソフェルラートの) 146, 147, 152
バルバロッサ, フリードリヒ (皇帝) 113
パワー, アイリーン 36
ハンリー, サラ 344
ビュデ, ギヨーム 340, 351
ピレンヌ, アンリ 32, 33
ヒンツェ, オットー 114
ファナ 386
ファン, ドン 409
フィッギス, ジョン・ネヴィル 132
フィリップ (フェリペ) 386
フィリップ1世 (美麗王) 239, 421

フィリップ4世　214, 215
フィリップ6世　218
フィリベール，エマニュエル　383, 384, 387, 406
フェリペ2世　20, 36, 346, 347, 352, 354, 360, 366, 383, 397, 403, 406-409, 411, 416, 417, 423-425
フェリペ4世　389, 390, 392, 424, 425
フェルディナント1世　395
フェルディナント2世　397
フェルナンド2世　19, 37, 227, 234, 341, 346, 352, 353, 356, 385, 386
フェルナンド3世　202
フェロー，ジャン　348
フォーテスキュー，サー・ジョン　132, 240, 259, 344, 345, 367, 384
フォード，フランクリン　369
フグッチョ　99, 102, 125
フス，ヤン　130, 393
ブーツァー，マルティン　316, 318, 320
フッカー，リチャード　106
ブトリガリウス，ヤコブス　177
プトレマイオス（ルッカの）　143, 146, 147, 175, 179
ブライス，ジェイムズ　123
ブラクトン　168, 255, 256
プラケンティヌス　156
ブラック，アントニー　96
プラトン　72-74
フランソワ1世　241, 346, 351
フランソワ2世　362
ブランディーニ，チウト　148
フリードリヒ1世　196, 199
フリードリヒ2世　116, 117, 141, 196
フリードリヒ3世　346
フリードリヒ6世　204
ブリュスター，ウィリアム　308
プリン，ウィリアム　133
ブーリン，アン　416
ブリンガー，ハインリヒ　309, 316, 321, 322
ブルータス　355
ブルーニ，レオナルド　296, 298-303, 306
プルタルコス　49, 62

フロレンティヌス　155
ペイシストラトス　50, 51, 54, 68
ヘクスター，J. H.　39
ヘーゲル　335, 372
ベーズ　360, 362, 363, 365-368
ペトラルカ，フランチェスコ　295, 303
ペドロ　201
ヘラクレイトス　46
ペリクレス　297, 299
ベリセッロ，ジョン　180
ヘルヴェウス　111, 112
ベルセ，イヴ　339
ヘロドトス　51, 52, 54-61, 63, 65
ベンツ，エルンスト　23
ヘンネベルク，ベルトルト・フォン　232
ヘンリー2世　250
ヘンリー3世　113, 205-208
ヘンリー5世　230
ヘンリー6世　231
ヘンリー7世　227, 270, 339, 346, 412
ヘンリー8世　37, 236, 248, 270, 344, 347, 352, 395, 412-417, 421
ベンヴェヌート（イモーラの）　164
ボダン，ジャン　304, 308, 370, 382, 399, 421, 422
ホッブス，トーマス　40, 304
ボテロ，ジョヴァンニ　309
ボニファティウス8世　94, 215, 343
ボネット，ジョン　359, 360
ホノリウス2世（教皇）　117
ボーマノワール　148
ホームズ，クライヴ　433
ホメロス　44-47, 61
ポリュクラテス　51, 52, 54
ポリュビオス　122
ホロヴィッツ，ヘンリー　433, 436
ホワイト，リン　23
ボンヴェシーノ（リーヴァの）　176
ボンコンパーニョ（シーニャの）　171

マ行
マイアンドリオス　51, 52, 55, 63

マキアヴェリ, ニッコロ　240, 295, 299, 307, 310, 311, 313, 319, 320, 347, 351, 435
マクシミリアン1世　232, 238, 239, 386, 403
マクネイル, ウィリアム　26
マクファーレン, アラン　21, 33
マックスウェル, ジョン　133
マテオ（コリーギアの）　175
マネゴルト（ラウテンバッハの）　94
マーベリー, チャールズ　342
マルシリウス, パドゥア　108-110, 148, 179
マルシリウス（パドヴァの）　108-111, 133
ミュンツァー, トーマス　361
ミルトン　155
メアリ1世　237, 238, 359, 360, 431, 415, 416
メアリ女王（スコットランドの）　416
メイトランド, フレデリック　33, 87, 130
メシノ, ジャン　356
メランヒトン, フィリップ　313, 314, 326
メリーマン, R. B.　346, 356, 371
モア, トーマス　325, 351
モンテスキュー　40, 155

ヤ行
ヤコブス（ヴィトリの）　168
ユゴネ, ギヨーム　236, 237
ユスティニアヌス大帝　88, 97, 117, 341, 344
ユーハン3世　418
ヨハネス（ヴィテルボの）　180
ヨハネス（ホクゼムの）　154

ラ行
ラ・ロシェル　372
ラティーニ, ブルーネット　175, 294, 295
ラブレー, フランソワ　313
ランゲ, ユベール　366
リシアス　74, 75
リシュリュー　352
リチャード1世　204
リューン公　372
ル・ボン, フィリップ　19, 223, 235, 236
聖王ルイ→ルイ9世

ルイ7世　205
ルイ9世　197, 347
ルイ11世　227, 231, 356
ルイ12世　347
ルイ13世　372
ルイ14世　399
ルイ15世　399
ルイ16世　399
ルター, マルティン　7, 309, 312-315, 319-321, 324, 325, 336, 347, 353, 358, 359, 361, 371, 393, 437
ルチェライ, ベルナルド　304
ルードヴィヒ2世　338
ルドルフ2世　397, 418
ルフィーヌス　125
ローウェン, ハーバート・H.　433
ローソン, ジョージ　133
ロック, ジョン　40, 111, 369
ロディンソン, マキシン　26
ロード（大主教）　423
ロフレードゥス（ベネヴェントの）　175
ロベール（クールソンの）　161
ロマーヌス, アエギディウス　146, 147
ロレーヌ（枢機卿）　363

編　者

R. W. デイヴィス（R. W. Davis）
　ワシントン大学（St. Louis）歴史学教授、The Center for the History of Freedom 所長

執筆者〔所属〕

J. H. ベイカー（J. H. Baker）
　セント・キャサリンズ・カレッジ、ケンブリッジ大学

ウィリアム・J. ブースマ（William J. Bouwsma）
　カリフォルニア大学、バークレー（名誉教授）

R. W. デイヴィス（R. W. Davis）
　ワシントン大学

ドナルド・R. ケリー（Donald R. Kelly）
　ラトガース大学

H. G. ケーニヒスベルガー（H. G. Koenigsberger）
　ロンドン大学（名誉教授）

ジョン・ハイン・マンディー（John Hine Mundy）
　コロンビア大学（名誉教授）

ダグラス・C. ノース（Douglass C. North）
　ワシントン大学

マーティン・オストヴァルト（Martin Ostwald）
　スウォスモア・カレッジ／ペンシルヴァニア大学（名誉教授）

ブライアン・ティアニー（Brian Tierney）
　コーネル大学（名誉教授）

翻訳者紹介

鷲見　誠一（すみ　せいいち）※監訳者
慶應義塾大学名誉教授。1968年、慶應義塾大学大学院法学研究科博士課程単位取得退学。
専門分野：ヨーロッパ政治思想
業績：（単著）『ヨーロッパ文化の原型』南窓社
　　　（編著）『近代国家の再検討』慶應義塾大学出版会
　　　（編著）『転換期の政治思想』創文社

田上　雅徳（たのうえ　まさなる）※監訳者・第七章担当
慶應義塾大学准教授。1997年、慶應義塾大学大学院法学研究科博士課程単位取得退学。
専門：ヨーロッパ政治思想史
業績：（単著）『初期カルヴァンの政治思想』新教出版社
　　　（共著）『ポスト・ウォー・シティズンシップの構想力』慶應義塾大学出版会

各章担当
（はじめに）　塩田さおり　慶應義塾大学大学院法学研究科修士課程修了
（第一章）　　高橋　康浩　新潟大学人文学部准教授
（第二章）　　冠木　敦子　桜美林大学社会科学系専任講師
（第三章）　　野々瀬浩司　防衛大学校人文社会科学群准教授
（第四章）　　矢野　卓也　慶應義塾大学大学院法学研究科後期博士課程単位取得退学
（第五章）　　中村　博行　慶應義塾大学大学院法学研究科修士課程修了
（第六章）　　川添美央子　聖学院大学政経学部准教授
（第七章）　　田上　雅徳　（上記参照）
（第八章）　　倉爪真一郎　聖路加看護大学看護学部非常勤講師
（第九章）　　川添美央子　（上記参照）
（エピローグ）塩田さおり　（上記参照）

跋

学問的価値の高い研究成果であってそれが公表せられないために世に知られず、そのためにこれが学問的に利用せられずして、そのまま忘れられるものは少なくないであろう。又たとえ公表せられたものであっても、口頭で発表せられたために広く伝わらない場合があり、印刷公表せられた場合にも、新聞あるいは学術誌等に断続して載せられた場合は、後日それ等をまとめて通読することに不便がある。これ等の諸点を考えるならば、学術的研究の成果は、これを一本にまとめて出版することが、それを周知せしめる点からも又これを利用せしめる点からも最善の方法であることは明かである。この度法学研究会において法学部専任者の研究でかつて機関誌「法学研究」および「教養論叢」その他に発表せられたもの、又は未発表の研究成果で、学問的価値の高いもの、または、既刊のもので学問的価値が高く今日入手困難のものなどを法学研究会叢書あるいは同別冊として逐次刊行することにした。これによって、われわれの研究が世に知られ、多少でも学問の発達に寄与することができるならば、本叢書刊行の目的は達せられるわけである。

昭和三十四年六月三十日

慶應義塾大学法学研究会

慶應義塾大学法学研究会叢書 76

西洋における近代的自由の起源

2007 年 8 月 10 日　初版第 1 刷発行

編　者	R. W. デイヴィス
監訳者	鷲見誠一・田上雅徳
発行者	慶應義塾大学法学研究会
	代表者　坂原正夫
	〒 108-8345　東京都港区三田 2-15-45
	TEL 03-3453-4511
発売所	慶應義塾大学出版会株式会社
	〒 108-8346　東京都港区三田 2-19-30
	TEL 03-3451-3584　FAX 03-3451-3122
装　丁	廣田清子
印刷・製本	港北出版印刷株式会社
カバー印刷	株式会社太平印刷社

Ⓒ2007　Seiichi Sumi, Masanaru Tanoue, Saori Shiota, Yasuhiro Takahashi, Atsuko Kabuki, Hiroshi Nonose, Takuya Yano, Hiroyuki Nakamura, Mioko Kawazoe, Shinichiro Kuratsume
Printed in Japan ISBN 978-4-7664-1397-7
落丁・乱丁本はお取替いたします。

慶應義塾大学法学研究会叢書

18	未完の革命―工業化とマルクス主義の動態	A.B.ウラム著/奈良和重訳	1500円
20	出訴期限規則略史―明治実刑法の係累譜	内池慶四郎著	2000円
21	神戸寅次郎著作集(上・下)	慶應義塾大学法学研究会編	上2000円/下2500円
26	近代日本政治史の展開	中村菊男著	1500円
27	The Basic Structure of Australian Air Law	栗林忠男著	3000円
34	下級審商事判例評釈(昭和30年～39年)	慶應義塾大学商法研究会編著	3000円
38	強制執行法関係論文集	ゲルハルト・リュケ著/石川明訳	2400円
42	下級審商事判例評釈(昭和45年～49年)	慶應義塾大学商法研究会編著	8300円
45	下級審商事判例評釈(昭和40年～44年)	慶應義塾大学商法研究会編著	5800円
46	憲法と民事手続法	K.H.シュワーブ・P.ゴットファルト・M.フォルコンマー・P.アレンス著/石川明・出口雅久編訳	4500円
47	大都市圏の拡大と地域変動―神奈川県横須賀市の事例	十時嚴周編著	8600円
48	十九世紀米国における電気事業規制の展開	藤原淳一郎著	4500円
49	仮の権利保護をめぐる諸問題―労働仮処分・出版差止仮処分を中心として	石川明著	3300円
51	政治権力研究の理論的課題	霜野寿亮著	6200円
53	ソヴィエト政治の歴史と構造―中澤精次郎論文集	慶應義塾大学法学研究会編	7400円
54	民事訴訟における既判力の研究	坂原正夫著	8000円
56	21世紀における法の課題と法学の使命〈法学部法律学科開設100年記念〉	国際シンポジウム委員会編	5500円
57	イデオロギー批判のプロフィール―批判的合理主義からポストモダニズムまで	奈良和重著	8600円
58	下級審商事判例評釈(昭和50年～54年)	慶應義塾大学商法研究会編著	8400円
59	下級審商事判例評釈(昭和55年～59年)	慶應義塾大学商法研究会編著	8000円
60	神戸寅次郎 民法講義	津田利治・内池慶四郎編著	6600円
61	国家と権力の経済理論	田中宏著	2700円
62	アメリカ合衆国大統領選挙の研究	太田俊太郎著	6300円
63	法律学における体系思考と体系概念―価値判断法学とトピク法学の懸け橋	C-W.カナリス著/木村弘之亮代表訳	4000円
64	内部者取引の研究	並木和夫著	3600円
65	The Methodological Foundations of the Study of Politics	根岸毅著	3000円
66	横槍 民法總論	津田利治著	2500円
67	帝大新人会研究	中村勝範編	7100円
68	下級審商事判例評釈(昭和60～63年)	慶應義塾大学商法研究会編著	6500円
70	ジンバブウェの政治力学	井上一明著	5400円
71	ドイツ強制抵当権の法構造―「債務者保護」のプロイセン法理の確立	斎藤和夫著	8100円
72	会社法以前	慶應義塾大学商法研究会編	8200円
73	Victims and Criminal Justice: Asian Perspective	太田達也編	5400円
74	下級審商事判例評釈(平成元年～5年)	慶應義塾大学商法研究会編著	7000円
75	下級審商事判例評釈(平成6年～10年)	慶應義塾大学商法研究会編著	6500円

表示価格は刊行時の本体価格(税別)です。欠番は品切。

慶應義塾大学出版会

〒108-8346　東京都港区三田2-19-30
Tel 03-3451-3584/Fax 03-3451-3122
郵便振替口座　00190-8-155497